Joachim Frisch

Machtmißbrauch im politischen Diskurs

Studien zur Sozialwissenschaft

Band 166

Joachim Frisch

Machtmißbrauch im politischen Diskurs

Konstruktion und Reproduktion von Machtverhältnissen durch die bürgerliche Herrschaftskritik

Westdeutscher Verlag

Die Deutsche Bibliothek – CIP-Einheitsaufnahme

Frisch, Joachim:
Machtmissbrauch im politischen Diskurs: Konstruktion und Reproduktion von Machtverhältnissen durch die bürgerliche Herrschaftskritik / Joachim Frisch. – Opladen: Westdt. Verl., 1997
(Studien zur Sozialwissenschaft; Bd. 166)
ISBN 3-531-12806-X

NE: GT

Der Westdeutsche Verlag ist ein Unternehmen der Bertelsmann Fachinformation.

Umschlaggestaltung: Christine Huth, Wiesbaden
Druck und buchbinderische Verarbeitung: Rosch-Buch, Scheßlitz
Gedruckt auf säurefreiem Papier
Printed in Germany

ISBN 3-531-12806-X

Inhalt

Seite:

Vorwort

Politischer Machtmißbrauch ist kein originelles Thema. Der Berg wissenschaftlicher und journalistischer Literatur dazu ist kaum zu überschauen. Und es gibt kaum kontroverse Standpunkte, wer ist schon *für* Machtmißbrauch? Aber es gibt verschiedene Definitionen des Machtmißbrauchs. Diese sagen mehr über die gesellschaftlichen Verhältnisse aus als politisch korrekte Kritik. Deshalb wird in der vorliegenden Untersuchung nicht gefragt, wer die Macht mißbraucht, sondern wie herrschende Definitionen des Machtmißbrauchs zustande kommen und welche Rolle politische und ökonomische Verhältnisse und Interessen, das Recht und die Öffentlichkeit dabei spielten und spielen.

Vor dem Hintergrund der herrschaftskritischen Ansätze Foucaults und Bourdieus erscheint der politische Diskurs als Ort und Mittel der Konstruktion des Politischen. Er ist damit gleichzeitig Instrument der Herrschaftskritik und der Legitimation von Herrschaft. Aus der Perspektive des Foucaultschen Diskurskonzepts wird die Kritik des politischen Machtmißbrauchs in der bürgerlichen Gesellschaft seit dem 17. Jahrhundert in Beziehung zu den jeweiligen Machtverhältnissen gesetzt. Die Geschichte der Korruption zeigt in diesem Sinn, wie politische Diskurse durch Kritik, Skandalisierung und durch Mechanismen der Ein- und Ausschließung Machtverhältnisse konstituieren.

Im zweiten Teil werden vor diesem theoretischen und historischen Hintergrund anhand einer Fallstudie zur Kieler U-Boot-Affäre Rahmenbedingungen und Wirkungsweise des aktuellen politischen Diskurses untersucht. Im Mittelpunkt stehen die Wechselwirkungen zwischen Macht und Definitionsmacht. Es wird gezeigt, wie im Rahmen der Implementation des Rechts politische, administrative und rechtliche Selektionsmechanismen letztlich im Interesse politischer und ökonomischer Eliten wirken und wie selbst die öffentliche Kritik noch der Konstitution eines Begriffes des Politischen dient, der bestehende Herrschaftsstrukturen stabilisiert.

Zudem wird anhand des Fallbeispiels der Frage nachgegangen, inwieweit Gesellschaftstheorie auf die Veränderung politischer Diskurse reagieren sollte. Da Ideologien im politischen Diskurs keine bedeutende Rolle mehr spielen, muß sich kritische Sozialwissenschaft statt der klassischen Ideologiekritik neuen, adäquateren Formen theoretischer Herrschaftskritik zuwenden, etwa einer Kritik der zynischen Vernunft.

Ermöglicht wurde mir diese Untersuchung als wissenschaftlicher Mitarbeiter des Seminars für Jugendrecht und Jugendhilfe der Universität Hamburg. Allen Kollegen möchte ich für ihre Unterstützung danken, vor allem Herrn Prof. Klaus Seßar. Ihm verdanke ich die hervorragenden Arbeitsbedingungen sowie fachliche Unterstützung.

Kompetente fachliche und moralische Hilfe erhielt ich von Susanne Krasmann, der ganz besonderer Dank gebührt. Mit sehr viel Sachverstand und Verständnis haben Prof. Dr. Gregor Siefer vom Hamburger Institut für Soziologie und Prof. Dr. Fritz Sack vom Hamburger Aufbaustudium Kriminologie die Arbeit betreut. Vor allem aber danke ich Feli, Simon und Annette Fischer für ihre Geduld.

1 Einleitung

"Makler des Todes"; "Exporteure des Todes"; "Waffenhändler am Kabinettstisch"; "Die illegalen Waffengeschäft und ihre internationalen Verflechtungen"; "Bombengeschäfte. Tödliche Waffen für die dritte Welt"; "Waffenexporte aus Deutschland. Geschäfte mit dem fernen Tod" und ähnliche Titel finden sich Ende der 80er Jahre auf den Bestsellerlisten des deutschen Büchermarktes (J. Roth 1986; Leyendecker/Rickelmann 1990; Lorscheid 1989; J. Roth 1988; Koppe/Koch 1990; Wulf 1989). Die öffentliche Kritik der Rüstungsexportpolitik führt durchaus kein Schattendasein, zumal die Diskussion um die Unterstützung und Duldung von Rüstungsexporten durch die Bundesregierung erst in der Folge des Irak-Konfliktes im Jahre 1991 ihren Höhepunkt erreichte. Nicht weniger extensiv wird die sozialwissenschaftliche Aufarbeitung politischen Machtmißbrauchs in der Bundesrepublik betrieben.[1] Nun wird den zahlreichen Veröffentlichungen zu dieser Problematik hier eine weitere hinzugefügt, die Machtmißbrauch ausgerechnet am Beispiel der bereits reichlich thematisierten Rüstungsexportpolitik behandelt. Die beliebte Floskel, das Thema sei in der Wissenschaft bislang vernachlässigt worden, ist demnach zur Rechtfertigung der Themenwahl einer Dissertation fehl am Platze. Die hier vorgelegte wird sich durch andere Kriterien legitimieren müssen.

Als offensichtlich kompetente Disziplin zur Problematik des politischen Machtmißbrauchs bietet sich die Kriminologie an, geht es doch in der Regel um Vorwürfe der Verletzung geltenden Rechts durch die politische Klasse. In Kapitel 2 werden die Möglichkeiten und Grenzen der Kriminologie hinsichtlich einer sozialwissenschaftlichen Aufarbeitung der Problematik diskutiert - mit dem Ergebnis, daß weder die traditionelle noch die sich selbst kritisch nennende Kriminologie dazu hinreichend in der Lage sind. Die traditionelle Kriminologie versagt, weil sie sich der herrschenden, im positiven Recht und seiner Anwendung manifestierten Definition des politischen Machtmißbrauchs unterwirft. Sie kann deshalb die gesellschaftliche und kulturelle Relativität der herrschenden Definition nicht erkennen, ihr Legalismus wird zum Dezisionismus. In dem Maße, in dem Rechtssetzung und Rechtsprechung politische Eliten privilegiert bzw. - im strafrechtlichen Sinn - verschont, gibt die traditionelle Kriminologie ihre Zuständigkeit auf. An diesem Punkt aber beginnt erst das Interesse einer Sozialwissenschaft, die über den Versuch der Abbildung der Realität hinaus diese verstehen und erklären will. Ansätze einer kritischen Kriminologie entgehen dieser positivistischen Falle durch die Reflexion des legalistischen Standpunktes. Damit erkennen sie die Kontingenz der herrschenden Kategorien, die

[1] 1989 und 1990 erschienen drei umfassende Sammelbände zum politischen Skandal: Ebbinghausen (1989, Hg.); Moser (1989, Hg.); Hafner/Jakoby (1990, Hg.); ebenso zahlreiche Veröffentlichungen (z.B. Dirk Käsler u.a. 1991, Der politische Skandal).

nicht ungefragt als objektive bzw. "wissenschaftliche" übernommen werden dürfen. Indem sie aber selbst Kriterien für die Unterscheidung zwischen legitimer Macht und Machtmißbrauch aufstellen, ersetzen sie den legalistischen Dezisionismus der traditionellen Kriminologie lediglich durch einen moralischen.

Diesem Dilemma entgeht eine distanzierte Beobachtung des politischen Diskurses,[2] die unterschiedliche Definitionen des Machtmißbrauchs mit den jeweiligen historischen und sozialen Bedingungen sowie den politischen und ökonomischen Interessen der definierenden Akteure in Zusammenhang bringt. Dieser Perspektivenwechsel sollte den Anspruch auf wissenschaftlichen Fortschritt rechtfertigen. Was die vorliegende Untersuchung zum politischen Machtmißbrauch von der Masse der bereits veröffentlichten Arbeiten unterscheiden sollte, ist nicht das Thema *politischer Machtmißbrauch*, sondern die Perspektive, unter der dieser betrachtet wird. Im Vordergrund stehen die gesellschaftlichen und politischen Bedingungen, unter denen Machtmißbrauch definiert wird. Gefragt wird nicht, *wer* Macht in welcher Weise mißbraucht, sondern wie Definitionen des Machtmißbrauchs entstehen, sich öffentlich und politisch durchsetzen und wem sie nutzen. Aus dieser Sicht ist Machtmißbrauch nicht die Abweichung von einer gültigen Norm, sondern eine mit sozialen, politischen oder ökonomischen Interessen verknüpfte Zuschreibung. So steht der Diskurs des Machtmißbrauchs, hervorgegangen aus der Kritik an den Praktiken der Macht, nicht selten in deren Dienst.

Die Untersuchung des politischen Diskurses erfordert unter diesem Aspekt seiner Instrumentalisierung ein theoretisches Konzept, mit dem sich die Verkürzung der herrschenden Definitionen verdeutlichen läßt, das heißt: einen Machtbegriff, der über handlungstheoretische und systemtheoretische Reduktionen auf politische Akteure und Funktionen hinausgeht. Eine solche Auffassung von Macht vertritt Foucault: "Unter Macht, scheint mir, ist zunächst zu verstehen: die Vielfältigkeit von Kräfteverhältnissen, die ein Gebiet bevölkern und organisieren; das Spiel, das in unaufhörlichen Kämpfen und Auseinandersetzungen diese Kräfteverhältnisse verwandelt, verstärkt, verkehrt; die Stützen, die diese Kräfteverhältnisse aneinander finden, indem sie sich zu Systemen verketten - oder die Verschiebungen und Widersprüche, die sie gegeneinander isolieren; und schließlich die Strategien, in denen sie zur Wirkung gelangen und deren große Linien und institutionelle Kristallisierungen sich in den Staatsapparaten, in der Gesetzgebung und in den gesellschaftlichen Hegemonien verkörpern. Die Möglichkeitsbedingung der Macht oder zumindest der Gesichtspunkt, der ihr Wirken bis in die 'periphersten' Verzweigungen erkennbar macht und in ihren Mechanismen ein Erkenntnisraster für das gesellschaftliche Feld liefert, liegt nicht in der ursprünglichen Existenz eines Mittelpunktes, nicht in einer Sonne der Souveränität, von der abgeleitete oder niedere Formen ausstrahlen; sondern in dem bebenden Sockel der Kraftverhältnisse, die durch ihre Ungleichheit unablässig Machtzustände erzeugen, die immer lokal und instabil sind. Allgegenwart der Macht: nicht weil sie das Privileg hat, unter ihrer unerschütterlichen Einheit alles zu

[2] Die Distanz des Forschers propagiert hier nicht die Illusion der Wertfreiheit, sondern sie resultiert aus der Einsicht in die Notwendigkeit der Abstraktion von moralischen und legalistischen Standpunkten.

versammeln, sondern weil sie sich in jedem Augenblick und an jedem Punkt... erzeugt. Nicht weil sie alles umfaßt, sondern weil sie von überall kommt, ist die Macht überall" (Foucault 1991c, S.113f).[3] In Auseinandersetzung mit diesem subtilen Machtbegriff Foucaults, mit handlungs- und systemtheoretischen Konzepten sowie den machttheoretischen Gedanken Bourdieus und Habermas' wird im folgenden auf einen Begriff der Macht hingearbeitet, der nicht die Alternativen richtige oder falsche, legitime oder illegitime, legale oder illegale Anwendung politischer Macht gegenüberstellt, sondern die Mechanismen und Strategien der Macht in den politischen Kämpfen um die legitime Definition von Macht und Machtmißbrauch aufspürt.

Vor diesem theoretischen Hintergrund wird im ersten Teil der Arbeit ein historischer Zusammenhang zwischen der bürgerlichen Kritik des Machtmißbrauchs und den politischen und ökonomischen Interessen des Bürgertums hergestellt. Die öffentliche Kritik an der feudalistischen Korruption, der Praxis des Ämterkaufs und der Patronage bereitete der Formalisierung und Universalisierung des Rechts den Weg und beendete damit die partikulare Willkürherrschaft einzelner Feudalherrn. Damit waren die Voraussetzungen für den ökonomischen und politischen Aufstieg des Bürgertums geschaffen. Der bürgerliche Diskurs gegen feudalistischen Machtmißbrauch hatte sich als wirksame Strategie der Macht erwiesen.

Die politische Bedeutung der Korruption in den verschiedenen Phasen der kapitalistischen Gesellschaft bestätigt die These einer Wirkung des bürgerlichen Diskurses gegen den politischen Machtmißbrauch als objektive Machtstrategie. Im Feudalismus noch legitime und legale Praktiken wie Patronage, Cliquenwirtschaft und Ämterkauf wurden in der bürgerlichen Gesellschaft vehement als Korruption bekämpft, während im liberalen Kapitalismus Formen der Korruption, die der Beseitigung bürokratischer Hindernisse dienten, weiterhin üblich waren.[4] Die Erklärung liegt auf der Hand: Feudale Formen der Korruption bevorzugten Stände und Cliquen. Die Willkür einzelner Souveräne ließ mittel- und langfristige ökonomische Kalkulationen nicht zu. Berechenbare Rahmenbedingungen aber waren eine Grundvoraussetzung kapitalistischen Wirtschaftens. Die moralische Empörung und die Forderung nach Ächtung der feudalen Korruption fußte auf dem ökonomischen Interesse der Befreiung der Produktivkräfte von den Fesseln feudalistischer Partikularität.

"Bürgerliche" Formen der Bestechung gehorchten dagegen als Tausch von Geld gegen Macht den universellen Gesetzen des freien Marktes, unabhängig vom Status der Beteiligten. Nicht mehr die Zugehörigkeit zu einem Stand, einer Clique oder einem einflußreichen Adelsgeschlecht, sondern das universelle

---

3 Sollte im Laufe der Lektüre der vorliegenden Arbeit dieser schillernde, etwas geheimnisvoll anmutende Machtbegriff Foucaults klarer werden, so wäre bereits eines der gesteckten Ziele erreicht.

4 "Liberaler Kapitalismus" ist hier als Idealtypus einer Gesellschaftsform zu sehen, deren Charakteristikum der freie Warentausch ist. Das Wirtschaftssystem dominiert über das politische, der liberalkapitalistische Staat nimmt lediglich die Aufgabe der Schaffung optimaler Rahmenbedingungen wahr, greift aber nicht in die Sphäre des freien Marktes ein. Historisch verwirklicht war dieser Idealtypus allenfalls im sogenannten Manchester-Kapitalismus Mitte des 19. Jahrhundert. Der deutsche Obrigkeitsstaat (Preußen wie das spätere Kaiserreich) waren stets weit vom liberalkapitalistischen Ideal entfernt.

Kommunikationsmedium Geld wurde zum entscheidenden Kriterium. Indem sie staatliche Bürokratie dem binären code des Wirtschaftssystem (Zahlen oder Nicht-Zahlen) anglich, erhöhten Beamten- und Abgeordnetenbestechung die Kalkulierbarkeit des Kapitaleinsatzes und damit auf lange Sicht die Profitchancen.

Mit dem Ende der Ideologie des freien Äquivalententausches veränderte sich die herrschende Definition des politischen Machtmißbrauchs. Zyklische Krisen der Wirtschaft und die von der rechtlichen Gleichheit produzierte soziale Ungleichheit zerstörten den utilitaristischen Glauben an die Selbststeuerung des Marktes zum Wohle der Allgemeinheit (oder wenigstens der bürgerlichen Klasse). Die Einsicht wuchs, daß nur ein kompetenter Staat durch die Schaffung einer Sphäre der Ordnung inmitten der anarchischen Wucherungen des freien Tausches wirtschaftliche und soziale Stabilität garantieren könne. Mit dem Erstarken des Staates aber erhöhte sich der Legitimationsdruck. Der kapitalistische Staat mußte sich gegenüber einer Öffentlichkeit legitimieren, die mit der Einführung des allgemeinen Wahlrechts zu einem starken politischen Faktor geworden war. Als selbsternannter Vertreter des Allgemeinwohls durfte er nicht offen für partikulare Interessen des Kapitals eintreten. Korruption als Mißbrauch eines öffentlichen Amtes zu privaten Zwecken galt nun nicht mehr nur Instrument des Tausches von bürokratischer Macht gegen Geld, sondern widersprach dem staatlichen Anspruch auf Vertretung des Gemeinwohls. Als ein Symptom des Rückfalls in die Zeiten des Nachtwächterstaates traf sie jetzt in das Zentrum des bürgerlichen Staates, die Legitimität der politischen Herrschaft. In diesem Zusammenhang ist die Tendenz zur Skandalisierung der Korruption zu verstehen: Allen öffentlichen Klagen über den Verfall der politischen Kultur zum Trotz herrschen in den heutigen westlichen Gesellschaften die strengsten Definitionen politischer Korruption, die wirksamsten öffentlichen Diskurse sowie deren konsequenteste politische und juristische Anwendung.

Dies läßt auf eine Konvergenz von Kapitalinteressen, öffentlicher Meinung und herrschender Definition von Korruption schließen. Erst eine genaue Analyse dieser Definition und ihrer Anwendung im politischen und juristischen Alltag kann die Verzerrungen des aktuellen Korruptionsbegriffs zeigen. Auch unter der Prämisse der klassisch bürgerlichen Definition als Mißbrauch öffentlicher Macht zu privaten Zwecken erweist sich die Ächtung der Korruption als verkürzt. Skandalisiert wird nur ihre vulgäre Form, die Bereicherung einzelner Amtsträger, keineswegs aber die strukturelle Selektion zugunsten kollektiver Privatinteressen. Diese Verflechtung des herrschenden Korruptionsbegriffs mit den Machtverhältissen wird in folgenden als Modell des Zusammenhangs von Macht und Definitionsmacht beschrieben. Dieser Zusammenhang ist ein klassisches Thema kritischer Gesellschaftstheorie. Sie fragt nach den Bedingungen, unter denen Definitionen im Interesse der Herrschenden zu herrschenden Definitionen werden. So konstituiert der bürgerliche Diskurs einen Begriff des Politischen, der letztlich den ökonomischen und politischen Interessen des Bürgertums dient: Ein auf administratives Handeln einzelner Akteure reduzierter Begriff des Politischen schafft die Voraussetzungen, unter denen sich eine verkürzte Definition des politischen Machtmißbrauchs durchsetzt. Diese dient der Konstitution und der Stabilisierung von Herrschaft, denn die (positive) Definition des

Machtmißbrauchs ist eine (negative) Definition legitimer Macht.

Im zweiten Teil werden die aus der historischen Betrachtung gewonnenen Thesen mit dem zeitgenössischen politischen Diskurs des Machtmißbrauchs konfrontiert. Als dessen Modell dient die bundesrepublikanische Rüstungsexportpolitik, konkretisiert nochmals in einer Fallstudie zur Kieler U-Boot-Affäre. Dort lassen sich sämtliche Komponenten des politischen Diskurses wie in einem Mikrokosmos beobachten: die Öffentlichkeit als Initiator des Skandals und als Institution gesellschaftlicher Herrschaftskontrolle, die die Legitimation politischen Handelns einfordert, aber auch selbst der Dynamik von Macht und Definitionsmacht unterworfen ist; die Repräsentanten politischer Herrschaft, ihre Verstrickung in ökonomische Interessen, ihre Strategien der Rechtfertigung, Ablenkung und Verschleierung gegenüber der Öffentlichkeit; die Wechselwirkungen und Zusammenhänge zwischen öffentlich erzeugtem Legitimationsdruck, politischen und ökonomischen Interessen und Gesetzgebung, politischer Kontrolle und juristischer Praxis; die Differenzen zwischen den offiziellen Verlautbarungen politischer Eliten und ihrer alltäglichen politischen Praxis, zwischen auf öffentlichen Druck zustandegekommenen Rechtsnormen und ihrer Implementation in Verwaltung und Justiz.

Die Analyse dieses Modells bildet die Grundlage für den Versuch einer Zeitdiagnose zur Rolle des kapitalistischen Staates. Herausgefordert durch öffentliche Vorwürfe des Machtmißbrauchs geraten politische Herrschaft und Staat unter Legitimationsdruck. Der Staat muß, um diesem zu begegnen, gesellschaftlichen Konsens, hier die Ächtung von Rüstungsexporten an das totalitäre Regime Südafrikas, in Recht umsetzen. Dieses Recht (hier: das Verbot von Rüstungsexporten) muß sich seinerseits in politischer Kontrolle und juristischer Praxis manifestieren, will der Staat seiner Aufgabe als Vollstrecker des Gemeinwillens gerecht werden. Kollidieren diese Aufgaben mit starken ökonomischen und politischen Interessen, gerät der kapitalistische Staat in ein Dilemma. In unserem Beispiel hätte die staatliche Verhinderung von Rüstungsexporten die Einschränkung des Profits eines starken und einflußreichen Wirtschaftszweigs zur Folge. Als Vertreter der Interessen der nationalen Wirtschaft kann der Staat das von ihm selbst als Vertreter eines Allgemeinwillens erlassene Recht nicht konsequent anwenden.

Die Ergebnisse der Fallstudie zur Kieler U-Boot-Affäre sprechen für die in der sozialwissenschaftlichen Diskussion veraltete These des Staates als Agentur des Kapitals. Die Gesetze zum Verbot von Rüstungsexporten entfalteten ihre Wirkung allenfalls als Besänftigung der Öffentlichkeit, nicht jedoch als Rechtsgrundlage zur Verhinderung der Exporte. Auf allen Ebenen seiner Institutionalisierung trat der Staat als Förderer unternehmerischer Interessen gegen den Sinn dieses Rechts auf. Die administrative Kontrolle der Rüstungsexporte versagte aus organisatorischen Gründen. Die Gesetze zur Verhinderung der Rüstungsexporte wiesen Klauseln und Lücken auf, die ausnahmslos zugunsten der beschuldigten Politiker und Unternehmer wirkten und ausgelegt wurden. Alle Akteure aus Regierung, Verwaltung und Justiz schienen sich einhellig als Repräsentanten der politischen und ökonomischen Eliten zu verstehen. Eingefädelt und protegiert wurde das U-Boot-Geschäft von hochrangigen Politikern. Gegenüber der Öffentlichkeit wurde es über Jahre verschwiegen, bis Veröffentlichungen der Presse die Sache ans Licht brachten. Sämtliche Verfahren gegen am Geschäft beteiligte Politiker wurden unter teilweise merkwürdigen Begründungen eingestellt, obwohl geltendes Recht - trotz aller Lücken und Klauseln - verletzt worden war.

In der Öffentlichkeit wurde diese Kooperation von politischer Führung, Staat und Rüstungsindustrie als Machtmißbrauch kritisiert. Anhand der Reaktionen der politisch Verantwortlichen auf diesen permanenten Legitimationsdruck lassen sich Strategien aufzeigen, die den aktuellen politischen Diskurs charakterisieren. Der Dilettantismus dieser Strategien widerspricht der These, der kapitalistische Staat fungiere aus strukturellen Gründen systematisch als Agentur des Kapitals. Eher entspricht die politische Praxis in der U-Boot-Affäre der These vom täglichen "Durchwursteln" (Haferkamp) der Politik. Dann aber ist zu fragen, wie sich ein solch unkoordiniertes Handeln monadisierter Repräsentanten zum systematischen Ausschluß profithemmender Elemente summieren konnte.

Im letzten Kapitel wird eine mögliche ideologiekritische Antwort auf diese Frage diskutiert. Die entsprechende These lautet: In der Sphäre des Politischen hat sich nach dem Verfall traditioneller Werte, einschließlich derjenigen einer strengen Pflichtethik des preußischen Beamtentums, eine Haltung etabliert, die sich als Ethos des Primats der Wirtschaft charakterisieren läßt. Ihre wissenschaftliche Weihe empfängt diese Haltung unter anderem von der soziologischen Systemtheorie in der Version Luhmanns, die mit der impliziten Verabsolutierung einer funktionalistischen Vernunft das gesellschaftliche Primat der Wirtschaft als normative Notwendigkeit postuliert. Vor einer Überinterpretation des U-Boot-Falles ist allerdings zu warnen.

Die Beobachtung der fast vorbehaltlosen Parteinahme politischer Funktionsträger für die Rüstungsbranche im U-Boot-Fall verleitet zu einem undifferenzierten theoretischen Instrumentalismus, wonach der Staat strukturell wie durch die politische Praxis seiner Repräsentanten die Interessen der Industrie vertritt. Dagegen spricht neben der Verurteilung mehrerer Rüstungslieferanten in anderen Fällen (in die freilich die Bundesregierung nicht verstrickt war) die harsche öffentliche Kritik deutscher Industriemanager an der bundesrepublikanischen Rüstungsexportpolitik. Diese Kritik entspringt allerdings nicht moralischen Zweifeln angesichts der Folgen von Rüstungsexporten an totalitäre Staaten, denn diese Kritiker profitieren selbst von solchen Geschäften; eher gilt die Empörung einer unesonnenen und unprofessionellen Politik. Indem sich einzelne Politiker ungeniert die Interessen einzelner Kapitalisten zu eigen machen, verletzen sie das auf höherem Niveau angesiedelte "ideelle" Interesse des Gesamtkapitals. Am Beispiel der Kieler U-Boot-Affäre: Die Kooperation der politischen Führung der Bundesrepublik mit einzelnen Rüstungsunternehmern und dem südafrikanischen Regime schadete letztlich durch den internationalen Imageverlust der deutschen Exportindustrie; ebenso der Legitimitätsverlust der politischen Herrschaft auf nationaler Ebene dem Gesamtkapital, weil er zum Abbau von Stabilität führt. Aus der Sicht des Gesamtkapitals ist die Verurteilung einzelner Unternehmer durchaus sinnvoll, verweist dieses Opferritual durch die Ausgrenzung schwarzer Schafe doch explizit auf die Reinheit der weißen Schafe, sprich: die Legitimität und Legalität der "normalen" Praxis. Aus dieser Sicht ist das Skandalöse an der U-Boot-Affäre nicht die Häufung moralischer Verfehlungen, sondern die Borniertheit einer politischen Klasse, die den intellektuellen Ansprüchen funktionalistischer Vernunft nicht gewachsen ist.

Teil I

Theoretische und historische Aspekte

2 Politischer Machtmißbrauch– Ein Problem der Kriminologie?

"Wir dürfen uns nicht kopfschüttelnd bei der Frage aufhalten, wie das denn kommt, daß Kriminelle an die Macht gelangen konnten. Das ist ein Naturgesetz, meine Damen und Herren, kein Rätsel. Es ist ein Naturgesetz, daß sich die Versitzgrube mit Scheiße füllt."

Joseph von Westphalen 1989 zum Thema Waffenexport.

Anlaß für Westphalens Polemik gegen die gesamte Politikerkaste der Bundesrepublik ist deren Verstrickung in internationale Waffengeschäfte deutscher Firmen - publiziert noch vor der Golfkrise, als das wahre Ausmaß dieser Geschäfte nur erahnt werden konnte. Selbstredend folgt diese literarische Form der Herrschaftskritik anderen Geltungsansprüchen als eine wissenschaftliche. Indem sie provokativ aus dem Konsens über die allgemein gültige Definition des Kriminellen ausbricht, verweist sie auf die gesellschaftliche Vermittlung herrschender, im Strafrecht institutionalisierter Definitionen. Die Problematik kriminologischer Forschung über "politischen Machtmißbrauch" resultiert aus dieser gesellschaftlichen Relativität: ihrer Abhängigkeit vom Strafrecht, das seinerseits von gesellschaftlichen Bedingungen abhängt. Genau hier - bei der Frage der Definition von Verbrechen und damit der Festlegung des Forchungsgegenstands der Kriminologie - ist der neuralgische Punkt der neueren Ansätze zu suchen, die sich der "Kriminaltät der Mächtigen" und dem politischen Machtmißbrauch widmen. Genau an diesem Definitions- und Abgrenzungsproblem läßt sich das Versagen der traditionellen ätiologischen Kriminologie[1] zum Problem des politischen Machtmißbrauchs nachvollziehen. Die unreflektierte Übernahme der

1 Im folgenden wird in Anlehnung an Max Horkheimers berühmten Aufsatz "Traditionelle und kritische Theorie" zwischen traditioneller und kritischer Kriminologie unterschieden (Horkheimer 1992, S.205ff).

im Strafrecht institutionalisierten und in der Rechtsprechung reproduzierten herrschenden Auffassung - die, frei nach Karl Marx, die Auffassung der Herrschenden ist - verhindert einen freien Blick auf das Wesen des Begriffs Kriminalität als einer Konvention, die historisch gewachsene Machtrelationen als vorläufiges Produkt gesellschaftlicher Konflikte spiegelt.

Ansätze einer kritischen Kriminologie setzen sich mit dieser etatistischen Orientierung der ätiologischen Kriminologie auseinander, um die grundlegende Problematik einer Kriminologie der Mächtigen als wissenschaftstheoretisches Problem zu rekonstruieren: Die Reduktion des normativen Begriffs *Verbrechen* auf eine deskriptive Dimension unter Verabsolutierung herrschender Definitionen versperrt den Zugang zum Verständnis des eigenen Forschungsgegenstandes, des Begriffs der Kriminalität als Konvention. Anhand der aus dieser Kritik gewonnenen neueren Ansätze zum Thema Machtmißbrauch werden anschließend Möglichkeiten einer reflexiven Forschungsperspektive diskutiert. Es wird zu zeigen sein, daß auch sogenannte kritische Ansätze dem eigenen Anspruch nicht mehr gerecht werden, sobald nicht mehr die Kritik am herrschenden Strafrecht als Instrument der Machterhaltung, sondern die Frage nach der kriminologischen Relevanz herrschaftlichen Handelns selbst in den Vordergrund rückt. Nun vermischen sich auch bei kritischen Kriminologen normative und deskriptive Kategorien. Die Selbstverortung der eigenen Disziplin im gesellschaftlichen Macht- und Interessengefüge als Grundbedingung reflexiver Sozialforschung verschwindet hinter eindimensionaler Herrschaftskritik oder moralischer Empörung.

Eine kritische Definition sollte sich nicht nur der Vereinnahmung durch Machtinteressen entziehen, sondern auch die totalisierenden Momente kritischer Alternativen vermeiden, die der herrschenden Definition lediglich alternative Positionen gegenüberstellen, ohne den eigenen Standpunkt als Determinante des Erkenntnisprozesses zu reflektieren. Wenn es um Machtmißbrauch geht, vergessen auch kritische Kriminologen ihre eigene wissenschaftstheoretische Prämisse, Kriminalität nur als Zuschreibung, nicht als Eigenschaft, als normativen statt als deskriptiven Begriff zu behandeln: Während das sogenannte Verbrechen "einfacher" Straftäter als Handeln erkannt wird, dem das Etikett "kriminell" zugeschrieben wird, gilt die Kriminalität der Mächtigen als Tatsache. Die anlytische Trennung normativer von deskriptiven Kategorien scheint nicht mehr gültig. Dem wegen seiner Totalisierung kritisierten herrschenden Verbrechensbegriff wird ein moralisierender gegenübergestellt. Der Unterschied ist empirisch, nicht aber theoretisch: Der alternative Verbrechensbegriff ist zwar nicht der herrschende, aber ebenso unreflektiert und totalisierend.

2.1 Die traditionelle Kriminologie und die Kriminalität der Mächtigen

Die Kriminologie als Wissenschaft von der Kriminalität definiert vorwiegend Handlungen als kriminell, die vom geltenden Recht mit Strafe bedroht sind.[2] "Kri-

2 Keines der großen .Lehrbücher zur Kriminologie reflektiert den Begriff der Kriminalität als gesellschaftlich bedingte Kategorie. Alle gehen davon aus, daß Kriminalität eine nicht

minell" sind diejenigen, die rechtskräftig verurteilt sind - eine moralisch und politisch ehrenwerte Haltung der Kriminologie zur Vermeidung von Vorverurteilungen, die dem Geist des demokratischen Rechtsstaates entspricht. Handlungen oder Subjekte, die nicht in diesen Rahmen passen, sind für die etablierte Kriminologie uninteressant, sie fallen nicht in ihren Zuständigkeitsbereich. Auf unser Problem "Kriminalität der Mächtigen" bezogen heißt das: Der Gebrauch politischer oder wirtschaftlicher Macht zu privaten oder parteipolitischen Zwecken und Vorteilen, in der Öffentlichkeit in der Regel Machtmißbrauch oder Korruption genannt, wird erst dann zu einer kriminologischen Frage, wenn er mit Strafe bedroht ist; deshalb finden die politischen Akteure allenfalls dann das Interesse der Kriminologie, wenn sie verurteilt, also Täter sind.[3]

Kriminalität ist definiert durch die Institutionalisierung der *herrschenden* Rechtsauffassung im Strafrecht und deren Anwendung durch die Justiz. Die traditionelle Kriminologie bedient sich dieser staatlich vorgegebenen Definition samt ihrer wissenschaftskonzeptionellen und methodische Vorteile: einer dichotomen Abgrenzung von Recht und Unrecht und damit einer problemlosen Abgrenzung und Einschränkung des Forschungsbereiches. Nur: Sie betrachtet diese vom Staat vorgegebene Definition unhinterfragt als wahr. Tatsächlich ist sie jedoch eine unter mehreren möglichen, nämlich diejenige, die sich im gesellschaftlichen Spiel der Kräfte aufgrund bestimmter Machtkonstellationen durchgesetzt hat. Das Strafrecht wird als hinter den Dingen stehende, unumstößliche Tatsache behandelt, nicht als gesellschaftliche Institution, als Ergebnis von sozialen Kämpfen, Macht- und Interessenkonflikten. Das Strafrecht und seine Funktion, Entstehung oder die Bedingungen seiner Veränderung ist nicht Gegenstand der kriminologischen Forschung, sondern der Rahmen, der die Grenzen der Forschung absteckt. Wird nun aber diese unter spezifischen Herrschaftsbedingungen entstandene Institution des Strafrechts zum Maßstab, wird die gesellschaftliche und historische Bedingtheit des Rechts als Resultat eines Diskurses der Macht negiert (Landreville, S.426), das Strafrecht somit als *unbedingt* gesehen, wie ist dann Erkenntnis über seine *Bedingungen* möglich?

---

weiter zu hinterfragende Tatsache ist, die man vorfindet und dann bekämpfen bzw. wissenschaftlich erforschen kann. Dementsprechend definiert man Kriminologie als "Wirklichkeitswissenschaft", die "versucht, die Realität kriminellen und sozialabweichenden Verhaltens zu erkennen und auf diese Realität einzuwirken" (Schneider, S.6). Ähnlich Kaiser: "Kriminologie ist die geordnete Gesamtheit des Erfahrungswissens über das Verbrechen, den Rechtsbrecher, die negativ soziale Auffälligkeit und über die Kontrolle dieses Verhaltens" (S.3). Die "aktuellste" Definition liefert Schwind: "Unter Kriminologie ist der interdisziplinäre Forschungsbereich zu verstehen, der sich auf alle die empirischen Wissenschaften bezieht, die zum Ziel haben, den Umfang der Kriminalität zu ermitteln..." (S.7).

3 Politischer Machtmißbrauch und Korruption sind deshalb der Kriminologie fremde Themen. Korruption taucht in keinem der Standardwerke von Kaiser, Göppinger, Schwind, Eisenberg und Schneider auf, Machtmißbrauch nur bei Schneider (auf drei von über 900 Seiten). Wie Kriminalität wird Machtmißbrauch dort als Verbrechen definiert, ohne das hier noch gravierendere Definitionsproblem nur anzusprechen. So wird über den Persönlichkeitstypus des Täters spekuliert, der seine Macht mißbraucht, was angesichts der Komplexität des Problems fast skurril anmutet (S.870ff.)

Die traditionelle Kriminologie erhebt diesen Anspruch erst gar nicht. Das Erkennen und Verstehen ihrer zentralen Forschungsgegenstände, des Strafrechts als gesellschaftlicher Institution und der "Kriminalität" als gesellschaftlicher Konstruktion, gehört ebensowenig zu ihrem Programm wie die Reflexion ihres eigenen Standpunktes im Gefüge von Wissen, Macht und Recht.[4] Angesichts dieser Ignoranz gegenüber erkenntnistheoretischen Standards nennt Foucault die Kriminologie einen "Gebrauchsartikel".[5] Sie häuft innerhalb des ihr vom Staat zugeteilten Bereichs Wissen an, welches sie - in der Regel in Form von Statistiken - dem Staat wiederum zur Verfügung stellt, der dieses instrumentelle Wissen zu Macht transformiert. So produziert die Kriminologie Argumentationshilfen für das Strafrecht (Scheerer, S.214), stellt also im Interesse der Mächtigen instrumentell verwendbares Wissen zur Verfügung (Pfohl, S.133). Die Funktion des kriminologischen Diskurses besteht dementsprechend vorwiegend darin, nach dem Versagen des Legitimationsmusters "Reform des Individuums durch Strafe" juristische Urteile im einzelnen sowie den bürgerlichen Repressionsapparat im ganzen zu legitimieren (Foucault 1976, S.41f.).

Mit der Verabsolutierung staatlicher Positionen wird auf jegliches Hinterfragen der Rolle des Staates bei der Definition von Begriffen sowie bei der Manifestation der Begriffe in Institutionen wie dem Strafrecht verzichtet, die Position des Staates als Schaltstelle von Macht und gesellschaftlichen Interessen folglich ignoriert. Deshalb ist die ätiologische Kriminologie nicht in der Lage, über eine am abweichenden Verhalten orientierte Definition von Kriminalität hinauszugehen. Folgerichtig fordert Sack von einer Kriminologie, die als Sozialwissenschaft ernst genommen werden will, die Erforschung der Funktion des Staates statt der kritiklosen Übernahme staatlicher Kategorien: "Wer vom Strafrecht folgenreich und wissenschaftlich reden will, kann von Macht und vor allem vom 'Staat' nicht schweigen" (Sack 1989, S.31).

Die Kritik an der Instrumentalisierbarkeit ätiologisch-kriminologischen Wissens richtet sich nicht nur gegen offensichtlich affirmative, positivistische Ansätze, sondern auch gegen reformistische Bestrebungen. Sack entlarvt den Versuch einer reformistisch motivierten Einflußnahme auf das Strafrecht als Illusion: "Das Strafrecht folgt anderen Logiken als denen, die sich durch empirische Gegenbeweise seiner ausgegebenen oder vermuteten Annahmen erreichen lassen, erweist sich gegenüber Enthüllungen in einer Weise resistent, die auf Seiten der Enthüller, Entmystifizierer und Ideologiekritiker Gefühle der Ohnmacht, Resignation oder des Zynismus zurücklassen. Die Selektivität strafrechtlicher Sozialkontrolle, die empirische Nichtexistenz des Loyalitätsprinzips, die Ungleichheit im Recht, die politische Qualität von Recht

---

4 Quensel spricht in diesem Zusammenhang von einer Krise des ätiologischen Paradigmas in der Kriminologie (S.4) sowie von einer "dogmatischen Kriminologie" als die dem Strafrecht "komplementäre" Disziplin (S.6).

5 "Haben Sie schon Texte von Kriminologen gelesen? Da haut es Sie um. Ich sage das nicht aggressiv, sondern erstaunt, weil ich nicht verstehen kann, wie dieser Diskurs der Kriminologen auf diesem Niveau bleiben konnte. Er scheint für das System so nützlich und notwendig zu sein, daß er auf theoretische Rechtfertigung und methodische Konsistenz verzichten zu können glaubt. Er ist einfach ein Gebrauchsartikel" (1976, S.41). Foucault empfindet den kriminologischen Diskurs im übrigen als "geschwätzig" und "aufdringlich" (1991b, S.392).

und Rechtsanwendung: das alles beeindruckt das Strafrecht recht wenig, 'wußte' es schon längst, ehe die kriminologische Tatsachenforschung versuchte, es damit in seiner Selbstidentität und seinem Selbstbewußtsein beeindrucken zu können" (a.a.O., S.26).

Auch Sacks Kritik ist im Grunde eine wissenschaftstheoretische. Sie weist auf den Verzicht der Möglichkeit von Erkenntnis hin, entstanden durch die Weigerung einer Reflexion des eigenen Standortes sowie das Verkennen der Relation staatlicher Institutionen zu Machtinteressen. Foucault bringt diesen Aspekt des Strafrechts auf den einfachsten möglichen Nenner: "Jedermann weiß, daß die Gesetze von den einen gemacht und den anderen aufgezwungen werden" (Foucault 1976, S.51). Diese triviale Einsicht ignorieren positivistische und reformorientierte Kriminologen. Zwar erkennen Letztere die prinzipielle Veränderbarkeit des Strafrechts an; sie vernachlässigen aber dessen Funktion der Sicherung von Herrschaft, die sich instrumentell der Ergebnisse kriminologischer Forschung für ihre Zwecke bedient. Der Wille zur Veränderung der Realität unterliegt einer List der Macht: Statt Einfluß auf die Macht zu nehmen, wird den Mächtigen instrumentell verwertbares Wissen zur Verfügung gestellt (Pfohl, S.133).

Die Ursache dafür liegt in einem von zwei erkenntnistheoretischen Defiziten der Kriminologie. Das Strafrecht ist nur Ziel der Forschung, nicht aber Gegenstand. Die Kriminologie folgt einer politischen Vernunft, die ohne erkenntnistheoretische Reflexion nur affirmativ verwendbares Wissen hervorbringen kann. Das zweite erkenntnistheoretische Defizit ist in der fehlenden Selbstreflexion zu suchen. Bis auf wenige Ausnahmen sieht sich die etablierte Kriminologie einschließlich ihres reformorientierten Zweiges als neutraler, unabhängiger Beobachter der Realität. Indem die eigene Einbindung in ein Geflecht von gesellschaftlichen Strukturen und Interessen negiert wird, können auch die Bedingungen und Möglichkeiten der eigenen Existenz und damit der Forschung nicht erkannt werden, ebensowenig die gesellschaftliche Bedingtheit der Themen und der Ergebnisse.

Diese Kritik am unreflektierten Positivismus der Kriminologie wird seit der Etablierung des labeling-approach vorgetragen, insbesondere von der kritischen Kriminologie. Sack macht das Reflexionsdefizit der traditionellen Kriminologie deutlich, indem er ihr das reflexive Selbstverständnis kritischer Ansätze in der Tradition des labeling-approach gegenüberstellt: "Für den labeling approach wie für alle seine theoretischen Bezugspositionen ist die Realität keine fraglos und voraussetzungslos gegebene, die es mit den empirischen und theoretischen Instrumenten der Wissenschaft umstandslos zu erkennen und zu entdeken gilt, sondern eine durch Gesellschaft, Handeln, Interpretation, Interaktion, Ideen, Wissenschaft hergestellte und produzierte" (Sack 1989, S.21).

Indem die traditionelle Kriminologie Zuschreibungen als Eigenschaften und begriffliche Konstrukte als Realität behandelt, verliert sie den Blick für die Kontingenz des Phänomens Kriminalität. Da zudem die eigene Verstrickung in ein Gefüge von Macht und Interessen negiert wird, gilt die herrschende Version dieses Phänomens als "die wissenschaftliche", weil einzig akzeptierte. Dies gilt auch für reformorientierte Ansätze. Sie verfolgen das philanthropische Ziel, zu einem weniger repressiven Umgang der Gesellschaft mit "Delinquenten" beizutragen.[6] Gleichwohl wird auch in diesem Kontext kriminell als Eigenschaft, die es zu verändern gilt, behandelt, nicht als Zuschreibung - die gleiche Konfusion zwischen normativen und deskriptiven Kategorien wie im Posititivismus der traditionellen Kriminologie.[7]

2.2 Die "Kriminalität der Mächtigen" als kriminologischer Ansatz

2.2.1 Probleme der Abgrenzung des Forschungsgegenstandes

Die Kritik an der Kriminologie als Gebrauchsartikel, an ihrem Positivismus, ihrem Quietismus und ihrer etatistischen Grundorientierung verweist auf die theoretischen und konzeptionellen Defizite, die der Kriminologie den Zugang zu dem Problemkomplex "Kriminalität der Mächtigen", Machtmißbrauch oder Makrokriminalität verbauen.

Zweifellos enthält das bürgerliche Recht allgemeine Vorstellungen von Moral, die unter Umständen Herrschaftsinteressen behindern können - schließlich spielen die bürgerliche Öffentlichkeit ebenso wie starke emanzipatorische Bewegungen im ständigen Kampf um gesellschaftlichen Einfluß eine wichtige Rolle. Dabei geht es nicht zuletzt um Einfluß auf die Besetzung von Begriffen wie Kriminalität und - oft mittelbar über diese Definitionshegemonie - auf das Recht. Entscheidend aber ist der reale Einfluß von Machtinteressen.

Trotz des Einflusses zahlreicher Gruppen und des Einfließens ihrer Interessen in das Recht gilt in der Soziologie von Marx über Weber und Dahrendorf bis hin zu empirischen Arbeiten der Gegenwart der Herrschaftscharakter des Rechts als Merkmal bürgerlicher Gesellschaften. Mit Max Weber läßt sich dieses konflikttheoretische Apriori sehr einfach erklären: Wenn Macht die Chance ist, Interessen durchzusetzen, so werden politisch Mächtige diese Chance auch nutzen (M. Weber 1976, S.71).

Nun kann von Niemandem ernsthaft erwartet werden, daß er gegen seine ureigensten Interessen handelt. Man kann von Vertretern herrschender Interessen nicht erwarten, daß sie ihren Interessen nutzendes Handeln ohne Not moralisch in Frage stellen, als kriminell bewerten oder mit Strafe bedrohen. Genau davon aber geht die traditionelle Kriminologie letztlich aus. Jegliche Zweifel an der Selbstlosigkeit politisch Mächtiger liegen ihr fern, deren Handlungen, Konstruktionen und Definitionen sind für sie als kriminologische Themen tabu. Das ist die Ursache ihrer Ratlosigkeit und Untätigkeit, was die Kriminalität der Mächtigen betrifft.

Machtmißbrauch könnte die ätiologische Kriminologie deshalb allenfalls dann auf den Plan rufen, wenn das Strafrecht verletzt und dies juristisch (durch den Staat)

---

6 Zum Begriff des Delinquenten siehe Foucault (1991b), S.327ff.

7 Horkheimer und Adorno verweisen auf diese Dialektik des Reformismus, der ungewollt zur Apologie des Bestehenden wird: "Es gehört zum heillosen Zustand, daß auch der ehrlichste Reformer, der in abgegriffener Sprache die Neuerung empfiehlt, durch Übernahme des eingeschliffenen Kategorienapparates... die Macht des Bestehenden verstärkt, die er brechen möchte" (S.4).

festgestellt wurde. Die verkürzte etatistische Orientierung dürfte die Behandlungen dieser vergleichsweise eindeutigen (aber untypischen) Fälle im Grunde ebensowenig verhindern wie fehlende Selbstreflexion oder erkenntnistheoretische Defizite, z.B. die Verwechslung normativer mit deskriptiven Kategorien. Daß aber selbst diese wenigen Fälle, die in der Regel sogar recht spektakulär und öffentlich wirksamen sind, bei der Kriminologie trotzdem kaum Forschungsaktivitäten hervorrufen, dürfte weniger an wissenschaftstheoretischen als an konkreten praktischen und politischen Gründen liegen.

Kritische Ansätze zum Problemkomplex "Kriminalität der Mächtigen" haben einige dieser Gründe aufgespürt. Diese sind demnach in Privilegien zu suchen, die es den Mächtigen immer wieder erlauben, selbst nach herrschendem Strafrecht eindeutig strafbare Handlungen zu vertuschen, umzuinterpretieren, die Justiz zu beeinflussen und zu täuschen. Aufgrund ihrer Orientierung an der herrschenden Rechtsauffassung geht die traditionelle Kriminologie diesen Strategien gleichsam auf den Leim. Kritische Kriminologen haben die diesen Privilegien zugrundeliegende Struktur mit der These von den Selektionsmechanismen des Justizapparates zugunsten Mächtiger beschrieben.[8]

In der Folge dieser Selektion wird gerade das Fehlen der Sanktionierung zum charakteristischen Merkmal der Kriminalität der Mächtigen (Hess, S. 13; Hess spricht von repressivem Verbrechen). Einige der selektiven Mechanismen, die eine Erfassung und Ahndung der Kriminalität der Mächtigen und damit ihre Aufarbeitung durch die traditionelle Kriminologie erschweren, seien hier kurz angedeutet (eine Umfassende Kasuistik wäre ein zentrales Dauerthema einer Kriminologie des Machtmißbrauchs):[9]

- Materielle Ressourcen ermöglichen den prophylaktischen Einsatz hochbezahlter und kompetenter Rechtsberater *vor* eventuell strafrechtsrelevanten Handlungen und - bei Scheitern der Prophylaxe - gerichtserfahrener Anwälte *danach*.
- Soziale und kommunikative Kompetenz versetzen Angehörige sozial privilegierter Kreise in eine im Vergleich zu "normalen" Kriminellen ungleich bessere Ausgangsposition gegenüber der Justiz.
- Ebenso dürfen Täter mit sozial hohem Status durchaus mit einer gewissen Klassensolidarität durch das Justizpersonal rechnen. Juristen sind mitunter nicht in der Lage, Mitgliedern des gleichen Lebenszusammenhanges eine dieser gleichen Lebenswelt fremde "kriminelle Energie" zuzutrauen. Sie suchen deshalb intuitiv nach alternativen Erklärungen, die in das Alltagsweltbild der eigenen Gruppe passen (Peters, S.110f, S.115).
- Oft gibt es vermeintliche oder tatsächliche Interessenüberschneidungen zwischen staatlichen Institutionen (Justiz) und Tätern, nicht selten solche parteipolitischen Anstriches.

---

8 Hess, S.14; Beck/Scheerer, S.41. Vgl. M. Walter mit der These, mit der Zunahme des gesellschaftliche Status verringere sich sowohl die Zuschreibung von Kriminalität als auch die Gefahr, erwischt zu werden (S.125).

9 Dies fordert u.a. Jubelius (S.32). Er spricht von "Legitimationshilfen der Rechtswissenschaften" für die Mächtigen und verweist auf deren einflußreiche Kontakte zu den Kontrollinstanzen.

- Die komplexen Zusammenhänge im Bereich der Kriminalität der Mächtigen sind oft für die Justiz kaum durchschaubar (Scheerer, S.213).

- In der Regel können der Kriminalität Mächtiger aufgrund komplizierter Organisationsstrukturen kaum verantwortliche natürliche Personen zugeordnet werden.[10]

Was uns hier in erster Linie interessiert, sind die grundsätzlichen Möglichkeiten und Voraussetzungen der Kriminologie zur Erfassung dieser Problematik, darüber hinaus zur Erklärung zugrunde liegender gesellschaftlicher Strukturen.

Wie gesehen, muß die traditionelle Kriminologie schon allein wegen ihrer Stellung zum Recht vor der Kriminalität der Mächtigen kapitulieren. Die Gründe dafür seien hier nochmals in zwei zentralen Punkten zusammengefaßt:

1. Sie akzeptiert nur das Strafrecht als Maßstab ihrer Forschung (legalistische Definition). Mißbrauchen nun Mächtige ihren Einfluß auf die Gesetzgebung, werden also bspw. Gesetze zur Begrenzung von Waffenexporten verzögert, verhindert oder mit Lücken versehen, die eine Bestrafung unmöglich machen, erklärt sich die traditionelle Kriminologie für nicht zuständig.

2. Aufgrund der Orientierung an der herrschenden *Rechtsauffassung* verliert die traditionelle Kriminologie diejenigen Personen aus dem Blickfeld, die aufgrund der oben genannten Privilegien und Selektionsmechanismen einer im Sinne des Strafrechts möglichen Verurteilung entgehen - und mit den Personen aufgrund ihrer täterorientierten Kriminalitätsauffassung den gesamten Komplex. So wurde in der Kieler U-Boot-Affäre, in der es um den Export von Plänen für U-Boote nach Südafrika und die Beteiligung und Mitwisserschaft zum Teil hochrangiger Politiker ging, nicht eine einzige Anklage erhoben, obwohl nachweislich internationales und nationales Recht verletzt worden waren (Bestechung, Falschaussagen, Verstoß gegen das AWG und gegen zwischenstaatliche Geheimschutzabkommen).[11] Die traditionelle Kriminologie sieht sich hier nicht gefordert.

2.2.2 Der Legalismus in der kritischen Kriminologie

Als Konsequenz aus dieser "etatistischen" Orientierung an herrschenden Rechtsauffassungen und der daraus folgenden Tabuisierung des Verhaltens politisch Mächtiger fordern einige Vertreter einer kritischen Kriminologie eine streng legalistische Definition der Kriminalität. Die Rechtsordnung selbst soll zur Bezugsgröße der Kriminologie werden, nicht die herrschende Rechtsauffassung. So könne die

---

10 Im Bereich Waffenhandel kommen alle diese Selektionsmechanismen in geradezu trivialer Weise zum Tragen, wie später gezeigt wird. Es sei hier nur auf einige neuere Arbeiten zu dem Thema Waffenhandel und staatliche Kontrolle hingewiesen, die in zahlreichen Fallstudien die These von den Selektionsmechanismen des kapitalistischen Staates zugunsten Privilegierter (Waffenexporteure) untermauern (siehe: Wulf; Koppe/Koch; Gansel; J. Roth; Leyendeker/Rickelmann; Lorscheid).

11 Dokumentiert ist der Fall im Bericht des entsprechenden Untersuchungsaausschusses des Bundestages, Drucksache 11/8109.

unterschiedliche Anwendung des Strafrechts auf Täter aus verschiedenen sozialen Schichten und damit die selektive Funktion der Justiz entlarvt werden: als "selektive Nichtanwendung" (Beck/Scheerer, S.41) des Strafrechts, die eine "relative Immunität der Mächtigen" (Scheerer, S.214) zur Folge habe. Eine kritische Kriminologie könne diese Zusammenhänge aufzeigen, indem sie die faktische Übertretung von Rechtsnormen statt deren Ahndung durch die Justiz zu ihrem Thema mache, mit Hess: das nicht bestrafte repressive Verbrechen (Hess, S.3).

Die kritische Dimension dieses legalistischen Verbrechensbegriffs liegt gegenüber dem der traditionellen Kriminologie, der ja ebenfalls legalistisch ist, in seiner Kontrafaktizität. Die Rechtsordnung selbst dient als den Sollzustand repräsentierende Folie, an der die Realität gemessen wird. Diese Kontrafaktizität ist jedoch nur kritisch gegenüber der herrschenden Rechtspraxis, keineswegs gegenüber der Gesellschaft, ihren Normen, ihren Herrschaftsmechanismen, ihrer Repressivität. Negiert wird die Kontingenz von Normen als Ausdruck und Folge einer bestimmten gesellschaftlichen Formation[12], seien sie als Recht institutionalisiert oder als herrschende Definitionen diskursbeherrschend. Ein streng legalistisches Vorgehen kann folglich nur dann kritisch sein, wenn die Grenzen, die es der Erkenntnis setzt, reflektiert werden. Es muß klar sein, daß ein legalistischer Verbrechensbegriff nur in einem von mehreren möglichen Fällen dem Forschungsziel adäquat ist, nämlich im Falle einer ideologiekritischen Entlarvung politischer Moral als Doppelmoral. Der Nachweis einer systematischen und permanenten Übertretung von Gesetzen durch ökonomische und politische Eliten ist deshalb eine vordringliche Aufgabe kritischer Kriminologie. Die Wendung der herrschenden Rechtspraxis gegen das Recht selbst erhebt dieses aus dem alltagsweltlich unreflektierten Bereich in die Sphäre der Kontingenz und macht es problematisierbar. Die ideologiekritische Sichtweise setzt das Strafrecht als ein in historischen, politischen und sozialen Prozessen gewordenes voraus, indem es nach den mit ihm verbundenen Interessen fragt. So wird das Strafrecht vom Maßstab zum Gegenstand der Forschung.

Allerdings wird diese Einsicht nicht konsequent angewandt. Mit der Unterordnug des Selbstverständnisses einer ganzen Disziplin unter die Erfordernisse eines methodischen Anwendungsfalles, der Kritik der juristischen Praxis, geht der kritische Impuls wieder verloren, den die kriminologische Version der Ideologiekritik aufgebaut hatte. Das Recht wird wieder zum Maßstab. Eine jegliche Alternativen ausschließende legalistische Verbrechensdefinition übernimmt das durch Vertreter kritischer Ansätze bereits erkannte erkenntnistheoretische Defizit von der traditionellen Kriminologie. Sie setzt herrschende Normen und Definitionen als richtige voraus. Zum Thema kann nur noch werden, was die Herrschenden selbst mittels des Strafrechts als kriminell definieren. Hier gehen auch streng legalistische Ansätze mit kritischen Ambitionen der Tautologie einer Normativität des Faktischen auf den Leim.

Dies gilt ebenso für Ansätze eines neuen "linken Realismus" in der Kriminologie, mit einem wesentlichen Unterschied: Die linken Realisten sind sich der Verkürzungen bewußt, die sie betreiben (v.d. Boogaart/Scus, S.86-95). Mehr aus Resignation über

12. Zum Begriff der Formation siehe Hirsch/Roth, S.42f.

den mäßigen politischen Erfolg kritischer Kriminologie denn aus erkenntnistheoretischen Gründen wenden sie sich zu einem unreflektierten, positivistischen Verbrechensbegriff zurück.[13] Subtile Formen des Machtmißbrauchs bleiben dieser gleichzeitig resignativen und reflexiven Sicht verborgen.

2.2.3 Normative Dunkelfelder

"Normative Dunkelfelder" (Jäger, S.19) entstehen als Folge des Widerspruchs zwischen konkreten Interessen mächtiger Gruppen und Legitimationserfordernissen an moderne Demokratien: Privilegierte Gruppen haben ein verständliches Interesse daran, daß Handeln, welches ihre Privilegien stützt oder ausbaut, als legitim gilt. Sie werden deshalb ihre Privilegien in diesem Sinne als Einfluß auf entsprechende Diskurse und auf konkrete politische Prozesse wie die Gesetzgebung zur Geltung bringen. Dies kann so weit gehen, daß Verhaltensweisen, die an sich den Grundwerten einer Gesellschaft eklatant widersprechen, in einem bestimmten Kontext weder strafrechtlich sanktioniert noch gesellschaftlich verpönt sind. Man denke nur an die aufsehenerregende Diskussion um das Zitat "Soldaten sind potentielle Mörder".

Eines der elementaren Grundrechte ist hierzulande das Recht auf Leben, dementsprechend die Tötung menschlichen Lebens die Verletzung einer zentralen Norm. Wird jedoch diese Norm im Auftrag der Macht verletzt, so scheint sie plötzlich außer Kraft - nicht nur im strafrechtlichen Sinne, sondern auch als informelle Norm, als gesellschaftliche Konvention. Es handelt sich hier um ein prägnantes Beispiel für ein normatives Dunkelfeld. (Nicht, daß hier die Forderung nach einer Bestrafung von Soldaten gestellt werden soll. Vielmehr soll die Relativierbarkeit scheinbar fester Normen aufgezeigt werden, die hier so weit geht, daß das Beharren auf der Gültigkeit einer angeblich prinzipiellen Norm selbst einer strafrechtlichen Sanktionierung ausgesetzt wird.)

Dieses Paradoxon symbolisiert die paradoxe Struktur des normativen Dunkelfeldes und damit des gesellschaftlichen Normengefüges überhaupt. Gültige Normen werden gebrochen, ohne daß Staat, Justiz oder eine breite Öffentlichkeit dies als Normbruch wahrnehmen bzw. wahrzunehmen in der Lage sind. Normative Dunkelfelder werden im Rahmen von Strategien der Macht erzeugt, denn dort befinden sich die Ressourcen zur Beeinflussung und Konstruktion der gesellschaftlichen Diskurse - und damit der Wirklichkeit.[14]

Am Beispiel der Rüstungsexportpolitik läßt sich die Wirkung normativer Dunkelfelder darstellen: Der Export von Rüstungsgütern an totalitäre Regime und in Krisengebiete lief lange Zeit im Schutze normativer Dunkelfelder ab. Erst dessen öffentliche Thematisierung und Moralisierung anläßlich des Golfkrieges brachte Licht in das Dunkel und vermochte den Gesetzgeber zu aktivieren.

---

13 Der "new left realism" wird zur kriminalpolitischen Strategie ohne theoretische Legitimation (vgl.Quensel, S.6f.).

14 Berger/Luckmann (1992). Baratta hat diesen Ansatz für die kritische Kriminologie umformuliert (S.201ff.).

Die Konsequenzen für die Problematik der "Kriminalität der Mächtigen" liegen auf der Hand. Mit dem legalistischen Verbrechensbegriff werden normative Dunkelfelder per definitionem ausgeblendet - aber gerade diese bilden den Kern des politischen Problems, das die kritische Kriminologie als "Kriminalität der Mächtigen" bezeichnet. Wie das Beispiel Waffenexport zeigt, ist die kritische Kriminologie auf die Vorbereitung ihres Forschungsfeldes durch eine kritische Öffentlichkeit angewiesen, die darüber hinaus mit ihren Forderungen auch noch Erfolg haben muß. Erst wenn durch öffentlichen Druck der Staat als Gesetzgeber in Aktion getreten ist, sind die Bedingungen für eine an einer legalistischen Verbrechensdefinition orientierten Kriminologie erfüllt. Sie ist nichts weiter als ein Reflex auf eine gesellschaftliche Dynamik, die sie zu analysieren vorgibt.

2.2.4 Kriminologie als soziologische Kritik des Strafrechts

Neuere Ansätze zum Thema Kriminalität der Mächtigen sehen durchaus die positivistischen Fallen einer rein legalistischen Definition von Kriminalität. Mit der Forderung, das Strafrecht selbst unter dem Aspekt seiner Funktionalität für Machtinteressen in die Kriminologie einzubeziehen (Landreville, S.424), wird der legalistische Verbrechensbegriff zugunsten einer globaleren, soziologischen und politologischen Perspektive überwunden. Nur der "Weg der kritischen Kriminologie zurück zur Soziologie" (Sack 1987, S.251) führt nach Sack aus der unwürdigen Position einer Hilfswissenschaft *für* das Strafrecht. Stattdessen solle die Kriminologie eine Soziologie *des* Strafrechts sein. Aus dieser Perspektive kann nun die Schaffung von Rechtsnormen unter dem Aspekt der Macht und Recht demzufolge als dessen Ergebnis diskutiert werden (Joutsen, S.476; vgl.auch Landreville, S.426). Ziel ist das Verstehen von Normen statt ihrer Rechtfertigung. Kriminologie und Rechtssoziologie wären dann nicht mehr voneinander zu trennen.

Mit der Überwindung der legalistischen Verbrechensdefinition schaffen diese neueren kritischen Ansätze eine reflexive Distanz zu staatlichen Institutionen, herrschenden Diskursen und Machtinteressen und entgehen somit zunächst einer positivistischen Gleichsetzung des Wirklichen mit dem Möglichen - mit Horkheimer und Adorno: mit dem "Mythos dessen, was der Fall ist" (Horkheimer/Adorno, Vorwort zur Ausgabe von 1969, S.X). Grundlage dieses Lernprozesses ist eine Realitätsauffassung, die die naive Sicht gesellschaftlicher Zuschreibungen als unumstößliche, mit den Methoden der Naturwissenschaften zu erfassende Tatsachen hinter sich läßt.

Unter dieser Prämisse gilt es, kriminelles Handeln als Handeln zu betrachten, dem in komplexen gesellschaftlichen Prozessen das Prädikat kriminell zugeschrieben wird. Diese Perspektive hat sich in der europäischen kritischen Kriminologie inzwischen durchgesetzt. Kriminalität ist dem gemäß ein "indexikalischer Ausdruck" einer Gesellschaftsordnung, ein "ausgehandelter Status" (Smaus, S.181), der die Machtrelationen der diese Ordnung konstituierenden Konflikte spiegelt.[15] In demokratischen Gesellschaften gehen die so entstandenen Konventionen weitgehend in das Strafrecht ein. Mit anderen Worten: Das Strafrecht repräsentiert weitgehend die *herrschende* Definition von Kriminalität. Hierin stimmen so unterschiedliche Denker wie Marx, Weber, Foucault und Luhmann überein.

Diese im Grunde rechtssoziologische Erkenntnis kann als eine der Leitlinien kritischer Kriminologie[16] gesehen werden, an der sie ihre grundsätzlichsten Fragen orientiert:

- Wie hat sich die zur Zeit herrschende Definition von Verbrechen historisch durchgesetzt, welche gesellschaftlichen Konflikte sind diesem Prozeß der Etablierung einer bestimmten Auffassung vorausgegangen? Der Versuch einer Beantwortung dieser Frage liefe auf eine Genealogie des Verbrechensbegriffs hinaus. In einer brillanten Nietzsche-Interpretation hat Foucault auf die unermeßliche und weithin unerschöpfte Kapazität einer radikalen Genealogie gerade in für die Kriminologie relevanten Fragen hingewiesen (Foucault 1987: Nietzsche, die Genealogie, die Historie, S.69-90).
- Wem nutzt die herrschende Definition von Kriminalität bzw. das Strafrecht? Selbstverständlich kann diese Frage nur im Zusammenhang mit der vorangegangenen bearbeitet werden, das heißt im Sinne einer historisch fundierten Herrschaftskritik. Fehlt diese historische Dimension, so besteht die Gefahr eines Abgleitens in ein rein funktionalistisches Denken, wie es in vulgärmarxistischen Ansätzen der 70er Jahre üblich war.[17]
- Insbesondere die "Kriminalität der Mächtigen" erfordert eine Erweiterung der Problemstellung, die sich mit folgender Frage beschreiben läßt: Gibt es gesellschaftliche Strukturen und Selektionsmechanismen, die die Privilegien der Mächtigen auch dann garantieren, wenn strafrechtliche Bestimmungen, gesellschaftliche Normen oder Interessen weniger privilegierter Gruppen oder Personen elementar verletzt wurden?

2.3 Kritik der kritischen Kriminologie

Wie von Sack gefordert, wird das Strafrecht zum Gegenstand der kritischen Kriminologie, es wird als historisches, repressives Instrument zur Sicherung von Herrschaftsverhältnissen (Vgl. Schumann 1987; Smaus 1988; Quinney 1975) oder als Repressionsinstrument zur Aufrechterhaltung der Produktionsverhältnisse und zur Stütze struktureller Gewalt erklärt (Barratta 1988). Solche herrschaftskritischen Ansätze beinhalten jedoch das Risiko einer Reduktion komplexer gesellschaftlicher Zusammenhänge auf eine einzige Dimension, die der Machterhaltung. Mit dieser

15 Zur Adaption konflikttheoretischer Ansätze in der kritischen Kriminologie vgl. Michalowsky, S.40.

16 Zur Bedeutung strukturalistischer, phänomenologischer, interaktionistischer und marxistischer Ansätze in der kritischen Kriminologie seit den 60er Jahren siehe: Quensel, S.7.

17 Ein Bespiel ist Quinneys Instrumentalismus (1973, S.52; vgl. die Kritik am "Erzinstrumentalisten" Quinney von Michalowsky, S.46).

eindimensionalen Sicht des Strafrechts als Herrschaftsinstrument kann Machtmißbrauch nicht mehr als abgrenzbares Problem betrachtet werden. Macht und Machtmißbrauch werden ebenso ununterscheidbar wie totalitäre von demokratischen oder pluralistischen politischen Systemen - der kritische Anspruch löst sich mit der undifferenzierten Gleichsetzung von Macht mit Machtmißbrauch auf. Dieser theoretische Instrumentalismus unterschlägt den ambivalenten Charakter des bürgerlichen Strafrechts, indem er dessen emanzipatorischen Anteil negiert.[18] Mit dieser Negation werden aber vor allem die historischen und sozialen Konflikte ausgeblendet, denen das Recht und die herrschenden Normen ihre Gestalt verdanken. Genau diese Konflikte stehen im Zentrum der Dynamik bürgerlicher Herrschaft, ihre Strukturen gehen auf sie zurück. Werden sie ausgeblendet, verkürzt sich das Problem "Kriminalität der Mächtigen" zu einer undifferenzierten Denunziation jeglicher Form politischer Macht.

2.3.1 Nachlegalistische Definitionen

Diesen Formen des Reduktionismus und Instrumentalismus begegnet die kritische Kriminologie seit Beginn der achziger Jahre mit der die Integration differenzierter strukturalistischer, konflikttheoretischer und sprachkritisch geprägter Ansätze (Michalowski, S.41-55). Die Thematisierung einer Kriminalität der Mächtigen hat sich unterdessen hinsichtlich einer adäquaten Definition von Kriminalität als problematisch erwiesen. Eine solche Definition sollte, neben der Bestimmung und Abgrenzung des Forschungsgegenstandes, politischen Machtmißbrauch unter kriminologischen Gesichtspunkten diskutierbar machen. Kritische Ansätze zur Kriminalität der Mächtigen ziehen in diesem Sinne nicht nur Konsequenzen aus den beschriebenen Verengungen einer etatistischen Grundorientierung, sondern auch aus der konzeptionellen Selbstbeschränkung kritischer Kriminologen durch eine legalistische Kriminalitätsdefinition. Der erkenntnistheoretische Vorteil einer reflexiven Distanz gegenüber einer in Machtkämpfen geschaffenen und von Herrschaftsinteressen dominierten Wirklichkeit wird dabei allerdings auf Kosten einer klaren Abgrenzung des eigenen Forschungsbereichs erkauft. Es wird zu zeigen sein, daß dieses Problem zu einer Hürde auf dem Weg zu einer kriminologischen Bearbeitung des Phänomens "Kriminalität der Mächtigen" wird.

Das von Hess vorgeschlagene Konzept des "repressiven Verbrechens" impliziert eine Orientierung des Verbrechensbegriffes an Opfern. Diese Sichtweise erlaubt die Emanzipation des kriminologischen Forschungskonzepts von staatlich diktierten Kriterien. Gerade in modernen Demokratien ist es aber nahezu unmöglich, dem Handeln einzelner Repräsentanten der Macht kausale Handlungsfolgen direkt zuzuordnen. Die Komplexität moderner Gesellschaften läßt insbesondere in den unübersichtlichen Sphären politischer und ökonomischer Macht eine Reduktion politi-

18 Siehe dazu Hess, S.14f: Recht als Kompromiß zwischen herrschenden und aufstrebenden unterprivilegierten Schichten. Vgl. auch Beck/Scheerer, S.42.

schen Handelns auf eine simple Täter-Opfer-Dichotomie nicht zu.[19] Hess weiß um die Schwächen eines am Opfer orientierten Verbrechensbegriffs. Er erkennt die Gefahr eines moralischen Relativismus (Hess, S.12), dessen antinomische Struktur eine strategische und damit repressive Instrumentalisierung moralischer Kategorien im Interesse der Mächtigen ermöglicht. (So ließe sich beispielsweise mit einer entsprechenden Opferdefinition Abtreibung noch stärker kriminalisieren.) Statt des Versuchs einer Überwindung dieser antinomischen Gefahr weicht Hess ihr durch den Rückgriff auf einen legalistischen Verbrechensbegriff aus und gibt damit die im Konzept des repressiven Verbrechens angelegte kritische Substanz preis.

Anders dagegen Beck/Scheerer und Jubelius/Schonnefeld: Für erstere sollen Gefährdungen und Verletzungen elementarer Interessen durch Handeln Mächtiger unabhängig von geltendem Recht als illegitim entlarvt werden, um mittels entsprechender Rechtsforderungen die politische und gesellschaftliche Diskussion beeinflussen zu können (Beck/Scheerer, S.40). Letztere möchten über die Thematisierung von Machtmißbrauch einen kriminologischen Diskurs initiieren, der "Verhalten nicht mehr an formeller Normverletzung mißt, sondern an Interessen abwägender, qualitativ wertender Sozialschädlichkeit" (Jubelius/Schonnefeld, S.27). Ebenso wie Hess' Ansatz können die Definitionsversuche von Beck/Scheerer und Jubelius/-Schonnefeld als Funktion der oben beschriebenen wissenschaftstheoretischen Defizite gesehen werden. Die jeweils daraus gezogenen Konsequenzen verhalten sich jedoch komplementär zueinander. Während Hess zwecks Vermeidung moralischer Instrumentalisierbarkeit und relativistischer Konfusion auf den erkenntnistheoretisch bereits überwundenen legalistischen Verbrechensbegriff zurückgreift, lassen Beck/Scheerer und Jubelius/Schonnefeld diesen hinter sich. Dagegen entkommen sie nicht den Gefahren, die Hess vermeiden wollte und auf die er mit Recht hingewiesen hat. Ihr Verbrechensbegriff bleibt vage, kaum abgrenzbar, moralisch instrumentalisierbar, kurz: als Grundlage einer kritischen Analyse der "Kriminalität der Mächtigen" unbrauchbar. Ähnliches gilt für neuere Ansätze, die "soziale Gerechtigkeit" zum Fluchtpunkt einer kritischen Kriminologie machen wollen. Nach De Haan sollte "progressive Kriminologie... soziale Gerechtigkeit im weiteren Kontext von Freiheit und Unterdrückung... definieren" (de Haan, S.114). Damit wird die erkenntnistheoretische Problematik verschoben, ohne einer Lösung auch nur näher zu kommen. Gerechtigkeit bzw. Ungerechtigkeit ist ebenso eine gesellschaftlich konstruierte Kategorie wie Kriminalität, ihre Definition als Grundlage für die Wertung von gesellschaftlichem Handeln nicht minder dezisionistisch.

Die Schwierigkeiten dieser Ansätze verweisen auf die grundlegende Problematik kritischer Kriminologie, die "Kriminalität der Mächtigen" als kriminologisches Thema hinreichend zu begründen. Sie ist vor die Alternative gestellt: klare Abgrenzung des Forschungsbereiches bei Verlust einer kritischen, gesamtgesellschaftlichen Perspektive (dem legalistischen Verbrechensbegriff entsprechend) oder gesellschafts-

---

19 Aus diesem Grund ist auch die in marxistisch-strukturalistischen Ansätzen in den Vereinigten Staaten verbreitete Orientierung des Vebrechensbegriffes an den allgemeinen Menschenrechten aus erkenntnistheoretischer Sicht eher mit Skepsis zu betrachten. Vgl. Michalowsky, S.43.

kritische Perspektive bei Inkaufnahme von moralischem Relativismus und begrifflicher Konfusion. Dieses Dilemma ließ den Elan, den kritische Kriminologen in den 70er Jahre in Sachen "Kriminalität der Mächtigen" an den Tag gelegt hatten, recht schnell versiegen. Die radikale Forderung nach einem nicht-legalistischen, von bestehenden Macht- und Herrschaftsstrukturen unabhängigen Verbrechensbegriff wird zwar weiterhin mehr oder weniger vehement vorgetragen, keineswegs aber eingelöst.[20]

2.3.2 Das Dilemma kritischer Kriminologie

Solange "das Verbrechen" bzw. "der Verbrecher" als klassische Themen den traditionellen kriminologischen Diskurs beherrschen, läßt sich der diesem positivistischen Wissenschaftsverständnis komplementäre reflexive Standpunkt der kritischen Kriminologie problemlos durchhalten. Die Fronten sind klar: auf der einen Seite die gesellschaftlichen Strukturen und Mechanismen, die herrschenden Interessen durch die Organisierung öffentlicher Diskurse und nicht zuletzt durch das Strafrecht zur Durchsetzung verhelfen; auf der anderen Seite die kritische Kriminologie, die es sich zur Aufgabe macht, diese Prozesse der Instrumentalisierung und Etikettierung sowie die herrschaftsstabilisierende Funktion des Strafrechts zu durchschauen. Aus dieser Sicht sind Verbrechen Handlungen, denen das Attribut "Verbrechen" zugeschrieben wird. Erscheinen nun aber die Mächtigen nicht als Akteure, die zwecks Erhaltung von Privilegien Zuschreibungen vornehmen (also als Subjekte der Macht), sondern als Täter, denen selbst das Etikett "kriminell" zugeschrieben wird (also als Objekte von gesellschaftlichen Zuschreibungsprozessen), so geraten die einfachen Anwendungsregeln kritisch-kriminologischer Forschung ins Wanken. Die an der traditionellen Kriminologie zu Recht kritisierte Vermischung von Zuschreibungen und Eigenschaften, von Präskription und Deskription, hält nun Einzug in das Denken seiner Kritiker: Die kritische Kriminologie tut genau das, was sie der traditionellen als positivistische Verkürzung vorhält, sie etikettiert, statt Etikettierungen zu hinterfragen.

Indem man sich die Grenzen der Forschung und der Erkenntnis nicht mehr diktieren läßt, wird eine neue Abgrenzung des eigenen Forschungsbereiches notwendig. Diese hat man nun selbst vorzunehmen und zu begründen. Damit setzt sich die kritische Kriminologie einem erhöhten Rechtfertigungsdruck aus. Sie muß neben ihren Thesen und Methoden auch die Festlegung ihres Forschungsgegenstandes legitimieren. (Die traditionelle Kriminologie macht es sich einfacher. Sie verweigert schlichtweg jede wissenschaftliche Begründung der Eingrenzung ihres Forschungbereiches durch herrschende Rechtsnormen und Rechtsauffassungen. Allenfalls begnügt sie sich mit dem Hinweis auf ihren angeblichen Realismus.) Unter dem Legitimationsdruck sucht

---

20 Vgl. Landreville, 427-430; ähnlich Jägers Konzept der "Makrokriminalität". Jäger versteht darunter "Verbrechen, die von Staaten nicht bekämpft, sondern im Gegenteil gerade ausgelöst werden"(S.7). Eine positive Definition des Verbrechens liefert auch Jäger nicht. Eine andere Reaktion auf dieses Definitionsproblem stellt der zynische Rückzug in die positivistische Negation kritischer Ansätze dar, der sich selbst "neuer Realismus" nennt.

man nach einem gemeinsamen Nenner, einem Maßstab zur Trennung von "Kriminalität" und "Normalität", einer Unterscheidung, die der traditionellen Kriminologie vehement als positivistische Reduktion vorgehalten wird. Dieser gemeinsame Nenner ersetzt lediglich das Strafrecht bzw. die herrschende Rechtsauffassung als Maßstab des legalistischen Verbrechensbegriffs. Man entgeht der Gefahr, den Boden unter den Füßen zu verlieren, indem man das als relativ zu gesellschaftlichen Interessen erkannte Recht durch eine gleichsam relative Moral ersetzt. Wie der legalistische erhebt der an moralischen Maßstäben orientierte Verbrechensbegriff einen universalistischen Anspruch. Wie diesem fehlt ihm deshalb das reflexive Moment. Die beabsichtigte erkenntnistheoretische Überwindung des legalistischen Verbrechensbegriffes erweist sich als dessen Komplement; normative Kategorien werden jeweils als deskriptive mißverstanden. Wie die traditionelle Kriminologie bedient sich auch die kritische - freilich aus anderen Gründen - einer "vorsoziologische(n) Konzeption abweichenden Verhaltens" (Luhmann 1983, S.121).

Mitunter ist es die moralische Empörung über den Herrschaftszynismus der Mächtigen, die blasierte Mißachtung der Interessen derjenigen, denen sie ihre Macht verdanken und deren Interessen sie zu vertreten vorgeben, über Lug und Trug in den Sphären der politischen Macht, was Kriminologen mit kritischem Anspruch alle guten Vorsätze reflexiver Forschung vergessen läßt. Handlungen Mächtiger werden als repressives Verbrechen, als Kriminalität der Mächtigen, als Makrokriminalität etikettiert. Der Versuch, über den legalistischen Verbrechensbegriff hinaus zu gelangen, scheint untrennbar mit dem Verlust an Reflexionsvermögen verbunden zu sein, der Fähigkeit oder dem Willen, auch den eigenen Standpunkt als gesellschaftlich, kulturell, historisch bedingt zu erkennen; dann wäre aber die eigene, vermeintlich herrschaftskritische Definition von Kriminalität als Zuschreibungsprozeß entlarvt.

Freilich kann sie als Fürsprecher sozialer und politischer Interessen den Mächtigen gegenübertreten. Ist man sich jedoch über die kulturelle Relativität auch der eigenen Definition im klaren, so erscheint jede Trennung - auch die eigene - in kriminell und nicht-kriminell, in legitime Macht und Machtmißbrauch als prinzipiell beliebige Definition. Damit begibt sich die Kriminologie auf die Ebene eines Moralunternehmers (H.S. Becker, S.133ff., vgl. Scheerer 1986, S.135) und damit auf die des ethisch-moralischen Diskurses. Sie verliert die Legitimation als eigenständige Disziplin, wenn sie die Problematik des Machtmißbrauchs von der des Strafrechts trennt, das heißt: Sie gibt mit dem Anspruch auf einen eigenen Forschungsbereich auch den Anspruch einer eigenständigen wissenschaftlichen Disziplin auf.

Ihre Aufgabe sieht die kritische Kriminologie in der Entmystifizierung des Strafrechts und der herrschenden Begriffe von Kriminalität bzw. Verbrechen. Sie verweist auf deren gesellschaftlichen Kontext, auf ihren Zusammenhang zwischen Macht- und Herrschaftsinteressen, herrschenden Definitionen und dem Recht. Dies tut sie in einem partikularen Bereich, der mehr oder weniger durch das Strafrecht abgegrenzt ist. Ihre zentralen Fragen sind nicht: wer handelt oder ist aus welchen Gründen kriminell? sondern: wer definiert wen und welche Handlungen aus welchen Gründen als kriminell? Bezogen auf das Thema "politischer Machtmißbrauch" wären die Fragen zu modifizieren: Wer wirft wem aus welchen Gründen Machtmißbrauch vor? Welche Definitionen setzen sich durch und werden zu Recht? Welche Strukturen, Strategien und Praktiken liegen der Durchsetzung einer Definition und ihrer Institutionalisierung im Recht zugrunde? Diese Fragen gehen bereits über das Feld der Kriminologie hinaus. Sie sind nur aus der gesamtgesellschaftlichen Perspektive soziologischer Rechts- und Herrschaftstheorien zu beantworten, deren Forschungsfeld nicht durch herrschende Definitionen bereits eingeschränkt ist. Niklas Luhmann, keineswegs einer radikal herrschaftskritischen Position verdächtig, formuliert genau die erkenntnistheorischen Voraussetzungen, die der traditionellen Kriminologie aufgrund ihres unreflektierten Legalismus, der kritischen aufgrund ihres Moralismus fehlen: "Im Vergleich zur moralphilosophischen hängt die soziologische Analyse abweichenden Verhaltens in stärkerem Maße von 'symbolischen Neutralisierungen' ab, und dies mindestens in zwei Richtungen: Sie ist nur denkbar, wenn der Forscher aus der Perspektive des moralischen Urteils heraustritt.. Sie erfordert ferner, daß die Vorwerfbarkeit abweichenden Verhaltens objektiviert und isoliert wird und nicht auf den erklärenden Kontext abfärbt; denn nur so ist es möglich, abweichendes Verhalten durch Bezug auf positiv geschätzte Ursachen oder gar auf die Ganzheit eines strukturierten Systems zu erklären. Die Auswahl der Erklärung darf, mit anderen Worten, weder subjektiv noch objektiv durch die Moralität des zu erklärenden Ereignisses behindert werden. Das setzt hochentwickelte Fähigkeit zu differenziertem Negieren voraus" (Luhmann 1983, S.121). Daß dieses erkenntnistheoretische Diktum keine Unterschiede zwischen dem abweichenden Verhalten des vulgären Delinquenten und der als Machtmißbrauch kritisierten Handlungen politischer Repräsentanten zuläßt, bedarf keiner weiteren Erläuterung. Differenziertes Negieren aber ist allenfalls aus der gesellschaftstheoretischen Perspektive des Soziologen, nicht jedoch aus dem durch moralische und rechtliche Vorgaben eingeschränkten Blickwinkel des Kriminologen.

Die Aufgabe einer kritischen Kriminologie im Rahmen einer umfassenderen Gesellschaftstheorie[21] sollte sich deshalb auf die Kritik der traditionellen Kriminologie, des Strafrechts und der herrschenden Definitionen beschränken. Ein solches Selbstverständnis wäre im dialektischen Sinn negativ: als Negation der Verstrickung der traditionellen Kriminologie in Macht- und Herrschaftszusammenhänge, als Rekonstruktion ihres Entstehungszusammenhangs im Rahmen der Vervollkommnung der Machttechniken.[22] Die Aufgabe der kritischen Kriminologie als Teil einer Gesellschaftstheorie wäre dann erfüllt, wenn die traditionelle Kriminologie als Wissenschaft vom Verbrechen und vom Delinquenten wieder auf das reduziert wäre, was sie im Grunde schon immer war: auf den Status einer Hilfsdisziplin des Strafrechts und damit der Herrschaft. Nur diese Negativität der kritischen Kriminologie, ihr "antikriminologischer"[23] Gestus, legitimiert sie als Teil Kritischer Theorie. Er ist ihre einzige

---

21 In diesem Sinne fordert Quensel, die Kriminologie in den umfassenen Kontext der Humanwissenschaften einzubauen (S.11).

22 Nicht von ungefähr war einer der profiliertesten Analytiker dieser Problematik, Michel Foucault (1991b, S.40ff.; 1991c, S.122ff.), gleichzeitig einer der schärfsten Kritiker der Kriminologie.

23 Zur kritischen Kriminologie als "Antikriminologie" s. Quensel, S.8. Auf die Bedeutung von Foucaults "Ideologiekritik als Dekonstruktion von Wissenschaft" für die Kritik der

genuin "kriminologische" Aufgabe. Das Strafrecht sowie herrschende Normen und Definitionen sind Gegenstand der Rechtssoziologie, der Linguistik, der Politischen Soziologie. Die Erfüllung der Aufgabe wäre demnach gleichbedeutend mit ihrer Auflösung.

Voraussetzung für die Legitimation als Teil Kritischer Theorie ist die Fähigkeit zur Abstraktion von positivistischen, moralischen und legalistischen Standpunkten. Als Kriminologie des Machtmißbrauchs verläßt die kritischen Kriminologie dieses Abstraktionsniveau, indem sie selbst Zuschreibungen vornimmt, statt Zuschreibungen in ihrem gesellschaftlichen Kontext als Strategien zu analysieren. Mit der Wendung zur positiven Definition eines eigenen Gegenstandes - der Kriminalität des Machtmißbrauchs - gibt sie die negative Position auf und wird selbst zur positiven und partikularen Disziplin. Konsequent wäre es dagegen, das Thema Machtmißbrauch als gesellschaftliches und politisches den Gesellschaftswissenschaften zu überlassen. Nimmt sich die Kriminologie dieser Problematik an, tritt der Aspekt des Strafrechts in den Vordergrund. Die subtilen alltäglichen Mechanismen der Macht, die Foucault als deren "Mikrophysik" beschrieben hat, und die nicht in den konventionellen, schon gar nicht in den institutionalisierten Definitionen des Machtmißbrauchs auftauchen, bleiben dem Blick entzogen. Dagegen vermag eine Analytik der gesellschaftlichen Diskurse um den Machtmißbrauch auch jene Aspekte einzubeziehen, unabhängig von den vorgegebenen Abgrenzungen durch das Recht. Abstrahieren von eigenen Standpunkten und institutionalisierten Definitionen heißt jedoch keineswegs, diese ignorieren, sondern, im Gegenteil, diese problematisieren. Eine machtkritische Diskurstheorie, die Distanz sowohl zu herrschenden wie zu oppositionellen moralischen Standpunkten wahrt, läuft nicht Gefahr, die Problematik des politischen Machtmißbrauchs auf das Problem des Strafrechts und des abweichenden Verhaltens politischer Funktionsträger zu verkürzen. Ihr sollte es nicht darum gehen, Personen, politischen Gruppen oder Klassen Machtmißbrauch anzulasten. Vielmehr sollte sie den Diskurs des Machtmißbrauchs als Teil des politischen Diskurses analysieren, seine Entstehungsbedingungen, seine Formen und Funktionen in verschiedenen gesellschaftlichen Kontexten, die ihn begrenzenden Strukturen, seine eigenen Ausgrenzungsmechanismen, die mit ihm verbundenen Strategien und Praktiken, seine innere Dynamik und seine inneren Differenzierungen sowie seine Wechselwirkungen mit politischer Herrschaft und dem Recht.

Kriminologie verweisen Althoff/Leppelt, S.180.

3 Gesellschaftstheorie als Machtkritik

Wie die der Kriminalität oder des Verbrechens ist jede Definition des Machtmißbrauchs gesellschaftlich bedingt, die Unterscheidung zwischen legitimer Ausübung von Macht und Machtmißbrauch Konvention. Nicht weniger als der des kriminellen Handelns ist der Vorwurf des Machtmißbrauchs eine Zuschreibung, mit der Akteure konkrete politische, soziale oder ökonomische Interessen verbinden und die in gesellschaftlichen Konflikten strategisch eingesetzt werden kann. Diskurse über Machtmißbrauch sind Diskurse über und um die Macht.

Im historischen Vergleich wird die Relativität des Verständnisses von Machtmißbrauch zu konkreten gesellschaftlichen Bedingungen deutlich.[1] Sie ist jedoch keineswegs auf die historische Dimension beschränkt. In unterschiedlichen Gesellschaften gelten jeweils andere Grenzen zwischen legitimer Macht und Machtmißbrauch; ebenso konkurrieren innerhalb einzelner Gesellschaften verschiedene Auffassungen. Während sich ein Ensemble von Auffassungen jeweils durchsetzt und als Recht institutionalisiert wird, gewinnen abweichende Auffassungen die Gestalt oppositioneller Machtkritik. Jene dem herrschenden Machtbegriff entgegengesetzten, ihn moralisch denunzierenden und ideologiekritisch entlarvenden Diskurse der Machtkritik gaben nicht selten entscheidende Impulse für radikale gesellschaftliche Umwälzungen. Man denke nur an den Zusammenbruch des feudalistischen Herrschaftssystems. Erst die vehementen Vorwürfe des Machtmißbrauchs, die machtkritischen Diskurse des Bürgertums kanalisierten die von sozialer Not, politischer Repression und Rechtlosigkeit gespeiste Wut des vierten Standes.

3.1 Theoretische Perspektive: Der Diskursbegriff

Aus der kulturellen und historischen Bedingtheit geltender Definitionen des Machtmißbrauchs resultieren die methodischen und konzeptionellen Schwierigkeiten einer soziologischen und historischen Untersuchung zum Machtmißbrauch. Wie am Beispiel der Kriminologie gezeigt, wäre die Akzeptanz der herrschenden Definition mit dem Einverständnis in die herrschenden Machtverhältnisse identisch. Die Konstruktion einer alternativen Definition wäre Zuschreibung aus der Perspektive einer partikularen Position, wie dies oben an der kritischen Kriminologie kritisiert wurde.

---

1 Ein Beispiel ist die Praxis des Ämterkaufs in vor- und frühkapitalistischen Gesellschaften. Die Käuflichkeit oder der Verkauf administrativer Macht gilt unter den Bedingungen demokratischer Staaten heute selbstverständlich als Machtmißbrauch, war jedoch als Ämterkauf bis zum 17. Jahrhundert weithin legitim und legal. Darauf wird später ausführlicher eingegangen.

Diesem Dilemma entgeht das Konzept der Beschreibung von Diskursen. Foucault betrachtet die Diskurse aus der Perspektive eines unbeteiligten Beobachters, als "Ethnologe der eigenen Kultur".[2] Aus dieser Perspektive hat der Diskurs den Charakter eines Gutes[3], das, je nach Interessenlage, zur Stabilisierung oder zur Destabilisierung von Machtverhältnissen strategisch eingesetzt werden kann; das folglich dem Erhalt, der Kritik oder der Ablösung von Macht dient.

Diese Haltung zum Diskurs, die sowohl die Wahrheitsansprüche des Sprechers als auch die Bedeutung des Gesagten ausklammert,[4] erlaubt die Distanz zum Gegenstand der Untersuchung: der Dynamik des Begriffs des Machtmißbrauchs in der bürgerlichen Gesellschaft. Die im Diskurs vorgefundenen Definitionen des Machtmißbrauchs verweisen aus dieser Perspektive auf politische Strategien, auf Mechanismen und Techniken der Macht.

Die räumliche und zeitliche Abgrenzung einzelner Diskurse ist aufgrund des schillernden Charakters dieses Diskursbegriffs problematisch. Kritische Gesellschaftstheorie aber darf um der klaren Abgrenzung ihrer Themen willen nicht vor dieser Komplexität zurückstecken. Sie steht vor der Alternative zwischen einer theoretischen Zurichtung der Realität durch deren begrenzte Darstellung in Kategorien der formalen Logik und der Annahme der Herausforderung, gesellschaftliche Widersprüche und Paradoxien, die sich nicht gänzlich unter die Vorgaben formaler Logik subsumieren lassen, durch dialektische Annäherung des Begriffs zu problematisieren.

Das Schillern des Foucaultschen Diskursbegriffs ist aus dieser Sicht Kritischer Theorie nicht Indiz für methodische Ungenauigkeit, sondern für den Versuch, Begriff und Realität anzunähern - im Sinne der negativen Dialektik Adornos. Adorno kritisiert das Primat der Methode *vor* der Erkenntnis, das mit der "wissenschaftlichen" Forderung nach exakt abgegrenzten Begriffsdefinitionen auch die Sozialwissenschaften dominiert: "Längst jedoch sollen Scheinprobleme nicht mehr solche sein, die des vernünftigen Urteils und des vernünftigen Interesses spotten, sondern solche, die unklar definierte Begriffe verwenden. Ein semantisches Tabu würgt Sachfragen ab, als wären es nur Bedeutungsfragen; die Vorerwägung artet aus ins Verbot der Erwägung. Spielregeln einer ohne weiteres nach... der exakten Wissenschaft gemodelten Methode regulieren, worüber nachgedacht werden darf, und wäre es das Dringlichste; approbierte Verfahrensweisen, Mittel, gewinnen den Primat über das zu Erkennende, die Zwecke. Abgekanzelt werden Erfahrungen, die dem eindeutig ihnen zugeordneten Zeichen widerstreben" (Adorno 1990, S.211).

---

2 Foucault (1987), S.12. Die Metapher ist freilich eine Zuspitzung Foucaults, die nicht als naiver Positivismus mißverstanden werden darf: "Foucaults Schriften, er selbst hat es wiederholt gesagt, erinnern an die Aufzeichnungen eines Fremden, der die Welt der gelebten Bedeutungen aus weitester ferne betrachtet wie ein Ethnologe der eigenen Kultur. Und doch liegt der Fall so klar und eindeutig nicht. Kaum nämlich haben wir ihn dort, weitab von allem Geschehen, entdeckt, bemerken wir ihn plötzlich ganz in der Nähe, wie er sich in praller Sonne über die Dinge des Lebens beugt" (Konersmann, S.91).

3 In der Archäologie des Wissens nennt Foucault den Diskurs ein "endliches, begrenztes, wünschenswertes, nützliches Gut" (1990a, S.175).

4 Foucault (1990a), S.41ff. Die doppelte Reduktion (transzendental und phänomenologisch) im Denken Foucaults rekonstruieren einleuchtend Dreyfus/Rabinow, S.74-76.

Mit seinem Diskursbegriff entgeht Foucault dieser Zurichtung der Forschung durch den Vorrang der Methode. Dies ist der theoretische Horizont, vor dem der politische Diskurs des Machtmißbrauchs in der bürgerlichen Gesellschaft im folgenden untersucht wird. Beansprucht wird nicht, die archäologische Methode Foucaults anzuwenden, auch nicht, Diskursanalyse im linguistischen Sinn zu betreiben. Der Begriff des Diskurses aber wird im Sinne Foucaults verwendet, denn er erlaubt eine kritische und distanzierte Perspektive zur gesellschaftlichen Wirklichkeit.

Das Feld der einzelnen Diskurse ist nicht formal logisch aufgebaut, sondern der Versuch, mit dem Modell der Abgrenzungen, gegenseitigen Verschränkungen und Überschneidungen, der Ursprünge, Anfänge und des Verschwindens einzelner Diskurse theoretische Begriffe gesellschaftlicher Realität anzunähern. In diesem Sinne sind die hier vorgeschlagenen Definitionen und hierarchischen Gliederungen der Diskurse zu betrachten: Sie beanspruchen nicht den Status eines Untersuchungsergebnisses oder einer Erkenntnis; vielmehr sind sie als Vorschläge zu sehen, Aussagen nach Kriterien zusammenzufassen, die die Konstruktion eines adäquaten Modells der vorgegebenen Problematik erlauben.[5] Dieser heuristische Charakter erlaubt die Verwendung des hier vorgeschlagenen Modells nur für den Zweck dieser Untersuchung. (Jede davon sich unterscheidende Problematik muß nach diesem Verständnis ihr eigenes vorläufiges Modell schaffen.)[6]

Die Diskurse sind nicht in eine logische Formel zu bringen, ebensowenig wie die Realität, die sie als Modell darstellen sollen. Sie befinden sich auf verschiedenen Dimensionen, die nicht logisch vergleichbar und gegeneinander abgrenzbar sind. So lassen sich Diskurse ebenso nach der Dimension ihrer politischen Institutionalisierung gliedern wie nach den gesellschaftlichen Interessen ihrer Träger. Einzelne Aussagen können beiden Dimensionen gleichzeitig zugeordnet werden. Die Dimension der Betrachtung von Diskursen ist bestimmt durch das Erkenntnisinteresse des Forschers.

Im Rahmen kritischer Gesellschaftstheorie gilt dieses den gesellschaftlichen Mechanismen, die bestimmte Interessen systematisch bevorzugen und andere aus-

---

5 Die Aussage ist die kleinste Einheit des Diskurses bei Foucault (1990a, S.115-127); "sie ist eine Existenzfunktion, die den Zeichen eigen ist und von der ausgehend man dann durch die Analyse oder die Anschauung entscheiden kann, ob sie einen 'Sinn ergeben' oder nicht, gemäß welcher Regel sie aufeinander und nebeneinanderstehen, wovon sie ein Zeichen sind und welche Art von Akt sich durch ihre (mündliche oder schriftliche) Formulierung bewirkt findet. Man braucht also nicht zu staunen, daß man für die Aussage keine strukturellen Einheitskriterien gefunden hat. Das liegt daran, daß sie in sich selbst keine Einheit ist, sondern eine Funktion, die ein Gebiet von Strukturen und möglichen Einheiten durchkreuzt und sie mit konkreten Inhalten in der Zeit und im Raum erscheinen läßt" (S.126).

6 Eine gewissse Homologie verbindet den Diskursbegriff mit dem des Systems in der soziologischen Systemtheorie. Der Standpunkt des Theoretikers ist der eines distanzierten Beobachters. Wie einzelne Kommunikationen je nach Beobachterperspektive mehreren Systemen, so können einzelne Aussagen mehreren Diskursen zugeordnet werden. Wie Systeme und Subsysteme gliedern sich die Diskurse hierarchisch in über- und untergeordnete. Während für ein System andere Systeme die Umwelt bilden, bilden Diskurse für einen konkreten Diskurs einen Kontext. Systeme und Diskurse funktionieren nach eigenen, internen Regeln. Nur: Systeme, ihre innere Struktur und ihre Regeln (codes) sind ungleich stabiler

schließen. Die den Klassencharakter der bürgerlichen Gesellschaft bestimmende "Konfiguration von institutionalisierten Ausschließungsregeln" (Offe 1972, S.74) kann mit dem Diskursmodell Foucaults beschrieben werden. Foucault fragt nicht nach den Konstitutionsregeln einer Aussage (wie linguistische und strukturalistische Ansätze), auch nicht nach einer dem Diskursprinzip immanenten Vernunft (wie Apel und Habermas), sondern nach den Ausschließungsmechansimen der Diskurse: "Wie kommt es, daß eine bestimmte Aussage erschienen ist und keine andere an ihrer Stelle" (Foucault 1990a, S.42)? Sein Interesse gilt nicht der Verbindung von Diskurs und Vernunft, sondern der von Diskurs und Macht. Die Methode Foucaults zielt auf die Zerstörung vermeintlicher Selbstverständlichkeiten und Gewißheiten, indem sie die Relativität gültiger Denkschemata und Definitionen und ihre Verschränkungen mit den Mechanismen der Macht deutlich macht: "Für die 'Diskursanalytik' ist... charakteristisch, daß sie Denkweisen nicht begründungsbezogen untersucht, sondern deren jeweilige zufällige historische Konstituenten, die Bedingungen ihrer Möglichkeit, namhaft machen will, um auf diese Weise ihre Gültigkeit zu relativieren" (Schäfer, S.82).

3.2 Ein Modell des politischen Diskurses

Diese Gedanken liegen den heuristischen Definitionen zugrunde, die im folgenden gelten sollen: Der *politische Diskurs* bezeichnet die Gesamtheit aller Aussagen, die innerhalb einer gesellschaftlichen Formation das "Politische" betreffen. Der tautologische Charakter der Definition ist beabswichtigt. Er erlaubt, den politischen Diskurs in seiner gesellschaftlich bedingten Form zu beschreiben, weil er die herrschende Definition des Politischen in Frage stellt. Damit geraten Mechanismen der Selektion und der Konstitution von Diskursen ins Blickfeld, die auf den Zusammenhang von Macht und Definitionsmacht verweisen. Dem politischen Diskurs gehört in diesem Rahmen auch die Kritik des Politischen an, die jene Grenzen des politischen Diskurses bereits überschreitet. Diese paradoxe Figur entspricht der Dialektik von Abgrenzung und Grenzüberschreitung, von Affirmation und Kritik. Die Definition des politischen Diskurses variiert mit Forschungsgegenstand und Forschungszweck. Adorno verweist mit seiner Kritik am starren Begriff auf die Notwendigkeit eines variablen Begriffs: "Der immanente Anspruch des Begriffs ist seine Ordnung schaffende Invarianz gegenüber dem Wechsel des unter ihm Befaßten. Diesen verleugnet die Form des Begriffs, auch darin falsch. In Dialektik erhebt Denken Einspruch gegen die Archaismen seiner Begrifflichkeit. Der Begriff an sich hypostasiert, vor allem Inhalt, seine eigene Form gegenüber den Inhalten. Damit aber schon das Identitätsprinzip: daß ein Sachverhalt an sich, als Festes, Beständiges, sei, was lediglich denkpraktisch postuliert wird. Identifizierendes Denken vergegenständlicht durch die logische Identität des Begriffs. Dialektik läuft, ihrer subjektiven Seite nach, darauf hinaus, so zu denken, daß nicht länger die Form des Denkens seine Gegenstände zu unveränderlichen, sich selber gleichbleibenden macht; daß sie das seien, widerlegt Erfahrung" (Adorno 1990, S.156f.).

Die vorläufige Definition erfordert im folgenden eine dem jeweiligen Kontext entsprechende Verwendung der Begriffe des politischen Diskurses und des Politischen, die nötigenfalls ständig neu zu erläutern sind. Wird keine kontextabhängige Definition angegeben, so ist der "politische Diskurs" im Sinne der herrschenden Definition des Politischen Gegenstand der Untersuchung. Gekennzeichnet ist dieser durch das politische Ritual der Integration und des Ausschlusses, das nur die "oberflächlichste und sichtbarste Form" der diskursiven "Einschränkungssysteme" ist (Foucault 1991a, S.27).

Der *Diskurs des (politischen) Machtmißbrauchs* ist nach dieser Definition in der Regel Teil des politischen Diskurses. Seine Beschreibung als *ein* Diskurs ist eine Abstraktion von seiner heterogenen, in sich widersprüchlichen Struktur, ein "Kollektivsingular"[7]. Diese Abstraktion erlaubt Aussagen über Funktionen und Entstehungsbedingungen auf gesamtgesellschaftlicher Ebene und verweist damit auf gesellschaftliche Totalität, verschleiert aber seinen konflikthaften, historischen und partikularen Charakter. Deshalb ist der "Diskurs des Machtmißbrauchs" als Konglomerat zahlreicher, in der Regel konkurrierender Diskurse zu denken, die politischen Machtmißbrauch definieren, anprangern oder auch bestreiten. Diese einzelnen, interessegeleiteten Diskurse entfalten aufgrund ihrer gegenseitigen Wechselwirkungen, Frontstellungen und Interdependenzen eine eigene Dynamik, die in ihrer Gesamtheit als diejenige des *einen* Diskurses des Machtmißbrauchs untersucht werden kann. Die Zugehörigkeit einer Aussage zum Diskurs des *politischen* Machtmißbrauchs ist relativ zu der jeweils geltenden Definition des Politischen. Ein literarischer, auch ein theoretischer Angriff auf Praktiken der Macht ist unter Umständen aus der Perspektive des herrschenden Politikbegriffes vom politischen Diskurs ausgeschlossen, wenn er die Regeln verletzt, die der politische Diskurs konstituiert und die den politischen Diskurs konstituieren.[8]

Die aus der Sicht der jewiligen Träger der Diskurse des Machtmißbrauchs legitime Macht wird im folgenden, komplementär zum Begriff des Machtmißbrauchs, *Machtgebrauch* genannt. Die Relativität der entsprechenden Definitionen zu den Interessen der jeweiligen Akteure sei an einem Beispiel erläutert: Aus der Sicht eines strikten Legalismus ist jede politische Praxis, die nicht gegen geltendes Recht verstößt, legitime Ausübung der Macht: Machtgebrauch. Aus der Sicht der Friedensbewegung ist dagegen auch die Unterstützung legaler Waffenlieferungen an totalitäre Regime Machtmißbrauch, mitunter sogar eine Gesetzgebung, die diese ermöglicht.

Der Begriff der *Machtkritik* unterscheidet sich, trotz einiger Überschneidungen, von dem des Diskurses des Machtmißbrauchs. Machtkritik zielt auf die Techniken, Strategien und Strukturen der Macht selbst, während Diskurse des Machtmißbrauchs die Abweichung von jeweils als legitim geltenden Normen kritisieren. Typisch für Diskurse des Machtmißbrauchs ist der bürgerliche Skandal, der durch die Ausgrenzung des Abweichenden affirmative Elemente enthält; typisch für Machtkritik

---

7 Kritisch zur Foucaultschen Verwendung des Diskursbegriffs als Kollektivsingular: Frank (1990), S.420.

8 Der hier vertretene Ansatz legt in diesem Sinn keinen Wert auf Akzeptanz im politischen Diskurs.

ist die marxistische Kritik der politischen Ökonomie, die die bürgerliche Form der politischen Macht insgesamt in Frage stellt.

Die Ebenen des politischen Diskurses:
Nach dem Kriterium des Grades der gesellschaftlichen Institutionalisierung läßt sich der politische Diskurs in verschiedene Ebenen untergliedern. (Diese Dimension steht quer zu derjenigen, in welcher der Diskurs des Machtmißbrauchs zu verorten ist. Dessen Kriterium sind die Interessen seiner Träger.)

Unter dem *öffentlichen Diskurs* sei die Gesamtheit aller Aussagen zu verstehen, deren Adressat die bürgerliche Öffentlichkeit ist, unabhängig vom Absender.

Der *offizielle Diskurs* sei die Gesamtheit der Aussagen, die im Namen des Staates oder staatstragender Parteien an die Öffentlichkeit gerichtet werden.[9] Folglich ist der offizielle Diskurs ein Unterfall des öffentlichen.

Zum *legislativen Diskurs* zählen der Prozeß und das Ergebnis der Gesetzgebung (Gesetzgebung und Recht).

Der *administrative Diskurs* beinhaltet per definitionem alle verbindlichen Texte, die von politischen Administrationen produziert werden, z.B. Verwaltungsentscheidungen, Vorschriften, Genehmigungen, Verordnungen, Verträge, interne Anweisungen usw. Er dokumentiert die Implementation des Rechts durch die Verwaltung.

Der *juridische Diskurs* sei entsprechend die Umsetzung des Rechts durch die Justiz: Urteile, Dokumente über Verfahren oder Einstellungen von Verfahren.

Als *politische Praxis* wird jede Handlung der politischen Administration bezeichnet, unter Umständen auch das Unterlassen von Handlungen. Diese Praxis kann Teil des administrativen Diskurses sein, kann aber ebenso nicht-sprachlich sein. (Wenn z.B. Rechtsnormen von staatlicher Seite nicht umgesetzt werden, so liegt zwar weder Handeln noch ein Diskurs vor, das Nicht-Handeln aber kann in einem entsprechenden Kontext durchaus politisch relevant sein.)

3.3 Foucaults Analytik der Macht als Konzept kritischer Gesellschaftstheorie

Die Foucaultsche Perspektive der interpretativen Diskursanalytik[10] beinhaltet die Abstraktion von normativen Geltungsansprüchen des Forschers. Nietzsche hat die Notwendigkeit einer solchen Abstraktion für die Erkenntnis der Entstehungsbedingungen und der Struktur der Moral gezeigt, Foucault für diejenigen der modernen Mikrophysik der Macht. Eine kritische Forschung darf hinter dieses Abstraktionsniveau nicht mehr zurückfallen. Für unser Thema heißt dies: Diskurse des Machtmißbrauchs sind relativ zu gesellschaftlichen Machtverhältnissen zu betrachten. Keine Sympathie für Machtkritik rechtfertigt eine starre Definition von Machtmiß-

---

9 Bourdieu definiert den ofiziellen Diskurs weiter: ihm gehört jede Aussage an, die eine Person im Namen einer sozialen Gruppe macht. Dies betrifft nicht nur die offiziellen Organe des Staates, sondern auch Sprecher von Verbänden, Gewerkschaften bis hin zu sozialen Bewegungen (1992b, S.150).

10 Zu Foucaults Konzept einer "interpretativen Analytik" vgl. Dreyfus/Rabinow, S.163.

brauch, eine reflexionslose Zuschreibung, eine Verdinglichung durch den Forscher, steht diese noch so sehr im Dienste der Emanzipation oder des gesellschaftlichen Fortschritts.

Die Abstraktion mag zynisch erscheinen. Gleichwohl darf auf sie im Interesse des Verstehens gesellschaftlicher Zusammenhänge nicht verzichtet werden. Auf der anderen Seite ist die Verabsolutierung der Abstraktion ohne die Reflexion des eigenen ethisch-moralischen Standpunktes, der Heteronomie des eigenen Forschungsinteresses, nicht minder naiv als der das Bestehende mystifizierende Positivismus. Erst die dialektische Vermittlung von Machtkritik und Machtverhältnissen, die Akzeptanz des fortschrittlichen Potentials in den von Machtinteressen pervertierten, fetischisierten und instrumentalisierten Diskursen nimmt dem radikalem Kritizismus seinen zynischen Charakter.

Die Relativierung der Grenzen zwischen Machtgebrauch und Machtmißbrauch bedeutet deshalb weder den Verzicht auf Machtkritik schlechthin noch eine jede Differenzierung verweigernde Denunziation sämtlicher Formen der Macht - allerdings eine tiefe Skepsis diesen gegenüber. Die Notwendigkeit von Macht als gesellschaftlichem Organisationsprinzip steht ebenso außer Zweifel wie die Pflicht zur Anprangerung bestimmter Machtpraktiken bis hin zum Widerstand. Daß dies notwendig mit einem Prozeß der Zuschreibung verbunden ist steht außer Frage. Nur muß diese Zuschreibung als solche in ihrer ganzen Heteronomie und kulturellen Partikularität reflektiert werden. Nur dann ist die teilweise Abstraktion von diesem (eine vollständige Abstraktion wäre die Illusion eines reinen Objektivismus und Subjektivismus in einem) im Interesse einer Analyse gesellschaftlicher Zusammenhänge sinnvoll und glaubwürdig. Diese Relativierung der Position des Forschers ist Voraussetzung für eine differenzierte Machtkritik, eine Rückversicherung gegen dezisionistische Formen der Argumentation: gegen autoritären Legalismus und Etatismus, gegen bornierten Dogmatismus und gegen naiven Moralismus. Die Verabsolutierung der Abstraktion verfiele dagegen der positivistischen Illusion einer Wertfreiheit.

Kritische Theorie bedarf der Idee eines Allgemeinen, eines Wesens, einer Wahrheit, woran die Realität als Besonderes, als Erscheinung, als das Falsche gemessen und kritisiert werden kann. Ohne den Hintergrund einer kontrafaktisch wirkenden Idee eines Allgemeinen, ohne Utopie wird die Abstraktionsleistung zur positivistischen Falle, deren Konsequenz das fatalistische oder zynische Einverständnis mit dem Bestehenden ist. Adorno hat diese Dialektik zwischen notwendiger Abstraktion und reflexiver Vergewisserung eines Maßstabes, der die Dialektik von Erscheinung und Wesen entspricht, dem bedingungslos an den Erscheinungen orientierten, jegliches Wesen negierenden Denken Nietzsches gegenübergestellt: "Nietzsche... hatte den Unterschied von Wesen und Erscheinung verspottet und die Hinterwelt den Hinterwäldlern überantwortet, darin eines Sinnes mit dem gesamten Positivismus. Nirgendwo anders vielleicht ist so greifbar, wie unverdrossene Aufklärung den Dunkelmännern zustatten kommt. Wesen ist, was nach dem Gesetz des Unwesens selber verdeckt wird; bestreiten, daß ein Wesen sei, heißt sich auf die Seite des Scheins, der totalen Ideologie schlagen, zu der mittlerweile das Dasein wurde. Wem alles Erscheinende gleich viel gilt, weil er von keinem Wesen weiß, das zu scheiden erlaubte, macht, aus fanatisierter Wahrheitsliebe, gemeinsame Sache mit der Unwahrheit, dem von Nietzsche verachteten wissenschaftlichen Stumpfsinn, der es ablehnt, um die Dignität der zu behandelnden Gegenstände sich zu kümmern, und diese Dignität entweder der öffentlichen Meinung nachplappert oder als ihr Kriterium erkürt, ob über eine Sache, wie sie sagen, noch nicht gearbeitet worden sei" (Adorno 1990, S.171).

Welche Schlüsse muß eine kritische Sozialforschung daraus ziehen? Verdinglichung ist als solche zu benennen, ihre repressive Wirkung als Vergesellschaftung zu kritisieren, ohne das Wissen darüber zu verleugnen, daß Verdinglichung Denken erst ermögicht.[11] Ohne Verdinglichung ist weder Denken noch Vernunft möglich. Die undifferenzierte Denunziation jeglicher Verdinglichung ist Denuntiation der Vernunft. Allen Inhalts entledigt wird sie als pure Form ihrerseits zum Instrument jedweder Herrschaft. Erst das Regulativ einer Idee des Wahren läßt diese Denunziation zu Kritik werden. In diesem Sinne ist Adorno zu verstehen, wenn er Erkenntnis im kritischen Sinne an die Utopie knüpft: "Erkenntnis, die den Inhalt will, will die Utopie." (Adorno 1990, S.66) Zu kritisieren sind deshalb nicht Rationalität, Vernunft und Aufklärung an sich, sondern deren Verkürzungen, Instrumentalisierungen und Pervertierungen.

Freilich lauert mit der Utopie die Gefahr ihrer Verdinglichung, an deren Ende der fundamentalistische und fanatische Totalitarismus stalinistischer Prägung steht. Der Versuch, Utopie und damit das moralisch "Richtige" zu konkretisieren, positiv zu bennenen, beansprucht bereits einen Alleinbesitz der Wahrheit. Er schlägt um in totalisierenden Dezisionismus, gleich, ob der herrschende Standpunkt oder der oppositioneller Moralunternehmer bezogen wird. Adorno vertritt dagegen einen konsequent "bilderlosen" Materialismus. "Abbildendes Denken wäre reflexionslos, ein undialektischer Widerspruch; ohne Reflexion keine Theorie. Bewußtsein, das zwischen sich und das, was es denkt, ein Drittes, Bilder schöbe, reproduzierte unvermerkt den Idealismus; ein Corpus von Vorstellungen substituierte den Gegenstand der Erkenntnis, und eine subjektive Willkür solcher Vorstellungen ist die der Verordnenden. Die materialistische Sehnsucht, die Sache zu begreifen, will das Gegenteil: nur bilderlos wäre das volle Objekt zu denken" (a.a.O., S.206f.).

Die Kritik an Foucaults angeblich poststrukturalistischer Standpunktslosigkeit wirft ihm das Fehlen des Regulativs der Vernunft vor.[12] Die zynische Position eines Außenstehenden ohne moralisch-ethisches Fundament und die daran anschließende Ausklammerung von Wahrheit und Bedeutung weise Foucault als Anti- bzw. Postmodernisten, als Gegenaufklärer aus.[13] Foucault selbst ist dieser Kritik mit

---

11 Die Dialektik des identifizierenden Denkens in Adornos Negativer Dialektik vollzieht Brunkhorst nach: Identifizierendes Denken ist Verdinglichung, Repression. Doch ohne identifizierendes Denken kann es keine Freiheit geben, nicht einmal ein der Freiheit Ähnliches (Brunkhorst, S.293).

12 Habermas nennt Foucault einen "radikalen Historisten" (1988, S.326); vgl. dagegen Konersmann, S.56ff.

13 Zur Ausklammerung von Wahrheit und Bedeutung durch Foucaults "doppelte phäno-

seinem Aufsatz über die Kantsche Frage "Was ist Aufklärung" begegnet. Doch auch Foucaults frühere Werke erweisen sich bei näherem hinsehen als radikal aufklärerische Modernitätskritik. Foucaults Interesse gilt den Mechanismen der Macht, die im Namen von Rationalität und Vernunft auftreten. Seine verfremdende Distanz des "Ethnologen der eigenen Kultur" entspringt nicht dem vielzitierten und oft mißverstandenen "glücklichen Positivismus" (Foucault 1991a, S.44; ebenso 1990a, S.182), sondern einer bewußten Parteinahme für das Individuum gegen die Repressivität moderner Machtmechanismen. Im Sinne der Dialektik der Aufklärung ist diese rationalisierte Repressivität Teil des Projekts Moderne. Foucault kritisiert die Moderne, aber denunziert sie nicht. Er ist skeptisch, aber nicht zynisch. Seine Genealogie beansprucht nicht, wertfrei oder ohne Standpunkt zu sein. Der historische Sinn, der den erkenntnistheoretischen Standpunkt des Genealogen definiert, ist bewußt perspektivisch - "und lehnt das System seiner eigenen Ungerechtigkeit nicht ab... Anstatt ein diskretes Zurückweichen vor dem Betrachteten vorzutäuschen, anstatt im Betrachteten sein Gesetz zu suchen und ihm jede Bewegung unterzuordnen, weiß dieser Blick, von wo er blickt und worauf er blickt" (Foucault 1987; Nietzsche, die Genealogie..., S.82).

Die Kritiker Foucaults übersehen die Affinität seiner Machtkritik zu der Adornos und der Kritischen Theorie. Beide kritisieren gesellschaftlich produzierte Repression gegenüber dem Individuum, beide verfolgen zu diesem Zwecke die Wege der Macht bis in alltägliche Praktiken, Handlungsmuster und Denkstrukturen: "Die(se) gesellschaftliche Fortsetzung des Krieges mit den Mitteln repressiver Identifikation zu durchdringen bedarf es Adorno zufolge einer mikrologischen Methode, die bei Foucault den Namen einer Mikrophysik der Macht trägt" (Brunkhorst, S.176). Beide kritisieren die Verkürzungen der Aufklärung und entfalten ihre Kritik vor dem (nicht ständig explizierten) Hintergrund der Gewißheit, daß ohne Aufklärung keine Freiheit und keine Emanzipation sein kann. Bernstein weist in diesem Sinne auf Foucaults Rolle als Aufklärer hin, der über die repressive Seite des wissenschaftlichen Humanismus aufklärt: "Enlightenment as a principle of critique and a permanent creation of ourselfs is opposed to humanism" (Bernstein, S.401). Foucaults Denken ist Aufklärung über die Moderne, sein theoretischer Antihumanismus steht im Dienste der Humanität. Indem er die Schattenseiten der Modernität zeigt, verweist er auf deren Ambivalenz; indem er die Grundlagen des modernen Denkens entziffert, regt er zu seiner Reflexion im emphatischen Sinn des Projekts Moderne an: "Now instead of claiming that Foucault is flatly contradicting himself on the question of the subjekt, truth and freedom, we can read him in a different way as a deliberately using hyperbolic rhetorical construction in order to campel us to disrupt and question our traditional understandings of these key concepts. And he effectively does this by showing us the dark ambiguities in the construction of these concepts and the role they have played in social practices" (Bernstein, S.414).

Foucaults Aufklärung kritisiert nicht die Verschleierungen des falschen Bewußtseins wie die Tradition der Dialektik der Aufklärung, sondern sie verunsichert und erschüttert vermeintliche Gewißheiten (Schäfer, S.79f.). In diesem Sinn steht die

---

menologische Reduktion" vgl. Dreyfus/Rabinow, S.116f.

Machtkritik Foucaults, trotz aller Ironie und Distanz, in der Tradition der Aufklärung. Sie weist - ungeachtet der Kritik Foucaults an der Tradition der philosophischen Dialektik[14] - dialektische Züge auf. Die Kritiker des angeblichen Antimodernismus Foucaults ignorieren diesen Aspekt. Symptomatisch dafür ist das Mißverständnis, das Foucault mit seiner wiederholt gebrauchten und viel zitierten Formel vom "glücklichen Positivismus" provoziert hat. Die Kokettierte mit dem unter linken Intellektuellen diskreditierten Positivismus brachte eher Dogmatismen des traditionell dialektischen Denkens der hegelmarxistischen Tradition ans Licht als daß sie Foucaults Haltung charakterisierte. Der "glückliche Positivismus" ist im Zusammenhang mit dem Ziel einer "fröhlichen Wissenschaft" zu verstehen: als Provokation gegen die Verkrustungen und Totalisierungen der dialektischen Positivismuskritik.[15] Sein Ansinnen, sozusagen positivistischer als der Positivismus sein zu wollen, entspricht Adornos Verständnis einer negativen Dialektik, die sich nicht dem identifizierenden Denken beugt: "In gewissem Betracht ist die dialektische Logik positivistischer als der Positivismus, der sie ächtet: sie respektiert, als Denken, das zu Denkende, den Gegenstand auch dort, wo er den Denkregeln nicht willfahrt" (Adorno 1990, S.144).

Foucaults Weigerung, einen ethischen Standpunkt seiner Kririk zu benennen, ist vor dem Hintergrund der ironischen und provokativen Impulse seiner Arbeiten nicht als Gegenaufklärung, sondern eine radikal negative Haltung im Sinne des Adornoschen Bilderverbots zu verstehen. Bestätigt wird diese Deutung durch die erkenntnistheoretischen Zwecke der Arbeiten Foucaults. Wie die Negative Dialektik wollen diese die Grenzen des Denkens denkend überschreiten, wie diese steht Foucaults Werk im Dienste des Individuums gegen die repressiven Momente jeder Form der Vergesellschaftung und des identifizierenden Denkens. Bernstein verweist auf diese Aspekte der kritischen Ontologie Foucaults. Diese... "has to be conceived as an attitude, an ethos, a philosophic life in which the critique of what we are is at once and the same time the historical analysis of the limits that are imposed on us and an experiment with the possibility of going beyond them" (Bernstein, S.402f, Anmerkung 7). Aus dieser Sicht ist Foucault "eminent vernünftig" (Dreyfus/Rabinow, S.163).

3.4 Soziologische Machttheorien

Der "heutige Wissenschafts- und Justizkomplex" (Foucault 1991b, S.33ff.) steht für Foucault im Dieste der Macht. Nur im Zusammenhang mit funktionalen Erfordernissen und Interessen der Mächtigen ergeben historisch konkrete Formen des Strafrechts, der Strafpraxis oder der Moral einen Sinn, ebenso Definitionen des Machtmißbrauchs

14 Foucault nennt die Dialektik "Zirkularität eines Dogmatismus, der sich spaltet, um in sich selbst seine eigen Stütze zu finden" (1990b, S.241). Zur Dialektikkritik Foucaults vgl. Schnädelbach (1988), Das Gesicht im Sand, S.252ff.

15 "Now the point ... is that Foucault's rhethoric of disruption 'works' because it at once presupposes and challenges an ethical-political horizon" (Bernstein, S.414).

und machtkritische Diskurse.[16] Unter Beachtung der Foucaultschen Prinzipien genealogischer Forschung gilt es, die jeweils historischen, politischen, kulturellen und sozialen Bedingungen als "außerdiskursive" Elemente[17] ausfindig zu machen, die letztlich den politischen Dikurs ermöglichen und formen. Ebenso ist die innere Dynamik des politischen Diskurses zu untersuchen, die auf die symbolischen Kämpfe um die Definition von Begriffen wie den des Machtmißbrauchs verweist. Die herrschende Abgrenzung zwischen legitimer Macht und Machtmißbrauch entsteht im politischen Diskurs, an dem in demokratischen Staaten prinzipiell jeder Staatsbürger teilnehmen kann. Ziel der Untersuchung des Diskurses des Machtmißbrauchs ist es, zu ergründen, inwieweit diese Grenzen auf einen gesellschaftlichen commom sense zurückzuführen sind, inwieweit auf den Einfluß von Macht- und Herrschaftsinteressen.

Ein Machtbegriff, der dem komplexen Zusammenhang zwischen Diskurs und Machtverhältnissen gerecht werden will, muß sowohl die außerdiskursiven strukturellen Bedingungen als auch die innere Dynamik des politischen Diskurses erfassen. Weder darf er von dem strukturellen Aspekt der Macht abstrahieren, indem er diese auf die Ressourcen einzelner Personen, Positionen oder Gruppen reduziert, noch von dem konflikttheoretischen, indem er Macht rein funktional beschreibt und damit ihre repressive Dimension ausblendet. Der erste, handlungstheoretisch verkürzte Machtbegriff ließe den Diskurs des Machtmißbrauchs als Summe der Beiträge einzelner Akteure erscheinen. Er würde seiner strukturell bedingten Eigendynamik, seiner objektiven, über die Intentionen einzelner Teilnehmer hinausgehenden Wirkung nicht gerecht (a). Dem zweiten, funktionalistisch verkürzten Machtbegriff entgeht dagegen die Verknüpfung von Machtinteressen, Machtstrategien und dem politischen Diskurs (b). Beide werden der Ambivalenz des Diskurses des Machtmißbrauchs nicht gerecht: Er enthält ebenso strukturelle wie strategische Aspekte, er ist sowohl Machtkritik als auch Machtstrategie, er ist in der Lage, Herrschaft zu kritisieren und Herrschaft zu legitimieren. Diese Ambivalenz erfaßt der strukturalistisch inspirierte, trotzdem aber primär an der repressiven, körperlichen Dimension der Macht orientierte Machtbegriff Foucaults (c).[18] Bourdieu vertritt ein theoretisches Konzept, das strukturalistische und handlungstheoretische Aspekte der Macht als gesellschaftlich vermittelt begreift (d).

---

16 Hier zeigt sich die strukturelle Affinität des Problemkomplexes Macht/Machtmißbrauch/Machtkritik zur Norm hinsichtlich seiner kulturellen Relativität. Teilweise kann von einem (politischen) Spezialfall einer Normstruktur gesprochen werden, nicht aber von einem reinen Unterfall. Der historische Rückblick wird zeigen, daß Normgenese und Normgefüge innerhalb der Diskurse um Machtmißbrauch zwar eine zentrale Rolle spielen, die Aussagen und Argumente sich aber nicht restlos auf moralische und normative Kategorien allein beziehen.

17 Dreyfus/Rabinow, S.92. Gemeint ist hier nicht die phänomenologische Lebenswelt im Sinne eines unreflektierten Horizontes, sondern Elemente, die diskursive Praktiken aufnehmen und transformieren (a.a.O., S.103).

18 Zum Körper als Gegenstand von Machttechnologien: Foucault (1991b), S.37ff. Zur Konzeption der Macht bei Foucault und ihrer Wirkung auf die Körper: Dreyfus/Rabinow, S.141f.

a.) Der Webersche Aspekt der Macht als Chance, die als soziales Privileg instrumentell für beliebige Interessen einsetzbar ist, vernachlässigt den strukturellen Aspekt (M. Weber 1976, S.71). Zu sehr auf die Zwecke einer Handlungstheorie zugeschnitten, bleibt Macht einem Subjekt zugeordnet, das diese besitzt. Fragen nach der Genese von Machtkonstellationen, nach Vermittlung von Macht zwischen Gesellschaft und Individuum, nach der Funktion der Macht als Organisationsprinzip moderner Gesellschaften lassen sich nur schwer an Webers Machtbegriff anschließen. Nicht anders das theoretische Konzept H.S. Beckers. Seine Definition von Macht als Zugang zu Kanälen der Bekanntmachung von Normen und Regelverstößen (H. S. Becker, S.109ff.) ist eine hanlungstheoretische Verkürzung, eine zu Zwecken der Ideologie- und Herrschaftskritik umgestaltete Version des Weberschen Ansatzes.

Trotz (oder gerade wegen) dieser handlungstheoretischen Reduktionen erlauben die Ansätze Webers und Beckers, die im politischen Diskurs produzierte Abgrenzung von legitimer Macht und Machtmißbrauch als Ergebnis gesellschaftlicher Konflikte zu verstehen. Im Gegensatz zu den positivistischen, unreflektiert legalistischen Ansätzen der traditionellen Kriminologie und einer statistisch gesellschaftlichen Schein abbildenden Soziologie scheint die kulturelle Determiniertheit der Festlegung von Grenzen bei diesen Ansätzen verstehender Soziologie durch. Indem Weber und, mehr noch, Becker Herrschaft als manifestierte Form der Macht auf soziale Privilegien zurückführen, weisen sie auf die Instrumentalisierbarkeit der Definition von Machtmißbrauch, auf ihre Funktion als Instrument zur Disziplinierung im Interesse der Herrschaft hin.

b.) Mit der Figur des "generalisierten Kommunikationsmediums" konnte der Strukturfunktionalismus den Machtbegriff von seiner Bindung an konkrete Individuen und damit aus seiner handlungstheoretischen Fessel befreien (Luhmann 1988a, S.4-18; Habermas 1981/2 S.402ff.). Dies aber um den Preis einer jetzt systemtheoretischen Reduktion auf die Funktionalität von Macht. Sich selbst ausdifferenzierend, trage Macht zur Rationalisierung von Kommunikationsstrukturen und damit zu einer höheren Rationalität moderner Gesellschaften bei. Die vertikale Dimension der Macht als Instrument der Repression und der Unterdrückung einer gesellschaftlichen Gruppe oder Klasse durch eine andere tritt in den Hintergrund. Diese funktionalistischen Verkürzungen kann auch ein kritisch gewendeter systemtheoretischer Machtbegriff nicht vermeiden, der jede gesellschaftliche Repression undifferenziert dem Vergesellschaftungszwang kapitalistischer Systemimperative zuschreibt. Dem handlungstheoretischen Ansatz komplementär, bleibt die in sich antagonistische Vermittlung zwischen Gesellschaft und Individuum in affirmativen wie kritischen Ansätzen der Systemtheorie unscharf.

In der Tradition der Marxschen Werttheorie - gegen triviale, orthodoxe und politisch instrumentalisierte Interpretationen - hat Habermas versucht, den handlungs- und den systemtheoretischen Aspekt der Macht mit seinem dualistischen Konzept von System und Lebenswelt zu integrieren. Das generalisierte Kommunikationsmedium Macht ist für Habermas nicht nur Impuls gesellschaftlichen Fortschritts (wie bei Parsons und Luhmann), sondern auch Vergesellschaftungszumutung an die kommunikativ strukturierte Lebenswelt, potentielle Repression (Habermas 1981/2, S.522). Statt aber die Widersprüche zwischen System und Lebenswelt als dialektische Vermittlung, das heißt als beiden immanent, zu begreifen, ordnet Habermas zu: Systemfunktionalität und Macht auf der einen stehen Lebenswelt und kommunikatives Handeln auf der anderen Seite gegenüber.[19] Macht als eine Eigenschaft des Systems bedroht von außen die Lebenswelt als ein dieser grundsätzlich Fremdes. Nicht anders als Strukturfunktionalismus und Systemtheorie beschreibt die Theorie des kommunikativen Handelns Macht vorwiegend als "Koordinierungsinstrument". Sie ist deshalb nicht in der Lage, die "vorsystemischen Prozesse der Konstitution und Reproduktion von Herrschaft" (Honneth, S.331) angemessen zu erfassen. Damit vernachlässigt sie die materielle, leiblich-körperliche Dimension der Macht, ihre konkrete Repressivität, die sowohl in der älteren Kritischen Theorie als auch in der Machtkritik Foucaults eine zentrale Rolle spielt: "Der menschliche Körper, dessen historisches Schicksal Adorno und Foucault ...jeweils in den Mittelpunkt der Untersuchungen gerückt hatten, verliert dadurch (- das Habermassche Paradigma der kommunikativen Intersubjektivität) jeden Stellenwert innerhalb einer kritischen Gesellschaftstheorie" (Honneth, S.310).

Das Modell der Kolonialisierung der Lebenswelt ist in diesem Sinne Symptom für einen funktionalistisch reduzierten Machtbegriff, der über eine ideologiekritische Reformulierung des Parsonsschen nicht hinausgeht (ganz im Gegensatz zur Intention einer Kritik der funktionalistischen Vernunft - so der Untertitel von Band 2 der Theorie des kommunikativen Handelns). Dem immanenten Widerspruch der Vergesellschaftungstendenzen - Individualität ist ohne Vergesellschaftung nicht denkbar, die ihrerseits Fessel des Individuums ist[20] - wird er ebenso wenig gerecht wie der hartnäckigen Festsetzung von Machtmechanismen im Bewußtsein, der Macht als konstitutivem Organisationsprinzip der Lebenswelt, subtilen Formen der Macht oder Disziplierungen der Körper, kurz: der "Mikrophysik der Macht" (Foucault 1976, darin: Die Macht und die Norm, S.114-123).

Die Theorie des kommunikativen Handelns stellt durch diese Dichotomie ein Kriterium für die Unterscheidung zwischen Machtgebrauch und Machtmißbrauch zur Verfügung: Schlägt die Mediatisierung der Lebenswelt, ihrerseits Voraussetzung für gesellschaftliche Rationalisierung und damit für sozialen, kulturellen und moralischen Fortschritt, in Kolonialisierung um, so kann von einer gesellschaftlichen Pathologie gesprochen werden, einer Art systemischem Machtmißbrauch (Habermas spricht von einer "Deformation der Lebenswelt" (1981/2, S.566). Als Machtkritik bedarf diese

19 Vergleiche hierzu die Kritik Honneths am Machtbegriff der Theorie des kommunikativen Handelns. Danach resultiert das Defizit der Habermasschen Ideologiekritik aus der "kategorialen Lücke", die durch die rein systemtheoretische Einführung des Machtbegriffs entsteht (Honneth, S.317).

20 Adorno verweist immer wieder auf diesen Zusammenhang, beispielsweise in der Minima Moralia (1993): "Nicht bloß ist das Ich in die Gesellschaft verflochten, sondern verdankt ihr sein Dasein im wörtlichsten Sinn. All sein Inhalt kommt aus ihr, oder schlechterdings aus der Beziehung zum Objekt" (S.203; vgl. auch S.195): "Noch als Opponent des Drucks der Vergesellschaftung bleibt es deren eigenstes Produkt und ihr ähnlich."

Argumentation eines Standpunktes, von dem aus sich normal und pathologisch, Machtgebrauch und Machtmißbrauch, Mediatisierung und Kolonialisierung trennen lassen, einer kontrafaktischen Folie, vor der die Wirklichkeit abgebildet, verglichen und kritisiert werden kann. Dieser Standpunkt, dieser Ort der Vernunft ist bei Habermas die universalistische Diskursethik (1981/1, S.440ff.). Eine an der Theorie des kommunikativen Handelns orientierte Definition des Machtmißbrauchs, wie sie von kritischen Kriminologen vorgeschlagen wird, steht vor dem oben für die kritische Kriminologie beschriebenen Dilemma: Sie definiert *positiv* ein Kriterium für die Zuschreibung von Machtmißbrauch, was die distanzierte Analyse gesellschaftlicher Zuschreibungsprozesse erschwert. Sie stellt einen als richtig vorausgesetzten Standpunkt dem herrschenden gegenüber, um so dessen Repressivität kontrafaktisch zu pointieren.

Zwar konstruiert Habermas seinen diskursethisch entwickelten Standpunkt als universalistischen, um so dem Partikularismus des Moralunternehmers zu entgehen. Selbst wenn man diesem Standpunkt tatsächlich den beanspruchten Universalismus zubilligt, so schränkt die diskurstheoretisch verkürzte Perspektive durch die theoretische Selbstbeschränkung auf die Kommunikation das Feld möglicher Kritik apriori ein: Kritisiert werden kann nur die Verzerrung der Kommunikation, nicht aber die materielle, körperliche Dimension der Macht.

c.) Genau dies ist das Thema Foucaults. Er sucht nicht explizit nach dem Standpunkt einer universalistischen Vernunft, von wo aus er das Bestehende als davon abweichend kritisieren könnte. Es geht ihm vielmehr um die Destruktion vermeintlicher Gewißheiten, um die Enttarnung der Instrumentalisierung der herrschenden Vernunft im Interesse der Macht. Aufklärung ist für ihn primär Verunsicherung (Schäfer, S.80). Er beobachtet die Geschichte, die Funktionen, die Formen und Formationen der Macht und der diese umgebenden und tragenden Diskurse; die Kämpfe um die Macht, ihre Auswirkungen, ihre Strategien. Mittels archäologischer und genealogischer Forschung abstrahiert er von den Standpunkten der humanwissenschaftlichen Tradition und schafft damit eine künstliche Distanz zu den beobachteten Phänomenen und etablierten Wissenschaften. (Deshalb spielt auch die zeitliche Distanz des Forschers zu den beobachteten Phänomenen bei Foucault eine wichtige Rolle.)

Sein Interesse gilt der Geschichte selbst, ihrer empirischen Gestalt, den Diskontinuitäten, der Enttarnung ihrer teleologischen Zurichtung auf höhere Ziele und angebliche erste Ursachen als Metaphysik. Der Begriff der Diskontinuität beschreibt nicht nur den Ort der Entstehung von Diskursen, sondern auch den Standpunkt, von dem aus der Forscher die Diskurse erkennen und beschreiben kann: "Der Begriff der Diskontinuität ist paradox: er ist zugleich Instrument und Gegenstand der Untersuchung; er grenzt das Feld ab, dessen Wirkung er ist; er gestattet die Vereinzelung der Gebiete, kann aber nur durch ihren Vergleich festgestellt werden. Schließlich ist er vielleicht nicht einfach ein im Diskurs des Historikers gegenwärtiger Begriff, sondern wird von diesem insgeheim unterstellt: von wo aus könnte er in der Tat sprechen, wenn nicht ausgehend von jenem Bruch, der ihm die Geschichte - und seine eigene

Geschichte - als Gegenstand anbietet?" (Foucault 1990a, S.18). Mit Nietzsche vertritt er einen radikalen objektiven Irrationalismus: "Die Geschichte mit ihren Mächten und Ohnmachten, mit ihren geheimen Rasereien und Fieberstürmen ist der Leib des Werdens. Nur ein Metaphysiker kann in ihr eine Seele in der fernen Idealität des Ursprungs suchen wollen" (1987, S.73).

Die Methode, die der Gefahr metaphysischer Verblendung entgeht, ist Nietzsches Genealogie. Diese entzaubert nicht nur jeden Glauben an eine der Geschichte immanenten Vernunft - von Hegels Weltgeist bis zum dialektischen Materialismus - als metaphysisches Konstrukt; sie erschüttert auch evolutionistische Theorien einer zunehmenden Rationalität, wie sie in der Tradition Kants von Weber, Parsons, Luhmann oder Habermas vertreten werden: "Wenn aber der Genealoge auf die Geschichte horchen will, anstatt der Metaphysik Glauben zu schenken, was erfährt er dann? Daß es hinter allen Dingen `etwas ganz anderes` gibt: nicht ihr wesenhaftes und zeitloses Geheimnis, sondern das Geheimnis, daß sie ohne Wesen sind oder daß ihr Wesen Stück für Stück aus Figuren, die ihm fremd waren, aufgebaut worden ist. Die Vernunft? Sie ist in durchaus unvernünftiger Weise entstanden - aus dem Zufall. Die Hingabe an die Wahrheit und die Strenge wissenschaftlicher Methoden? Sie sind aus der Leidenschaft der Gelehrten entstanden, aus ihrem Haß aufeinander, aus ihren fanatischen und ständig erneuerten Diskussionen, aus dem Bedürfnis, recht zu behalten - aus langsam im Laufe persönlicher Kämpfe geschmiedeten Waffen" (a.a.O., S.71).

Die durch die Genealogie erkannte Irrationalität der Geschichte ist Anlaß für die prinzipielle Skepsis Foucaults gegenüber neueren, modernen Formen der Macht. Was Evolutionisten wie Habermas als (zumindest potentiellen) emanzipatorischen Fortschritt sehen, nämlich die gesellschaftliche Ausdifferenzierung von Macht, beschreibt Foucault unter dem Aspekt ihrer noch umfassenderen Verbreitung und Vertiefung. In modernen Gesellschaften bedient sie sich der Disziplinen als "Bündel von physisch-politischen Techniken".[21] Macht ist "Keine Sache, die man innehat; kein Eigentum, das man überträgt; sondern eine Maschinerie, die funktioniert" (Foucault 1991b, S.229). Der Foucaultsche Machtbegriff vermeidet jegliche handlungstheoretische oder personalistische Reduktion, ohne einem verkürzten Funktionalismus zu verfallen. Er verweist auf die Funktionen der Macht, auf ihren objektiven Charakter, ihre Unabhängigkeit von konkreten Personen und Rollen, ohne, wie die soziologische Systemtheorie, ihre Asymmetrie, ihre sozial ungleiche Verteilung zu leugnen: "Das Studium der Mikrophysik setzt nun voraus, daß darin sich entfaltende Macht nicht als Eigentum, sondern als Strategie aufgefaßt wird, daß ihre Herrschaftswirkungen nicht einer 'Aneignung' zugeschrieben werden, sondern Dispositionen, Manövern, Techniken, Funktionsweisen; daß in ihr ein Netz von ständig gespannten und tätigen Beziehungen entziffert wird anstatt eines festgehaltenen Privilegs; daß ihr als Modell die immerwährende Schlacht zugrundegelegt wird und nicht der Vertrag über die

21 Foucault (1991b), S.287; auch hinsichtlich dieser pessimistischen Geschichtsauffassung steht Foucault Adorno näher als dieser Habermas, was folgender Satz Adornos bezeugt: "Keine Universalgeschichte führt vom Wilden zur Humanität, sehr wohl eine von der Steinschleuder zur Megabombe" (Adorno 1990, S.314).

Abtretung eines Gebietes oder die Eroberung, die sich eines solchen bemächtigt. Diese Macht ist nicht so sehr etwas, was sich entfaltet; nicht so sehr das erworbene oder oder bewahrte 'Privileg' der herrschenden Klasse, sondern vielmehr die Gesamtwirkung ihrer strategischen Positionen - eine Wirkung, welche durch die Position der Beherrschten offenbart und gelegentlich erneuert wird" (a.a.O., S.38).

Dieser umfassende Machtbegriff nähert sich der Vielschichtigkeit der Machtformen in ihrer historischen, kulturellen und sozialen Dimension an. So kann Foucault die "historische Kontingenz von Konstitutionsbedingungen" (Schäfer, S.76) der Macht zeigen. Sein Kritizismus entlarvt die Abspaltung eines vorgeblich Falschen, des Machtmißbrauchs, vom vorgeblich richtigen, der Macht: als Strategie der Macht selbst. Aus dieser Sicht der Foucaultschen Analytik ist Macht zunächst als ein heterogenes Feld von Beziehungen, Praktiken und Diskursen zu sehen, als ein Kontinuum von Praktiken und Strukturen. Die Dichotomosierung dieses Kontinuums in legitime und illegitime Macht ist grunsätzlich beliebig. Sie folgt - je nach Epoche, Region, sozialer Klasse - sozialen, kulturellen, meistens herrschaftsökonomischen Bedingungen, also der Logik der Macht selbst. Der politische Diskurs, der diese Trennung vornimmt, ist somit nicht nur Kritik, sondern auch Machtinstrument: "Foucault sieht das eigentümliche des Dikurses... in der Funktion, die ihn zu einem Mittel der Beherrschung macht" (Honneth, S.160).

d.) Auch Bourdieus Verständnis von Macht ist geprägt durch deren Konstitutionsbedingungen. Während Foucaults Interesse den Wirkungen der Macht auf Individuen, auf ihre Körper und Seelen, gilt, wendet sich Bourdieu in einem programmatischen Aufsatz den eher politischen und soziologischen Dimensionen der Macht zu.[22] Das Prinzip der Macht ist die Delegation. Die Konstitution der Macht verläuft nach dem immer gleichen Muster: Das Volk, soziale Gruppen, Religionsgemeinschaften usw. beauftragen zunächst einen Sprecher, der ihre Interessen artikulieren und diese in ihrem Namen vertreten soll (Bourdieu 1989, S.36). In einem von Bourdieu als "Urzirkel der Repräsentation" bezeichneten Prozeß kehrt sich das ursprüngliche Machtgefälle in sein Gegenteil. Der Delegierte benutzt das Mandat als Herrschaftsinstrument. "Wenn delegieren also bedeutet, jemanden durch Übertragung eigener Macht mit einer Funktion, einem Auftrag zu betrauen, so bleibt doch die Frage offen, wie es geschehen kann, daß der Beauftragte Macht über den gewinnt, der ihm die Macht verleiht" (ebenda). Der Delegierte handelt statt im Interesse der Gruppe, die er zu vertreten hat, in seinem eigenen Interesse. Er benutzt die ihm anvertraute Stellung zur Schaffung von Privilegien und gewinnt durch diese Entfremdung Macht über den ursprünglichen Souverän. Das klassische Beispiel für diesen Effekt liefert Nietzsches Krititk am Bevollmächtigten der Kirche im *Antichrist*

22 Wie Habermas versucht Bourdieu die Kluft zwischen System- und Handlungstheorie zu überwinden. Allerdings liegt sein "Programm, Handlungstheorie und Strukturanalyse ... miteinander zu verbinden, quer zu den Vorschlägen von Habermas", so Raphael, S.76. Im Gegensatz zu Habermasens Dualismus plädiere Bourdieu "für die Integration der Perspektiven von 'System' und 'Lebenswelt' als einen Ausweg aus dem heimlichen Zusammenspiel von Subjektivismus und Objektivismus in den Sozialwissenschaften" (a.a.O., S.77).

(Nietzsche, S.449f.). Hinsichtlich ihrer Entstehungszusammenhänge und Existenzbedingungen ist politische Macht aus dieser Perspektive paradox.

Das von Bourdieu beschriebene Prinzip ist ubiquitär. "Diese Paradoxie der Monopolisierung der kollektiven Wahrheit liegt jedem Akt symbolischer Durchsetzung zu Grunde" (Bourdieu 1989, S.46). Ist der Wahrheitsanspruch erst einmal an den Delegierten übertragen, wird die Funktion des Fürsprechers der Gruppe purer Schein, hinter demBourd der tatsächliche Gewinn der Macht steht: "Die Usurpation, die im Geltendmachen des Anspruchs beruht, fähig zu sein, im Namen von zu sprechen, ermöglicht den Übergang vom Indikativ zum Imperativ" (a.a.O., S.45). In der Hand des Delegierten wendet sich die Macht nun gegen die Gruppe, die selbst noch dessen Position geschaffen und ihn erst autorisiert hatte. Der Ursprung dieses Betruges, die faktische Umkehr der Machtverhältnisse zugunsten des Delegierten, wird verschleiert: als "Mysterium des Ministeriums" (Bourdieu 1985, S.38).

Der Schwerpunkt des Bourdieuschen Machtbegriffs liegt im symbolischen Charakter der Macht. So stellt er fest, daß bereits in archaischen Gesellschaftsformen Macht gleichbedeutend war mit dem magischen Vermögen der Benennung (S.19). Mit zunehmender Differenzierung werden Sinnproduktion und Sinndurchsetzung zum "eigentlichen Geschäft, zum spezifischen Interesse berufsmäßiger Produzenten von objektivierten Repräsentationen der sozialen Welt, oder besser: von Objektivierungsmethoden" (S.20). Macht ist in erster Linie Definitionsmacht, Machtkämpfe sind Kämpfe um das "Monopol auf legitime Benennung" (S.23). Dieser Dynamik von Macht und Sprache folgt eine "politische Vernunft": Macht ist Kapital[23], das zur Benennung der Dinge und damit zur Konstruktion der gesellschaftlichen Realität strategisch eingesetzt wird. Ziel ist die Erhaltung und Erweiterung der Macht (des Kapitals), sozusagen die Erwirtschaftung eines Mehrwertes an Macht.

Der Ansatz Bourdieus ist eher an Weber und Marx - auch bei Bourdieu ist Macht eine Chance, Interessen auch gegen den Willen Anderer durchsetzen zu können -als an strukturfunktionalistischen Ansätzen oder an Foucault orientiert.[24] Für eine kritische Untersuchung des Diskurses des Machtmißbrauchs ist er deshalb interessant, weil er interaktionistische, handlungstheoretische, materialistisch-ideologiekritische und historische Aspekte integriert. Die an das Konzept der Delegation anschließende Kritik der politischen Vernunft weist auf die Affinität von Macht und Sprache hin: Macht ist nicht zuletzt Macht über Sprache, über Begriffe, Definitionen.[25]

---

23 "Bourdieu spricht von Kapital (und sei es kulturelles oder soziales Kapital) als einem Produktionsinstrument, als Mittel der Aneignung gesellschaftlicher Ressourcen, als Gewaltverhältnis (rapport du force)" (Krais, S.57).

24 Klaus Eder weist auf die spezifische Leistung des Bourdieuschen Ansatzes hin, Weber und Marx theoretisch gerecht zu werden: "Es gibt nur einen einzigen überzeugenden Versuch, an Marx anzuschließen und zugleich das Webersche Programm einer Analyse sozialer Klassen empirisch zu realisieren, nämlich die Klassenanalyse von Pierre Bourdieu" (Eder, S.373).

25 Raphael hebt die Bedeutung der Definitionsmacht, wie sie Bourdieu analysiert, für die Politische Soziologie hervor: "Bourdieu hat die Bedeutung politischer Auseinandersetungen für eine Sozialstrukturanalyse in den letzten Jahren immer stärker betont... Die Politische Soziologie muß systematisch mit den Wirkungen der symbolischen Kämpfe um Klassifizierun

Wie der Foucaultsche Machtbegriff verweist auch derjenige Bourdieus auf die kulturelle Bedingtheit der Trennung von Machtgebrauch und Machtmißbrauch. Foucault, indem er mittels der genealogischen Methode die Beliebigkeit jeglicher dichotomer Abgrenzungen zeigt, ja sogar die Forderung nach einer solchen Abgrenzung selbst als Machtstreben denunziert: "Letztlich träumt jede Auseinandersetzung davon, Machtverhältnis zu werden" (Foucault 1987, Wie wird Macht ausgeübt? S.260); auch, indem er in seinen historischen Untersuchungen diese als derart die Gesellschaft, die Individuen, die Körper, nicht zuletzt die Wissenschaften durchdringend beschreibt, daß jegliche Trennung von Machtpraktiken in richtig (legitime Macht) und falsch (Machtmißbrauch) als Verdinglichung unter Ideologieverdacht geraten muß; Bourdieu, indem er politische Macht prinzipiell als potentiellen Mißbrauch erklärt, nämlich den des Mandats. In Kenntnis dieser Relativität jeder Definition des politischen Machtmißbrauchs erweist sich eine wissenschaftliche Definition, die sich an herrschendem Recht orientiert, als naiver Dezisionismus. Die traditionelle Kriminologie, insofern sie überhaupt Machtmißbrauch zu ihrem Thema macht, orientiert sich genau an dieser Definition, analog zu ihrem positivistischen Verständnis von Kriminalität.

Analytisch gesehen ist die Unterscheidung von Macht und Machtmißbrauch eine Dichotomisierung heterogener Praktiken, Konstellationen und Strategien in wahr und falsch, legitim und illegitim oder legal und illegal, also Verdinglichung. Für den radikal von geltenden moralischen bzw. normativen Kriterien abstrahierenden Blick sind Machtgebrauch und Machtmißbrauch identisch. Aus dieser Sicht gibt es objektiv nur einen Gebrauch der Macht. Mißbrauch ist ein Attribut, das unterschiedliche Interessengruppen mit unterschiedlichen Begründungen unterschiedlichen Praktiken zuschreiben. So bilden sich zahlreiche Diskurse über Machtmißbrauch an verschiedenen Orten, zu verschiedenen Zeiten, innerhalb verschiedener Gruppen und Klassen oder auch zwischen ihnen. Sie stehen in Konkurrenz zueinander, lösen einander ab oder überlagern sich. Die politischen Eliten legen Grenzen fest, sei es zur Säuberung der eigenen Reihen, sei es zur Erhöhung der eigenen Effektivität und Rationalität durch die Eliminierung dysfunktionaler Praktiken der Machtausübung, sei es unter äußerem Druck wie beispielsweise dem Legitimationsdruck bürgerlicher Gesellschaften. Oppositionelle Gruppen und Individuen fordern unter Anwendung anderer Kriterien andere Grenzen zwischen Macht und Machtmißbrauch, prangern diesen aus ethisch-moralischen, sozialen oder politischen Gründen an. Diskurse um Machtmißbrauch können die Herrschaft stabilisierenden, sie können aber auch reformistischen oder revolutionären Zielen dienen. Durch die verdinglichende Dichotomisierung haftet aber selbst den sich revolutionär gebärenden Diskursen etwas Affirmatives, die bestehenden Machtverhältnisse legitimierendes an. Die strikte Trennung der Praktiken der Macht in wahr und falsch nimmt die Praktiken und Techniken der Macht diesseits des kritisierten "Mißbrauchs" aus dem Blickfeld. Die Konzentration einer sich an der Denunziation von Machtmißbrauch orientierenden Machtkritik auf einige Ausprägungen oder Praktiken legitimiert implizit alle übrigen

---

gen, um die Definitionsmacht der sozialen Ordnung, rechnen (Raphael, S.90).

Formen der Macht, indem sie diese als "normal" unthematisiert läßt und damit von deren repressivem Gehalt ablenkt. So der Skandal als typisch bürgerliche Form der öffentlichen Machtkritik: Die moralische Hypostase einzelner, gemessen an der unüberschaubaren Vielfalt mehr oder weniger subtiler und restriktiver Formen der Macht marginaler Exzesse herrschaftlichen Handelns befördert die Illusion einer an sich legitimen Macht. Solche Gesellschaftskritik verschleiert als öffentlich inszenierte Geißelung der Abweichung von der Norm deren repressiven Charaker.[26] Sicher wäre es falsch, der aufgeklärten bürgerlichen Öffentlichkeit in ideologiekritischer Borniertheit diese Verschleierung als politische Strategie anzulasten.[27] Vielmehr ist eine Art List der Macht am Werk, die sich die Reduktionen komplexer Machtzusammenhänge auf duale Schemata wie wahr/falsch, legitim/illegitim, legal/illegal zunutze macht.

Bourdieu nennt diese Reduktion komplexer Zusammenhänge im politischen Diskurs in Anlehnung an Marx "politischen Fetischismus" (Bourdieu 1989, S.37). Dieser führt zu einer Fixierung "politischer" Interessen auf die Pseudo- und Mikrowelt weniger zentraler politischer Ämter und deren Inhaber, forciert durch die bürgerlichen Massenmedien. Nicht, daß die zentralen Machtpotentiale durch den politischen Fetischismus überschätzt würden. Unterschätzt werden deren zahlreiche Vemittlungsformen, Wirkungszusammenhänge und ihre konkreten Auswirkungen auf die Individuen. In diesem Sinne ist Foucault zu verstehen, wenn er selbst der Gewalt einer politischen Revolution, dem Sturz eines Staatsapparates eine wirklich umfassende Veränderung der Machtverhältnisse nicht zutraut: "Der Staatsapparat ist eine konzentrierte Form - eine Hilfsstruktur - das Instrument eines Systems von Mächten, die weit darüber hinaus gehen, so daß praktisch gesehen weder die Kontrolle noch die Zerstörung des Staatsapparates ausreichen können, um einen bestimmten Machttypus zum Verschwinden oder zur Veränderung zu bringen" (Foucault 1976, S.115).

---

26 Kühnl verweist auf die Verschleierung des "latenten Basisskandals" der kapitalistischen Gesellschaft durch die öffentliche Skandalisierung von Abweichung; Kühnl (1989); siehe auch Neckel (1989).

27 Diese ist ohnedies nur eine von mehreren Funktionen des Skandals; nicht zu vergessen ist die Unverzichtbarkeit von Skandalen für die politische Kultur einer demokratischen Gesellschaft. In diesem Sinne ist der Skandal eine "historische Erscheinungsform bürgerlicher Demokratie" (Ebbinghausen, 1989, S.172). "Die Geschichte bürgerlicher Demokratien lehrt in diesem Zusammenhang, daß die Abnahme oder gar das Ausbleiben politischer Skandale zumeist eher der machtpolitischen Unterdrückung oder Beschränkung von Öffentlichkeit denn einem Mangel Angriffspunkten für Skandalierungen zuzuschreiben ist" (ebenda).

4 Bürgerliche Machtkritik als Impuls der Moderne

Eine historische Untersuchung über den Diskurs des Machtmißbrauchs muß sich nicht nur ihres eigenen Standpunktes vergewissern; sie muß die Standpunkte verorten, von denen aus Machtmißbrauch definiert wird, von denen Diskurse ausgehen und auf denen diese basieren. So sind im Laufe der Geschichte verschiedene Kriterien zur Unterscheidung von legitimer Macht und Machtmißbrauch zu beobachten: legalistische als Kriterien der herrschenden Klassen im bürgerlichen Rechtsstaat; absolutistische in Feudalgesellschaften, nach denen Macht durch die Loyalität gegenüber dem Souverän legitimiert ist, Machtmißbrauch demnach als illoyaler Gebrauch von Ämtern verstanden wird; funktionalistische als Kriterien des Liberalismus, nach denen die aufstrebende bürgerliche Klasse dysfunktionale Machtpraktiken kritisiert: unzeitgemäße Machtformen, die den Fortschritt hemmen; nicht zuletzt moralische, mit denen soziale Bewegungen, religiöse Gruppen, Organe bürgerlicher Öffentlichkeit oder einzelne Bürger herrschende Machtpraktiken zum Mißbrauch erklären.[1]

Diskurse über Machtmißbrauch verweisen auf historische, ökonomische, soziale und kulturelle Bedingungen und Machtstrukturen. Sie können Symptome politischer und ökonomischer Krisen sein, indem sie beispielsweise Dysfunktionalitäten veralteter Machtverhältnisse aufdecken, ebenso aber auch Versuche, herrschaftliche Privilegien gegen die Konkurrenz aufstrebender Schichten zu verteidigen. Und nicht selten sind sie Rückzugsgefechte, die dem Legimitationsdruck bürgerlicher Öffentlichkeit partiell nachgeben. In diesem Fall legen sie Zeugnis von der Dynamik der bürgerlichen Gesellschaftsform und der ihr zugrundeliegenden ökonomischen Basisstruktur, des Kapitalismus, ab. Die Formation des Spätkapitalismus[2] scheint in der Lage zu sein, die ökonomischen, politischen und sozialen Krisen durch eine ihm eigene Dynamik

1 Keineswegs sind diese Kriterien jeweils einzelnen Epochen zuzuordnen. So wird beispielsweise die herrschende Klasse seit den Ursprüngen des Rechtsstaats immer legalistisch argumentieren - schließlich spiegeln sich ihre Definitionen von Macht und Machtmißbrauch in den herrschenden Gesetzen wider. Auch sind bestimmte Unterscheidungskriterien nicht einfach einzelnen sozialen Akteuren zuzuordnen. So argumentieren ökonomisch aufstrebende Schichten nicht nur funktionalistisch, sondern, wenn es als strategisch sinnvoll erscheint, durchaus auch moralisch oder legalistisch.

2 Offe (1972), Habermas (1973), Adorno (1979, S.578ff.). Der Ansatz des Spätkapitalismus beschreibt eine Entwicklungsstufe der bürgerlichen Gesellschaft, in der diese in der Lage ist, ökonomische Krisen durch strukturelle Mechanismen aufzufangen bzw. in das politische System zu verlagern. Insofern irritiert der Zusatz "Spät": Der Spätkapitalismus ist gerade nicht durch seine nahe Ablösung, sondern durch seine Dynamik und Stabilität charakterisiert.

aufzufangen. Ein Teil dieser Dynamik ist die Integration der Machtkritik und der Diskurse des Machtmißbrauchs.

Die historische Betrachtung der Diskurse gegen Machtmißbrauch und der nichtdiskursiven Praktiken, die diesen zugrunde liegen, vermag erst die Relativität der Grenzen zwischen als legitim geltender Machtausübung und Machtmißbrauch offenzulegen. In diesem Sinne soll die folgende Untersuchung zeigen,

- inwieweit Diskurse des Machtmißbrauchs sich als Strategien der Macht selbst erweisen;
- inwieweit öffentlich propagierte Definition des Machtmißbrauchs politischen eingelöst werden;
- inwieweit Diskurse einer politischen Vernunft im Sinne Bourdieus folgen (1985, S.40), das heißt Wege zur Macht mittels Sprache, über die Eroberung linguistischer Märkte, über Kämpfe um die kulturelle Hegemonie beschreiten;
- inwieweit andererseits machtkritische Diskurse zur Ablösung von Werten und Moralvorstellungen, bis hin zum Sturz ganzer Regierungssysteme und Staatsformen, beigetragen haben:
- welche Veränderungen einzelne Diskurse des Machtmißbrauchs erfehren, beispielsweise von einer oppositionellen Machtkritik zur Kriminalisierung unzeitgemäßer Praktiken, von externer Kritik zu immanenter Rechtspraxis, von komplexer Gesellschaftskritik zu funktionaler Normkonstitution in der Sphäre der Macht;
- welche Forderungen externer Machtkritik, welche Gruppen oder Klassen sich durchsetzen konnten und welche vom Diskurs einer "vermachteten Öffentlichkeit" ausgeschlossen wurden (Habermas 1990, S.309).

Hier schließen sich Fragen nach den Voraussetzungen für den politischen Erfolg von Machtkritik an. Setzen stärkere gesellschaftliche Gruppen rücksichtslos ihre Interessen durch, indem sie instrumentalistisch sich der Machtkritik bedienen? (Das wäre der Ansatz Quinneys, auch der des Vulgärmarxismus.) Setzt sich die funktional sinnvollste Auffassung durch (wie der Strukturfunktionalismus behaupten würde), oder die eine interne Eigendynamik entwikelnde Systemrationalität (nach der Logik der soziologischen Systemtheorie)? Spiegelt die herrschende Definition von Machtmißbrauch einen breiten gesellschaftlichen Konsens? Oder entschärft die Dynamik des Spätkapitalismus oppositionelle Machtkritik, indem sie diese teilweise sozial integriert, teilweise kulturell sublimiert - das heißt: Machtkritik aus dem Zentrum des politischen Diskurses in die Peripherie feuilletonistischer Unterhaltungskultur verdrängt?

4.1 Das Prinzip der monotheistischen Allmacht

Eine reine, über jeglichen Verdacht ihres möglichen Mißbrauchs erhabene Form der Macht ist die göttliche Allmacht des Monotheismus. Die Idee eines *Allmächtigen* als Verkörperung der Macht, die Einheit von Willen und Handeln (Schöpfung), Gerechtigkeit (Moral) und Wahrheit führt den Gedanken des Machtmißbrauchs ad absurdum. Indem der Allmächtige selbst Gesetz, Wahrheit und Gerechtigkeit ist; indem somit jede seiner Handlungen per Definitionem richtig, wahr, legitim ist, kann es kein Anderes, kein Mißbrauch der Macht, nicht einmal die kleinste Abweichung von der legitimen Macht geben. Wer das Prinzip der göttlichen Allmacht anerkennt, verzichtet damit bereits apriori auf alle Kritik. Das Prinzip der monotheistischen Allmacht ist ein abgeschlossenes, totalitäres System, eine grandiose Tautologie. Innerhalb der Systemgrenzen fehlt jeglicher Spielraum. Interne Kritik ist ausgeschlossen, denn bereits der leiseste Zweifel ist ein Zweifel um das Ganze, am Allmachtsprinzip selbst. Machtkritik steht außerhalb dieses System. Sie ist nur als externe und fundamentale denkbar, aus der Innenperspektive als Ketzertum.

Entstanden ist der jüdisch-christliche Monotheismus als Gegenmacht, als machtkritischer Diskurs aus dem Geist des Widerstandes gegen die Unterdrükung durch Ägypter und Römer. Die Idee vom allmächtigen Gott als Wahrheit, Gerechtigkeit, aber auch Verheißung und Befreiung ist unter den Bedingungen der Unterdrückung eine revolutionäre, die reale Macht negierende. Indem sie das Seiende, die politischen und sozialen Verhältnisse an der Idee der Vollkommenheit mißt, erscheinen diese notwendig als das Falsche, weltliche Herrschaft als Gotteslästerung. Sloterdijk verweist in diesem Sinne auf das machtkritische, "kynische" Moment des Judentums und des frühen Christentums: "Vom Judentum erbt die Welt die Idee der Resistance. Diese war im jüdischen Volk als messianische Tradition lebendig, die hoffnungsvoll vorausschaute auf den verheißenen Heilskönig aus dem Hause Davids, der das unglückliche Volk aus allen Wirrsalen heraus wieder zu sich selbst, in seine Heimat, seine Würde, seine Freiheit führen würde" (Sloterdijk, S.426). Das Christentum führte diese machtkritische Tradition des Widerstandes auf einer anderen Ebene fort. Der Glaube an seinen endgültig obsiegenden Gott und das Wissen über die Vergänglichkeit aller irdischen Macht ließ "das Christentum zu einer großen Schule des Widerstandes, des Mutes und des verkörperten Glaubens" werden (a.a.O., S.427). Die historische Wirkung dieser Schule des Christentums, des christlichen Bewußtseins, kann gar nicht überschätzt werden - eines Bewußtseins, das "im Laufe der Jahrhunderte zur größten Provokation der Cäsaren herangewachsen war. Mit ihm kam ein Bewußtsein von existentieller Souveränität auf, das noch mehr als die stoische Ethik die Frage neutralisierte, ob einer gesellschaftlich oben, in der Mitte oder unten steht. In seinem Vorzeichen konnten Sklaven todesmutiger werden als die Herren. Die Verkörperungskraft der frühchristlichen Religion war so stark, daß sie am Ende das größte Machtgefüge der alten Welt auf ihre Seite zog. Sie hatte ihre Wurzeln in dem Bewußtsein der Freiheit, das beim Aufhören naiver Machtverehrung entsteht. Nie mehr von einer bloßen weltlichen, äußerlich gewaltsamen Macht Respekt haben müssen: das wird zum kynischen Kern der christlichen Einstellung zur Vormacht" (a.a.O., S.431).

Auf dem Weg des Christentums zur Macht entfaltet das das religiös-utopische Einheitsprinzip des Monotheismus seine Ambivalenz. Was als Widerstand gegen die reale Macht des römischen Imperiums entstanden war, zeigte im Bewußtsein der Macht sein anderes Gesicht: ein totalitäres Denken, das jegliche Abweichung von seinem geschlossenen Weltbild skrupellos verfolgt; ein identifizierendes Denken, das nichts duldet, was sich nicht seinem Prinzip unterwirft, und dessen Folge die Praxis völliger Unterwerfung ist. Mit der Constantinischen Wende hat der Zynismus der Vormacht den "kynischen Impuls der Gegenmacht" (S.433) abgelöst, dem er seine Entstehung verdankt: "Seit Constantin ist die Staatengeschichte Europas im wesentlichen die Geschichte des christianisierten Staatszynismus" (S.432).

Die Substanz, die Ursache dieses vehängnisvollen Dualismus von Befreiung und Unterdrückung, von Widerstand und Repression, von Kynismus und Zynismus ist die religiös verdinglichte Utopie. Das Wissen um, bzw. der unumstößliche Glauben an das Reich Gottes, an seine Allmacht, an die Verwirklichung der absoluten Einheit von Macht, Gerechtigkeit und Wahrheit läßt die Realität als Unwahres, als bloße Zwischenstufe auf dem Weg zum Ziel erscheinen. Die Hypostase des utopischen Ziels legitimiert die kynische Mißachtung weltlicher Macht ebenso wie deren hemmungslosen zynischen Gebrauch im Namen dieses Ziels. Nietzsche, Foucault und zuletzt Sloterdijk haben auf diesen fatalen Zusammenhang von Macht und Utopie hingewiesen. Seine historische Wiederholung, seine säkularisierte Realisation hat dieser im real existierenden Sozialismus erfahren. Stalinismus und Inquisition sind die konsequenten Vollendungen dieses Zusammenhanges. Beide sind die äußersten Endpunkte der Verwandlung genuin machtkritischer und kynischer Diskurse in einen zynischen Diskurs der Macht.

Die prägnantesten Manifestationen des Allmachtprinzips waren die Kreuzzüge[3] und die Inquisition (Goytisolo, S.38ff., S.96). Jeder Ansatz von Machtkritik wurde im Keime erstickt, jedes Handeln der Mächtigen als Wille des *All*mächtigen gerechtfertigt. Der Totalitarismus der Inquisition war möglich durch diese Form der Rechtfertigung, durch die Behauptung eines allwissenden und allmächtigen Wesens. Der christliche Monotheismus stellte dieses als Legitimationsmuster zur Verfügung.

Noch im antiken Polytheismus der Griechen war - trotz aller autoritären Tendenzen, man denke nur an die Sklaverei - Machtkritik ein selbstverständlicher Bestandteil des öffentlichen Lebens (heute würde man sagen: der politischen Kultur). Konkurrierende Gottheiten ermöglichten die gleichzeitige Existenz einander widersprechender Auffassungen, ohne daß ein unanfechtbares Wahrheitsprinzip Kritik denunzierte.[4] Die göttliche Macht des Monotheismus dagegen bezieht ihre Souveränität aus der Absolutheit des göttlichen Prinzips jenseits und über der Menschheit. Diese Machtvollkommenheit wird antinomisch,[5] sobald sie in der Hand des Menschen ist. Im Gegensatz zur göttlichen kann irdische Macht prinzipiell angezweifelt werden, auch wenn sie sich auf den Namen Gottes beruft, denn diese Berufung ist anfechtbar wiederum im Namen Gottes. Öffentliche Zweifel an der Herrschaft stellen ihren Vertretungs- und Herrschaftsanspruch grundsätzlich in Frage. Deshalb werden diese

---

3 Die Kreuzzüge als sozialpsychologische Explosionen von protofaschistischer Qualität (Sloterdijk, S.437).

4 Als Prototyp des Kynikers zeugt Diogenes von dieser politischen Toleranz, dessen provokative Kritik nicht nur geduldet, sondern auch von den Herrschenden geschätzt wurde: Alexander der Große wollte Diogenes sein, wenn er nicht Alexander gewesen wäre (Sloterdijk, S.206).

5 Zur Antinomie jeder irdischen, nicht durch ein jenseitiges Absolutes ausgeübten Macht siehe Popitz (1986, S.83ff).

Zweifel in der Regel nicht diskutiert, sondern durch politischen Terror ausgeschaltet.

Die Idee einer souveränen göttlichen Allmacht, die sich einer permanenten Legitimitätsfrage verweigert, findet sich in subtiler Form bei Walter Benjamin. In seinem Aufsatz "Zur Kritik der Gewalt" entlarvt er zunächst alles geltende Recht als im Dienste der Macht stehend, als Mythos. Mythische Rechtsetzung ist immer ein Instrument der Herrschaft, das diese erhält oder konstituiert (Benjamin, S.125). Dieser repressiven Gewalt der mythischen Rechtsetzung setzt Benjamin eine reine, göttliche Gewalt entgegen, die auf Gerechtigkeit als dem "Prinzip aller göttlichen Zwecksetzung" beruht. Nur diese göttliche Gewalt, die in ihrer reinen Form historisch niemals existiert hat und die eher den utopischen Charakter eines contrafaktischen Entwurfes besitzt, ist in der Lage, die faktisch jeder Gesellschaft eigene mythische Gewalt zu beseitigen: "Weit entfernt, eine reine Sphäre zu eröffnen, zeigt die mythische Manifestation der unmittelbaren Gewalt sich im tiefsten mit aller Rechtsgewalt identisch und macht die Ahnung von deren Problematik zur Gewißheit von der Verderblichkeit ihrer geschichtlichen Funktion, deren Vernichtung damit zur Aufgabe wird. Gerade diese Aufgabe legt in letzter Instanz noch einmal die Frage nach einer reinen unmittelbaren Gewalt vor, welche der mythischen Einhalt zu gebieten vermöchte. Wie in allen Bereichen dem Mythos Gott, so tritt der mythischen Gewalt die göttliche entgegen" (a.a.O., S.127). Diese göttliche Gewalt ist die Negation jeder gesellschaftlich vorhandenen und im Recht institutionalisierten. Ihr Ziel ist es nicht, Recht zu werden oder Recht zu setzen, sondern Recht abzuschaffen. Sie ist ausschließlich der Gerechtigkeit verbunden, zum Recht steht sie in fundamentaler Opposition: Sie verkörpert die Idee einer "Gerechtigkeit ohne Recht" (Derrida, S.104).

Benjamins negative Theologie entspricht der Idee der souveränen monotheistischen Allmacht im Stadium der Verfolgung und Unterdrückung der Christen. Die reine, revolutionäre und göttliche Gewalt legitimiert sich aus einem jenseitigen Prinzip, das über dem Menschen steht, und dessen Kritik, selbst dessen Interpretation der Mensch sich nicht anmaßen darf. Dieser jenseitige, negative Aspekt bewahrt die Idee vor ihrer Verdinglichung durch die Umsetzung in politische Praxis. "Denn die Entscheidung, die hier gefragt ist, die ausschlaggebende, bestimmende, entscheidende Entscheidung, jene, die es uns erlaubt, eine solche reine und revolutionäre Gewalt als solche zu erkennen oder wiederzuerkennen, ist eine dem Menschen unzugängliche Entscheidung" (Derrida, S.111).

Doch bereits die als Gegenmacht konzipierte Idee der reinen, göttlichen Gewalt enthält in nuce das totalisierende Prinzip der monotheistischen Allmacht. Sie stellt sich als unfehlbare Macht dar, die keiner Legitimation bedarf. Jedes Handeln in ihrem Namen könnte sich apriori durch die ihr innewohnende Gerechtigkeit legitimiert sehen, das heißt, den Anspruch der Vollkommenheit erheben - wäre dieses Handeln unter menschlichen Bedingungen nur möglich. Mit der - nach Benjamins Verdikt nicht begründbaren - Umsetzung der reinen Gewalt in die Praxis schlägt diese zwangsläufig um in Totalitarismus und Dogmatismus. Wer sich anmaßt, im Namen eines Allmächtigen zu handeln, beansprucht selbst Allmacht. Wer sich dem unterwirft, verliert jedes Recht der Kritik. Benjamins Utopie einer vollkommenen Gerechtigkeit wird durch menschliche Praxis zum Zynismus totaler Macht.

Als historisch wohl eindrucksvollste Beispiele für das Umschlagen der Idee der vollkommenen Gerechtigkeit in totalitären Terror haben wir die Inquisition und den Stalinismus genannt. In der Figur des kommunistischen Jesuiten Naphta in Thomas Manns Zauberberg sind die beiden Typen jenes totalitären Machtzynismus vereint, der seine Legitimation aus seinem Ursprung als Gegenmacht zieht. Im Namen des jenseitigen Gottes bzw. des kommenden Kommunismus duldet weder die monotheistische Allmacht noch die real-sozialistische Diktatur des Proletariats Widerspruch. Machtkritik beantworten beide mit Terror im Namen ihrer Gerechtigkeit, die legitimiert ist durch das Jenseits und die Zukunft. Naphta weiß um die Ungerechtigkeit im Namen der Gerechtigkeit. Doch der Zynismus der selbsternannten Vertreter eines unfehlbar Mächtigen verlangt, daß diese im Namen der kommenden Erlösung durch Gott bzw. das Proletariat in Kauf genommen werden muß:[6] "Der Herrschaftsanspruch des Papstes wurde nicht um seiner selbst willen erhoben, sondern seine stellvertretende Diktatur war Mittel und Weg zum Erlösungsziel, Übergangsform vom heidnischen Staat zum himmlischen Reich. ...und Gregor hat das Wort gesprochen: 'Verflucht sei der Mensch, der sein Schwert zurückhält vom Blute!' Daß die Macht böse ist, wissen wir. Aber der Dualismus von Gut und Böse, von Jenseits und Dieseits, Geist und Macht muß, wenn das Reich kommen soll, vorübergehend aufgehoben werden in einem Prinzip, das Askese und Herrschaft vereinigt. Das ist es, was ich die Notwendigkeit des Terrors nenne" (Thomas Mann, Der Zauberberg, S.424). Der Kommunismus tritt für Naphta im Sinne dieses Prinzip der Notwendigkeit des Terrors das legitime Erbe der Inquisition an: "Die Übereinstimmung (von katholisch-inquisitorischem und kommunistischem Herrschaftsprinzip - J.F.) ist vollkommen bis hinein in den Sinn des Herrschaftsanspruchs, den die internationale Arbeit gegen das internationale Händler- und Spekulantentum erhebt, das Weltproletariat, das heute die Humanität und die Kriterien des Gottesstaates der bürgerlich-kapitalistischen Verrottung entgegenstellt. Die Diktatur des Proletariats, diese politisch-wirtschaftliche Heilsforderung der Zeit, hat nicht den Sinn der Herrschaft um ihrer selbst willen und in Ewigkeit, sondern den einer zeitweiligen Aufhebung des Gegensatzes von Geist und Macht im Zeichen des Kreuzes, den Sinn der Weltüberwindung durch das Mittel der Weltherrschaft, den Sinn des Überganges, der Transzendenz, den Sinn des Reiches. Das Proletariat hat das Werk Gregors aufgenommen, sein Gotteseifer ist in ihm, und sowenig wie er wird es seine Hand zurückhalten dürfen vom Blute. Seine Aufgabe ist der Schrecken zum Heile der Welt und zur Gewinnung des Erlösungsziels, der staats- und klassenlosen Gotteskindschaft" (a.a.O., S.426). Diese Auffassung von legitimer Macht duldet keine Machtkritik und keinen Diskurs. Unter den Bedingungen einer Herrschaft im Namen einer solchen Allmacht wird jede Form der Kritik verfolgt, um sie zu vernichten, sei es im Namen Gottes, des Proletariats (oder, wie im schlimmst möglichen Fall geschehen, im Namen einer Nation). Ein offener, freier Diskurs des Machtmißbrauchs scheint dagegen an die Bedingungen einer funktionierenden bürgerlichen Öffentlichkeit gebunden.

---

6 Im Gegensatz zu den meisten Intellektuellen seiner Zeit hat Thomas Mann diesen Totalitarismus des Sowjetmarxismus bereits in der vorstalinistischen Ära erkannt. ("Der Zauberberg" erschien 1924, als Stalin an die Macht kam.)

4.2 Die souveräne Macht im Absolutismus

In verschiedenen säkularisierten Formen prägte das monotheistische Prinzip der Allmacht die vormodernen Herrschaftsformen des Okzidents, am deutlichsten in absolutistischen Gesellschaften.[7] Die Identität von Macht und Gesetz, von Wahrheit und Gerechtigkeit in der Person des absolutistischen Herrschers schließt, wie die religiöse Version der Allmacht, internen Widerspruch gegen dessen Willen und Handeln kategorisch aus.[8] Der Vorwurf des Machtmißbrauchs an den Herrscher impliziert ein Auseinandertreten von Macht und Recht. Deren Einheit aber ist als säkularisiertes Prinzip der Allmacht auch Prinzip des Absolutismus, Machtmißbrauch des Alleinherrschers gleichsam selbst als Möglichkeit aus dem absolutistischen System ausgeschlossen. Im Mittelalter bedienten sich die Herrscher dieser Idee des Christentums zur Durchsetzung nackter Machtinteressen: "Schon Karl der Große hat mit dem Christentum zynisch-brutal seine fränkisch-imperialistische Religionspolitik betrieben, weshalb man ihn zu Recht den Vater des Abendlandes nennt" (Sloterdijk, S.436).

Die Praxis der Rechtsprechung im französischen Ancien Regime des 16. Jahrhunderts verdeutlicht den Charakter des Allmachtprinzips. Alle Strafverfahren unterstanden grundsätzlich dem Souverän persönlich. Eine diesen kontrollierende, legitimierende Instanz gab es nicht. Die stets geheimen Gerichtsverfahren beruhten "auf dem Prinzip, daß die Feststellung der Wahrheit in Strafsachen für den Souverän und seine Richter ein absolutes Recht und eine ausschließliche Gewalt darstelle" (Foucault 1991b, S.48). Die strenge Geheimhaltung des Verfahrens vor der Öffentlichkeit demonstrierte die alleinige Kompetenz des Herrschers, die selbst jede folgenlose Kommentierung seiner Urteile ausschloß: "Vor der Gerichtsbarkeit des Souveräns müssen alle Stimmen verstummen" (a.a.O., S.49). Diese absolutistische Praxis der alleinigen Kompetenz des französischen Königs zur Rechtsprechung ist eine historische, säkulare Version des monotheistischen Allmachtprinzips, in dem jede Form des Machtgebrauchs durch ihr eigenes Prinzip legitimiert ist. Machtmißbrauch kann in diesem Kontext nur aus der Perspektive fundamental-oppositioneller Diskurse behauptet werden, deren Ziel die Aufhebung des gesamten Systems sein muß. Jegliche Loyalität zum Absolutismus aber fordert die bedingungslose Unterwerfung, den Verzicht auf Kritik an der Macht des Herrschers schlechthin. Hobbes und später Carl Schmitt haben dieses vormoderne Prinzip säkularisiert und für neuzeitliche despotische Herrschaftsformen aufbereitet: "Der biblische Monotheismus kennt den Begriff des zugleich gesetzgebenden und allmächtigen Gottes. Hobbes hat, am Beginn des modernen politischen Denkens, diesen Begriff aufgenommen und ihm einen profanen Sinn gegeben. Er hat den Staat des Leviathan den 'sterblichen Gott' genannt. Im Prädikat der Sterblichkeit konnte er die Selbstvergottung vermeiden und doch alle souveräne Macht in einem Punkt politischer Gewaltkonzentrieren.. Der souveräne

---

7 Zur traditionalen Herrschaft siehe Max Weber (1980), S.130.

8 Walter Benjamin verweist mit Sorel auf die "metaphysische Wahrheit, ...daß in den Anfängen alles Recht 'Vor'recht der Könige oder der Großen, kurz der Mächtigen gewesen sei" (S.126).

Fürst des Thomas Hobbes ist (ebenso wie Carl Schmitts Diktator) eine Instanz, die nicht irren kann und gegen die es keine Appellation gibt."[9]

Unter diesen Bedingungen ist ein Diskurs des Machtmißbrauchs nur als partikularer und sekundärer vorstellbar; partikular, weil er nie das Prinzip der Macht, ihre Struktur, die Form ihrer Legitimation thematisieren kann, sondern immer nur einzelne Verfehlungen, Differenzen zwischen dem Prinzip der absolutistischen Macht und diesem widersprechenden realen Handlungen; sekundär, weil Adressat der Kritik niemals der Herrscher selbst sein kann, sondern nur seine Handlanger. So ist der interne Diskurs des Machtmißbrauchs notwendig affirmativ und funktional im Sinne des Systems, denn er kritisiert lediglich dysfunktionale Abweichungen sekundärer Machtausübung. Er dient der Disziplinierung der Diener der Macht, dem Erzwingen ihrer Loyalität. Machtmißbrauch im Rahmen des absolutistischen Diskurses meint demnach solchen Gebrauch der vom Herrscher übertragenen Macht, der nicht dessen Interessen dient. Der Vorwurf des Machtmißbrauchs ist in diesem Zusammenhang gerade *nicht* Machtkritik.[10]

Dem insbesondere im Absolutismus verankerten Prinzip der monotheistischen Allmacht entspricht das traditionale Recht vorbürgerlicher Gesellschaften und seine zentrale Institution, der "Herrscher-Richter".[11] Max Weber weist auf die Zurichtung dieser "traditionalen Herrschaft" auf die zentralen Ziele der uneingeschränkten Machtausübung und der Machterhaltung hin. Die Legitimität dieser autoritären Herrschaftsformen beruht, neben der Tradition, auf der bedingungslosen Akzeptanz des "traditionsfreien Herrenhandelns" (Voigt, S.29). Stützte sich die Legitimität ausschließlich auf Tradition, so schränkte diese den Handlungsspielraum des Herrschers ein. Das "Doppelreich des material traditionsgebundenen ... (und) des material traditionsfreien Herrenhandelns" erst sichert die "traditionale Willkür" im Sinne des Allmachtprinzips (Max Weber 1980, S.130). Traditionales Recht stünde aufgrund seiner historischen Verankerung, formales Recht aufgrund seiner Verbindlichkeit, seiner Allgemeingültigkeit und seiner Abstraktion dieser Willkür entgegen. Den Alleinherrschern - Weber nennt den Hierarchen, den Despoten und den Demagogen - stünde im formalen Recht "der unvermeidliche Widerspruch zwischen dem abstrakten Formalismus der Rechtslogik und dem Bedürfnis nach Erfüllung materialer Postulate durch das Recht im Wege" (a.a.O., S.469). Mit dem Ende absolutistischer Herrschaft, das politisch mit der französischen Revolution, ideengeschichtlich mit dem Beginn der Moderne und soziologisch mit der Entstehung

9 Brunkhorst (1992), S.22. Ingeborg Maus diskutiert das Hobbessche Konzept der Allmacht des Souveräns im Zusammenhang mit der säkularisierten Allmacht bei Kant (1992, S.69-72).

10 Diese Problematik verdeutlicht die Notwendigkeit einer Differenzierung der Dikurse des Machtmißbrauchs innerhalb einer Epoche: Zumindest muß zwischen internen affirmativen und oppositionellen machtkritischen Diskursen unterschieden werden. Der starre Charakter des absolutistischen Herrschaftsprinzips, das nur totale Unterwerfung oder Verweigerung zuläßt, erfordert diese idealtypische Dichotomisierung.

11 Voigt, S.29. Luhmann definiert vormodernes Recht als "altes, kraft Wahrheit, sakraler Einsetzung oder Tradition geltendes, nicht aber hergestelltes, jederzeit änderbares, positives Recht" (1983, S.195).

der bürgerlichen Gesellschaft zusammenfällt, endet keineswegs das Denken im Geiste der monotheistischen Allmacht. Als Grundlage politischer Herrschaft scheint diese Idee in Europa zwar überwunden, doch auch im nachrevolutionären Zeitalter halten sich hartnäckig Residuen dieses vormodernen, autoritären Denkens. Gerade die deutsche Geschichte liefert hier die prägnantesten Beispiele - vom obrigkeitsstaatlichen Denken des 19. Jahrhunderts über Carl Schmitts politische Theologie bis hin zum Nationalsozialismus. Etwas von der Idee der Allmacht, von ihrem tautologischen Prinzip der Identität von Wahrheit, Gerechtigkeit und Macht ist noch im zeitgenössischen autoritären Legalismus zu finden. Dieser betrachtet Macht als legitim allein aufgrund des bestehenden Rechts - nach dem tautologischen Muster: Was der Fall ist (die Schöpfung Gottes, das Handeln des absolutistischen Herrschers, das herrschende Gesetz), ist wahr, richtig und legitim, weil es der wahren und gerechten Macht (Gott, dem absoluten Herrscher oder dem herrschenden Recht) entstammt. Noch der wissenschaftliche Legalismus der ätiologischen Kriminologie ist dieser Tautologie verpflichtet, ihrer Gleichsetzung von Realität, Wahrheit und Gerechtigkeit.[12]

Das Herrschaftsprinzip der säkularisierten Allmacht war in seiner reinen, idealtypischen Ausprägung allenfalls in der Hochphase des französischen Absolutismus annähernd verwirklicht. In der Regel war die Souveränität feudalistischer und absolutistischer Herrscher des vormodernen Europa bereits von je her, neben der prinzipiellen Antinomie jeder Macht des Menschen über den Menschen, durch materiale Bedingungen relativiert. Ein eklatantes Beispiel hierfür lieferten die Vorgänge um die Königswahlen im 16. Jahrhundert, die auf eindrucksvolle Weise den frühkapitalistischen Einfluß der "neuen Geldaristokratie" auf die politische Herrschaft dokumentieren. Insbesondere das "kommerzielle Imperium" der Fugger (Sturminger, S.165) spielte dabei eine entscheidende Rolle, wie das Beispiel der Königswahl im Habsburgischen Reich von 1519 zeigt.

Der König sollte gemäß der "Goldenen Bulle" von 1356 von sieben auserwählten Kurfürsten mit der Mehrheit von vier Stimmen gewählt werden. Alle Kurfürsten wurden nun mit Geld, versprochenen Kardinalsposten durch den Papst oder lukrativen Heiratsangeboten von verschiedenen Seiten bestochen (a.a.O., S.169). Nach langen Verhandlungen, strategischen Manövern und Täuschungen verkauften schließlich sechs Kurfürsten ihre Stimmen direkt an den Meistbietenden. Dabei mußten nicht nur die Wahlfürsten selbst, sondern auch deren Personal, vom Kanzler bis zum Kammerdiener, bedacht werden (a.a.O., S.170). Beim Wahlakt am 17. Juni 1519 schließlich schlug Karl von Spanien seine Konkurrenten Franz I von Frankreich und Friedrich IV von Sachsen aus dem Feld und wurde einstimmig gewählt. Die Wahlkosten (für Bestechungen u.ä.) werden heute auf einen Gegenwert von etwa 150 Millionen DM geschätzt (a.a.O., S.171; siehe auch Brauneder, S.81). Der Kaufmann Fugger finanzierte den Wahlkampf Karls, der zur Aufnahme von größeren Anleihen gezwungen war, zu vergleichsweise günstigen Bedingungen, nicht aber ohne Kapital daraus zu schlagen. Er räumte Karl einen Kredit zu 5% ein, weigerte sich aber gleichzeitig, den

12 Selbstverständlich ist die Zustimmung zum herrschenden Recht nicht schon an sich tautologisch - nur: die Begründung der Zustimmung darf sich nicht auf dessen Faktizität allein berufen bzw. für überflüssig erklärt werden.

Wahlkampf von dessen Konkurrenten Franz zu ungleich besseren Bedingungen (10% Zinsen) zu finanzieren.

Was der Historiker Sturminger eine "welthistorische Korruptionskampagne" (Sturminger, S.171) nennt, ist eine Fusion politischer und wirtschaftlicher Macht, bei der bereits von einem faktischen Primat der Ökonomie gesprochen werden kann (das nach Ansicht späterer Gesellschaftstheoretiker von Marx bis Luhmann zu einem Grundprinzip kapitalistischer Gesellschaften werden sollte). Die aristokratische Macht des souveränen Herrschers war faktisch nurmehr eine Macht von Fuggers Gnaden. Aus heutiger Sicht erscheinen die Vorgänge um die Königswahl geradezu skandalös, wie Sturmingers Einschätzung als "Korruptionkampagne" zeigt. Man sollte erwarten, daß zumindest massive Vorwürfe des Machtmißbrauchs an den gewählten König nebst dessen Gönner und Gläubiger gerichtet worden seien. Immerhin waren die Umstände der Wahl keineswegs unbekannt. Ein politisch relevanter oppositioneller Diskurs, der diese Praktiken der Käuflichkeit höchster Ämter angeprangert oder zum Anlaß für eine fundamentale Machtkritik genommen hätte, fand jedoch nicht statt. Das Fehlen einer kritischen Öffentlichkeit sowie einer bürgerlichen Moral, die Privatinteresse und Allgemeininteresse strikt trennt, ist dafür ein Grund (zur Trennung von öffentlicher und privater Sphäre als Prinzip bürgerlicher Gesellschaftsform s. Habermas 1990, S.225; Ebbinghausen 1989, S.172, Landfried 1989b, S.173). Ein zweiter Grund dürfte in der vorbürgerlichen Konvergenz der Interessen der Aristokratie und der aufstrebenden bürgerlichen Elite zu suchen sein. Noch waren politische Macht in den Händen des Adels und die wirtschaftlichen Interessen des Bürgertums kompatibel. Während der unproduktive Adel sich vermehrt in Geldnöten befand und auf Kredite angewiesen war, konnte sich die neue "Geldaristokratie" unter dessen wohlwollender Herrschaft zunächst noch recht gut entfalten. Die bürgerliche Klasse hatte keinen Anlaß zur Machtkritik. Einerseits wäre der Vorwurf des Machtmißbrauchs auf sie zurückgefallen, denn immerhin machte sie ja mit den zu Kritisierenden gemeinsame Sache. Andererseits schienen die politischen Bedingungen noch günstig. Der Verkauf politischer Macht im Europa des 16. Jahrhunderts war legitim. Was heute als korrupt gelten würde, war "Bestandteil der (ungeschriebenen) Verfassung."[13] Zweiffellos war der Antagonismus zwischen herrschendem Adel und bürgerlicher Klasse bereits in dieser kurzen Phase der Kooperation latent wirksam. Für jeden sichtbar, hatte sich die politische Macht in die Niederungen des Händlertums begeben, sich dem kategorischen Prinzip des aufkeimenden Kapitalismus angepaßt, dem Tauschwert. Die Rechtsprechung, gemäß dem traditionellen Recht dem politischen Herrscher vorbehalten, war noch dem Prinzip der Einheit von Recht und Macht verpflichtet.

---

13 von Klaveren, S.239. Diese vormoderne politische Form der Legitimität darf keineswegs als breite Akzeptanz der Herrschaft in den unteren Klassen der Recht- und Besitzlosen bewertet werden. Vielmehr hatten diese unterprivilegierten Klassen/Schichten keinerlei Zugang zur Sphäre des Politischen, der Macht und der Herrschaft. Politische Legitimität aber beschränkte sich auf diese Sphäre. Keine gesellschaftlichen Institutionen wie später das formale Recht, die bürgerliche Öffentlichkeit oder die sozialen Bewegungen des 19. Jahrhunderts (vor allem die Arbeiterbewegung) konnten die durchaus vorhandenen Empörungen und Leiden kanalisieren, die Legitimität erschüttern.

Dazu im Widerspruch stand jedoch bereits die ökonomische Macht des Geldadels. 1525 konnten die Fugger beispielsweise einen Rechtstreit zwischen der ungarischen Stadt Bistritz und einem ihrer Bergwerke entscheidend beeinflussen, und zwar aufgrund "des hohen Kapitaleinsatzes" (Brauneder, S.95).
In diesem Widerspruch zwischen dem absoluten Machtanspruch des Adels und der faktischen Abhängigkeit vom ökonomisch mächtigeren Bürgertum war der Keim des machtkritischen Diskurses gelegt, der später die Entwicklung der Herrschaftsverhältnisse entscheidend beeinflussen und das Prinzip der souveränen Macht endgültig aushebeln sollte. Zu einem politisch einflußreichen Diskurs wurde er dann, als auch die politischen Strukturen, insbesondere die Organisation des Rechts, zum Hemmschuh bürgerlicher Interessen wurden.

4.3 Der bürgerliche Diskurs des Machtmißbrauchs im Feudalismus

Die französische Revolution als historisches Datum für den beginnenden Siegeszug der bürgerlichen Gesellschaft, der philosophische Diskurs der Aufklärung, der Beginn der industriellen Revolution und des sozialen Aufstiegs des Bürgertums markieren den Wechsel zur der Epoche der europäischen Geschichte, die wir heute Moderne nennen. Alle diese Ereignisse sind ineinander verwoben, eine eindeutige Zuteilung von Ursachen und Wirkungen ist ohne dogmatisches Apriori nicht möglich. Die Erklärung dieser Phänomene aus einem Prinzip ist in einer Phase tiefster Skepsis gegenüber totalisierenden Großtheorien und teleologischen Geschichtsentwürfen prekär. Der Verzicht auf die analytische Kraft von Teilen dieser Theorien, zumal die der Marxschen Politischen Ökonomie, hieße aber, das Kind mit dem Bade ausschütten. In diesem Sinn werden die Entstehungsbedingungen machtkritischer Diskurse in der feudalistischen Gesellschaft und ihre Metamorphose zu systemimmanenten Diskursen des Machtmißbrauchs in der bürgerlichen Gesellschaft im folgenden unter Zuhilfenahme klassisch-theoretischer Muster betrachtet, ohne diesen in ihrer totalisierenden Konsequenz ganz zu folgen.

Wie gesehen, verhindert das monotheistische Prinzip der Allmacht im Feudalismus eine institutionalisierte und loyale Definition von Machtmißbrauch, die den Herrscher selbst oder die absolutistische Herrschaftsstruktur in Frage stellt. Der Vorwurf des Machtmißbrauchs kann sich deshalb allenfalls an Vertreter der Macht richten, an autorisierte Personen, die Macht im herrschaftlichen Auftrage ausüben. Dieses "Stellvertreter-Problem" (Brauneder, S.79) steht bis heute im Zentrum der Diskurse des Machtmißbrauchs. Bourdieus "Mysterium des Ministeriums" bringt es auf den Begriff. Am Beispiel des Ämterkaufs in vormodernen Gesellschaften mit traditionalem Recht läßt sich die Dynamik der Diskurse des Machtmißbrauchs in traditionalen Gesellschaften zeigen, ihre Sprengkraft, aber auch ihre Abhängigkeit von materiellen historischen Bedingungen. Noch im 15. Jahrhundert galt die Treuepflicht der Beamten nur gegenüber den Feudalherren. Im Eid hieß es, der Beamte werde nur "unseren (der Fürsten) Nutz und Frommen fürnehmen und fördern" (a.a.O., S.82). Obwohl Beamtenbestechung illegal war, wurde das Amt im allgemeinen als Betrieb angesehen, als Mittel zur Gewinnmaximierung (von Klaveren, S.94). Nicht nur Leistungen wie Genehmigungen, Beurkundungen ü.ä. wurden verkauft, sondern die Ämter selbst: bürokratische Macht als Basis für Geschäfte. Die Aufwendungen der diese feilhaltenden Beamten wie Studienzeiten und Kaufpreis des Amtes wurden in einer Art Gewinn- und Verlustrechnung als Investitionen einkalkuliert und den zu erwartenden Gewinnen aus Bestechungsgeldern der Klinten gegenübergestellt. Diese waren als Leistungsentgelte durchaus legitim (Fleck, S.22; Brauneder, S.88). Weder die Feudalherren noch das an Einfluß gewinnende Bürgertum hatten zunächst ein Interesse an der Abschaffung dieser Praxis. Die herrschenden Aristokraten sparten Unterhaltsleistungen für ihre eigenen Beamten, indem sie deren Leistungen den Gesetzen des Marktes überantworteten - womit die Bezahlung von den Antragstellern Übernommen wurde (Noack, S.39). Das Bürgertum konnte seinerseits bürokratische Entscheidungen beeinflussen, was den frühbürgerlichen Profitinteressen entsprach: Geld als "generalisiertes Kommunikationsmedium" hatte das für die unternehmerische Kalkulation notwendige Abstraktionsniveau (Noack S.42). Die Reduktion selbst des Verwaltungshandelns auf dieses Niveau der Tauschabstraktion schien ideale Bedingungen für das freie Unternehmertum herzustellen, ganz im Sinne der frühkapitalistisch liberalistischen Ideologie des freien Äquivalententausches (Cohen, S.336). Behördliche Genehmigungen waren weniger eine Rechts denn eine Kostenfrage. Überdies wurden lukrative Ämter durch diese Subsumtion unter das Tauschprinzip selbst zu einer Variante der Kapitalakkumulation. So ist es nicht verwunderlich, daß die Instrumentalisierung des (öffentlichen) Amtes zum Zwecke der Profitmaximierung zunächst kaum Widerspruch im Bürgertum hervorrief. Ein machtkritischer Diskurs gegen diese Praxis der bürokratischen Organisation war allenfalls von Intellektuellen und den Wortführern des frühen Proletariats zu erwarten.

Die Legalisierung des faktisch bereits legitimen Ämterkaufes in fast allen Ländern Westeuropas war die logische Folge dieser Entwicklung: im Frankreich Ludwigs XIV und im England der Stuarts im 17. Jahrhundert, in Preußen 1722 durch Friedrich - Wilhelm I (Landfried 1989a, S.135). Die plausible Konvergenz von aristokratischen und bürgerlichen Interessen hatte diese Legalisierung ermöglicht, die gleichzeitig ein emanzipatorischer Schritt in der Geschichte des Bürgertums war. Politische Macht war nicht mehr ausschließlich an sozialen Status, an adlige Herkunft gebunden, sondern käuflich. Dieser Schritt vom traditionalen zum freien ökonomischen Prinzip symbolisiert den Übergang vom Feudalsystem zum Kapitalismus. Der legalisierte Ämterkauf im vorkapitalistischen Stadium wurde zu einem ersten Symptom kapitalistischen Wirtschaftens, zu einem Vorschein kapitalistischer Rationalität in der Irrationalität des feudalistischen Herrschaftsystems. (Max Weber zum Ämterkauf in traditionalen Gesellschaften: 1980, S.634). Aus der Sicht der ökonomischen Theorie war er nichts weiter als die konsequente Anwendung des Tauschprinzips, ein "Anwendungsfall der Preistheorie" (Streißler, S.302). Der Historiker und Korruptionsforscher Jakob van Klaveren nennt im Zusammenhang mit dieser Praxis des Ämterkaufs und der allgemeinen Käuflichkeit bürokratischer Verwaltung die Mittelschichten des Ancien Regime "Brutstätten der Korruption" (v. Klaveren, 1985, S.95). Was aber aus heutiger Sicht als Machtmißbrauch erscheint, war zu seiner Zeit politisch legitim (Landfried, 1989a, S.136), ähnlich wie der Stimmenkauf bei der Königswahl im 16. Jahrhundert.

Die Phase der Legitimität des Ämterkaufs währte allerdings nicht sehr lange. In Frankreich im 18. Jahrhundert, in England schon im 17. Jahrhundert tauchten Vorwürfe gegen die Praxis des Ämterkaufs und der Amtsführung auf. Die im Rahmen der philosophischen Aufklärung populär gewordenen Forderungen nach Freiheit und Gleichheit zogen konkrete politische Forderungen nach sich. Neben der erwähnten Amts- und Verwaltungspraxis wurden die Dekadenz der Feudalherren und die Willkür ihrer Rechtsprechung kritisiert. Motive einer immanenten Kritik vermischten sich mit radikaler Kritik am Herrschaftsprinzip des Absolutismus.

Ein politisch-theoretisches Fundament der Kritik war ein aufgeklärtes Verständnis vom bürgerlichen Rechtsstaat, die Idee eines autonomen Rechts als rationale Übereinkunft aller Individuen (Voigt, S.29; zur privaten Autonomie als Grundlage des bürgerlichen subjektiven Rechts vgl. auch Habermas 1993b, S.112f.). Die Gesellschaft sollte ein "System freier, ihre privaten Interessen verfolgender Bürger" (Voigt, S.29) sein. Dieses bürgerliche Konzept des Rechtsstaates war ein erster Schritt zum Ideal einer universalen Rechtsordnung, in der Religion und Moral als Handlungsorientierungen schließlich vollständig durch das "anpassungsfähigere Recht" (a.a.O., S.23) abgelöst werden sollten. Der Proklamation des Rechtsstaates entsprach die politische Forderung Montesquieus nach staatlicher Gewaltenteilung, die institutionalisierte Trennung von Gesetzgebung, Rechtsprechung und Verwaltung. Montesquieu begründete seine Forderung 1731 mit der Notwendigkeit einer staatlichen Reaktion auf die Willkürherrschaft des Adels und auf Korruption und Machtmißbrauch in den Verwaltungen. Im Zentrum der politischen Theorie Montesquieus stand die Formel "Recht vor Politik", der zufolge politische Institutionen von der Regierung bis hinunter zu den einfachen Beamten ausschließlich an geltendes Recht gebunden sein sollten, ganz im Gegensatz zur politischen und rechtlichen Praxis des Ancien Regime. Anlaß auch dieser fundamentalen Forderung waren Überlegungen zur Eindämmung von Korruption (Brauneder, S.94). Man hatte erkannt, daß eine strenge Beamtenethik, die kategorische Trennung von öffentlichem Amt und privatwirtschaftlichem Interesse sowie eine Bindung staatlicher Macht an formales Recht die jetzt als korrupt gegeißelten Zustände ändern könnte - Zustände, die noch ein Jahrhundert vorher als legitime Form der Profitmaximierung gegolten hatten.[14] Für den machtkritischen Diskurs im Frankreich des 18. Jahrhunderts sind Montesquieus politische Ansichten exemplarisch. Der Ämterkauf wurde mehr und mehr als Symptom der Krise des Absolutismus interpretiert.[15] Vorwürfe staatlicher Willkür, des Machtmißbrauchs und der Korruption wurden zu einem entscheidenden Impuls der jakobinischen Bewegung in der französischen Revolution. Diese realisierte dann zumindest einige zentrale

---

14 Zu Vorschlägen zur Eindämmung der Korruption: Brauneder, S.92ff. Brauneder weist zudem auf den Vorschlag einer besseren Bezahlung der Beamten zur Bekämpfung der Korruption hin.

15 Landfried, 1989, S.134; obwohl Bestechung, Patronage und Ämterkauf immer mehr in die Kritik gerieten, wurde der Ämterkauf erst im Revolutionsjahr 1789 verboten (a.a.O., S.138).

Forderungen der vorrevolutionären Machtkritik, die aus dem oppositionellen politischen und philosophischen Diskurs des Machtmißbrauchs hervorgegangen waren.

In England nahm die Diskussion um Machtmißbrauch hinsichtlich der Praxis des Ämterkaufs einen ähnlichen Verlauf. Ein oppositioneller Diskurs kann bis in das Jahr 1641 zurückverfolgt werden. Damals wurde erstmals im Parlament (House of Commons) ein Verbot des Ämterkaufes gefordert, da zahlreiche Abgeordnete die allgemeine Gerechtigkeit gefährdet sahen (Landfried 1989a, S.134).

4.3.1 Die bürgerliche Kritik am Ämterkauf und die inneren Widersprüche des Feudalismus

Der Wandel von der Duldung des Ämter- und Stimmenkaufs zur Ächtung der Korruption wirft Fragen auf, will man nicht, einem naiven Idealismus folgend, die geistige Potenz der Aufklärung als alleinige Ursache ansehen. Was waren die materiellen Hintergründe dieses Bewußtseins- oder Strategiewandels, der Etablierung von Diskursen gegen das feudalistische Herrschaftssystem und die Korruption seiner Staatsdiener? Immerhin entsprach der Ämterkauf im 16. und 17. Jahrhundert ja durchaus den Bedürfnissen des aufstrebenden Bürgertums nach dem Primat ökonomischer Organisationsstrukturen und nach mehr Einfluß auf bürokratische Entscheidungen.

Eine Antwort muß den Zusammenhang mit dem sozial-ökonomischen Kontext der frühindustriellen Phase berücksichtigen. Was den frühkapitalistischen, noch weitgehend auf Handwerk (Manufakturen) und Handel basierenden wirtschaftlichen Interessen noch recht und billig war, wurde mit zunehmender Arbeitsteilung und Ausdifferenzierung der Reproduktionssphäre zu einem selbstzerstörenden Moment des feudalistischen Systems. Die klassische Marxsche These vom Widerspruch zwischen der politischen, rechtlichen und ökonomischen Struktur, den Produktionsverhältnissen, und dem technischen und geistigen Entwicklungsstand, den Produktivkräften, bleibt für die Phase des Übergangs vom Feudalismus zum Kapitalismus weitgehend unwidersprochen.[16] Die feudalistische Gesellschaftsstruktur, das traditionale Recht, die Willkür ihrer Herrscher und deren Verwalter standen dem Aufstieg der industriellen Kapitalisten im Wege. Schließlich war die Ablösung feudaler Herrschaftsstrukturen aus deren Sicht die "Frucht eines siegreichen Kampfes gegen die Feudalmacht und ihre empörenden Vorrechte sowie gegen die Zünfte und die Fesseln, die diese der freien Entwicklung der Produktion und der freien Ausbeutung des Menschen durch den Menschen angelegt" hatte.[17]

---

16 Dagegen muß die Transformation dieser These auf die prognostizierte Aufhebung des Kapitalismus im Sozialismus, die Behauptung ihrer Transzendenz als Version einer totalisierenden Geschichtsphilosophie im Geiste Hegels, heute als gescheitert gelten.

17 Marx, Karl (1962): Das Kapital, in: MEW, Bd. 23, S.743. Das berühmte Zitat im Zusammenhang: "Die industriellen Kapitalisten, diese neuen Potentaten, mußten ihrerseits nicht nur die zünftigen Handwerker verdrängen, sondern auch die im Besitz der Reichtumsquellen befindlichen Feudalherren. Von dieser Seite stellt sich ihr Emporkommen dar als die Frucht..."

Auf die Notwendigkeit einer rationalen Staatsorganisation, insbesondere eines rationalen Rechts für die Entfaltung eines kapitalistischen Wirtschaftssystems hat die politische Ökonomie seit Marx immer wieder hingewiesen. Der Staat muß als regulierende und planende Instanz, als "geschäftsführender Ausschuß" (Marx), als "ideeller Gesamtkapitalist" (Engels) dem Kapital optimale Verwertungsbedingungen zur Verfügung stellen (Offe 1972, S.65). Die Herrschaftsform des absolutistischen Staates konnte dieser Forderung mit zunehmender Ausdiffenzierung des Wirtschaftssektors immer weniger gerecht werden. Sie war nicht in der Lage, die egoistischen Profitinteressen einzelner Unternehmer zu integrieren; im Gegenteil: den Trägern feudaler Herrschaft war selbst nur am eigenen materiellen Vorteil gelegen, ohne daß diese im kapitalistischen Sinne "gewirtschaftet" hätten. Die feudale Ausbeutung schuf keinen Mehrwert und erwirtschaftete keinen Profit, der als Investition dem Markt erhalten geblieben wäre, sondern häufte Reichtum an, totes Kapital. Nicht nur, daß diese Herrschaftsform die funktionalen Erfordernisse kapitalistischen Wirtschaftens nicht erfüllen konnte, sie stellte sich selbst als Beispiel historischer Ungleichzeitigkeit dar.

Überdies wurden die gesellschaftlichen und politischen Institutionen, vor allem das traditionale Recht, zu Fesseln bürgerlich-kapitalistischer Interessen. Die Haltung des Bürgertums zur Praxis des Ämterkaufes ist in diesem Zusammenhang exemplarisch für den politisch-ökonomischen Wandel. Die Ausdifferenzierung der Gesellschaft, erzwungen unter anderem durch die zunehmende Arbeitsteilung in der Wirtschaft, erforderte die Ausdifferenzierung gesellschaftlicher Institutionen. Im Bereich des Rechts stellte sich dies bereits in der Feudalgesellschaft als ein erster Verrechtlichungsschub dar (Habermas 1981/2, S.524ff.). Ein den Gesetzen des Marktes gehorchendes öffentliches Amt (käuflich, kalkulierbar, profitabel), zunächst dem Markt durch das Kommunikationsmedium Geld angepaßt, offenbarte nun seine Schwächen. Neben der Macht einzelner Beamter und den Kosten (für Bestechungen u.ä.) ist vor allem die potentielle Willkür bürokratischer Entscheidungen und deren Abhängigkeit von der Willkür politischer Entscheidungen zu nennen. Die beginnende Vernetzung von Betrieben und Märkten, die Entstehung teurer Großprojekte, die nur noch über Kredite zu finanzieren waren, das Erfordernis hoher Investitionen im Konkurrenzkampf verlangten einen stabilen, institutionalisierten und dauerhaften Rahmen. Im Chaos des Ämterkaufes, der allseitigen Käuflichkeit behördlicher Entscheidungen und der bürokratischen Macht einzelner Funktionsträger waren diese Voraussetzungen nicht gegeben. Die den merkantilistischen Interessen vorindustrieller Gesellschaften noch adäquate Verbindung öffentlich/politischer mit privaten Interessen erwies sich nun als dysfunktional.

Dies gilt insbesondere für das traditionale Recht. Die Einheit von Herrscher und Richter, von Politik und Recht, von Gesetzgebung, Verwaltung und Rechtsprechung machten dieses zu einer starren und unberechenbaren Institution: starr, weil es aufgrund seines geschichtsunabhängigen Rechtsprinzips nicht in der Lage war, sich veränderten gesellschaftlichen Rahmenbedingungen anzupassen; unberechenbar, weil die Entscheidungen über Recht und Unrecht ganz und gar in den Händen des souveränen Herrschers und der ihm ergebenen Richter lag. Die Interessen des aufstrebenden Bürgertums erforderten dagegen ein formales und allgemeines Recht, wie es von Rousseau, Voltaire, Kant und anderen bürgerlichen Philosophen gefordert und mit der französischen Revolution und dem englischen Rechtsstaat verwirklicht wurde: "Das frühbürgerliche Recht hatte eine wesentliche Funktion in der Garantie der Rahmenbedingungen, innerhalb derer der sozial-ökonomische Prozeß sich eigenständig entwickeln konnte" (Maus 1986, S.227).

In diesem Zusammenhang ist die französische Revolution das Symbol des Übergangs von der traditionalen, feudalistischen in die rationale, bürgerliche Gesellschaft.[18] In dieser für Westeuropa charakteristischen Entwicklung war die französischen Revolution nur ein Symptom, ein aktueller Anstoß, nicht aber die Ursache. So setzten sich die gleichen strukturellen Veränderungen zum bürgerlichen Staat in anderen Ländern auch ohne Revolution durch - wenn auch, wie in Deutschland, nur sehr zögernd. Ihre Ursache ist der Widerspruch zwischen bürgerlichen Macht- und Wirtschaftsinteressen und den veralteten Produktionsverhältnissen in vorbürgerlichen Gesellschaften, artikuliert im bürgerlichen Diskurs des Machtmißbrauchs gegen die Feudalherrschft, gegen die Praxis der rechtlichen und bürokratischen Willkür und gegen den Ämterkauf. Adorno interpretiert in diesem Sinne die französische Revolution als Kulminationspunkt einer langfristigen sozioökonomischen Entwicklung: "War höfische Mißwirtschaft ein Hebel der Pariser Aufstände, so war noch diese Mißwirtschaft Funktion der Totale, der Zurückgebliebenheit der absolutistischen 'Ausgaben-' hinter der kapitalistischen Einnahmewirtschaft" (Adorno 1990, S.297). Er pointiert die Marxsche These von der Unausweichlichkeit des Zusammenbruches des feudalistischen Systems aufgrund seiner politischen, ökonomischen und rechtlichen Struktur, die zur Fessel bürgerlicher Klasseninteressen geworden ist: "Bloß die armseligste Stoffhuberei könnte, unterm Titel wissenschaftlicher Akribie, dagegen sich blind machen, daß die französische Revolution, so abrupt manche ihrer Akte erfolgten, dem Gesamtzug der Emanzipation des Bürgertums sich einfügte. Sie wäre weder möglich gewesen noch gelungen, hätte es nicht 1789 die Schlüsselstellungen wirtschaftlicher Produktion bereits okkupiert und den Feudalismus und seine absolutistische Spitze, die zuzeiten mit dem bürgerlichen Interesse koaliert war, überflügelt. Der schockhafte Imperativ Nietzsches: 'Was fällt, soll man stoßen', kodifiziert nachträglich eine urbürgerliche Maxime. Wahrscheinlich waren alle bürgerlichen Revolutionen vorentschieden durch den historischen Aufschwung der Klasse" (a.a.O., S.296).

Der bürgerliche Diskurs des Machtmißbrauchs spielte in diesem Prozeß der Machtübernahme des Bürgertums eine wichtige Rolle, trug er doch durch seine permanente Machtkritik zur Denunziation und damit zum Verlust der Legitität feudalistischer Herrschaft bei. Im Rahmen der funktionalistischen These der historisch notwenigen Aufhebung des Feudalismus in der bürgerlichen Gesellschaft war er

---

18 Ein Symbol deshalb, weil ein historisch konkretes Datum dem bereits lange vorher eingeleiteten und bis heute nicht beendeten Prozeß mit allen seinen Rückschlägen, Ungleichzeitigkeiten und regionalen Differenzen kaum angemessen wäre.

Instrument des aufstrebenden Bürgertums, politische Strategie. Als solche kritisierte er vorwiegend die seinen Interessen widersprechenden Elemente: "Kritisiert werden weniger die Privilegien der Justiz, ihre Willkür, ihre archaische Arroganz, ihre unkontrollierten Rechte als vielmehr das Gemisch von Schwächen und Maßlosigkeiten, Übertreibungen und Lüken, und vor allem ihr Prinzip: die monarchische Übermacht" (Foucault 1991b, S.102).

Komplementär zu dieser funktionalistischen Kritik entsprachen die politischen Forderungen den ökonomischen Interessen der bürgerlichen Klasse, insbesondere diejenigen nach einem allgemeinen und formalen Recht. Max Weber hat diesen Zusammenhang von Staatsform, Rechtssystem und ökonomischem Interesse thematisiert. Er weist auf die immense Bedeutung gesellschaftlicher Rationalität, insbesondere eines rationalen Rechts für die kapitalistische Produktionsweise hin. Die bürgerliche Machtkritik am traditionalen Staat forderte in diesem Sinne den rationalen Staat, "in dem" - so Weber - "allein der moderne Kapitalismus gedeihen kann" (M. Weber 1980, S.815). Vor allem das moderne Recht ist mit den Reproduktionsbedingungen des Kapitals eng verknüpft: "Auch geschichtlich steht aber der 'Fortschritt' zum bürokratischen, nach rational gesatztem Recht und rational erdachten Reglements judizierenden und verwaltenden Staat in engstem Zusammenhang mit der modernen kapitalistischen Entwicklung. Der moderne kapitalistische Betrieb ruht innerlich vor allem auf der Kalkulation. Er braucht für seine Existenz eine Justiz und Verwaltung, deren Funktionieren wenigstens im Prinzip ebenso an festen generellen Normen rational kalkuliert weren kann, wie man die voraussichtliche Leistung einer Maschine kalkuliert" (a.a.O., S.826. Zu Webers These des Zusammenhangs formaler Rationalität und kapitalistischer Interessen einer langfristigen Berechenbarkeit siehe Luhmann 1983, S.17).

Der politische und philosophische Diskurs des modernen Rechts, als Kritik gegen "Machtmißbrauch" und Willkür feudalistischer Herrschaft entstanden, ist in diesem Zusammenhang eine Produktivkraft bürgerlicher Ökonomie; ebenso die Forderung nach der "Herausbildung einer einheitlichen Staatsgewalt als einer wichtigen Produktionsbedingung der bürgerlichen Gesellschaft" (Neumann, S.41) wie auch die Freiheitsphilosophie Voltaires, auf deren Zusammenhang mit dem bürgerlichen Rechtsstaat Foucault hinweist: "Voltaires Satz, daß Freiheit bedeute, von nichts anderem abhängig zu sein als vom Gesetz, hat nur das allgemeine Gesetz im Auge. Wenn der Souverän individuelle Maßnahmen erlassen kann, wenn er diesen oder jenen Menschen verhaften, dieses oder jenes Eigentum entziehen kann, ist es um die wahre Unabhängigkeit von Richtern geschehen. Der Richter, der solche individuellen Maßnahmen durchzuführen hat, wird bloßer Polizist und Gerichtsvollzieher. Wahre Unabhängigkeit setzt daher die Herrschaft des Staates durch allgemeine Gesetze voraus" (a.a.O., S.50). Unter diesem wichtigen Aspekt der Universalität des Gesetzes und des Primats des Rechts vor der Politik ist auch Kants Rechtsauffassung Ausdruck und Mittel bürgerlicher Interessen. Seine Abwendung von den unabänderlichen Rechtsprinzipien des traditionalen Rechts und die dieser folgende Forderung einer demokratischen Genesis der Gesetze innerhalb einer universalistischen Rechtsordnung wurden zum Prinzip des bürgerlichen Rechtsstaats. Kant liefert das Legitimationsmuster: durch die Wendung vom Rechtsprinzip auf die Konstitution des Rechts ist im bürgerlichen Verständnis "die 'Gerechtigkeit' des Gesetzes... durch das besondere Verfahren seines Zustandekommens garantiert" (Maus 1986, S.13). Niklas Luhmann hat dieses Prinzip als "Legitimation durch Verfahren" als Grundlage für die Ausdifferenzierung moderner Gesellschaftssysteme beschrieben (1983, S.217ff.). Habermas hat diese These unter Einbeziehung der Weberschen Theorie der Rationalisierung weiter zugespitzt: Die Legitimation durch Verfahren ermöglicht durch ihren Formalismus die Abkoppelung des Rechts von Moral und Ethik. Recht kann deshalb der Sphäre reiner Zweckrationalität zugeordnet werden.[19] Diese Abstraktionsleistung ausdifferenzierter moderner Gesllschaften schafft eine von Normen, Traditionen und lebensweltlichen Kommunikationsstrukturen weitgehend unabhängige Sphäre des Tausches, in dem sich die Kräfte des Marktes entfalten können. Garantieren kann diese Entfaltung nur das formale Recht, das durch seine Allgemeingültigkeit in der Lage ist, alle Mitglieder der Gesellschaft unterschiedslos auf dieses Prinzip des freien Tausches zu verpflichten: Die "Garantiefunktion des Produktionsverhältnisses als solchem, als Klassenverhältnis und seiner rechtlichen Form, muß einer gesellschaftlichen Organisationsform übertragen werden, deren Zwangsgewalt allen Individuen unter Einschluß der Mitglieder der herrschenden Klasse der Privateigentümer an Produktionsmitteln unterworfen sind" (Tuschling, S.41). Das formale bürgerliche Recht sichert die Reproduktionsbedingungen der kapitalistischen Gesellschaft, während das Rechtsprinzip der Legitimation durch Verfahren das Kapital von den Fesseln der Moral befreit. Der machtkritische Diskurs des feudalen Zeitalters ist zu einer Stütze bürgerlich-kapitalistischer Macht geworden.

4.3.2 Der Diskurs des Machtmißbrauchs als Strategie der Macht?

Die funktionalistischen Erklärungen für die Durchsetzung des bürgerlichen Rechtsstaates behaupten einen Zusammenhang zwischen der Machtkritik des Bürgertums am Feudalismus und dessen Wirtschafts- oder Machtinteressen. Die Diskurse des Machtmißbrauchs gegen die Feudalgesellschaften ebenso wie Forderungen nach dem bürgerlichen Rechtsstaat erfüllen in diesem Lichte den objektiven Zweck der Bereitstellung optimaler Verwertungsbedingungen des Kapitals. Die Rechtstheorien Voltaires, Montesquieus, Kants, Rousseaus, später auch Hegels erscheinen in diesem Sinne als Überbau der gesellschaftlichen Produktionsverhältnisse, als bürgerliche Ideologie: "Hegel lieferte die Ideologie des positiven Rechts, weil es ihrer, in der bereits sichtbar antagonostischen Gesellschaft, am dringendsten bedurfte" (Adorno 1990, S.303). Die Kritik vorbürgerlicher Herrschaftsformen kündigte bereits den inneren Widerspruch der bürgerlichen Ideologie an: Das Prinzip des freien Äquivalententausches legitimierte einen skrupellosen Sozialdarwinismus, der den dem Freiheitsgedanken zugrunde liegenden Humanismus ad absurdum führte.

19 Habermas (1981/2, S.455): "Autonomie gewinnen Organisationen durch eine neutralisierende Abgrenzung gegen die symbolischen Strukturen der Lebenswelt; damit werden sie gegen Kultur, Gesellschaft und Persönlichkeit eigentümlich indifferent."

Exemplarisch für diesen Vorschein bürgerlichen Widerspruches stehen Voltaire und Robespierre. Voltaire war als Schriftsteller und Philosoph der Aufklärung ein vehementer Kritiker absolutistischer Herrschaft, von Dekadenz, Machtmißbrauch und Korruption. Als Privatmann aber bediente er sich der von ihm gegeißelten Methoden der persönlichen Bereicherung. Mit Hilfe von "Lotterie und Getreidespekulationen, Armeelieferungen(!) und Leibrentengeschäften... und illegalen Geschäften im Bannkreis Friedrichs II" (Sturminger, S.219) schuf er sich ein ansehnliches Vermögen und wurde zu einem der reichsten Männer Frankreichs (ebenda).

Robespierre, der vielleicht radikalste und konsequenteste Vertreter einer bürgerlichen Moral, die er bis zu ihrer Perversion trieb, wurde schließlich selbst Opfer dieser Radikalität und Konsequenz. Nicht zuletzt seine Unbestechlichkeit brachte ihn auf die von ihm kultivierte Guillotine. Neben dem Überdruß an Robespierres Terror führte die Angst der "Korruptionisten", ihrerseits dort zu enden, zur Mehrheit des Konvents für die Todesstrafe gegen Robespierre (a.a.O., S.220).

Das Schicksal dieser frühen Vertreter bürgerlicher Moral ist eine Parabel für das Wesen bürgerlicher Ideologie, für bürgerliches Streben nach Macht und bürgerliche Doppelmoral. Letztere verkörpert Voltaire. Er begründet die Notwendigkeit bürgerlicher Institutionen, setzt sich öffentlich für die bürgerlichen Ideale ein, während seine privaten Geschäfte diese hehren Grundsätzen ad absurdum führen. Beides aber, seine öffentliche Parteinahme für die Ideale der Aufklärung und sein privater Wille zur Gewinnmaximierung sind Charakteristika der späteren bürgerlichen Gesellschaft. In ihrer Unvereinbarkeit spiegeln sie deren widersprüchlichen Charakter. Hier konkret: den Widerspruch zwischen der Proklamation von allgemeinen und gleichen Rechten aller, symbolisiert durch den Literaten Voltaire, und dem hemmungslosen Profitstreben im "gleichen" Kampf aller gegen alle, der permanent soziale Ungleichheit produziert, verkörpert durch den Geschäftsmann Voltaire.

Robespierre dagegen wird es zum Verhängnis, daß er die Machtkritik am Feudalismus mißversteht, indem er sie beim Wort nimmt. In einer jedem Fundamentalismus eigenen Naivetät unterscheidet er nicht zwischen strategisch ausgerichteter Machtkritik, deren Hauptaufgabe die Ablösung der herrschenden Elite ist und der positiven Ausübung der Macht selbst. Er glaubt an die moralische Integrität und die Wahrheit des vorrevolutionären machtkritischen Diskurses, ohne diesen auch als Instrument des Willens zur Macht zu begreifen. Er will die bürgerlichen Ideale eindimensional durchsetzen, die inneren Widersprüche gewaltsam unterdrücken. Trotz aller Brutalität mangelt es ihm an Zynismus, was ihn zur tragischen Figur der Revolution werden läßt, zu Täter und Opfer.

Fanatiker wie Robespierre waren in der Konstitutionsphase bürgerlicher Staaten die Ausnahme. Die französischen Eliten des 19. Jahrhunderts waren Männer vom Schlage Voltaires: Verfechter aufgeklärter politischer und moralischer Ideen, erklärte Gegner vorbürgerlicher Praktiken von Günstlingswirtschaft, Korruption und Willkürherrschaft, die sich privat der von ihnen öffentlich gegeißelten Methoden der Bereicherung und Machtgewinnung bedienten. Napoleon Bonaparte, als Staatsmann selbsterklärter Aufklärer und Vertreter bürgerlicher Grundsätze, hat nach Marx endgültig die Produktionsbedingungen kapitalistischen Wirtschaftens durchgesetzt. Er "schuf im Innern von Frankreich die Bedingungen, worunter erst die freie Konkurrenz entwikelt, das parzellierte Grundeigentum ausgebeutet, die entfesselte industrielle Produktivkraft der Nation verwandt werden konnte, und jenseits der französischen Grenzen fegte er überall die feudalen Gestaltungen weg, soweit es nötig war, um der bürgerlichen Gesellschaft in Frankreich eine entsprechende, zeitgemäße Umgebung auf dem europäischen Kontinent zu verschaffen" (Karl Marx 1990, Band IV, Der 18. Brumaire des Louis Bonaparte, S.34). Als vehementer Vertreter bürgerlicher Interessen und bürgerlicher Moral wandte auch er Methoden an, die letzterer Hohn sprachen. So bestach er den Präsidenten des Direktoriums (Barras) mit umgerechnet etwa 10 Millionen Mark, um diesen zum Rücktritt zu bringen und damit den Staatsstreich des 18. Brumaire zu ermöglichen (Sturminger, S.232). Vermittler dieses Geschäftes war der berühmte Außenminister Bonapartes, Talleyrand, der seinerseits mit Hilfe seiner zahlreichen Beziehungen und seines enormen Einflusses zum reichsten Mann Frankreichs wurde (ebenda).

4.4 Die bürgerliche Kritik des Feudalismus aus der Sicht theoretischer Machtkritik

Kritische Gesellschaftstheorie erklärt seit Marx die bürgerliche Kritik am feudalistischen Gesellschafts- und Herrschaftssystem als Funktion kapitalistischer Interessen. Die marxistische Tradition sieht in der ökonomischen Basis die Ursache für die Entwicklung von der feudalen zur bürgerlichen Gesellschaft.[20] Dagegen läßt sich mit Hilfe des machtkritischen Ansatzes Foucaults mit dem Siegeszug des Bürgertums eine Entwicklung zur Vervollkommnung von Machttechniken und Machtstrategien nachvollziehen, die keiner historischen oder dialektisch begründeten Teleologie folgt, sondern der darwinistischen Logik der Durchsetzung der stärksten und effektivsten dieser Techniken. Aus unterschiedlichen, sich widersprechenden Positionen können beide Ansätze heute zu einer kritischen Sicht machtkritischer Diskurse an der Schwelle zum modernen kapitalistischen Zeitalter beitragen, darüberhinaus zu einer kritischen Analyse des bürgerlichen Diskurses des Machtmißbrauchs, kurz: zu einer aktualisierten Machtkritik.

4.4.1 Die marxsche Machtkritik und der Ökonomismus der Marxisten

Fast alle gesellschaftskritischen Theorien der politischen Ökonomie gehen auf Marx zurück. Es ist nicht zuletzt seine wichtige These vom einem durch die ökonomischen Bedingungen (denn das versteht Marx unter gesellschaftlichem Sein) bestimmten Bewußtsein, die Generationen von Gesellschaftstheoretikern zu einem ökonomischen Funktionalismus verleitet hat. Der Kernsatz dieser These lautet wie folgt: "Die Produktionsweise des materiellen Lebens bedingt den sozialen, politischen und

20 Eine Ausnahme bildete die Kritische Theorie der sogenannten Frankfurter Schule, in der Kulturkritik als Gesellschaftskritik eine exponierte Stellung einnahm

geistigen Lebensprozeß überhaupt. Es ist nicht das Bewußtsein der Menschen, das ihr Sein, sondern umgekehrt ihr gesellschaftliches Sein, das ihr Bewußtsein bestimmt" (Vorwort zur KdpÖ, MEW, Band 13, 1959). Es ist dieser Satz, der den Ideologieverdacht gegen den nachkantianischen Idealismus und gegen die gesamte bürgerliche Philosophie überhaupt untermauern sollte. Selbstverständlich fällt dann auch der Diskurs des Machtmißbrauchs gegen den Feudalismus unter diesen Ideologieverdacht, denn gesellschaftliche Diskurse sind letztlich Symptome gesellschaftlicher Krisen und Widersprüche, die ihrerseits ihren Ursprung in den ökonomischen Verhältnissen haben, mit Marx: "in der Produktionsweise des materiellen Lebens". Als Produktivkraft symbolisierte dieser Diskurs gleichzeitig den historischen Vorsprung bürgerlicher Rationalität vor den veralteten feudalistischen Produktionsverhältnissen.

Nun vollzieht sich für Marx der Übergang von der Feudalgesellschaft zum Kapitalismus zwingend nach den Gesetzen der Hegelschen Dialektik. Der Sieg der bürgerlichen Gesellschaft konnte als Aufhebung des Widerspruchs zwischen feudalen Produktionsverhältnissen (Willkürherrschaft, traditionales Recht mit dem Herrscher-Richter-Prinzip) und den entwikelten Produktivkräften (industrielle Revolution, fortschreitende Arbeitsteilung, Ausdifferenzierung des ökonomischen Handelns) posthum noch recht plausibel in dieses dialektische Schema integriert werden. Dessen prognostische Anwendung auf die kommende Aufhebung der bürgerlichen in einer sozialistischen Gesellschaft durch Marxens Epigonen aber muß aus heutiger Sicht als gescheitert gelten. Der "nachmarxsche Marxismus" bleibt trotz seiner Kritik an Hegel doch dessen systemischem Denken verbunden, nach dem sich das Notwendige im Sinne des Systems mit Hilfe der List der Vernunft historisch durchsetzt. Selbst der Glaube an das Absolute und seine historische Verwirklichung durch die Geschichte über den Weg der Aufhebung aller gesellschaftlichen Antagonismen lebt in Marxens teleologischer Geschichtsphilosophie fort. Sein Triumph, Hegel vom Kopf auf die Füße gestellt zu haben, erweist sich heute als ein gewendetes Hegelisches Denken im Sinne eines absoluten Selbstabschlusses. Der Weltgeist Hegels wird ersetzt durch die ökonomisch bestimmten Produktivkräfte (insofern hat Marx Hegels idealistische Philosophie materialistisch umgewandelt, also "auf die Füße gestellt") als Triebkraft des Weltlaufs. Die "Vergottung der Geschichte auch bei den atheistischen Hegelianern Marx und Engels" (Adorno 1990, S.315) der säkularisierte, aber dogmatische Glaube, die Hypostase des Absoluten bleiben. Hegels Metaphysik des Weltgeistes wird bei Marx und Engels zu einer Metaphysik der Produktivkräfte.[21] Die Ökonomie wird zur Basis und Triebkraft der Geschichte erhoben, zum Mittel auf dem unaufhaltsamen Weg der Menschheit zu ihrer Befreiung: "Der Primat der Ökonmie soll mit historischer Stringenz das glückliche Ende als ihr immanent begründen; der Wirtschaftsprozeß erzeuge die politischen Herrschaftsverhältnisse und wälze sie um bis zur zwangsläufigen Befreiung vom Zwang der Wirtschaft" (Adorno 1990, S.315).[22]

21 Das Proletariat ist das Subjekt der Geschichte. Der dialektische Materialismus wird diese später zu einer Metaphysik der Arbeiterklasse weiter verdinglichen (vgl. Habermas 1981/1, S.474ff.).

22 Die evolutionistische Formel vom Primat der Wirtschaft, das bei Marx schließlich zur

Marxens Thesen wurde von seinen Epigonen des 19., vor allem aber des 20. Jahrhunderts vielfach trivialisiert, fetischisiert und für politische Zweke instrumentalisiert. Die historischen Folgen sind bekannt. Ausgerechnet die kapitalistische Welt ist gerade dabei, die Folgeschäden zu bewältigen. Die Frage, inwieweit diese Folgen dem Denken Marxens selbst, der Faszination eines in sich geschlossenen Gedanken- und Erklärungssystems, anzulasten sind, kann hier nicht behandelt werden. Hier interessiert die Relevanz seines Denkens, seiner Kategorien für eine zeitgenössische Machtkritik sowie für eine Deutung machtkritischer Diskurse im Rahmen der Konstitution bürgerlicher Gesellschaften. Zu letzterer hat der Marxsche Funktionalismus fraglos entscheidend beigetragen. Seine These von der Funktionalität bürgerlichen Rechts, bürgerlicher Moral und bürgerlicher Kultur für die kapitalistischen Produktionsbedingungen findet sich bei den meisten Gesellschaftstheoretikern des 20. Jahrhunderts wieder.

Die Konzeption einer gesellschaftswissenschaftlichen Machtkritik als Kritik der politischen Ökonomie bleibt nach wie vor notwendig, denn "nach wie vor erzeugt unsere Ökonomie mit dem Reichtum zugleich die Armut und mit dem Wachstum dessen Krisen, nach wie vor führt der Wahlspruch des einzelnen Kapitalisten: 'Apres moi le deluge', bzw. die mangelnde Sozialverträglichkeit des privaten Produktiveigentums zu Katastrophen,nach wie vor mästet sich das Kapital an wehrlosen 'Kolonien'" (Sichtermann, S.31). Es waren die Trivialisierungen und Instrumentalisierungen der Marxschen politischen Ökonomie, die dieser den Anschein des Ökonomismus gaben, indem sie sämtliche gesellschaftlichen Prozesse auf ökonomische Bedingungen reduzierten.[23]

Inwieweit ist nun Marx noch relevant für eine aktualisierte Machtkritik, für eine historische Untersuchung der Entstehungsbedingungen der bürgerlichen Diskurse des Machtmißbrauchs? Drei Gründe sprechen für einen Rückgriff auf Marx:

1. Marxens Ansatz bleibt an Präzision der Begriffe und Transparenz der Argumentation weiterhin unübertroffen.[24] Mit ihm lassen sich die materialen Entstehungsbedingungen und -vorraussetzungen dieser Diskurse erklären: Sie waren

---

Aufhebung des Kapitalismus führen sollte, wird später bei Luhmann zur affirmativen Schlüsselformel kapitalistischer Systemerhaltung und damit zur Phrase der Rechtfertigung des Vorranges von Profitinteressen - Ironie der Geschichte?

23 Mit dem Ende des real existierenden Sozialismus verbindet sich die Hoffnung, daß diese Trivialisierungen des Marxschen Werkes auch im Westen endlich einer fruchtbaren Auseinandersetzung weichen: "Endlich sind die Versteinerungen des ML vorbei und damit die Zeichen günstiger als zuvor für eine kritische, emanzipatorische und produktive Beschäftigung mit dem Marxschen Werk... Marx wird heute von vielen so behandelt wie er von Hegel berichtet, daß er 'vom verdrießlichen, anmaßlichen und mittelmäßigen Epigonentum' seiner Zeit behandelt worden sei: nämlich als 'toter Hund'. Der tote Hund ist lebendig, und er hat immer noch Biß" (Altvater 1991, S.31).

24 Mathias Greffrath plädiert für die ungebrochene Aktualität der Marxschen Kapitalismuskritik: "Der moralische Impuls, alle Verhältnisse umzuwerfen, in denen der Mensch ein erniedrigtes, ausgebeutetes Wesen ist: nötig wie eh und je. Die Kritik der politischen Ökonomie: immer noch die beste Theorie, um die kruden Aneignungsprozesse zu begreifen, die zwischen Campina Grande und Chemnitz laufen" (Greffrath, S.71).

notwendig, um die Produktivkräfte von den Fesseln überkommener Herrschafts- und Rechtsformen zu befreien; möglich wurden sie durch die fortschrittliche Entwicklung der Produktivkräfte und ihren Willen zur Emanzipation.

2. Bürgerliche Machtkritik und bürgerlicher Diskurs des Machtmißbrauchs lassen sich mit Marx als von Anfang an ambivalent, die Widersprüche bürgerlichen Denkens spiegelnd, begreifen: Sie geißelten die Inhumanität der absolutistischen Herrschaftsform und bereiteten damit der Inhumanität kapitalistischer Ausbeutung des 19. Jahrhunderts den Weg; sie traten für die Freiheit des Individuums ein, die dann als Freiheit des Marktes die Individuen unter dessen Diktat zur Selbstveräußerung zwang; sie trugen durch ihre universalistische Rationalität zu Entfremdung, Entwurzelung und Entwirklichung der Individuen bei, schafften aber damit erst die Voraussetzungen zur Emanzipation von irrationalen Mächten, von Religion und Metaphysik. Dieser Gedanke des emanzipatorischen Gehalts des bürgerlichen Denkens und der bürgerlichen Interessen spielte bei Marx eine entscheidende Rolle, ganz im Gegensatz zu seinen anarchistischen und frühsozialistischen (Zeit-) Genossen innerhalb der Arbeiterbewegung.

3. Die der Marxschen Werttheorie inhärente philosophische Erkenntnistheorie liefert ein Modell bürgerlichen Bewußtseins, das, wie kein zweites, in analytischer Schärfe und auf höchstem Abstraktionsniveau bürgerliche Denkstrukturen offenlegt: die Marxsche Formel von der Tauschabstraktion als Modell bürgerlichen Denkens, das dieses Denken begrenzt und die volle Entfaltung seiner potentiellen Rationalität verhindert.[25] Bedingung für eine effiziente Verwendung der Formel von der Tauschwertabstraktion ist ihre differenzierte Anwendung. Eine Reduktion aller ökonomischen, sozialen und kulturellen Vorgänge auf das Prinzip des Tausches wäre Vulgärmarxismus, identifizierendes Denken. Daß aber noch heute zahlreiche gesellschaftliche Prozesse dieser Logik folgen, daß in den Bewußtseinstrukturen der Individuen die Ideologie des Tausches das Alltagsdenken noch immer weitgehend bestimmt, wird uns die Analyse zeitgenössischer Diskurse des Machtmißbrauchs zeigen.

Im Rahmen des Diskurses des politischen Machtmißbrauchs innerhalb der bürgerlichen Gesellschaft werden wir uns mit der Relevanz der Tauschabstraktion noch näher befassen: Der gesamte Diskurs baut nämlich weitgehend auf der künstlichen Trennung von Privatsphäre (als Sphäre des freien Tausches) und öffentlicher Sphäre des Allgemeinwohls auf. Künstlich ist diese Trennung deshalb, weil sie einzelnen Delegierten (Politikern, Beamten) eine Handlungsmotivation administrativ vorschreibt, die dem Naturell des bürgerlichen Bewußtseins widerspricht: ein Handeln im Interesse der Allgemeinheit, gegen das eigene Interesse, gegen das Prinzip des Warentausches.

---

25 Alfred Sohn-Rethel hat diesen Marxschen Gedanken in seinem berühmten Aufsatz "Warenform und Denkform" erhellend erläutert (S.127ff.).

4.4.2 Der politische Diskurs des Bürgertums aus der Sicht der Foucaultschen Machtkritik

Im Gegensatz zu allen marxistischen Ansätzen spielt für Foucault die ökonomische Basis nur eine sekundäre Rolle. Das teleologische Geschichtsverständnis des dialektischen Materialismus lehnt er strikt ab, er bekämpft es geradezu (Foucault 1991b, S.24-26). Aus seiner skeptizistischen Perspektive sind die politischen und philosophischen Diskurse sowie die Diskurse des Machtmißbrauchs an der Schwelle zur Modernen selbst Symptome eines Willens zur Macht. Während Macht im Marxismus, im Strukturfunktionalismus, in der Systemtheorie, in der Habermasschen Theorie des kommunikativen Handelns als Funktion ökonomischer oder gesellschaftlicher Imperative behandelt wird, gewinnt sie bei Foucault den Charakter eines Selbstzwecks. Diskurse über, selbst diejenigen gegen die Macht erscheinen dann als Strategien einer Macht, die sich nach dem darwinistischen Prinzip der Durchsetzung der überlegenen Techniken perfektioniert. Ein Modell dieser Machtkritik ist "Überwachen und Strafen". Hier untersucht Foucault die Entstehungsbedingungen der modernen Formen des Strafens und des Gefängnisses. Eine Kernthese besagt in etwa folgendes: Der gesamte aufgeklärte wissenschaftliche Diskurs über die Reform des Strafrechts, einschließlich des kriminologischen, dient letztlich der Disziplinierung der Individuen, der Ausweitung und Effektivierung ihrer Kontrolle. Unter der Flagge der Humanität vollzieht sich die Perfektionierung der Macht. Foucault demonstriert dies am Beispiel der modernen Integration therapeutischer Aspekte in der Rechtsprechung, die die Macht der Richter in den Dienst der "Normierungsmacht"[26] stelle: "Ihr (gemeint sind die Richter - J.F.) unersättlicher 'Appetit auf Medizin', der sich ohne Unterlaß äußert - von der Anforderung psychiatrischer Gutachten bis zum Interesse für die Geschwätzigkeit der Kriminologie - dieser Appetit bezeugt die grundlegende Tatsache, daß die Macht, die sie ausüben, 'denaturiert' ist; daß sie zwar auf einer gewissen Ebene von den Gesetzen bestimmt wird, daß sie aber auf einer anderen und fundamentaleren Ebene als eine Normierungsmacht funktioniert. Was die Richter durchsetzen, wenn sie 'therapeutische' Urteile fällen und 'Resozialisierungsstrafen' verhängen, ist die Ökonomie der Macht und nicht die ihrer Skrupel oder ihres Humanismus" (Foucault 1991b, S.392).

Foucault geht noch weiter. Über den Komplex Justiz/Recht hinaus erklärt er das "verallgemeinerte Kerkersystem, das in die Tiefe des Gesellschaftskörpers hineinwirkt" (S.391), zum Prinzip moderner Macht schlechthin. Mit Hilfe des Diskurses über das Strafrecht schafft die bürgerliche Gesellschaft vor dem Hintergrund des Einflusses der neuen Humanwissenschaften neue Normen, die "normalisierend" auf die Individuen einwirken. "Normalisierung" wird zum Ziel von Techniken, Praktiken, Strategien und Diskursen (Dreyfus/Rabinow, S.300). Was Foucault zunächst am Beispiel des Strafvollzugs gezeigt hat, nämlich die detaillierten Methoden und Prak-

26 Die "Normierungsmacht" ist das Ergebnis einer neuen Ökonomie der Macht, die "die Macht der Disziplin mit der des Gesetzes verbindet und sich bruchlos von den kleinsten Zwangsmaßnahmen bis zur großen Strafhaft erstreckt" (Foucault 1991b, S.391).

tiken der Disziplinierung, überträgt er auf die Produktionssphäre moderner Gesellschaften des 19. Jahrhunderts. Nach dem "Kerkerprinzip" funktionieren Schulen, Fabriken, Krankenhäuser, therapeutische Anstalten: "Die Kreise des Kerkersystems erweitern sich und entfernen sich immer mehr von der eigentlichen Strafjustiz, bis von der Gefängnisform nichts mehr übrigbleibt: die Anstalten für verlassene oder bedürftige Kinder, die Waisenhäuser..., die Heime für Lehrlinge...; dann die Klosterfabriken, wo die Arbeiterinnen mit etwa 13 Jahren eintreten, Jahre hindurch eingeschlossen leben und nur unter Aufsicht ausgehen; ...Und alle in der Gesellschaft angelegten Disziplinareinrichtungen bilden zusammen das große Kerkernetz" (Foucault 1991b, S.385). Diese Beschreibung des "Kerkernetzes" kann als Version der Dialektik der Aufklärung gelesen werden, die den Pessimismus Adornos und Horkheimers noch übertrifft. Gerade die emanzipatorischen machtkritischen Diskurse, die aufgeklärten Diskurse des Machtmißbrauchs bahnten den Weg für die Disziplinargesellschaft und dienten fortan zur Legitimation des "Kerkersystems". Entstanden sein mögen die Reformen des Rechts, der Justiz und des Strafvollzugs unter dem Einfluß humanistischer Motiven. Objektiv aber ist der machtkritische, gegen Willkürherrschaft und Unterdrückung gerichtete reformistische bürgerliche Diskurs eine Strategie zur Ablösung ineffizienter Formen der Macht durch effektivere Techniken. Als "Pseudowissenschaften" fällt den Humanwissenschaften dabei die Rolle eines Handlangers der Machtinteressen zu, "die mit dem Anspruch, unter der Flagge legitimer Wissenschaft zu segeln, in Wirklichkeit engstens mit den Mikropraktiken der Macht verstrickt geblieben sind" (Dreyfus/Rabinow, S.209).[27]

Der historische Kontext der Entstehung der Humanwissenschaften war der Antagonismus zwischen den Herrschaftsinteressen der herrschenden Aristokratie und der Ineffizienz der Machttechniken des Feudalsystems. Dem Anwachsen des Produktionsapparates und des damit korrespondierenden Bevölkerungswachstums waren die Machtpraktiken des Feudalsystems nicht mehr gewachsen, "dazu war die Ausdehnung ihres Netzes zu lückenhaft und regellos, war ihr Funktionieren zu konfliktträchtig und war vor allem die Art ihrer Machtausübung zu 'kostspielig' im eigentlichen Sinn des Wortes: nicht nur, weil sie die Staatskasse viel kostete; weil das System der käuflichen Ämter und der Verpachtungen auf der Bevölkerung schwer lastete; weil sie aufgrund der Widerstände, die sie hervorrief, sich ständig wieder verstärken mußte; weil sie sich wesentlich kraft 'Enthebung' durchsetzte: Eintreibung von Gold oder von Naturalien durch die Steuererhebungen des Monarchen, des Grundherrn, der Kirche; Beschlagnahme von Menschen oder ihrer Zeit durch Fronarbeit oder Aushebung; Einsperrung oder Ausweisung von Landstreichern. Die Entwicklung der Disziplinen markiert das Auftreten elementarer Machttechniken, die einer ganz anderen Ökonomie zugehören: es handelt sich um Machtmechanismen, die nicht durch Abschöpfung wirken, sondern im Gegenteil durch Wertschöpfung, indem sie sich in die Produktivität der Apparate, in die Steigerung dieser Produktivität und in die Ausnutzung der Produkte vollständig integrieren. An die Stelle des Prinzips von Gewalt/Beraubung setzen die Disziplinen das Prinzip von Milde/Produktion/Profit.

27 Die Relativierung und Entzauberung der Humanwissenschaften ist das Thema der "Ordnung der Dinge" (1990b, v.a. S.413-462).

Die Disziplinen sind Techniken, die gemäß diesem Prinzip die Vielfältigkeit der Menschen und die der Vervielfachung der Produktionsapparate in Übereinstimmung bringen..." (Foucault 1991b, S.281).

Der machtkritische Diskurs im Feudalismus, die Diskurse des Machtmißbrauchs (gegen Mißwirtschaft, Patronage, Korruption, Ämterkauf, Behörden- und Justizwillkür) waren für Foucault Konsequenzen der Dysfunktionalität feudaler Macht. Trotz der nicht unwichtigen Rolle der Ökonomie (die oben zitierte Foucaultsche These von der Rolle der Produktionssteigerung ist eine Reformulierung Marxscher Thesen zur Kritik der politischen Ökonomie) bleibt diese Rahmenbedingung, Sekundärphänomen, Bedingtes. Wenn es für Foucault überhaupt ein Primärphänomen, ein Unbedingtes gibt, dann ist es ein Wille zur Macht. Auf diesen konzentriert sich sein Funktionalismus. Naturgemäß setzen sich nach Foucault diejenigen Diskurse - also politische, gesellschaftliche, kulturelle, soziale Tatsachen - durch, die am ehesten die funktionalen Anforderungen der Macht erfüllen: Universalität, Individualisierung, Wissen. Nur folgt Foucaults Funktionalität weder einer Finalität noch einem kausalen Ursprungsdenken.[28] Der Funktionalismus der Macht bezieht seine Legitimation weder aus der Vergangenheit noch aus der Zukunft, weder aus dem Ursprung noch aus dem Telos, weder aus dem Mythos noch aus der Utopie (Lyotard, S.56). Macht ist reiner Selbstzweck bar jeder Finalität. Ein historischer Prozeß im evolutionistischen Sinne ist allenfalls auf ihre Steigerung gerichtet. Hinter diesem Prozeß gibt es keinen weiteren Sinn. "Foucault argumentiert im Sinne eines historisch gerichteten Funktionalismus, der resolut die kulturelle Überlieferung, also historisch ausgebildete Ideen und Werte, allein unter dem Gesichtspunkt betrachtet welche objektive Funktion sie in einem durch Machtsteigerung gekennzeichneten Systemprozeß übernehmen; die von der Gedankenwelt der Aufklärung getragenen Reformvorschläge treten mithin unabhängig von ihrem subjektiv intendierten Gehalt bloß als diejenigen Mittel in Erscheinung, die ein überflüssig gewordenes Modell der Sozialkontrolle durch ein den historischen Bedingungen entsprechendes Kontrollverfahren zu ersetzen helfen" (Honneth, S.202f.).

28 Zu diesem Nietzscheanischen Motiv: "Am historischen Anfang der Dinge findet man nicht die immer noch bewahrte Identität ihres Ursprungs sondern die Unstimmigkeit des Anderen. So lehrt uns die Historie, über die Feierlichkeiten des Ursprungs zu lachen" (Foucault 1987, S.71). Zur Kritik des Denkens der Kontinuität vgl. auch Foucault (1990a): "Aus der historischen Analyse den Diskurs des Kontinuierlichen machen und aus dem menschlichen Bewußtsein das ursprüngliche Subjekt allen Werdens und jeder Anwendung machen, das sind die beiden Gesichter ein und desselben Denksystems. Die Zeit wird darin in Termini der Totalisierung begriffen, und die Revolutionen sind darin stets nur Bewußtwerdungen" (S.23).

5 Machtkritik und der bürgerliche Diskurs des Machtmißbrauchs

5.1 Theoretische Kritik der bürgerlichen Kritik

Als bürgerlicher Diskurs in einem vorbürgerlichen Kontext verhalf der Diskurs des Machtmißbrauchs im Feudalismus nicht zuletzt ökonomischen Interessen zu ihrer Durchsetzung. In der bürgerlichen Gesellschaft, an deren Sieg über den Feudalismus er maßgeblich beteiligt war, wechseln die Fronten: Was im Rahmen der Feudalherrschaft noch Machtkritik war, ist in der bürgerlichen Gesellschaft unter Umständen konstitutives Element. Deutlich wird dies am Beispiel der bürgerlichen Kritik der Korruption: Als Korruption gilt die private Bereicherung mit Hilfe öffentlicher Ämter (Landfried 1989a, S.30; Markovits/Silverstein, S.157; von Klaveren 1985, S.93; Fleck/Kuzmics, S.19; Huntington, S.493; Smelser, S.207; Acham, S.37). Die Kritik gegen den Ämterkauf entstand als politischer und moralischer Protest gegen eine legale Herrschaftspraxis und stellte damit die Legitimität der politischen Herrschaft und des geltenden Rechts in Frage. Im politischen und ökonomischen Interesse des Bürgertums richtete sie sich gegen herrschende politische Praktiken:

- als Versuch der politischen und rechtlichen Ausgrenzung abweichender Praktiken innerhalb der Schranken der Herrschaft;
- als Versuch der Verschiebung der Grenzen zwischen Recht und Unrecht durch Einflußnahme auf die Gesetzgebung, also der Veränderung von Herrschaft;
- als Versuch der Denunziation herrschender Eliten und Strukturen im Lichte einer aufgeklärten bürgerlichen Moral mit dem Ziel der Ablösung der feudalistischen Herrschaft.

In der Ständegesellschaft als fundamentale Kritik der Formen und Praktiken der Herrschaft noch eher homogener, machtkritischer Diskurs, wird die Kritik des Machtmißbrauchs in der bürgerlichen Gesellschaft[1] zu einem pluralen Feld konkurrierender Diskurse. Nicht mehr die Umstände der Konstituierung eines bürgerlichen Diskurses, sondern die Mechanismen der Verschleierung, der Ausschließung und der Instrumentalisierung stehen nun im Interesse einer Diskursanalyse, die sich als kritische Gesellschaftswissenschaft versteht: die vom Diskurs des Machtmißbrauchs "gestiftete Ordnung, also die zugerichtete Welt" (Konersmann, S. 80, in Anlehnung an Foucaults Argumentation in der "Ordnung des

1 "Bürgerliche Gesellschaft" bezieht sich hier auf das rechtliche Organisationsniveau in Anlehnung an Habermasens analytische Kategorie des bürgerlichen Staates (1981/2, S.524ff). Die Herrschaftsform konnte durchaus monarchistisch sein, was die Interessen des Bürgertums zwar behindern mochte, nicht aber mit diesen unvereinbar war.

Diskurses", 1991a). Foucault schlägt zur Analyse dieser zugerichteten Welt eine "kritische" Methode nach dem "Prinzip der Umkehrung" vor (1991a, S. 38f.). Während der genealogische Aspekt "die tatsächliche Entstehung der Diskurse: innerhalb und außerhalb der Kontrollgrenzen" betrifft, sucht die kritische Methode nach den Formen der "Ausschließung", der "Einschränkung" und der "Aneignung" (ebenda), die die Welt zurichten. Konkret untersucht Foucault Ausschließungsmechanismen, die Wahnsinn von Normalität (in "Wahnsinn und Gesellschaft") oder den Delinquenten vom Rechtschaffenen (in "Überwachen und Strafen") trennen. Durch den Ausschluß des Wahnsinns und der Delinquenz konstituiert sich "Normalität". Das Prinzip der Umkehrung wendet sich mit dieser Perspektive den Formen der Macht als Zurichtung zu. Mit ihm "soll gezeigt werden, wie sie (die Formen der Macht - J.F.) sich gebildet haben, um bestimmten Bedürfnissen zu entsprechen, wie sie sich verändert und verschoben haben, welchen Zwang sie tatsächlich ausgeübt haben, inwieweit sie abgewendet worden sind" (ebenda). Folgt man konsequent dem Erklärungsmuster Foucaults, erscheint der bürgerliche Diskurs des Machtmißbrauchs letztlich als Teil der Konstitution einer legitimen Macht.

Die Frage theoretischer Machtkritik lautet in diesem Sinne: Inwieweit tragen die Mechanismen des Ausschlusses vom politischen Diskurs, seiner Einschränkung und Aneignung zur Konstitution einer spezifischen Form der Macht im bürgerlichen Staat bei? Foucaults Prinzip der Umkehrung entfaltet sein kritisches Potential durch die Aufdeckung dieser subtilen Formen der Machtausübung und Machterhaltung selbst in den als Machtkritik erscheinenden Diskursen. Nicht nur deren Ambivalenz, sondern vor allem die diese einschränkenden, den Zugang zu ihnen begrenzenden, ihnen aber inhärenten Strategien der Macht gelangen so in das Blickfeld der Analyse. Ziel der Diskursanalyse ist demnach die Offenlegung der Ausschließungen, Begrenzungen und Instrumentalisierungen, die den politischen Diskurs des Machtmißbrauchs zu einem Mittel der Macht werden lassen.

Wiederum ist Foucault der Hinweis zu verdanken, der uns auf die Spur der Machtausübung durch den politischen Gebrauch des Diskurses bringt. Mit dem Begriff der Affirmation beschreibt er zunächst den konstitutiven Charakter von Diskursen. Affirmation ist in diesem Zusammenhang nicht das Gegenteil von Verneinung, "sondern die Kraft, Gegenstandsbereiche zu konstituieren, hinsichtlich deren wahre oder falsche Sätze behauptet oder verneint werden können" (a.a.O., S.44). Die Affirmation schafft Gegenstände und Themen, wie Foucault für den psychiatrischen Diskurs über den Wahnsinn oder den kriminologischen über die Delinquenz gezeigt hat, während sie sogleich Kriterien der Teilnahme an dem jeweiligen Diskurs festlegt. Es ist die Aufgabe der Diskursanalyse, diese obligatorischen Kriterien aufzuspüren, die systematisch Aussagen, Themen und Teilnehmer ausschließen. Die Diskursanalyse "bringt das Spiel der - mit der fundamentalen Kraft der Affirmation - aufgezwungenen Knappheit an den Tag" (ebenda). Wenn nun Foucault die Funktion des Diskurses der Kriminologie als Teil einer Affirmation beschreibt, deren Ziel die Konstitution des "Delinquenten" und damit auch die der "Normalität" ist,[2] so stellt er den kriminologischen Diskurs als Instrument einer subtilen Machtstrategie dar. Zwar abstrahiert er dabei von Kontroversen innerhalb dieses Diskurses selbst, von einer inneren Pluralität. Ohne Beispiel in den Sozialwissenschaften bleibt aber die Analyse der Funktionalisierung emanzipatorisch und humanistisch intendierter Reformen als Techniken der Ausgrenzung, der Stigmatisierung und der Überwachung.[3] (Dieses repressive Potential ist für Foucault allerdings keine "von außen" übergreifende Usurpation der Reformen, sondern dem Gedanken der "normierenden Sanktion" immanent.)

Nun läßt sich jedoch die kritische Methode Foucaults ebensowenig generalisieren, wie auch sein Begriff des Diskurses sich gegen seine soziologische Anwendung auf jeden öffentlich diskutierten Themenbereich sperrt. Der politische Diskurs folgt nicht den strengen Regeln eines wissenschaftlichen, wie die von Foucault in der Ordnung der Dinge untersuchten "seriösen" Diskurse der Modernen. Aussagen, die einen wissenschaftlichen Anspruch erheben, müssen den temporär gültigen Regeln der in der jeweiligen Epoche paradigmatischen Wissenschaftlichkeit entprechen.[4] Der Zugang zum politischen Diskurs dagegen ist unter den Bedingungen einer pluralistischen bürgerlichen Öffentlichkeit prinzipiell offener. Die Berechtigung der Übertragung des Foucaultschen Diskursbegriffs vom "seriösen" Feld der Wissenschaften auf das alltagsweltlich strukturierte der Politik ergeben sich aus den Parallelen: den Funktionalisierungen und Instrumentalisierungen beider Diskurse im Interesse der Macht und ihrer ambivalenten Stellung im Prozeß der Moderne und der bürgerlichen Gesellschaft. Ähnlich dem Diskurs der Kriminologie trägt der des Machtmißbrauchs zur Konstitution von Normalität bei: ersterer im kulturellen Prozeß der Modernisierung, letzterer im politischen Prozeß der Legitimierung von Herrschaft, die sich unter anderem über die Konstitution (Affirmation im Sinne Foucaults) politischer "Abweichung" reproduziert, analog der Reproduktion bürgerlicher Normalität durch den Delinquenten.

Aus dieser Legitimationsfigur bürgerlicher Gesellschaft ergibt sich die Aufgabe einer kritischen Untersuchung des Diskurses des Machtmißbrauchs. Die bürgerliche Ideologie der demokratisch zustandekommenden Repräsentation des Allgemeinwohls durch den Staat läßt, spätestens seit der Einführung des allgemeinen Wahlrechts, einen offen repressiven Ausschluß nur noch als ultima ratio zu. Kritische

2 Zur Konstitution des Delinquenten mit Hilfe der Kriminologie bemerkt Foucault: "Aber der Gedanke, daß die Delinquenz zur Ordnung der Dinge gehört, gehört zweifellos auch zur zynischen Intelligenz des bürgerlichen Denkens im 19. Jahrhundert" (1976, S.40). In Überwachen und Strafen erklärt er den Zweck des Delinquenten für die moderne Macht: "Tatsächlich bietet eine als Delinquenz festgestellte Gesetzwidrigkeit einige Vorteile. Sie läßt sich kontrollieren, indem die Individuen markiert, die Gruppen unterwandert und das Denunziantentum organisiert werden. Das unübersichtliche Gewimmel von gelegentlichen und unvorhersehbaren rechtswidrigen Praktiken, die in einer Bevölkerung allgemein üblich sind, ... ersetzt man durch eine relativ beschränkte und geschlossene Gruppe von Individuen, die sich einer stetigen Überwachung unterwerfen lassen" (1991b, S.358).

3 Zusammengefaßt in Foucault (1991b), S.394ff; vgl. auch Dreyfus/Rabinow, S.226ff.

4 Zu Foucaults Thematik der "seriösen Sprechakte" siehe Dreyfus/Rabinow, S. 72; zum Wissenschaftsmodells der sich ablösenden Paradigmen: Thomas Kuhn (1976).

Gesellschaftstheorie muß heute deshalb vor allem die Mechanismen der Verknappung und Ausschließung offenlegen.

5.2 Der politische Diskurs im Strukturwandel der Öffentlichkeit

Der Diskurs des Machtmißbrauchs ist Teil des politischen Diskurses der bürgerlichen Gesellschaft. Er unterliegt dessen Regeln und Mechanismen der Ausgrenzung, Verknappung und Instrumentalisierung. Diese müssen als seine Bedingungen erkannt werden, um die innere Dynamik des Diskurses des Machtmißbrauchs erfassen zu können, seine Verschränkungen mit den Interessen der politisch und ökonomisch Mächtigen wie seine emanzipatorischen Potentiale. Oben wurde der politische Diskurs in unterschiedliche Ebenen seiner Institutionalisierung aufgeteilt. Die am wenigsten institutionalisierte und damit offenste Form ist der öffentliche Diskurs; ihm zuzurechnen sind die Versuche der Einflußnahme der Herrschenden auf die bürgerliche Öffentlichkeit, was dem offiziellen Diskurs der Herrschenden entspricht. Weitaus homogener erscheinen die im bürgerlichen Staat institutionalisierten und die Herrschaftsverhältnisse repräsentierenden Ebenen: die legislative, manifestiert in der Gesamtheit der Gesetze und Verordnungen einer Gesellschaft mit den Parlamenten im Zentrum; die administrative und juridische, manifestiert in der Gesamtheit der Anwendungen des Rechts (als Urteile, Verwaltungsakte, politische Exekutive) mit Regierungen, Gerichten und Verwaltungen im Zentrum.[5]

Legislative und administrative Ebene sind relativ gut abgrenzbar, können konkreten Institutionen zugeordnet und im Macht- und Herrschaftsgefüge der Gesellschaft verortet werden. Vergleichsweise unübersichtlich erscheint dagegen die Ebene der Öffentlichkeit. In der bürgerlichen Gesellschaft prinzipiell für alle Interessengruppen offen, spiegelt der öffentliche Diskurs deren Heterogenität und Pluralität. Tatsächlich aber ist er aufgrund unterschiedlichster Ausgangsbedingungen der potentiellen Teilnehmer in der bürgerlichen Gesellschaft immer schon systematisch verzerrt, der freie und gleiche Zugang aller Klassen von Anfang an Ideologie.[6] Im liberalen Kapitalismus war die Teilnahme an Besitz und Bildung geknüpft: "Bildung ist das eine Zulassungskriterium, Besitz das andere. Faktisch decken beide Kriterien weithin den gleichen Personenkreis; denn Schulbildung ist damals eher Folge als Voraussetzung eines gesellschaftlichen Status, der seinerseits primär durch Eigentumstitel bestimmt ist. Die gebildeten Stände sind auch die Besitzenden. Der Zensus, der die Zulassung zur politisch fungierenden Öffentlichkeit reguliert, kann daher mit dem Steuerzensus zusammenfallen: schon die Französische Revolution nimmt ihn ja zum Maßstab der Unterscheidung von Aktiv- und Passivbürgern" (Habermas 1990, S.157).

---

5 Luhmanns Rechtssoziologie unterscheidet zwischen dem Strukturaspekt (mögliches Recht) und dem Prozeßaspekt (faktisches Recht) des Rechts. Diese beiden Ebenen entsprechen genau der legislativen (Strukturaspekt) und der administrativen (Prozeßaspekt) des politischen Diskurses (Luhmann 1981, S.248).

6 Bei der folgenden Skizzierung der öffentlichen Ebene des politischen Diskurses folgen wir weitgehend Habermases Untersuchung über den "Strukturwandel der Öffentlichkeit" (1990).

Mit der Demokratisierung der bürgerlichen Gesellschaft gewinnt dann eine plebejische Öffentlichkeit Einfluß auf die bürgerliche und verschränkt sich mit ihr. Die Einführung des allgemeinen Wahlrechts erzeugt nun einen Legitimationsdruck, der die hegemoniale Stellung des Bürgertums in der Öffentlichkeit permanent bedroht. Freilich folgt daraus nicht zwangsläufig eine Pluralisierung der Öffentlichkeit, die allen gesellschaftlichen Individuen und Gruppen gleiche Chancen der Teilnahme einräumt. Ökonomische und politische Macht bedingen eine ökonomische und kulturelle Hegemonie des Bürgertums, die nicht mehr auf manifestem Ausschluß oder institutionalisierten Privilegien beruht, sondern auf der sozialdarwinistischen Dynamik der Macht des Stärkeren. Die "von gesellschaftlichen Organisationen beschlagnahmte, unter dem Druck kollektiver Privatinteressen vermachtete Öffentlichkeit" (a.a.O., S.309) verliert gleichzeitig gegenüber einer zwar elitären, aber kritischen bürgerlichen Öffentlichkeit die Distanz zur Herrschaft. Die kritische Publizität weicht zunehmend einer manipulativen (S.338). Publizität verkommt zu publicity: "Die verständige Kritik an öffentlich diskutierten Sachverhalten weicht einer stimmungshaften Konformität mit öffentlich präsentierten Personen oder Personifikationen; consent fällt mit dem good will zusammen, den publicity hervorruft. Publizität hieß einst die Entblößung politischer Herrschaft vor dem öffentlichen Räsonnement; publicity summiert die Reaktionen eines unverbindlichen Wohlwollens. Die bürgerliche Öffentlichkeit nimmt im Maße ihrer Gestaltung durch public relations wieder feudale Züge an" (S.292). Materiale Voraussetzung für diesen Strukturwandel der Öffentlichkeit ist die Entstehung der Massenmedien: "Mit der Kommerzialisierung und der Verdichtung des Kommunikationsnetzes, mit dem wachsenden Kapitalaufwand für und dem steigenden Organisationsgrad von publizistischen Einrichtungen wurden die Kommunikationswege stärker kanalisiert und die Zugangschancen zur öffentlichen Kommunikation immer stärkerem Selektionsdruck ausgesetzt. Damit entstand eine neue Kategorie von Einfluß, nämlich eine Medienmacht, die, manipulativ eingesetzt, dem Prinzip der Publizität seine Unschuld raubte. Die durch Massenmedien zugleich vorstrukturierte und beherrschte Öffentlichkeit wuchs sich zu einer vermachteten Arena aus, in der mit Themen und Beiträgen nicht nur um Einfluß, sondern um eine in ihren strategischen Intentionen möglichst verborgene Steuerung verhaltenswirksamer Kommunikationsflüsse gerungen wird" (S.28).

Habermasens Diagnose einer vermachteten Öffentlichkeit unterschätzt in ihren Generalisierungen sicherlich die Pluralität und Heterogenität, die der bürgerlichen Öffentlichkeit auch und gerade im Zeitalter der Massenmedien eigen ist. Tendenzen der Vermachtung und der Monopolisierung sind zwar nicht von der Hand zu weisen; auf der anderen Seite behauptet sich daneben aber eine Vielzahl und Vielfalt von Publikationen, die sich keineswegs unter eine allgemeine Vermachtungstendenz subsumieren lassen. Die Einführung einer analytischen Kategorie eines "offiziellen" Diskurses kann zu einer Differenzierung der Ebene des öffentlichen politischen Diskurses beitragen, die eine Thematisierung seiner Verschränkung mit Macht und Herrschaft erlaubt, ohne seinen pluralistischen Charakter allzusehr zu vernachlässigen. Habermas selbst beschreibt die Sphäre einer "quasi-öffentlichen Meinung", die durchaus als Definition eines offiziellen politischen Diskurses gelten kann (nur spielt diese erst am Schluß des Buches vorgenommene Differenzierung in seiner Argumentation keine Rolle): "Dem Kommunikationsbereich der nicht-öffentlichen Meinungen steht die Zirkulationssphäre einer quasi-öffentlichen Meinung gegenüber. Diese formellen Meinungen lassen sich auf angebbare Institutionen zurückführen; sie sind offiziell oder offiziös als Verlautbarungen, Bekanntmachungen, Erklärungen, Reden usw. autorisiert. Dabei handelt es sich in erster Linie um Meinungen, die in einem verhältnismäßig engen Kreislauf über die Masse der Bevölkerung hinweg zwischen der großen politischen Presse, der räsonnierenden Publizistik überhaupt, und den beratenden, beeinflussenden, beschließenden Organen mit politischen oder politisch relevanten Kompetenzen (Kabinett, Regierungskommissionen, Verwaltungsgremien, Parlamentsausschüssen, Parteivorständen, Verbandskomitees, Konzernverwaltungen, Gewerkschaftssekretariaten usw.) zirkulieren. Obwohl diese quasi-öffentlichen Meinungen an ein breites Publikum adressiert sein können, erfüllen sie nicht die Bedingungen eines öffentlichen Räsonnements nach liberalem Modell. Sie sind als institutionell autorisierte Meinungen stets privilegiert und erreichen keine wechselseitige Korrespondenz mit der nichtorganisierten Masse des Publikums" (S.355).

Mit der analytischen Ausdifferenzierung eines offiziellen bzw. "quasi-öffentlichen" Diskurses auf der öffentlichen Ebene ergeben sich Abgrenzungsprobleme. Will man von einem "offiziellen Diskurs der Herrschenden" sprechen, so stellt sich zum Beispiel die Frage, ob Verlautbarungen von Industrieverbänden, Parteien oder gar Gewerkschaften darunter fallen. Nicht zuletzt die Verschränkung des quasi-öffentlichen (offiziellen) Diskurses mit dem öffentlichen erschwert eine klare Abgrenzung. Bei aller Schwierigkeit einer exakten Definition sollen deshalb die Aussagen dem quasi-öffentlichen Diskurs zugeordnet werden, die im Namen der politischen Herrschaft gemacht wurden. Historisch geht der quasi-öffentliche (offizielle) Diskurs aus dem öffentlichen hervor, wie in Bourdieus Modell von der Dynamik zwischen Delegation und Macht (1989, S.41 ff.): Die Fürsprecher gesellschaftlicher Gruppen, ursprünglich als deren Abgesandte deren Interessen dienend, gewinnen durch ihre Position selbst Macht, die sie letztlich gegen ihre Auftraggeber wenden - am Beispiel des offiziellen Diskurses durch manipulative und selektierende Instrumentalisierung von Medien. Habermas beschreibt diesen Weg vom öffentlichen zum quasi-öffentlichen Diskurs: "Diese Vermittlungsfunktion (zwischen Staat und Gesellschaft; J.F.) geht vom Publikum auf solche Institutionen über, die sich, wie die Verbände, aus der Privatsphäre, oder, wie die Parteien, aus der Öffentlichkeit heraus gebildet haben und nun Machtvollzug und Machtausgleich im Zusammenspiel mit dem Staatsapparat intern betreiben; dabei bemühen sie sich über die ihrerseits verselbständigten Massenmedien bei dem mediatisierten Publikum um Zustimmung oder mindestens Duldung. Publizität wird gleichsam von oben entfaltet, um bestimmten Positionen eine Aura von good will zu verschaffen. Ursprünglich garantierte Publizität den Zusammenhang des öffentlichen Räsonnements sowohl mit der legislativen Begründung der Herrschaft als auch mit der kritischen Aufsicht über deren Ausübung. Inzwischen ermöglicht sie die eigentümliche Ambivalenz einer Herrschaft über die Herrschaft der nicht-öffentlichen Meinung: sie dient der Manipulation *des* Publikums in gleichem Maße wie der Legitimation *vor* ihm" (1990, S.270).

5.3 Die Ausschlußmechanismen des politischen Diskurses

5.3.1 Die Ausschlußmechanismen im liberalen Kapitalismus

Interessant für eine machtkritische Untersuchung des Diskurses des Machtmißbrauchs sind die Diskrepanzen zwischen den Diskursebenen, die gemäß des Ideals bürgerlicher Gesellschaft möglichst gering sein müßten. Insofern ist die Entlarvung der durch Strukturprinzipien des kapitalistischen Staates systematisch erzeugten Diskrepanzen Teil der klassischen Ideologiekritik im Marxschen Sinne.[7] In der idealen bürgerlichen Gesellschaft drückt die Öffentlichkeit den allgemeinen Willen aus. Der Staat repräsentiert diesen durch Gesetzgebung, Verwaltung und Rechtsprechung. Indem konkrete wirtschaftliche und politische Interessen sowie soziale Konflikte diesen Regelkreis permanent stören, verweisen sie auf dessen Scheinhaftigkeit, seinen Ideologiecharakter. Der von einer kritischen Öffentlichkeit ausgehende Legitimationsdruck zwingt den bürgerlichen Staat zu Eingeständnissen an die öffentliche Meinung.[8]

Die kritische bürgerliche Öffentlichkeit gewinnt so die Funktion einer Kontrollinstanz, die durch die Schaffung von Transparenz den Verknappungen, Instrumentalisierungen und Ausschließungen auf der Ebene des öffentlichen Diskurses entgegenwirkt. Verzerrt ist der öffentliche Diskurs aber in dem Maße, in dem er Klassen-, Macht-, Profit- oder Verbandsinteressen überrepräsentiert. Bis zur Einführung des allgemeinen Wahlrechts waren dies unstrittig die ökonomischen Interessen der Bourgeoisie: Der Zugang zur bürgerlichen Öffentlichkeit war an Besitz gebunden, Besitzlose (Arbeiter, aber auch Frauen) waren bis zur Mitte des 19. Jahrhunderts systematisch ausgeschlossen. Das bürgerliche Ideal der Gleichheit war nicht in gleichen Zugangschancen zur Öffentlichkeit, sondern in der Abschaffung der Aristokratie, des Ranges durch Geburt begründet. Man sah es dadurch als verwirklicht an, daß Niemandem der Zugang zum Besitz prinzipiell, das heißt durch angeborenen Status, verwehrt war. Die Teilnahme am öffentlichen Diskurs aber war klassenspezifisch organisiert: "Zum politisch räsonierenden Publikum sind nur Privateigentümer zugelassen, denn deren Autonomie wurzelt in der Sphäre des Warenverkehrs und geht darum auch mit dem Interesse an ihrer Erhaltung als einer privaten Sphäre zusammen" (Habermas 1990, S.186). Den philosophischen und ideologischen Hintergrund für diesen die soziale Ungleichheit legitimierenden Gleichheitsbegriff lieferte Kant: "Kant entwikelt dann auch nach diesem Grundsatz die bestimmten

---

7 Schnädelbach argumentiert für eine Ideologiekritik in Marxscher Tradition: "Die Differenz von Wesen und Erscheinung der Gesellschaft, ohne die diese Verschränkung von richtig und falsch und damit der konkrete Ideologiebegriff selbst allen Sinn verliert, ist nicht eine metaphysische Schrulle, wie der Positivismus behauptet, sondern selbst eine empirisch aufweisbare Tatsache. Was sich so unmittelbar der Erfahrung darbietet, ist bloße Oberfläche in dem exakten Sinne, daß es eine höchst künstliche, durch zahlreiche Instanzen vorfabrizierte Wirklichkeit ist, die die wirklichen Machtverhältnisse wirkungsvoll verdeckt" (1969, S.91).

8 Zum Legitimationsdruck: Habermas (1973); zu Begriff und Funktion der "öffentlichen Meinung": Habermas (1990), S.351f.

soziologischen Voraussetzungen politisch fungierender Öffentlichkeit: sie hängen allemal an den privater Autonomie überlassenen gesellschaftlichen Beziehungen frei konkurrierender Warenbesitzer" (ebenda). Der Lohnarbeiter ist zwar, ökonomisch gesehen, Warenbesitzer, denn er bietet seine Arbeitskraft als Ware auf dem Arbeitsmarkt an. Er verfügt jedoch nicht über die notwendige Autonomie, er ist nicht sein eigener Herr, denn ihm gehört nicht, was er produziert. Als Mensch (homme) steht er zwar unter dem Schutz der Gesetze, das Recht zur Gesetzgebung, mithin das Wahlrecht, bleibt dem Bürger (bourgeois) vorbehalten. "Während die Lohnarbeiter genötigt sind, als einzige Ware ihre Arbeitskraft zu tauschen, verkehren die Privateigentümer untereinander als Warenbesitzer durch den Tausch von Gütern. Nur diese sind ihre eigenen Herren, nur sie sollen zum Stimmrecht, zum öffentlichen Gebrauch der Vernunft im exemplarischen Sinn berechtigt werden" (S.187).

Ist bereits der öffentliche Diskurs auf eine Klasse beschränkt, so bleiben dies um so mehr der legislative und der administrative. Die Definition von Machtmißbrauch ist demnach im politischen Diskurs an bürgerlichen Interessen orientiert, das heißt beschränkt auf die Sphäre des Warentausches: der bürgerliche Diskurs des Machtmißbrauchs ist auf einfache Formen der Korruption konzentriert. Die unverblümte Durchsetzung von Klasseninteressen mit den Mitteln politischer Herrschaft ist ebensowenig Thema des politischen Diskurses des Machtmißbrauchs wie die Diskriminierung der Frauen.[9] Die Diskrepanzen zwischen den Dirkursebenen sind unter den Bedingungen der liberalen bürgerlichen Gesellschaft gering, denn sowohl die Öffentlichkeit als auch die Parlamente und der Staat sind in gewissem Sinne Vertreter bürgerlicher Kapitalinteressen. Der Ausschluß der "Nichteigentümer vom Publikum der politisch räsonierenden Privatleute" (Habermas 1990, S.188), insbesondere proletarischer Klasseninteressen vom politischen Diskurs, findet unterhalb der Ebene der bürgerlichen Öffentlichkeit statt. Durch die Verschränkung von Öffentlichkeit und Gesetzgebung im liberalen bürgerlichen Rechtsstaat des 19. Jahrhunderts gilt er damit auch für die legislative Ebene; durch die Rolle des kapitalistischen Staates, der "durch die Konstitutionalisierung einer (in Deutschland freilich noch sehr begrenzten) politisch fungierenden Öffentlichkeit mit den Interessen der bürgerlichen Gesellschaft tendenziell gleichgeschaltet ist" (a.a.O., S.226), ebenso für die administrative.

5.3.2 Die Ausschlußmechanismen im organisierten Kapitalismus

In dieses Kartell bürgerlicher Interessen brechen mit der Einführung des öffentlich erzwungenen allgemeinen Wahlrechts oppositionelle Interessen ein. Neben der "hegemonialen bürgerlichen Öffentlichkeit" erscheinen "andere subkulturelle oder klassenspezifische Öffentlichkeiten" (a.a.O. S.15), die den Staat unter Legitimations-

[9] 1990 räumt Jürgen Habermas im Vorwort zu dem 1962 erschienenen "Strukturwandel der Öffentlichkeit" Versäumnisse hinsichtlich der Problematik des Ausschlusses von Teilnehmern vom Diskurs der bürgerlichen Öffentlichkeit ein - ausdrücklich bezogen auf den Begriff des Ausschlusses bei Foucault (1990, S.15f.).

druck setzen, verstärkt durch neomerkantilistische Tendenzen im letzten Drittel des 19. Jahrhunderts. Der interventionistische Staat muß jetzt seine einseitige Parteinahme für die bürgerliche Klasse gegenüber einer erweiterten Öffentlichkeit verschleiern (Offe 1972, S.89ff; Habermas 1973, S.54ff.), neben die Steuerungsfunktion tritt die Aufgabe der "Ideologieplanung" (Habermas 1981/2, S.457).

Da die Öffentlichkeit nicht mehr für das Bürgertum reserviert ist, bilden sich nun auf dieser heterogensten und pluralistischsten Ebene des politischen Diskurses zahlreiche konkurrierende, teilweise nicht kompromißfähige Diskurse. Der Ausschluß erfolgt nicht mehr automatisch über die Struktur einer bürgerlichen Öffentlichkeit im engeren Sinne, sondern über politische, semantische und ideologische Mechanismen (weshalb gerade hier, am öffentlichen Diskurs, gesellschaftstheoretische Ideologiekritik ansetzen muß.) Der augenscheinlichste und gleichsam primitivste Mechanismus ist der per Dekret erklärte, auf Staatsgewalt beruhende Ausschluß vom öffentlichen politischen Diskurs. Prominentestes Beispiel dieser Methode sind die Bismarckschen Sozialistengesetze.[10] Sozialistische, libertäre, anarchistische Machtkritik wurde als terroristisch denunziert, ihre Träger per Gesetz zum Schweigen verurteilt. Im öffentlichen Diskurs sollten Argumente verschwinden, die die Benutzung von Eigentum an Besitz und Produktionsmitteln zur Profitsteigerung auf Kosten einer dadurch ausgebeuteten, besitzlosen Klasse genauso als Machtmißbrauch definierten wie die politische Parteinahme des Staates für diese Profitinteressen. Die Sozialistengesetze sollten neben dem Ausschluß nichtbürgerlicher Klasseninteressen eine Ausweitung der Definition des politischen Machtmißbrauchs über die bürgerliche hinaus verhindern, die an den Begriff der Korruption gekoppelt war.

Doch die in der Öffentlichkeit vertretene Ächtung der Korruption entsprach keineswegs der eigenen politischen Praxis der Herrschenden im Kaiserreich. Vielmehr dienten gerade die repressiven Mittel zum Ausschluß oppositioneller Diskurse auch zur Ablenkung von einer Politik, die selbst gemäß der eigenen bürgerlichen Definition hätte als korrupt gelten müssen. Bezeichnend für diese Politik ist der berühmte "Reptilienfond" Bismarcks, ein Etat zur freien Verfügung Bismarcks ohne jegliche Kontrolle (Jandt, S.16). Vorgesehen als Fond gegen antipreußische Machenschaften wurden die Gelder vor allem zur Beeinflussung der Presse verwendet: "Insbesondere die systematische Bestechung der Presse trug wesentlich dazu bei, daß Bismarck beinahe zwei Jahrzehnte lang weitgehend unbehelligt den innen- wie außenpolitischen Kurs des Deutschen Reiches bestimmen konnte" (a.a.O., S.23). Neben dem Verzicht Ludwigs II. auf die Kaiserkrone sind dem Reptilienfond zu verdanken: "Subventionen" regierungstreuer Journalisten, zahlreiche Bestechungen von Parteien und Journalisten, der Aufbau eines amtlichen Presseapparates und des "literarischen Büros" zur Gleichschaltung der politischen Presse, der "Kauf politischer Berichterstattung" durch Ausnutzung finanzieller Schwierigkeiten der Verleger, Aufkäufe ganzer Zeitungen (a.a.O., S.17ff.). Unterstützt wurde Bismarcks Kampagne des Ausschlusses einer herrschaftskritischen Presse aus der Öffentlichkeit von der deutschen Industrie. Insbesondere der "Centralverband Deutscher Industrieller" half bei der Finanzierung der

10 Die Ausgrenzungsmechanismen gegenüber Sozialisten im Kaiserreich bis 1890 beschreibt detailliert: Linse, S.23ff.

"Infiltration der Presse" und bei gezielten Kampagnen gegen die Sozialdemokratie.[11]

Allerdings sind diese repressiven Methoden des deutschen Obrigkeitsstaates nicht repräsentativ für die bürgerlich-kapitalistische Gesellschaft gegen Ende des 19. Jahrhunderts. Über die restriktive Politik Bismarcks hinaus wirken subtilere Mechanismen des Ausschlusses vom politischen Diskurs. Am Beispiel der Frage des Privateigentums an Grund und Boden und an Produktionsmitteln lassen sich Mechanismen des Ausschlusses oppositioneller Gruppen und Interessen auf allen Ebenen des Diskurses systematisch aufzeigen. Auf der Ebene des öffentlichen Dikurses wurden unter Ausnutzung der Chance der Definitionsmacht (Bourdieu 1992b, S.148f.) mit semantischen Mitteln Aussagen, Personen und Gruppen denunziert und kriminalisiert. So wurde der Begriff des Anarchismus, der zunächst nichts weiter als ein Sammelbegriff für zahlreiche Theorien und Modelle einer herrschaftsfreien Gesellschaft war, in einer für das 19. Jahrhundert beispiellosen öffentlichen Kampagne permanent mit dem Begriff des Terrorismus vertauscht, bis beide Begriffe tatsächlich zu Synonymen wurden.[12] Hier hat der offizielle Diskurs, als Spezialfall des öffentlichen, durch permanente Indoktrination die öffentliche Meinung (als Konstrukt eines durchschnittlichen Konsenses) entscheidend geprägt.[13]

5.4 Der Diskurs der Korruption

Der einzelne Kapitaleigner kann die Kriminalisierung der Korruption (die im Kapitalismus das beherrschende Thema des Diskurses des Machtmißbrauchs ist) nicht bejahen, da Korruption für ihn ein dem ökonomischen System adäquates Mittel des Tausches darstellt. Sie ist für ihn funktional. Die kapitalistische Gesellschaft muß hingegen Korruption bekämpfen: nicht so sehr in der (ohnehin sehr kurzen) liberalen Phase des Konkurrenzkapitalismus.[14] Dort verzerrt sie allenfalls durch massive Ausbreitung die Grundbedingung allgemein berechenbarer und prinzipiell gleicher Vorraussetzungen aller Warenbesitzer am Tausch. Erst mit dem Bedeutungszuwachs des interventionistischen kapitalistischen Staates gegen Ende des 19. Jahrhunderts wird die Eindämmung massenhafter Korruption zu einer existentiellen Aufgabe, denn diese weicht die wichtige Trennung des Staates als ordnungspolitische Steuerungssphäre, von Engels als "ideeller Gesamtkapitalist" charakterisiert, von der privat

---

11 A.a.O., S.23. In der Weimarer Republik wurde diese Tradition ungebrochen fortgesetzt. Vor allem die Schwerindustrie unterstützte massiv die reaktionäre Presse gegen Arbeiterbewegung und Gewerkschaften. Am Bekanntesten wurde hier der "Antibolschewistenfonds" des Hugo Stinnes (a.a.O., S.25).

12 Zum Begriff des Anarchismus und seiner Denunzierung: Linse, S.14.

13 Dieser Verschränkung von offiziellem und öffentlichem Diskurs kam die autoritätsgläubige Mentalität im deutschen Obrigkeitsstaat allerdings sehr entgegen (Wunder, S.207).

14 Habermas datiert das Ende der liberalen Phase des Kapitalismus, die auf dem europäischen Festland nie in reiner Form existiert hat, auf die Depression von 1873: "Nach und nach bringen alle kapitalistisch fortgeschrittenen Länder die heiligen Grundsätze des free trade, denen ohnehin nur das auf dem Weltmarkt herrschende England ohne Zwiespalt angehangen hatte, einem neuen Protektionismus zum Opfer" (1990, S.226).

organisierten Sphäre des freien Warentausches auf.[15] In diesem Zusammenhang erst wird Korruption dysfunktional. Da die Repräsentanten des Staates (Politiker, Beamte) keineswegs monadisierte ideelle Gesamtkapitalisten sind, bewirkt diese Erkenntnis nicht ohne weiteres den Rückgang von Korruption. Der als Korruption definierte Gebrauch politischer oder bürokratischer Macht muß erst einmal als deren Mißbrauch eingesehen werden. Positiv formuliert: Die Norm der uneigennützigen Ausübung des politischen Amtes muß internalisiert sein.

In diesem Spannungsfeld von Macht- und Profitinteressen, funktionalen Bedingungen des kapitalistischen Systems und Legitimationsdruck wird der weitgehend auf den Diskurs der Korruption reduzierte Diskurs des Machtmißbrauchs zum Symptom gesellschaftlicher Kämpfe, Widersprüche und Krisen. Korruption beherrscht deshalb den bürgerlichen Diskurs des Machtmißbrauchs. Politische Wissenschaft und Geschichtswissenschaft nehmen sich des Themas unter dem Stichwort einer "Pathologie der Politik" an (C.J. Friedrich 1973); Massenmedien deken pausenlos Korruptionsskandale auf; wirtschaftliche und politische Krisen in der sogenannten Dritten Welt werden häufig auf Korruption zurückgeführt. Immer geht es darum, Fehlentwicklungen aufzuzeigen, Korruption als Machtmißbrauch einzelner oder von Cliquen darzustellen, Strategien zu ihrer Vermeidung zu entwikeln.

Die Relevanz dieser Kritik der Korruption soll hier keineswegs in Frage gestellt werden. Ziel der Untersuchung des Diskurses der Korruption ist vielmehr, aus einer anderen Perspektive die Verstrickung auch vordergründig machtkritischer Ansätze in ein Gefüge von Machtstrategien und politisch-ökonomischen Interessen aufzuzeigen. Mit dem kritischen Prinzip der Umkehrung hat Foucault diesen Weg vorgezeichnet.

Diesem Prinzip folgend, müssen die gesellschaftstheoretischen Fragen zur Korruption neu formuliert werden. Sie lauten nicht "Wer ist korrupt?" oder "Was sind die politischen und gesellschaftlichen Ursachen der Korruption?" Vielmehr ist zu fragen, unter welchen gesellschaftlichen Bedingungen sich die Kriterien bilden, unter denen Korruption definiert wird, welche Kriterien sich durchsetzen und im Recht institutionalisiert werden, wer von der herrschenden Definition profitiert; es ist nach klassen- oder interessenspezifischen Anwendungen dieser Kriterien zu fragen, das heißt, welche Bedingungen, welche Interessen konstituieren, beeinflussen, beschränken, forcieren den Diskurs oder schließen einzelne Elemente und Akteure aus?

Am Beispiel der Korruption soll die vorliegende Untersuchung in diesem Sinne die Wechselwirkungen von Machtinteressen und politischem Diskurs behandeln. Sie will zeigen, wie Teile des machtkritischen Diskurses im ökonomischen Interesse einer Klasse zu einem die Herrschaft stabilisierenden Diskurs werden kÖnnen; ebenso, wie Diskurse des Machtmißbrauchs im Interesse des Profits und der Herrschaft inszeniert,

---

15 F. Engels, S.260: "...der moderne Staat ist wieder nur die Organisation, welche sich die bürgerliche Gesellschaft gibt, um die allgemeinen äußeren Bedingungen der kapitalistischen Produktionsweise aufrechtzuerhalten gegen Übergriffe, sowohl der Arbeiter wie der einzelnen Kapitalisten. Der moderne Staat... ist eine wesentlich kapitalistische Maschine, Staat der Kapitalisten, der ideelle Gesamtkapitalist" (Herrn Eugen Dürings Umwälzung der Wissenschaft; 3. Auflage 1894).

instrumentalisiert und eingeschränkt werden: inszeniert dort, wo Legitimationsdruck einen öffentlichen Diskurs des Machtmißbrauchs unvermeidlich werden läßt; instrumentalisiert dort, wo der Diskurs des Machtmißbrauchs den eigenen ideologischen Interessen entgegenkommt; eingeschränkt, um subversive Argumente und Gruppen auszugrenzen. Sie will schließlich die Diskrepanzen zwischen den Ebenen des politischen Diskurses des Machtmißbrauchs darstellen: zwischen dem heterogenen öffentlichen Diskurs (öffentliche Meinung) und dem offiziellen Diskurs der politischen Eliten, der unter den Bedingungen der Legitimationsprobleme kapitalistischer Staaten als Konzession an ersteren verstanden werden kann; zwischen dem offiziellen Diskurs und dem legislativen, welcher sich weniger der öffentlichen Meinung und mehr konkreten Interessen beugen dürfte als ersterer; zwischen legislativem und administrativem Diskurs. Hier dürfte der Letztere (abzulesen an Urteilen, Verwaltungsakten) dank seiner Unübersichtlichkeit und dem damit verbundenen Fehlen einer systematischen Kontrolle durch die Öffentlichkeit wiederum stärker herrschende Interessen spiegeln. Nachzuweisen sind diese Diskrepanzen in ihrer jeweiligen Stärke nur empirisch und nur partikular anhand konkreter Phänomene. In ihrer Gesamtheit verweisen die einzelnen empirischen Ergebnisse jedoch auf allgemeine Tendenzen, die für die verschiedenen Formationen kapitalistischer Gesellschaften symptomatisch sind.

Die Diskrepanzen zwischen den Ebenen des Diskurses des Machtmißbrauchs sind Indikatoren für die Widersprüche zwischen dem öffentlich behaupteten Anspruch des bürgerlichen Staates auf Vertretung allgemeiner Interessen und der tatsächlichen Parteinahme für konkrete Macht- und Profitinteressen. Im folgenden werden sie in diesem Sinne als "ideologische Differenz" bezeichnet.[16] Schließlich ist nach den außerdiskursiven Bedingungen zu fragen, die den Diskurs der Korruption ermöglichen, verbreiten, beschneiden und die die ideologische Differenz bestimmen.

5.4.1 Blinde Flecken der Korruptionsforschung

Die Korruptionsforschung beschreibt die unterschiedlichsten Ausprägungen von Korruption von der Antike über das Mittelalter bis heute.[17] Korruption erscheint als ubiquitäres Phänomen fortgeschrittener Gesellschaften, als Kulturphänomen.[18] Daß dieses Phänomen nicht immer als politisches Problem galt, zeigt die Praxis des Ämterkaufs. Was aus heutiger Sicht "Korruption" heißen mag, war gängige, legitime und legale Praxis. Eine Problematisierung trat erst mit dem sozialen und politischen

16 Maihofer verwendet den Begriff in einem spezifischeren Sinn, als Differenz zwischen geltendem Recht und gesellschaftlichem Bewußtsein (S.19). Hier bezeichnet er außerdem die Differenz zwischen quasi-öffentlicher Meinung (offiziellem Diskurs) und politischer Praxis.

17 Vgl. die Sammelbände von Brünner, Heidenheimer, Fleck; einen zusammenfassenden Überblick über die Geschichte der Korruption gibt Noack; als "Klassiker" der Korruptionsforschung siehe vor allem die Arbeiten von C.J. Friedrich und J. von Klaveren.

18 Anthropologische Aspekte der Korruption arbeitet Rotter (in Brünner, S.105-120) heraus.

Aufstieg des Bürgertums und der damit verbundenen Entstehung einer kritischen Öffentlichkeit ein.[19]

Einhellig definiert die Korruptionsforschung Korruption als Mißbrauch eines öffentlichen Amtes zu privaten Zwecken. Die Trennung der bürgerlichen Gesellschaft in eine Sphäre des öffentlichen Interesses und eine Sphäre der Privatinteressen ihrer Mitglieder gilt demgemäß als Voraussetzung und Ursache der Korruption im spezifisch modernen und normativen Sinne des Begriffs. Erst das Bürgertum hat Korruption zum Gegenstand eines öffentlichen politischen und moralischen Diskurses werden lassen, nicht zuletzt im eigenen Interesse allgemein gültiger und berechenbarer Voraussetzungen ökonomischen Handelns. Dieser Moralisierung auf der öffentlichen Ebene des Diskurses, die Teil einer Kritik an den Strukturprinzipien der Ständegesellschaft war, folgte in der bürgerlichen Gesellschaft die Umsetzung in positives Recht. Die Wahrnehmung privater Interessen in der Ausübung eines öffentlichen Amtes wurde nun unter Strafe gestellt.

Einige Autoren erklären Korruption als *Folge* der bürgerlichen Trennung von öffentlichem Amt und privater Sphäre des Warentausches. So wird aufgrund einer "Diskrepanz zwischen den Zielen öffentlicher Einrichtungen und den privaten Zielen der mit diesen in Beziehung stehenden Personen" (Matzner, S.331) der moderne öffentliche Sektor als "korruptionsermöglichendes Element" (a.a.O., S.334)[20] entlarvt. Diese Ansätze fußen, mehr oder weniger reflektiert, auf einer legalistischen Definition. Gegen eine solche gibt es zunächst nichts einzuwenden, erlaubt doch das Arbiträre des Begriffs dem Forscher die Festlegung eigener Definitionskriterien; nur muß der einmal definierte Begriff in Kenntnis seiner Arbitrarität angewandt werden, um nicht Tautologien und Banalitäten zu produzieren.[21] Der Ansatz Huntingtons zeigt exemplarisch, wie unreflektierter Legalismus zu dezisionistischen Fehlschlüssen führt: Korruption wird als Produkt der Trennung von Privatsphäre und Amt in ausdifferenzierten Gesellschaften beschrieben (Huntington, S.493). Es wird ein Kausalzusammenhang behauptet, in dem die Trennung von Amt und Privatsphäre Ursache ist und Korruption Wirkung. Tatsächlich aber basiert diese Kausalität und damit die gesamte These ausschließlich auf der impliziten legalistischen Definition von Korruption: Die Trennung von Amt und Privatsphäre schafft erst die Bedingung für die Pönalisierung einer spezifischen Form des Tausches, in der Regel Macht gegen Geld. Aufgrund dieser Pönalisierung wird dieser Tausch dann Korruption genannt. Korruption entstünde demnach letztlich mit dem Gesetz gegen Korruption, die

---

19 Habermas (1990), S.116f. Nach Habermas entsteht eine "politische" Öffentlichkeit aus der "literarischen" gegen Ende des 18. Jahrhunderts.

20 Die gleiche These - Korruption als Folge der Trennung von öffentlicher und privater Sphäre - vertritt Huntington, S.493ff.

21 Die Aussage, das "...politische Eigengewicht der Bürokratie erhöht die Mißbrauchsgefahr und damit die Korruptionsanfälligkeit" (Mantl, S.207) ist unter der Bedingung einer Definition der Korruption, die eine eigene Sphäre der Öffentlichkeit (also eine staatliche Bürokratie) voraussetzt, banal. Dieser Definition ist der Zusammenhang: je weniger Bürokratie desto weniger Korruption und umgekehrt - bereits immanent. Ohne Bürokratie gibt es dann per definitionem keine Korruption, was keine Erkenntnis und kein Forschungsergebnis ist, sondern nur die logische Konsequenz der Definition.

behauptete Kausalität entpuppt sich als Tautologie.

Nun wäre es müßig, sich mit diesen wenig relevanten Thesen auseinanderzusetzen, wäre diese Form der Argumentation nicht charakteristisch für den bürgerlichen Diskurs der Korruption. Das Handeln einzelner Amtsträger wird, je nach Gesetzeslage, in korrupt und legal unterschieden. Man sucht Motive, aber auch ökonomische, soziale und kulturelle Hintergründe für das Phänomen. Gegenstand der Forschung ist die Abweichung von der Norm, die Übertretung der Gesetze, der moralische Skandal. Indem sie Vertreter herrschender Gruppen als korrupt entlarven und gesellschaftliche Bedingungen für das Ansteigen oder Absinken von Korruption nennen, sind die sozialwissenschaftliche Korruptionsforschung und der investigative Journalismus wichtige Teilnehmer am politischen Diskurs des Machtmißbrauchs.

Diese ätiologischen Vorgehensweisen mögen für die politische Kultur einer Gesellschaft eine wichtige Rolle spielen; indem sie jedoch auf einen herrschenden Begriff von Korruption festgelegt sind, produzieren sie systematisch blinde Flecken. Zum einen wird die Aufladung des herrschenden Korruptionsbegriffs mit Herrschafts-, Klassen-, Macht- oder Profitinteressen ausgeblendet. Damit werden die Bedingungen, unter denen Normen sich konstituieren und damit ein möglicher Zusammenhang von Macht und Recht apriori negiert.[22] Zum anderen entgeht jede innere Dynamik des Diskurses der Korruption dem ätiologischen wie dem kriminalistischen Blick: Widersprüche zwischen Anspruch von Normen und Gesetzen und ihrer Anwendung ebenso wie deren klassen-, gruppen- oder herrschaftsorientierte Ausrichtung.

Der öffentliche Diskurs der Korruption gelangt so nie über das Niveau einer Denunziation von Normüberschreitungen hinaus. Die seriöse Variante dieses Diskurses, nämlich Korruptionsforschung, Kriminologie und Politikwissenschaft, begleitet diese durch die wissenschaftliche Auswertung der Kriminalstatistik. Bei allem Respekt vor diesen kriminalistischen Leistungen, deren Notwendigkeit für eine demokratische Gesellschaft außer Frage steht, muß eine kritische Gesellschaftswissenschaft über diese kriminalistischen und ätiologischen Methoden hinausgehen. Ihre Fragen dürfen nicht lauten: Wer ist korrupt? Welche politischen und ökonomischen Bedingungen liegen der Korruption zugrunde? oder: Wie kann Korruption verhindert werden? sondern: Unter welchen politischen und kulturellen Umständen galten und gelten welche Handlungen als korrupt (Brasz, S.43)?

5.4.2 Öffentliche und private Interessen im Strukturwandel der Öffentlichkeit

Was sich mit Voltaire und Napoleon Bonaparte bereits andeutete, sollte die bürgerliche Moral des 19. und 20. Jahrhunderts bestimmen: ein reflektierter Zynismus,

---

22 Selbst wenn die herrschende Definition und das herrschende Recht sich einem allgemeinen gesellschaftlichen Konsens annäherten, wie der Strukturfunktionalismus Parsons' und die Systemtheorie Luhmanns behaupten, wäre dies noch keine Rechtfertigung, die Frage nach dem Zusammenhang von Macht und Recht völlig auszublenden (was Luhmann und Parsons im Gegensatz zu Teilen der Korruptionsforschung auch nicht tun).

der um seine Doppelmoral weiß. Dabei wurde die im bürgerlichen Rechtsstaat so wichtige Trennung zwischen politischer und ökonomischer Sphäre virulent. Der von politischer Repräsentation und Verantwortung freie Kapitalist ist innerhalb der Sphäre des Tausches weitgehend auch von moralischen Fesseln befreit. Im Gegenteil: Gemäß der utilitaristischen Theorien der bürgerlichen Gesellschaft ist er im Interesse der Allgemeinheit geradezu verpflichtet, seine eigenen Profitinteressen rücksichtslos zu verfolgen (Adam Smith 1978: Wohlstand der Nationen). Dem widerspricht die Rolle des politischen Repräsentanten. Dieser hat selbstlos die Allgemeininteressen zu vertreten, jegliche privaten Interessen sind mit seinem Amt unvereinbar. Aus dieser strikten Trennung ergibt sich das bürgerliche Verständnis von Korruption als einer nur im Kapitalismus zentralen Ausprägung des politischen Machtmißbrauchs.

Zum besseren Verständnis des Spannungszustandes zwischen dem Diskurs der Korruption und dem bürgerlichen Prinzip der Trennung von öffentlicher und privater Sphäre sei hier zunächst eine Eingrenzung und Differenzierung der zentralen Begriffe privat und öffentlich vorgenommen. Das Verständnis von Öffentlichkeit bzw. "öffentlichem Interesse" variiert mit dem Strukturwandel der Öffentlichkeit. Im liberalen Konkurrenzkapitalismus bildete das besitzende und gebildete Bürgertum gleichsam die Öffentlichkeit, öffentliche Interessen fielen als explizit bürgerliche Klasseninteressen sowohl mit privaten Profitinteressen als auch mit bürgerlich-humanistischen Vorstellungen von Gleichheit und Gerechtigkeit zusammen: "Die entfaltete bürgerliche Öffentlichkeit beruht auf der fiktiven Identität der zum Publikum versammelten Privatleute in ihren beiden Rollen als Eigentümer und Menschen schlechthin" (Habermas 1990, S.121). Der Staat war als Repräsentant öffentlicher Interessen gleichzeitig Vertreter der Klasse der Bourgeoisie.

Die Trennung von öffentlichen und privaten Interessen als Forderung an Staat und Parlament, an die diese repräsentierenden Personen, war in dem Sinne strikt, daß der Status der Staatsdiener und Volksvertreter durch die Bindung an den Staat der Sphäre des freien Marktes entzogen war. In ihrer Gesamtheit aber dienten Beamte und Abgeordnete letztlich idealiter der bürgerlichen Klasse.[23] Öffentliches Interesse war als Ziel des liberalen kapitalistischen Staates die Summe privater Profitinteressen, die Trennung von öffentlicher und privater Sphäre funktionale Voraussetzung dieser Staatsaufgabe des ideellen Gesamtkapitalisten.

Mit der Einbeziehung besitzloser Klassen in die Öffentlichkeit wird dem Staat die Legitimationsbasis für die offene Vertretung bürgerlicher Klasseninteressen entzogen. Öffentliches Interesse als Auftrag des Staates und kollektive Privatinteressen der Kapitalisten decken sich nicht mehr; die Parteilichkeit zugunsten der Bourgeoisie bedarf, nicht zuletzt aufgrund des allgemeinen Wahlrechts, der politischen Rechtfertigung. Im Konkurrenzkapitalismus noch ideologisch kompatibel, werden öffentliche und kollektiv-private Klasseninteressen auf Druck einer kritischen Öffentlichkeit im Wohlfahrtsstaat zu Gegensätzen. Die Trennung von öffentlicher und privater Sphäre ist nicht mehr nur funktional erforderlich, sie wird zum ideologischen

23 Allerdings dienten Beamte nicht selten unzeitgemäßen Standesinteressen. Auf diese Ungleichzeitigkeit und Dysfunktionalität vor allem des deutschen Beamtentums wird und wurde an anderen Stellen hingewiesen.

Problem: die Agenturfunktion des kapitalistischen Staates stimmt nun nicht mehr mit den bürgerlichen Ansprüchen überein. Humanismus und soziale Gerechtigkeit überschreiten als universalistische Normen bürgerliche Klassenschranken.

In diesem Zusammenhang empfiehlt sich eine differenzierende Definition des Privaten als Komplement zum Öffentlichen. Idealtypisch können die Pole individuelle Privatinteressen Einzelner und kollektive Privatinteressen von Gruppen gegenübergestellt werden, innerhalb der sich die Sphäre des Privaten entfaltet. Der Begriff der kollektiven Privatinteressen mag paradox anmuten. Er verweist bei näherem Hinsehen aber auf die Vielfalt ökonomischer und politischer, standes-, klassen- oder verbandsspezifischer Interessen, die keineswegs als öffentliche gelten, andererseits jedoch nicht auf einzelne Personen reduziert werden können. (Parteiinteressen befinden sich hier zwischen öffentlicher und privater Sphäre.)

Der Diskurs der Korruption paßte sich im Zusammenhang mit der Trennung von öffentlicher und privater Sphäre dem Strukturwandel der Öffentlichkeit an, was sich auf die Differenzierung der privaten Sphäre auswirkte. Die egoistische Verfolgung individueller Privatinteressen in Ausübung eines öffentlichen Amtes gilt in der bürgerlichen Gesellschaft grundsätzlich als Korruption, ist als solche auch schon immer verboten und wird mehr oder weniger konsequent verfolgt und bestraft. Dagegen sind bestimmte Formen der Begünstigung kollektiver Privatinteressen schon immer legitim. Sie entsprechen oft den Verwertunginteressen des Gesamtkapitals und damit dem liberalen Verständnis von öffentlichem Interesse. Erst mit dem Ende des Glaubens an die Konvergenz von öffentlichen und kollektiven privaten Interessen wurden auch letztere im Lichte des Diskurses des Machtmißbrauchs prekär. Entsprechend der veränderten Struktur der Öffentlichkeit gilt im organisierten Wohlfahrtsstaat auch die Wahrnehmung kollektiver Privatinteressen streng genommen als Korruption im Sinne der bürgerlichen Definition: als Mißbrauch eines öffentlichen Amtes zugunsten privater Zwecke. Diese Definition läßt die öffentliche Etikettierung auch solcher politischer Entscheidungen als Machtmißbrauch zu, die einen Konzern, eine Branche oder einen Industriezweig zu Lasten sozialer, politischer oder kultureller Interessen, die als allgemeine definiert werden können, begünstigen. Mechanismen der Ideologieplanung, der Verschleierung und der Ablenkung werden notwendig, um der Agenturfunktion des Staates auch unter dem Legeitimationsdruck einer nicht mehr exklusiv bürgerlichen Öffentlichkeit gerecht zu werden (Cohen, S.347).

5.4.3 Korruption und bürgerliche Interessen

Der in der bürgerlichen Gesellschaft als Korruption pönalisierte Vorgang ist aus einer abstrakt ökonomischen Perspektive nichts weiter als ein Tausch, das Bewegungsprinzip des Kapitalismus schlechthin. Der Bourgeois, der von politischer Repräsentation und Verantwortung freie Kapitalist, ist innerhalb der Sphäre des freien Tausches weitgehend von moralischen Fesseln befreit. Gemäß der utilitaristischen Ökonomietheorien der bürgerlichen Gesellschaft des frühen 19. Jahrhunderts ist er im Interesse der Allgemeinheit geradezu verpflichtet, seine privaten Profitinteressen rücksichtslos zu verfolgen. Dem stehen die Rollen des Staatsdieners und des Volksvertreters gegenüber. Diese haben selbstlos die Staats- bzw. Allgemeininteressen zu vertreten. Egoistische Privatinteressen sind mit Amt wie Mandat grundsätzlich unvereinbar.[24] Aus dieser strikten Trennung folgt das bürgerliche Verständnis des politischem Macht- bzw. Amtsmißbrauchs. Erst die strukturelle Differenzierung eines politischen Apparates als Repräsentant eines öffentlichen Interesses und einer davon unabhängigen Sphäre privater Interessen einzelner Bürger schaffen den normativen Rahmen, in dem Korruption problematisiert und pönalisiert wird (Smelser, S.210). Mit der Generalisierung von Macht über askriptive und situative Erwägungen hinaus (a.a.O., S.211), die Macht zu einem generalisierten Kommunikationsmedium werden läßt, wird der Tausch ökonomischer gegen politische Belohnungen zu einem moralischen und schließlich juristischen Problem. Der moderne Gedanke, politische Macht habe ausschließlich dem Wohle der Allgemeinheit zu dienen, bildet den moralisch-praktischen Hintergrund, vor dem Korruption in demokratischen Gesellschaften skandalisiert wird.[25]

Doch diese Skandalisierung durch eine politische Öffentlichkeit tritt erst Mitte, in der "verspäteten Nation" Deutschland (H. Plessner 1982) erst Ende des 19. Jahrhunderts massiv auf. Zuvor war Korruption als Form des Warentausches mit der Ideologie des freien Äquivalententausches noch durchaus vereinbar. Die Theoretiker eines liberalen Kapitalismus, die Nationalökonomen des 19. Jahrhunderts, sahen unter den Bedingungen des freien Warentausches nicht nur die Bedürfnisse einer Klasse verwirklicht, sondern prognostizierten langfristig sogar eine Nivellierung gesellschaftlicher Macht. "Ein öffentlicher Diskurs, an dem sich politische Herrschaft legitimieren sollte, schien unter den Voraussetzungen einer Gesellschaft des freien Warenverkehrs (mit seiner dem Marktmechanismus und dem Äquivalententausch innewohnenden Gerechtigkeit der gleichen Chance beim Erwerb von Eigentum, das hieß: von privater Unabhängigkeit und politischer Mitbestimmung) dann garantiert, wenn der Verkehr der Privatleute auf dem Markt und in der Öffentlichkeit von Herrschaft emanzipiert war. Als herrschaftsemanzipierte Sphäre würden sich innerhalb einer Gesellschaft von Kleinwarenbesitzern alle Machtverhältnisse automatisch neutralisieren" (Habermas 1990, S.327). Die zunehmende Konzentration von Kapital und damit von Macht aber zerstörte diese liberale Utopie einer "Gesellschaft von Kleinwarenbesitzern" bereits, bevor sie noch als vom Staat völlig emanzipierte, private Sphäre des freien Warentausches verwirklicht werden konnte.[26] Marx entlarvte die

---

24 Die Notwendigkeit eines autonomen Staates für das Funktionieren der bürgerlichen Wirtschaft betonen kapitalismuskritische (Neumann, S.41) wie konservative Autoren: "Although a market economy can only operate under the protection of some public sphere that represents a foreign body within the market sphere" (von Klaveren 1978, S.38).

25 Zur Skandalisierung der Korruption unter den Bedingungen demokratischer Rechtsstaaten siehe Markovits, S.158ff.

26 Habermas weist darauf hin, daß eine wirklich liberale Phase des Kapitalismus allenfalls in England wirklich - wenn auch nur kurzen - Bestand hatte, ansonsten der liberale Kapitalismus nur als Idealtypus gesehen werden kann, der in genuiner Form niemals existiert hat: "Ja, man hat sich daran gewöhnt, vom Konkurrenzkapitalismus dieser spezifischen Gestalt (der durch den "free trade" bestimmten liberalen Phase in England - J.F.) das Wesen des

liberale Idee einer "dem freien Warenverkehr immanenten Gerechtigkeit" (Habermas, S.188) angesichts einer Tendenz zur Monopolisierung des Kapitals als Fiktion, als bürgerliche Ideologie. Solange allerdings diese Ideologie des Äquivalententausches ihre Legitimationsfunktion gegenüber einer bürgerlich-elitären Öffentlichkeit, von der die besitzlosen Klassen ausgeschlossen waren, erfüllte, war der Diskurs der Korruption in erster Linie öffentliche Inszenierung, faktisch jedoch allenfalls ein Regulativ gegenüber Tendenzen administrativer Willkür, soweit diese die Verwertungsinteressen des Kapitals, insbesondere die Kalkulierbarkeit von Investitionen, allzusehr beeinträchtigten.

Das heißt allerdings gerade nicht, daß die als Korruption definierten Verhaltensweisen am Anfang des 19. Jahrhunderts seltener gewesen wären. 1832 waren weniger als ein Viertel der englischen Parlamentssitze nicht käuflich (Noack, S.46). Noch 1865 wurden in England bis zu 90% der Wahlkampfgelder für die Bestechung der Wähler verwandt, in einigen Bezirken waren bis zu zwei Drittel der Wähler bestochen (a.a.O., S.48f.). Der Diskurs der Korruption erschien demgegenüber vergleichsweise milde. Die Praxis der Bestechung von Beamten, Parlamentariern, aber auch Wählern war durchaus üblich, so daß sich bei den Beteiligten kaum ein Unrechtsbewußtsein entwickelte (a.a.O., S.24).

Dies änderte sich im letzten Drittel des 19. Jahrhunderts. Die sozialen Folgen der freien Konkurrenz, vor allem die Verelendung großer Teile des Proletariats sowie ökonomische Krisen erschütterten den utilitaristischen Glauben an eine dem freien Äquivalententausch innewohnende Gerechtigkeit: "Konzentrations- und Krisenprozesse ziehen den Schleier des Äquivalententausches von der antagonistischen Struktur der Gesellschaft. Je mehr sie als ein bloßer Zwangszusammenhang durchsichtig wird, um so dringlicher wird das Bedürfnis nach einem starken Staat" (Habermas 1990, S.228). Als "Nachtwächterstaat", der immer nur so stark ist, wie dies vordergründige Interessen des Bürgertums erfordern, verliert der bürgerliche Staat an Legitimität.[27] Er wird aus allen Richtungen kritisiert, denn weder

---

Kapitalismus abzuleiten. Demgegenüber ist daran zu erinnern, daß er in der langen Geschichte der kapitalistischen Entwicklung nur einen glücklichen Augenblick währt: denn er geht aus einer einmaligen geschichtlichen Konstellation im England des ausgehenden 18. Jahrhunderts hervor. Die übrigen Länder haben nicht einmal in der Blüte der liberalen Ära - Mitte des 19. Jahrhunderts - die Prinzipien des laisser faire ...ohne Vorbehalt verwirklicht" (1990, S. 148).

27 F. Neumann prägte den Begriff des "Nachtwächterstaats". Neumann weist auf die Rückständigkeit Deutschlands bzw. der deutschen Staaten hin, für die jene These von der Funktionalität des Staates für die Interessen des Kapitals nie ganz zutrifft: Gerade die "deutschen" Staaten des 19. Jahrhunderts (zuerst vor allem Preußen, dann das Kaiserreich) zeigen, daß die Überwindung des Feudalsystems längst nicht die naturwüchsige Durchsetzung sämtlicher bürgerlich-kapitalistischer Interessen determiniert. Diese mußten vielmehr in mühsamen politischen Kämpfen gegen konkurrierende Gruppen und Klassen vertreten werden. Auf politischem Gebiet wurden sie nie vollständig durchgesetzt. Nur die Installation des modernen bürgerlichen Rechts als Basis kapitalistischen Wirtschaftens erlaubt es, überhaupt von einem kapitalistischen/bürgerlichen Staat zu sprechen. Neumann beschreibt diese spezifische Situation des deutschen Bürgertums: "Der Rechtsstaat ist hier die Schöpfung der deutschen Bourgeoisie als einer ökonomisch aufsteigenden, politisch aber stagnierenden Klasse. Sie ist zufrieden mit rechtlichem Schutz ihrer wirtschaftlichen Freiheitsrechte und hat

kann er soziale Gerechtigkeit auf der einen noch optimale Verwertungsbedingungen für das Kapital auf der anderen Seite garantieren. Mit dem Ende der Ideologie des Äquivalententausches und der Demokratisierung der Gesellschaft gewinnen nichtbürgerliche Kreise öffentlichen Einfluß, während Teile der Bourgeoisie dirigistische Maßnahmen zur Abwendung ökonomischer Krisen fordern. Unter diesem zweiseitigen Druck entsteht der interventionistische Staat mit dem sozialen Anspruch, das Gemeinwesen im Sinne sozialer Gerechtigkeit zu vertreten.[28] Dieser Umbruch vom liberalen zum organisierten Kapitalismus manifestiert sich im Diskurs gegen die Korruption, gespeist von der Empörung gegen die sozialen Folgen des liberalen Kapitalismus und die ideologiekritische Entlarvung des freien Äquivalententausches als Fundament puren Klasseninteresses. Als relativ neue gesellschaftliche Norm ist die Ächtung der Korruption zwar in der Öffentlichkeit virulent, jedoch noch längst nicht als bürgerliches Recht, schon gar nicht in Strukturen der Verwaltung und Rechtsprechung institutionalisiert. Exemplarisch für diese labile Konstellation des Umbruchs, in der öffentlicher Diskurs und politische Praxis, öffentlich propagierte und politisch institutionalisierte Normen auseinanderklaffen, sind die Umstände der Unterhauswahlen in England von 1852.[29] "Unmittelbar ehe das letzte Unterhaus auseinanderging, beschloß es, seinen Nachfolgern den Weg ins Parlament mit soviel Schwierigkeiten wie nur irgend möglich zu verrammeln. Es stimmte für ein drakonisches Gesetz gegen Bestechung, Korruption, Einschüchterung und unsaubere Wahlpraktiken im allgemeinen" (MEW, Bd.8, S.351). Dieses Wahlgesetz war den konservativen Tories, die die Mehrheit im Unterhaus besaßen, zu verdanken, die damit auf die öffentliche Diskursivierung der Korruption reagierten. "Im Zusammenhang mit den unmittelbar darauf erfolgenden Wahlen betrachtet, sichert dieses Gesetz den Tories den Ruhm, daß unter ihrer Herrschaft theoretisch das Prinzip der größten Sittenstrenge im Wahlkampf proklamiert wurde, in der Praxis aber die Wahlkorruption höchste Ausmaße erreichte" (a.a.O., S.352). Das von den Tories eingebrachte Gesetz stand in keinerlei Verhältnis zu der zeitgenössischen politischen Praxis, die diejenige der Tories selbst war. Dies belegt ein Zitat aus dem den Tories durchaus zugeneigten Magazin "Economist" (nach Marx "das nüchternste, vernünftigste und gemäßigste Organ der industriellen Bourgeoisie"; ebenda): "Wir glauben behaupten zu können, daß es bei dieser allgemeinen Wahl mehr niedrige Servilität gab, mehr Korruption, mehr Einschüchterung, mehr Fanatismus und mehr Verderbtheit als je zuvor bei einem solchen Anlaß... Nehmen wir alles in allem die viehische Besoffenheit, die niedrigen

---

resigniert, soweit es sich um die politische Herrschaft im Staate handelt" (Neumann, S.51).

28 Die Ablösung der angesichts sozialer Probleme versagenden liberalen Wirtschaftsordnung durch den organisierten Kapitalismus unter Führung des "Interventionsstaates" kann mit Hans Jaeger auf das letzte Viertel des 19. Jahrhunderts datiert werden: "Seither (1870 - J.F.) erfolgte eine doppelte Verwandlung des volkswirtschaftlichen Systemaufbaus durch außenwirtschaftliche Abschirmung und binnenwirtschaftliche Staatsintervention auf den verschiedensten Gebieten von der Kartell- bis zur Sozialpolitik" (Hans Jaeger, S.108). Franz Neumann weist in diesem Sinne auf die Notwendigkeit einer einheitlichen Staatsgewalt als Produktionsbedingung kapitalistischer Gesellschaften hin (S.41).

29 Dazu folgen wir Karl Marx, allerdings weder dem Theoretiker, noch dem Führer einer sozialen Bewegung, sondern dem Journalisten und Zeitzeugen: MEW, Band 8, S.351-357.

Intrigen, die Massenkorruption, die barbarischen Einschüchterungen; die Verleumdung der rechtschaffenen Kandidaten, den Ruin der ehrlichen und die Bestechung und Entehrung der schwachen Wähler... - so stehen wir entsetzt vor diesem Opferberg an vernichteten Leibern und verlorenen Seelen, vor dieser Opferstätte, auf der ein neues Parlament errichtet wird" (zitiert nach: ebenda).

Die Diskrepanz zwischen der offiziell gegenüber der Öffentlichkeit propagierten Verurteilung jeglicher Korruption und der eigenen politischen Praxis der Tories ist ein eklatantes Beispiel für bürgerliche Doppelmoral. Es kann nicht davon ausgegangen werden, daß die öffentlich zum Ausdruck gebrachte Empörung als Norm internalisiert ist. Eher scheint sie inszeniert zu sein, um eigene Interessen zu befördern und gleichzeitig zu verschleiern. Marx interpretiert die ihrer eigenen Praxis widersprechende Haltung der Tories in diesem Sinne als Konfrontation bürgerlicher Rationalität mit immer noch wirksamen partikularen feudalistischen Strukturen: "Diese Bourgeois hatten für kostspielige Wahlmanöver... durchaus nichts übrig. Sie fanden es billiger, dem aristokratischen Grundherrn mit allgemeinen moralischen und nicht mit Mitteln aus dem eigenen Portemonnaie das Feld streitig zu machen. Andererseits waren sie sich bewußt, ein in der modernen Gesellschaft allgemein überwiegendes Interesse zu vertreten. Sie waren daher in der Lage zu fordern, daß sich die Wähler von ihrem gemeinsamen nationalen Interesse und nicht von persönlichen oder lokalen Belangen leiten lassen; und je öfter sie auf diese Forderung zurückkamen, desto mehr konzentrierte sich gerade infolge der Zusammensetzung der Wählerschaft die letztere Art der Beeinflussung der Wähler in der Landaristokratie, während sie der Bourgeoisie fremd blieb. Darum kämpfte die Bourgeoisie für das Prinzip moralisch unanfechtbarer Wahlen und erzwang die Annahme entsprechender Gesetze, die allesamt als Schutzwehr gegen die lokalen Einflüsse der aristokratischen Grundherren gedacht waren" (S.355). Der begonnene Kampf gegen die Korruption wandte sich gegen Residuen eines partikularen, aristokratischen Einflusses, der die Entfaltung der bürgerlichen Interessen behinderte. Diese bestanden in der Schaffung allgemeiner, berechenbarer Strukturen als Grundlage einer funktionierenden Sphäre des freien Tausches von Arbeitskraft und Ware. Korruption innerhalb dieser Sphäre nach den Regeln des freien und gleichen Äquivalententausches war auch in bürgerlichen Kreisen noch üblich und deshalb nicht das Ziel der öffentlichen Skandalisierung. Der bürgerliche Diskurs des Machtmißbrauchs entpuppt sich im Lichte dieser Deutung als politische Strategie. Noch aber hatte sich die Ächtung der Korruption *innerhalb* der bürgerlichen Sphäre des Marktes nicht durchgesetzt, noch war Diskurs des Machtmißbrauchs samt der öffentlichen moralischen Empörung ein Instrument im Kampf gegen den Klassenfeind, die Aristokratie. Die öffentliche Diskussion war geprägt von "politisch-symbolische(n) Rituale(n) des judikativen Umgangs" (Bellers/Schöler, S.112) mit Korruption ohne politische Wirkung. Das erste tatsächlich wirksame Gesetz gegen Korruption wurde in England erst 1883 verabschiedet (a.a.O., S.109).

5.4.4 Die Skandalisierung der Korruption im interventionistischen Staat

Mit den neuen Aufgaben und Legitimationsanforderungen des interventionistischen Staates traten dessen Widersprüche zutage. Der politische Anspruch, die Interessen

Aller in gleichem Maße zu vertreten, kollidierte mit der objektiven ökonomischen Parteinahme für die Interessen des Kapitals. Die Trennung einer öffentlichen und einer privaten Sphäre, im Konkurrenzkapitalismus noch kaum problematisch, wurde zu einem politisch brisanten Thema. War im Konkurrenzkapitalismus die private Sphäre des freien Warentauschs noch weitgehend autonom, waren Staat und Gesellschaft noch weitgehend getrennt, so begannen diese sich mit dem Funktionszuwachs des interventionistischen Staates gegenseitig zu durchdringen. Die Politische Wissenschaft nennt diese dem bürgerlichen Ideal einer Trennung von öffentlichen und privaten Interessen widerstrebende Tendenz "Refeudalisierung" (Cohen, S.340; Ebbinghausen, 1989, S.176). Ein prominenter Vertreter dieser These ist Habermas. Er sieht in der zunehmenden Organisierung privater Interessen und der damit verbundenen Steigerung ihres Einflusses auf den Staat die Ursache jener Refeudalisierung: "Zusammen mit den politisch wirksamen Repräsentanten der kulturellen und religiösen Kräfte führt diese Konkurrenz der organisierten Privatinteressen gegenüber dem 'Neomerkantilismus' einer interventionistischen Verwaltung zu einer 'Refeudalisierung' der Gesellschaft insofern, als mit der Verschränkung von öffentlichem und privatem Bereich nicht nur politische Instanzen gewisse Funktionen in der Sphäre des Warenverkehrs und der gesellschaftlichen Arbeit, sondern auch umgekehrt gesellschaftliche Mächte politische Funktionen übernehmen" (Habermas 1990, S.337). Diese gesellschaftlichen Mächte sind in erster Linie die Parteien.

Jedoch nicht das Phänomen Korruption selbst, die Bereicherung oder Vorteilnahme von Repräsentanten des Staates auf Kosten der Allgemeinheit, also die Wahrnehmung privater auf Kosten öffentlicher Interessen, ist die Folge des Widerspruches zwischen Anspruch und objektiver Funktion des kapitalistischen Staates, sondern deren Problematisierung. Im Zentrum dieses Widerspruchs steht der interventionistische kapitalistische Staat, verkörpert durch seine Repräsentanten: Beamte und Regierungspolitiker. Er beansprucht nicht nur unmittelbar die Interessen Aller, unabhängig von ihrer Klassenzugehörigkeit, zu vertreten; als Steuerungsorgan übernimmt er nun auch die Verantwortung für das Florieren der Wirtschaft, für einen positiven Verlauf der Konjunktur. Er ist damit dem Allgemeinwohl ebenso verpflichtet wie den Interessen des Kapitals. Man erwartet von ihm soziale Garantien ebenso wie die Bereitstellung optimaler Verwertungsbedingungen für das Kapital in seiner Funktion als ideeller Gesamtkapitalist.

Die kritische Gesellschaftstheorie versucht seit Engels nachzuweisen, daß letzteres, die Funktion einer Agentur des Kapitals, die faktisch wahrgenommene Aufgabe des interventionistischen Staates ist, während die Proklamation des Allgemeinwohls diese Parteinahme für eine Klasse verschleiern soll.[30] Diesem durch die Unvereinbarkeit

---

30 Offe (1972), S.92: "Der Sachverhalt der Funktionalisierung von Souveränität nötigt den Staatsapparat, seine klassengebundenen Funktionen unter dem Vorwand der Klassen-Neutralität wahrzunehmen und seiner partikularen Gewaltausübung das Alibi des Allgemeinen zu verschaffen."

von Agentur- und Ideologiefunktion entstehenden permanenten Legitimationsdruck fügt sich ein zweites strukturelles Dilemma an, das seine Ursache in einem der Agenturfunktion inhärenten Widerspruch hat: dem Widerspruch zwischen den allgemeinen Interessen des Gesamtkapitals und den bornierten Profitinteressen einzelner Kapitalisten.[31] Eine Lösung dieses Widerspruches ist im Rahmen des kapitalistischen Systems nicht möglich. Der Staat muß auch gegenüber dem Kapital Macht ausüben, um dieses langfristig gegen die krisenhaften Auswirkungen seiner eigenen kurzfristigen Profitinteressen in Schutz zu nehmen.

In diesem Zusammenhang sind Gesetze gegen Korruption ein funktionales Anliegen des interventionistischen Staates: Sie stören zwar auf den ersten Blick den freien Tausch; gleichzeitig aber schaffen sie auf lange Sicht berechenbare Bedingungen. Diese bilden den institutionellen Rahmen, in dem sich ökonomische Interessen optimal (eben nicht: maximal) entfalten können. Die beiden Dilemmas des interventionistischen kapitalistischen Staates, die Unvereinbarkeit von Ideologie- und Agenturfunktion und der Widerspruch zwischen den Interessen des Gesamtkapitals und den Interessen der einzelnen Kapitalisten, ergeben sich aus der Notwendigkeit der Steuerung nach dem Scheitern der Ideologie des Äquivalententauschs. Der Staat muß zur Eindämmung von Krisen, die die Anarchie des freien Tausches erzeugt, eine Sphäre der Ordnung, eine bürokratische Maschinerie errichten, sei es, um die kulturellen und sozialen Folgen des freien Marktes als Wohlfahrtsstaat zu kompensieren, sei es, um als ideeller Gesamtkapitalist dem Kapital optimale Verwertungsbedingungen zu verschaffen.[32]

Der Diskurs der Korruption ist dort zu verorten, wo sich die inneren Widersprüche des postliberalen Kapitalismus kreuzen. Die politisch korrupte Handlung (aktive und passive Bestechung) ist ein Tausch auf der Basis zweier generalisierter Kommunikationsmedien: Macht und Geld. Der Besitzer von Macht (z.B. in Form der Entscheidungsbefugnis zur Vergabe öffentlicher Aufträge) ist dabei Vertreter der (staatlichen) Ordnungssphäre, die der (gesellschaftlichen) Sphäre des freien Warentauschs privater Subjekte äußerlich sein muß, um ihre Funktionen einer Interessenvertretung des Gesamtkapitals erfüllen zu können. Deshalb ist jeder Korruptionsakt ein Schritt hin zur Anarchie des freien Marktes jenseits interventionistischer Steuerung und zugleich punktuelle Negation der Ideologie des demokratischen Sozialstaates als Repräsentant des Allgemeinwohls. Weil der Staat nach dem Ende der Ideologie des Äquivalententauschs die Verantwortung für soziale Gerechtigkeit

---

31 Der kapitalistische Staat muß als ideeller Gesamtkapitalist "nicht nur kapitalanalog organisiert, sondern zugleich auch ein Gebilde sein..., das den partikularen und bornierten Interessen einzelner Kapitalisten und ihrer politischen Organisationen als eine beaufsichtigende, bevormundende, jedenfalls hoheitlich fremde Gewalt gegenübertritt, weil nur durch diese Verselbständigung des Staatsapparates die Mannigfaltigkeit partikularer und situationsgebundener Sonderinteressen zum Klasseninteresse zu integrieren ist" (Offe 1972, S.73).

32 Theorien des Spätkapitalismus rechnen wohlfahrtsstaatliche Aktivitäten der Funktion des ideellen Gesamtkapitalisten zu: Sie schaffen Kaufkraft, fangen soziale Folgen der Modernisierung und industriellen Rationalisierung auf, befrieden unterprivilegierte Gruppen und fangen damit soziale Konflikte auf (Habermas 1973, S.52ff.; Adorno 1979, S.367).

übernommen hat, wird der Korruptionsakt nun zu einem Symbol der Ungleichzeitigkeit. Er könnte den Anspruch des interventionistischen Staates auf die Vertretung des Allgemeinwohls *gegen* die zerstörerischen Tendenzen eines anarchischen freien Warentauschs als Fiktion erscheinen lassen. Er könnte den freien Tausch (samt der von ihm produzierten Machtkonstellationen) als weiterhin handlungsleitendes Prinzip der bürgerlichen Gesellschaft gegenüber den vorgeblichen sozialen Prinzipien entlarven, die simple Wahrheit des Kapitalismus: Dominanz der Tauschabstraktion und damit des Profits vor dem Allgemeinwohl, dem im offiziellen Diskurs propagierten öffentlichen Interesse. Korruption zerreißt den Schleier der Sozialstaatsideologie; Tauschabstraktion wird im Akt der Korruption unvermittelt als wahre gesellschaftliche Totalität sichtbar, als ansonsten vergessenes "ens realissimum" (Adorno 1979, S.364): "Die Gewalt jenes Abstraktums über die Menschen ist leibhaftiger als die einer jeden einzelnen Institution, die stillschweigend vorweg nach dem Schema sich konstituiert und es den Menschen einbleut. Die Ohnmacht, welche das Individuum angesichts des Ganzen erfährt, ist dafür der drastische Ausdruck" (S.365). Nach dieser Ansicht der kritischen Theorie wäre der postliberale kapitalistische Staat gezwungen, diese Wahrheit permanent zu verschleiern, beansprucht er doch, Repräsentant Aller gegen bornierte Privatinteressen zu sein, während er faktisch zumindest partiell die Interessen einer privilegierten Klasse vertritt. "Der Staat erfüllt bloß die funktionalen Imperative dieser Gesellschaft und ist selber ein Ausdruck ihrer zerrissenen Sittlichkeit" (Habermas 1988, S.78). Im Doppelleben des Bürgers als citoyen und bourgeois kommt diese Zerrissenheit zum Ausdruck. Der Bürger führt "ein himmlisches und ein irdisches Leben, das Leben im politischen Gemeinwesen, worin er sich als Gemeinwesen gilt, und ein Leben in der bürgerlichen Gesellschaft, worin er als Privatmensch tätig ist, die anderen Menschen als Mittel betrachtet, sich selbst zum Mittel herabwürdigt und zum Spielball fremder Mächte wird" (MEW, Bd.1, S.355). Der Idealismus der bürgerlichen Gesellschaft, verkörpert im citoyen, verdeckt den hemmungslosen Materialismus und Egoismus, verkörpert im bourgeois. Im Vorgang der Korruption tritt mit einem Male dieser Idealismus als pure Ideologie ans Licht. Als Tausch offenbart er den Primat des Profits vor der Solidarität, des bourgeois vor dem citoyen auch in der Sphäre des Gemeinwesens. Der Strategie des Verheimlichens der Korruption steht aber eine Öffentlichkeit entgegen, die Korruption ständig skandalisiert. Dieser Legitimationsdruck zwingt den kapitalistischen Staat zu einem Zeichen der Distanz, um der der Korruption inhärenten Ideologiekritik zu entgehen. Offensichtliche Korruption wird deshalb auch im offiziellen Diskurs moralisiert und kriminalisiert.

Aus diskursanalytischer Perspektive stellt sich das Phänomen Korruption nun anders dar als aus einer ätiologischen oder auch kritisch-kriminologischen. Korruption findet nicht deshalb statt, weil das Amt als Element der Ordnungssphäre der Sphäre des Marktes mit seiner Tauschabstraktion unvereinbar gegenübersteht, wie die traditionelle Korruptionsforschung behauptet (Fleck/Kuzmics, S.19; v. Klaveren 1958; Friedrich 1973). Vielmehr wird unter den Bedingungen einer funktional notwendigen Marktbeschränkung durch den Staat marktorientiertes Handeln dann problematisiert und kriminalisiert, wenn es der Ideologie des Staates als Repräsentant des Allgemeinwohls sichtbar oder seiner Aufgabe als idealer Gesamtkapitalist faktisch widerspricht (zum Zusammenhang von Korruption und Markt: Streißler, 303ff.). An einer symbolischen Sanktionierung des ersteren besteht insofern ein Herrschaftsinteresse, als Korruption durch die Negation der Trennung von öffentlicher und privater Sphäre faktisch als Ideologiekritik wirkt: Sie verweist symptomatisch über die Tauschabstraktion hinaus auf die Refeudalisierung der Gesellschaft durch die Verzahnung der öffentlichen Sphäre der Ordnung mit Profitinteressen. Vor diesem Hintergrund wird plausibel, daß die bürgerlichen Eliten angesichts des Legitimationsdrucks einer erweiterten Öffentlichkeit, der das Verschweigen der Verfolgung privater Profitinteressen in Politik und Staat nicht erlaubt, ein gewisses Interesse an der symbolischen Ächtung der Korruption zeigen.

Die These von der systematischen Einschränkung des politischen Diskurses trifft also nicht auf politische Korruption zu. Zwar sind innerhalb der politischen Eliten durchaus Interessen am Verschweigen von Korruptionspraktiken vorhanden; ebenso kann von keinem Staat erwartet werden, daß er sich selbst, vertreten durch seine Repräsentanten, ohne Not als korrupt hinstellt. Trotzdem erweist sich die in der politischen und der sozialwissenschaftlichen Diskussion immer wieder auftauchende Behauptung, Korruption werde in der modernen kapitalistischen Gesellschaft permanent verschwiegen, sie spiele sich unbemerkt von der Öffentlichkeit im Schatten des politischen Alltags ab, bei näherem hinsehen als Farce. Zumindest im Bereich des öffentlichen Diskurses ist eher das Gegenteil der Fall: Gegen Ende des 19. Jahrhunderts wird Korruption zu einem den politischen Diskurs dominierenden Thema (Haasis 1911, S.18). Eine ganze publizistische Sparte entsteht, die sich ausschließlich oder zumindest vordringlich mit Korruption befaßt. Allein in Österreich erscheinen gegen Ende des 19. Jahrhunderts fünf periodische Publikationen.[33] Heute fördern Korruptionsskandale den Absatz der auflagenstärksten Zeitungen und Zeitschriften.

Der Hinweis auf das Funktionieren einer kritischen Öffentlichkeit erklärt diese öffentliche "Diskursivierung"[34] der Korruption nur zum Teil. Ein weiterer Grund dürfte darin liegen, daß der Diskurs der Korruption als öffentlicher für die Glaubwürdigkeit kapitalistischer Demokratien von außerordentlicher Bedeutung ist. Nicht nur, indem er als Beweis der Funktionsfähigkeit öffentlicher Kontrolle den Anschein einer immer möglichen Katharsis unterstützt (Blankenburg, S.152); die Skandalisierung der Korruption versperrt (als Personalisierung der Problematik und Pönalisierung einzelner Praktiken) zudem den Blick auf einen zentralen Widerspruch des kapitalistischen Systems, der spätestens mit der Einführung des allgemeinen Wahlrechts virulent ist: den Widerspruch zwischen dem kapitalistischen Bewegungsprinzip des freien Warentausches und der Notwendigkeit der dieses Prinzip negierenden Steuerungsfunktionen des kapitalistischen Staates, der seinerseits auf latenter Gewalt beruht. Die Pönalisierung stellt ja im Grunde die konsequente

33 "Es entsteht eine eigene 'Korruptions-Literatur': Monographien wie 'Die Corruption in Österreich' (1872, mehrere Auflagen!) oder 'Die Corruption im Kleinen' (1887), Zeitschriften wie 'Die Secession' bis 1898 und ab 1899 ihre Nachfolgerin, 'Die Geißel', ... Korruptionsfällen widmete sich auch die gleichfalls 1899 gegründete 'Fackel' von Karl Kraus" (Brauneder, S.97).

34 Zum Begriff der Diskursivierung vgl. Foucault (1991c), S.21.

Anwendung des Tauschprinzips, die der Logik des kapitalistischen Denkens in ihrer reinsten Form entspricht, unter bestimmten Voraussetzungen als Abweichung dar. Der Korruptionist im Staatsdienst verstößt keineswegs gegen das allgemein gültige, für die kapitalistische Gesellschaft konstitutive Gesetz des freien Warentausches, sondern gegen die propagierte Norm der Allgemeinützigkeit und Unparteilichkeit des kapitalistischen Staates. Damit droht er die Illusion seiner moralischen Integrität zu zerstören.

5.4.5 Zwischenresümee: Die Phasen des Diskurses der Korruption

Die folgende Zusammenfassung des bürgerlichen Diskurses der Korruption übernimmt die analytischen Kategorien der epochalen Verrechtlichungsschübe von Jürgen Habermas als Kriterien zur Unterscheidung gesellschaftlicher Organisationsformen (Habermas 1981/2, S.524ff.), denen jeweils idealtypische Herrschafts- und Wirtschaftsformen sowie typische öffentlich normative und staatlich institutionalisierte Auffassungen von Korruption zugeordnet werden können.

Traditionelle Gesellschaften mit feudalistischer Herrschafts- und Sozialstruktur kennen keinen gesellschaftlichen Konsens der Ächtung der Korruption. Die mächtigen Cliquen betrachten Bestechung, insbesondere bei Wahlen, ebenso als legitimes Instrument der Herrschaftssicherung wie die Amtsträger ihre käuflich erworbenen öffentlichen Ämter als legitimes Mittel zur persönlichen Bereicherung. Es existieren keine Gesetze gegen Korruption. Hinter dieser Praxis allgemein geduldeter Korruption als "Bestandteil der (ungeschriebenen) Verfassung" (von Klaveren 1982, S.239) konstituiert sich der oppositionelle bürgerliche Diskurs gegen die Willkür und Unberechenbarkeit dieser Praxis, die die Entfaltung aufkommender kapitalistischer Strukturen als Basis der Verwirklichung bürgerlicher Klasseninteressen blockiert (Vgl. IV 3.1).

Der *bürgerliche Staat* etabliert sich als Organisationsform frühkapitalistischer Wirtschaftsstrukturen bereits unter absolutistischer Herrschaft (Habermas 1981/2, S.524f.; Voigt, S.31). Im Gegensatz zur traditionellen Ständegesellschaft konstituiert sich ein positives, formales und allgemeingültiges Recht, mit dem die Willkürherrschaft des Feudalismus beseitigt und somit die Voraussetzungen für kalkulierbares kapitalistisches Wirtschaften geschaffen wird. Mit dem formal-positiven Recht wird auch der Ämterkauf abgeschafft. Während die Bevorzugung von Cliquen und Amtsbesitzern durch die willkürliche Rechtsetzung und Rechtsauslegung feudalistischer Herrscher eingedämmt werden kann, bleibt die Praxis der Bestechung innerhalb der Sphäre des *freien* Tausches in der bürgerlichen Öffentlichkeit weitgehend unwidersprochen. Wirksame Gesetze gegen Bestechung existierten kaum. Korruption gilt bei aufstrebenden Kapitalisten eher als funktionales Mittel zur Überwindung dysfunktionaler Auswirkungen der Verwaltungspraxis.

Im Gegensatz zum bürgerlichen Staat sind in der evolutionär höheren Stufe des *bürgerlichen Rechtsstaats* die Sphären politischer und bürokratischer Macht und

Recht eng aneinander gekoppelt.[35] Die Berechenbarkeit und Universalität der Rechtsnormen ist institutionalisiert und durch den Staat garantiert.[36] Allerdings zeichnet sich der bürgerliche Rechtsstaat im liberalen Kapitalismus eher durch Zurückhaltung gegenüber der Sphäre des Warentausches als durch politische Steuerungskapazität aus. Gesetze gegen Korruption würden die Entfaltung des freien Marktes behindern und widersprächen der Maxime des utilitaristischen Bekenntnisses im Konkurrenzkapitalismus. Die teilweise heftigen öffentlichen Vorwürfe der Korruption richten sich nicht gegen Bestechungen öffentlicher Amts- und Mandatsträger im wirtschaftlichen Interesse einzelner Produzenten, sondern gegen anachronistische Formen der Bestechung von Wählern durch Abgeordnete zur Rettung der zerfallenden Macht privilegierter aristokratischer Cliquen.[37] Konsequente Gesetze gegen Korruption können als interventionistische Reglementierung der Sphäre des freien Tausches nicht auf die Unterstützung der Bourgeoisie rechnen, denn sie würden konkrete Profitinteressen hemmen. Allenfalls begleiten sie die Funktion symbolischer Proteste gegen atavistische Reste feudalistischer Strukturen.

Dies ändert sich erst im *demokratischen Rechtsstaat.* Mit dem Ende der Ideologie des Äquivalententausches schwindet die utilitaristische Hoffnung einer Optimierung der Verwertungsbedingungen durch die Selbstregulierung des Marktes. Der Staat wird nun sowohl vom Kapital als auch, nach der Einführung des allgemeinen Wahlrechts, von der Masse in die Verantwortung genommen (Habermas 1981/2, S.529). Vom Staat erwartet das Kapital nun nicht mehr nur seine Zurückhaltung angesichts des freien Warentauschs, sondern die Schaffung idealer Rahmenbedingungen wie Stabilität durch legitime Herrschaft, Massenloyalität, Krisenintervention und -prophylaxe, das heißt, der Staat soll durch die Schaffung einer marktunabhängigen Ordnungssphäre die selbstzerstörerischen Auswirkungen des anarchischen freien Warentausches kompensieren. Vulgäre Korruption erscheint nun nicht mehr nur Symptom des nackten Prinzips der Gewinnmaximierung, sondern als Zersetzung dieser ideellen Aufgabe des Staates. Folgerichtig wird Bestechung und Korruption gegen Ende des 19. Jahrhunderts nicht mehr nur in der Öffentlichkeit, sondern auch staatlich bekämpft.[38] Freilich gilt dies nur für die vulgäre Korruption einzelner

---

35 Auch der bürgerliche Rechtsstaat erfordert keineswegs zwingend eine demokratische Herrschaftsform. Gerade in Deutschland wurde die Phase des bürgerlichen Rechtsstaates teilweise unter der Monarchie verwirklicht, teilweise wirkten feudale Mechanismen bis in 20. Jahrhundert. Vgl. Hans Jaeger, S.67ff. 1852 schreibt F. Engels (MEW, Bd.8, S.5-74: Revolution und Konterrevolution in Deutschland): "Während in England und Frankreich eine mächtige, reiche... Bourgeoisie den Feudalismus völlig vernichtet oder wenigstens, wie in dem erstgenannten Land, auf einige wenige, bedeutungslose äußere Formen reduziert hatte, war dem Feudaladel in Deutschland ein großer Teil seiner alten Privilegien erhalten geblieben" (S.7).

36 Voigt spricht unter Hinweis auf die Rechtssoziologie Rene Königs von der "fragwürdigen Ehe zwischen Macht und Recht" (S.32).

37 Dies zeigt das Beispiel der Wahl zum englischen Unterhaus 1852; s.o.

38 In das letzte Jahrzehnt des 19. Jahrhunderts fiel das erste wirksame Gesetz gegen Bestechung (1896), "fielen auch die ersten allgemein deutlich erkennbaren und eindringlichen Anfänge der Bewegung gegen das Schmiergeldunwesen" (Haasis 1911, S.18).

Amtsträger. Die systematische Parteinahme des Staates für das Großkapital und seine Verfilzung mit den Wirtschaftsmonopolen wird zwar im oppositionellen Diskurs der Arbeiterbewegung thematisiert, nicht aber im Recht institutionalisiert: dieser oppositionelle Diskurs kann sich politisch nicht durchsetzen.

Erst der *soziale und demokratische Rechtsstaat* gerät, indem er die Verantwortung für soziale Gerechtigkeit an sich zieht, unter erhöhten Legitimationsdruck. Eine kritische Öffentlichkeit beschränkt sich nicht mehr auf die Kritik vulgärer Korruption, was ja noch durchaus den Interessen des Kapitals entspräche, sondern prangert systematische Wahrnehmung von Klasseninteressen durch den Staat an. Unter diesem Legitimationsdruck erscheinen letztlich kapitalfeindliche Elemente auch im bürgerlichen Recht. Inwiefern politische Herrschaft auch unter diesen Bedingungen noch Merkmale einer "Klassenherrschaft"[39] aufweist, ist das Thema des zweiten Teils der vorliegenden Arbeit.

5.4.6 Die bürgerliche Kritik der Korruption
Moralische oder funktionale Kategorie?

Zunächst ist hier auf den Zusammenhang des Organisationsniveaus kapitalistischer Gesellschaften mit der öffentlichen und staatlichen Bedeutung der Korruption hinzuweisen. Wie gesehen, stehen die unterschiedlichen normativen Konnotationen der Korruption und deren jeweilige Institutionalisierung im Strafrecht in einem engen Zusammenhang mit dem politisch-wirtschaftlichen Organisationsniveau der jeweiligen Gesellschaftsformation und den Interessen der herrschenden und aufstrebenden Großgruppen.

Öffentliche und offizielle Definitionen der Korruption machen dabei in der Regel zumindest implizit moralische Geltungsansprüche geltend. Bei näherem Hinsehen aber erweist sich die bürgerliche Kritik der Korruption keineswegs als vorwiegend ethisch-moralisch fundiert, sondern als funktional motiviert. Dies wird dann offensichtlich, wenn zwei Formationen[40] bürgerlicher Gesellschaften aufeinandertreffen.

Scott stellt fest, daß die Gesellschafts- und Rechtsstruktur Thailands derjenigen Englands im 17. Jahrhundert entspricht, analog die Definition und politische Praxis der Korruption.[41] Wenige Cliquen, organisiert nach dem Patron-Klienten-Modell als "Verbündetensysteme von Amtsinhabern" (Scott, S.180), beherrschen Staat und Wirtschaft. Sie reproduzieren ihre Herrschaft durch Korruption, ohne daß diese durch eine einflußreiche Öffentlichkeit wirksam bekämpft oder auch nur geächtet wird,

---

39 Zur Klassenherrschaft des kapitalistischen Staates: Offe (1972), S.76ff.

40 Das Konzept der Formationen bürgerlicher Gesellschaften sieht - hier in Anlehnung an Habermasens Konzept der epochalen Verrechtlichungsschübe - die einzelne Formation als analytische Kategorie. Kriterium der Unterscheidung ist die Organisationsstruktur der Gesellschaft, insbesondere des Rechts, nicht die Zeit. Deshalb ist es durchaus möglich, daß zwei unterschiedliche Formationen in verschiedenen Kulturen gleichzeitig auftreten.

41 Scott, S.175ff. Scott spricht von der "Protokorruption" einer vorbürgerlichen Gesellschaft.

geschweige denn staatlich verfolgt (a.a.O., S.177). Eine Trennung zwischen Politik und Wirtschaft, zwischen öffentlicher und privater Sphäre fehlt. Im heutigen Thailand wie im England des 17. Jahrhunderts sehen Beamte ihre Position als Mittel zur persönlichen Bereicherung an. Politische Macht und Reichtum sind eng verknüpft, in dem "Gestrüpp von Monopolkonzessionen, Lizenzen und Bewilligungen" gibt es kaum generelle rechtliche Garantien für aufstrebende Schichten (Scott, S.196). Wie im vor- und frühkapitalistischen Europa des 17. und 18. Jahrhunderts sind in Thailand heute deshalb diese Schichten Initiatoren eines Diskurses gegen die Korruption.

Treffen nun Angehörige einer entwickelten kapitalistischen Gesellschaft, in der Markt und Staat weitgehend getrennt sind und Korruption öffentlich geächtet ist und bestraft wird auf solche einer "protokapitalistischen" (Scott), so setzt sich keineswegs die "höhere Moral" der ersteren durch. Vielmehr passen sich in internationalen Geschäften die Gepflogenheiten nach funktionalen Gesichtspunkten derjenigen Ethik an, die den Profitinteressen am ehesten dient. Es ist kein Geheimnis, daß beispielsweise im internationalen Waffengeschäft Millionen an Bestechungsgeldern aus der westlichen Welt in Länder der dritten Welt fließen, kaufmännisch kalkuliert, um an lukrative Aufträge zu kommen.[42] Die Ablehnung von Korruption scheint also keineswegs als Norm internalisiert, sondern vielmehr funktionalen Kriterien zu folgen. Im ausdifferenzierten, organisierten Kapitalismus der heutigen westlichen Welt stört ein Klima allgemeiner Korruption die Verwertungsbedingungen des Kapitals. Entsprechend weisen sich auch Vertreter des Kapitals als moralisch integre Gegner jeglicher Korruption aus. Wird diese Norm unter veränderten Rahmenbedingungen dysfunktional, verliert sie ihre Gültigkeit.

5.4.7 Handlungsebene: Korruption als Machtmißbrauch im öffentlichen Amt

Korruption als zentrales Thema bürgerlicher Öffentlichkeit ist hinsichtlich der Interessen des Kapitals ambivalent. Einerseits erkennt man zunehmend (spätestesten seit Ende des 19. Jahrhunderts) die Notwendigkeit einer dem Tausch entzogenen Sphäre der Steuerung, der Regulierung der Rahmenbedingungen und der Krisenintervention. Andererseits sind die Repräsentanten des Staates als Bürger dem kapitalistischen Prinzip des freien Warentausches unterworfen, zum Teil auch in konkrete Profitinteressen (als Lobbyisten, Aufsichtsräte u.ä.) involviert. Beamtenethik als Loyalität zum Staat und Mandat des Parlamentariers als Verpflichtung gegenüber seinen Mandanten treten mit der Einführung des allgemeinen Wahlrechts dazu in Widerspruch. Da im liberalen Kapitalismus sich Staat und Parlament noch bekennend als Vertreter der bürgerlichen Öffentlichkeit verstanden, war deren Parteinahme für die Interessen der bürgerlichen Klasse noch frei von Widersprüchen. Mit dem demokratischen Anspruch der Vertretung der Interessen Aller ändert sich das grundlegend. Der demokratische Anspruch deckt sich weder mit der tatsächlichen Funktion

42 Zahlreiche Beispiele nennen See (1992); Lorscheid (1989, v.a. S.71-88); Leyendeker/Rickelmann (1990); Kliche (1989). Im Teil zwei der vorliegenden Arbeit, der sich mit der Rüstungsexportpolitik der Bundesrepublik befaßt, wird darauf noch näher eingegangen.

des kapitalistischen Staates als ideeller Gesamtkapitalist, noch mit der gesellschaftlichen Rolle seiner Repräsentanten als freie Bürger und damit Teilnehmer am freien Warentausch.

Dirigistische Strategien der Forcierung und der Eindämmung des Diskurses der Korruption treten deshalb zuweilen gleichzeitig auf oder wechseln sich ab. Sie sind jeweils abhängig von der Einschätzung politischer und ökonomischer Notwendigkeiten durch die Eliten, aber auch vom Legitimationsdruck durch eine kritische Öffentlichkeit. Die faktische Politik (legislative und administrative Ebene: Gesetzgebung, Strafverfolgung, Urteile, Genehmigungen, Verwaltungsverfahren) orientieren sich, trotz aller Rücksicht auf die öffentliche Meinung, weitgehend an den herrschenden ökonomischen Theorien und Expertenmeinungen, während der offizielle Diskurs sich naturgemäß der öffentlichen Meinung anpaßt, in parlamentarischen Demokratien geradezu dazu gezwungen ist.[43]

Der Widerspruch der postliberalen Gesellschaft zwischen dem Prinzip der Tauschabstraktion, dem Primat der Wirtschaft und des Profits auf der einen und der Proklamation des Allgemeinwohls auf der anderen Seite verkörpert sich im Repräsentanten des proklamierten öffentlichen Interesses. Als Vertreter des Volkswillens und des Allgemeinwohls gegenüber privaten Interessen erwartet man von ihm Uneigennützigkeit und Überparteilichkeit, während er als Privatperson den allgemeinen Regeln der bürgerlichen Gesellschaft keineswegs entzogen ist: den Prinzipien des freien Tausches und der Profitmaximierung. "Im kleinen Grenzverkehr zwischen Politik und Wirtschaft stellt sich ein strukturelles Problem, ist in der einen doch verboten, was in der anderen prämiert wird: Eigennutz" (Neckel 1990, S.7). Der bürgerliche Staat des 19. Jahrhunderts begegnet diesem Dilemma, indem er versucht, eine künstliche Sphäre der Ordnung inmitten einer von freier Konkurrenz geprägten Sphäre des Warentauschs zu schaffen, ein Refugium, in dem anachronistische Werte wie Gehorsam, Loyalität und Pflichtgefühl konserviert werden. Man versucht, die Beamten dem "neuen Prinzip der freien Konkurrenz" (Wunder, S.66) zu entziehen, diese als eine Art Stand in einer bürgerlichen Gesellschaft zu etablieren, die ihre Identität vor allem über die Abschaffung der Stände gewann. Am deutlichsten zeigt sich dieser Anachronismus zwischen den paternalistischen Herrschaftsstrukturen des Beamtentums und einer am freien Warentausch orientierten, nur den Gesetzen des Marktes gehorchenden Gesellschaft im Soldaten- und Beamtenstaat Preußen. Dort ist das Beamtentum ein "Überbleibsel der berufsständischen Struktur des Ancien Regime" (ebenda), ein durch politische Entscheidung geschaffener, künstlicher Stand. Normativ verankert war die Stellung des preußischen Beamtentums durch ein Beamtenethos, das dem übertriebenen Standesbewußtsein angemessen ist. Das vorgebliche Ziel eines aufgeklärten Staatsverständnisses, die Sicherung der öffentlichen Belange gegenüber den anarchischen Wucherungen kapitalistischer Konkurrenz, verlor man im preußischen Modell weitgehend aus den Augen. Statt der bürgerlichen Öffentlichkeit diente der "vorindustrielle Beamtentypus" (S.67) der Obrigkeit.

---

43 Claus Offe zum spätkapitalistischen Prinzip der Konkurrenzpartei: (1980), S.26ff.

Auch wenn die preußische Beamtenethik nicht als repräsentativ für die Rolle des politischen Beamtentums in der bürgerlichen Gesellschaft gelten kann, so weist sie in der Hypostase der Beamtenrolle doch auf ein Steuerungsproblem bürgerlich-kapitalistischer Gesellschaften hin, das spätestens mit dem Staatsinterventionismus virulent wird. Die vom kapitalistischen Staat übernommenen Ideologie- und Agenturaufgaben müssen zunehmend von dem die Gesellschaft steuernden Tauschwertprinzip abgekoppelt und als autonome, dem normativen Niveau der Gesellschaft widersprechende Sphäre institutionalisiert werden. Übernehmen müssen diese in sich widersprüchliche Aufgaben letzten Endes Individuen (Beamte, Parlamentarier), die als Privatpersonen freilich in den normativen Kontext der Gesellschaft ebenso integriert sind wie die nach Profit strebenden Bürger (bourgeois). In diesem Zusammenhang muß die Forderung nach einer Orientierung an veralteten Werten wie bedingungsloser Loyalität, Kadavergehorsam oder Selbstlosigkeit als Zumutung an den Beamten gesehen werden.[44] Max Webers These vom Widerspruch zwischen einer Genußethik, deren Funktion die Sicherstellung permanenten Wirtschaftswachstums ist, und einer Pflichtethik, die letztlich diesem Wachstum die notwendigen Rahmenbedingungen garantieren muß, trifft genau die dilemmatische Lage der Beamtenschaft im kapitalistischen Staat: "Die Paradoxie besteht darin, daß das kapitalistische Wirtschaftssystem von seinen Mitgliedern erwartet, sie sollten sich im Arbeitsleben gemäß einer Pflichethik verhalten, in der Konsumsphäre jedoch gemäß einer hedonistischen Genußethik" (Acham, S.46; Hacker, S.141).

Die Diskrepanz zwischen dem Sinnverlust moderner Gesellschaften und der funktionalen Notwendigkeit traditioneller Werte innerhalb des Beamtentums ist nicht zufällig ein Standardthema konservativer Kulturkritik. Das Argument des Anachronismus der Beamtenethik taucht dort häufig auf, gewendet nur durch den anderen normativen Blickwinkel. Die traditionellen Werte, die den Beamten aufgenötigt werden sollen, sind dort der Maßstab, an dem der Werteverfall der modernen kapitalistischen Gesellschaft gemessen und beklagt wird: "Wo der Kapitalismus davon abrückt, auch eine bestimmte kulturelle Aufgabe sein Anliegen sein zu lassen, wo Gratifikationen letztlich nur mehr in Geld ausbezahlt werden, dort darf man sich eben nicht wundern, daß man den Mangel an kulturellem Wertebewußtsein oder an Sinnhaftigkeit des Handelns durch ökonomische Werte zu kompensieren versucht" (Acham, S.45).

So sind es gerade konservative Sozialwissenschaftler und Historiker, die den seriösen Diskurs der Korruption prägen.[45] Die Diskrepanz zwischen einer

44 Selbst das heutige Beamtenrecht, dem als Institution die Funktion preußischer Beamtenethik zukommt, offenbart in seiner Abkoppelung vom Sozialstaatsprinzip und der Tarifautonomie und seiner Loyalitätsforderung (Pensionen statt Renten, fehlendes Streikrecht, Eid auf die Verfassung samt der daraus folgenden "Berufsverbote") anachronistische Züge. Dazu (ironisch): Engelmann, S.121ff.

45 Friedrich; Eschenburg; von Klaveren; neuerdings E.K, Scheuch mit seiner Studie für die Wirtschaftsvereinigung der CDU in Nordrhein-Westfalen: "Parteien und Politiker in der Bundesrepublik (alt) heute" (S. 1992). Scheuch diagnostiziert am Beispiel des "Kölner Klüngels" eine "Feudalisierung des Systems" für die gesamte Bundesrepublik: "Auf Bundesebene und in einer Anzahl von Kommunen, auch größerer Städte, haben sich die Seilschaften

gesellschaftlichen Normativität, die sich immer mehr einer hedonistischen Genußethik zuneigt, und einer vernachlässigten Pflichtethik wird hier zum Anlaß, Wege zurück zu traditionellen Werten zu fordern. Dieser seriösen, konservativen Kulturkritik, die ein Element des Diskurses des Machtmißbrauchs darstellt, entgeht freilich die Differenzierung zwischen Pflichtethik im Sinne eines Wertes an sich, den sie vermißt und einfordert, und Pflichtethik als funktionalem Element des kapitalistischen Systems. Als solches dient sie lediglich der Konstitution und Aufrechterhaltung einer Ordnungssphäre im Interesse des Gesamtkapitals gegen die dysfunktionalen Profitinteressen einzelner Produzenten.

Was aus konservativer Sicht als Symptom einer allgemeinen Tendenz des Wertezerfalls beschrieben und bedauert wird, erscheint aus einer funktionalistischen nur noch als relatives Problem. Korruption ist aus dieser Perspektive nur dann (und nur deshalb) dysfunktional, wenn (und weil) sie innerhalb einer eng definierten Sphäre stattfindet, die den allgemeinen Gesetzen des Marktes entzogen ist, um diesem letztlich seine notwendigen Voraussetzungen zu verschaffen. Sie kann in diesem Zusammenhang geradezu als notwendig erscheinen, nämlich dann, wenn Institutionen der öffentlichen Sphäre (wie der Beamtenstatus und das Beamtenrecht) allzusehr dem Entwicklungsstand der Produktivkräfte hinterherhinkt, ein allzu strenger Beamtenapparat mit entsprechendem Ethos zu deren Fessel wird (funktionalistische Ansätze: Huntington; Scott; Smelser, S.217). Anderson räumt in diesem Sinne mit Max Weber korrupten Verwaltungen unter Umständen mehr Erfolg ein als der "hochmoralischen Bürokratie" des Deutschen Kaiserreiches mit ihrer preußischen Beamtenethik (Anderson, S.121).

Die zentrale Rolle von Beamtentum und Berufspolitikern im Diskurs des Machtmißbrauchs gibt allerdings Anlaß zu Mißverständnissen, solange Beamtenschaft und Parlamentarier als homogene Gruppe mit einheitlichen Eigenschaften, Einstellungen und politischen Funktionen betrachtet werden. Erst eine soziale und funktionale Differenzierung erlaubt eine entsprechend differenzierte Untersuchung des Diskurses der Korruption. Beamte mit zentralen politischen Entscheidungsbefugnissen, politische Beamte und Berufspolitiker gehören nicht nur anderen sozialen Schichten an als Beamte, deren Aufgabe sich weitgehend auf die Ausführung von Anweisungen beschränkt (a.; im folgenden "ausführende Beamte" genannt); über ihre Funktionen als Staatsdiener bzw. Volksvertreter hinaus sind sie Teil einer gesellschaftlichen und politischen Elite (b).[46]

a.) Ausfürende Beamte:

Die ausführenden Beamten haben sich im bürgerlichen Staat von jeher den rigiden Ritualen der Loyalität und des bedingungslosen Gehorsams unterworfen. Die Verpflichtung auf das Allgemeinwohl, zentrale Legitimation des Berufsbeamtentums,

---

fortentwikelt zu Feudalsystemen. Zentral für jedes Feudalsystem ist der Tausch von Privilegien gegen Treue" (S.14).

46 Die Unterscheidung in Beamte mit Entscheidungsbefugnis und ausführende Beamte ist zweifellos nicht trennscharf, die Übergänge sind durchaus fließend. Die beiden Ausprägungen sind als Idealtypen im Sinne Webers zu sehen.

war während des gesamten 19. Jahrhunderts ein Vorwand, die Beamtenschaft für staatliche und politische Herrschaftsinteressen in Anspruch zu nehmen: "Lebenslüge des Obrigkeitsstaates" (Wunder, S.207). Die sprichwörtliche Beamtenmentalität kam dieser Instrumentalisierung entgegen. Das Handeln wurde zuvorderst an den Anweisungen des Vorgesetzten orientiert, zweites Kriterium war erst die Rechtsnorm (Girtler, S.519), Effektivität spielte kaum eine Rolle (Anderson, S.105).[47] Eine rationale Auseinandersetzung mit bürokratischen Anweisungen war nicht nur nicht gefragt, sondern als aufsässig und subversiv verpönt. Diese obrigkeitsstaatliche Beamtenmentalität rettete sich über die Weimarer Republik, indem die Berufung auf das Allgemeinwohl zum Vorwand für die Verweigerung gegenüber demokratischen Anforderungen und Strukturen benutzt wurde (Wunder, S.148).[48]
Der ausführende Beamte ist im kapitalistischen Staat allein Vertreter der Sphäre der Öffentlichkeit, ganz Staatsdiener in seiner einzigen Berufsrolle. Unbenommen davon, ob sein Tun faktisch dem Gemeinwohl dient oder der Obrigkeit, ist durch seinen eindeutigen Status der Trennung von öffentlicher und privater Sphäre Genüge getan. Sein persönliches Dilemma besteht im Widerspruch zwischen diesem einer Pflichtethik gehorchenden Status und seiner Eigenschaft als Bürger und Privatmann, in der er ganz der Sphäre des freien Tausches, des Leistungsprinzips, des Konsums und der Genußethik angehört. Bereichert er sich mit Hilfe seiner Position, indem er nach dem in der Privatsphäre geltenden Tauschwertprinzip handelt, so ist eindeutig der Tatbestand des Amtsmißbrauchs erfüllt. Wir wollen diese individuelle Korruption ausführender Beamter *vulgäre Korruption* nennen.

Entsprechend eindeutig zeigt sich der Diskurs der Korruption auf der Ebene der Gesetzgebung, immer noch deutlich restriktiv auf der der Rechtsprechung: Strafrecht und Rechtsprechung zeugen vom Sanktionswillen des Staates gegenüber einer ausführenden Beamtenschaft, die die Grenze zwischen öffentlicher und privater Sphäre aus persönlichem Profitinteresse überschreitet.[49] Die Zerstörung der Illusion einer funktionierenden Neutralität im Interesse des Gemeinwohls ruft die unbarmherzige Reaktion der Gesellschaft und des Staates auf den Plan. Der Diskurs des Machtmißbrauchs spricht auf allen Ebenen die klare Sprache der Mißbilligung und der Strafe. Verständnis für korrupte Beamte ist in der spätbürgerlichen Öffentlichkeit kaum mehr vorstellbar, können doch weder Milieuschäden noch Geldnot als Entschuldigung dienen. Die Strafgesetze gegen vulgäre Korruption sind mit Freiheitsstrafe bis zu fünf Jahren bedroht,[50] die Urteile gegen einfache Beamte und Angestellte im öffentlichen Dienst durchaus härter als gemeinhin angenommen.[51]

---

47 Alfred Weber spricht in diesem Zusammenhang von einer "Metaphysik der Bürokratie" (ebenda).

48 Die bereitwillige Unterordnung eines großen Teils der Beamtenschaft unter die nationalsozialistische Diktatur (ebenda) erscheint so als Kontinuität des deutschen Beamtenethos.

49 So gelten die §§ 331ff. StGB (Vorteilsannahme, Bestechlichkeit) eigens nur für "Amtsträger bzw. dem öffentlichen Dienst besonders verpflichtete Personen".

50 Vorteilsannahme nach StGB § 331 Abs. 1 wird mit Freiheitsstrafe bis zu zwei Jahren oder Geldstrafe, Bestechlichkeit nach § 332 mit Freiheitsstrafe von sechs Monaten bis zu fünf Jahren bestraft.

51 Im Rhein-Main-Gebiet wurde 1990 gegen über 300 städtische Bedienstete wegen

Hinter dieser Tendenz der Skandalisierung verbirgt sich die affirmative Funktion dieser Diskursivierung der vulgären Korruption. Öffentliche Verurteilung und Sanktionierung vulgärer Korruption suggeriert das Vorhandensein einer klaren Grenze zwischen legitimer und illegitimer Machtausübung wie auch zwischen öffentlichen und privaten Interessen, zwischen legitimem Machtgebrauch und Machtmißbrauch. Indem die öffentliche Aufmerksamkeit sich auf eine Form der Vermischung öffentlicher und privater Interessen richtet, geraten andere Formen aus dem Blickfeld: die Verfolgung kollektiver Privatinteressen (von Verbänden, Parteien, Konzernen, Branchen), die Verfolgung von Machtinteressen (z.B. einzelner Cliquen), erst recht die Verfolgung der Interessen des Gesamtkapitals auf Kosten des Gemeinwesens.[52] Ähnlich der von Foucault beschriebenen Konstruktion des Delinquenten legitimiert der Diskurs der Korruption mit seiner Grenzziehung Praktiken der Mächtigen. Wie Diskursivierung vulgärer Kriminalität und Disziplinierung des Delinquenten von den Norm- und auch Rechtsverletzungen der Mächtigen und Anständigen ablenkt (Robert, S.256), so lenkt die Konzentration der Öffentlichkeit auf individuelle Privatinteressen von der Parteinahme politischer Eliten für kollektive Privatinteressen ab. Nach der bürgerlichen Definition streng genommen selbst Korruption, erscheint diese legitim, versteckt hinter der Diskursivierung vulgärer Korruption sowie ihrer eigenen Komplexität. Indem der vulgäre Korruptionist der spätbürgerlichen Ideologie des die Interessen der Allgemeinheit vertretenden Staates geopfert wird, ist gleichzeitig der Kritik an den Praktiken der Macht Genüge getan. Der politische Diskurs des Machtmißbrauchs, inszeniert als Skandal, weist insofern auf die bestandserhaltende Dynamik kapitalistischer Gesellschaften hin: "Wider die Eindrücke, die er zunächst erzeugt, kommen im politischen Skandal immer auch bestandssichernde Funktionen zum Tragen. Als Institution bestätigt er die Regeln der politischen Delegation und das System der politischen Symbolik gerade dadurch, daß er sie zeitweilig außer Kraft setzt" (Neckel 1989, S.76). Der Diskurs der Korruption erweist sich jedoch bei näherem Hinsehen als wenig konsequent: Politische Eliten scheinen von rechtlichen Konsequenzen ausgenommen. Die Dimension der Diskursebenen (öffentlicher und offizieller, legislativer und administrativer Diskurs) wird von einer sozialen Dimension überlagert.

b.) Politische Beamte und Parlamentarier:
Komplizierter und komplexer stellt sich die Situation von politischen Beamten und Abgeordneten im Kontext des Diskurses der Korruption dar. Selbst in politische Herrschaft involviert, erwiesen sich politische Beamte und Abgeordnete stets als flexibel. Die Beamtenethik ist dort weniger verinnerlicht, wodurch die Anpassung an die Verwertungsbedingungen des Kapitals reibungsloser funktioniert: weniger durch unmittelbare Unterwerfung unter Profitinteressen, sondern vielmehr, dem utilitaristischen Ansatz entsprechend, durch die Forcierung ihrer eigenen Karriere.

Bestechung ermittelt. "Gravierende Fälle" inzwischen mit Freiheitsstrefen bis zu sieben Jahren geahndet (Der Spiegel, 23/1990, S.29ff.).

52 Den faktischen Vorrang von Gruppen- vor Allgemeininteressen in der Bundesrepublik stellt in einer systematischen Untersuchung von Arnim (1977) fest.

Karrieredenken aber fügt sich weitaus besser in die kapitalistische Dynamik von Macht und Profit ein als preußische Beamtenethik.[53] War im Interesse der Karriere beispielsweise im Kaiserreich die Annäherung an die Obrigkeit opportun, trat in der Weimarer Republik aufgrund der instabilen Herrschaftsstrukturen eine gewisse Verunsicherung ein, die erst im Nationalsozialismus wieder einer klaren Orientierung an den Machthabern wich.

Nach 1945 bildete sich dann auch in der Bundesrepublik ein modernes politisches Beamtentum heraus. "Entscheidende Neuerung war die Dominanz der politischen Parteien, das Entstehen eines 'Parteibuch-Beamtentums'" (Wunder, S.196). Die Entwicklung von Honoratioren- über Interessen- und Klassen- bis hin zu Volks- und Massenparteien ließ letztere zu zentralen Institutionen politischer Macht mit entscheidendem Einfluß auf die politische Herrschaft werden.[54] Das "richtige" Parteibuch wurde für den politischen Beamten zur Voraussetzung der Karriere.

Der politische Beamte ist real nie ganz Vertreter des öffentlichen Interesses, des Gemeinwohls, so wenig wie der Volksvertreter (Abgeordnete) ganz Vertreter des Volkes ist. Die als Ordnungsprinzip des organisierten Kapitalismus wichtige Trennung zwischen öffentlicher und privater Sphäre galt für die politischen Eliten nie derart strikt wie für die ausführenden Staatsdiener. Als Aktionäre, Berater, Lobbyisten usf. sind sie nicht selten, neben ihrer unmittelbaren Verantwortlichkeit gegenüber dem Volk als Parlamentarier oder ihrer mittelbaren als Beamte, nicht-öffentlichen Interessen verantwortlich.[55] Die Treuepflicht gegenüber Volk und Staat kollidiert mit der Treuepflicht gegenüber privaten Interessengruppen (Wunder, S.198).

Wie wirkt sich dieser Gegensatz zwischen öffentlichem Auftrag und privater Interessenvertretung für den politischen Beamten und den Parlamentarier aus? Im Gegensatz zum ausführenden Beamten, der die beiden Bereiche streng getrennt halten muß, stellt er für ihn keineswegs ein Dilemma zwischen den Sphären der Genuß- und der Pflichtethik dar. Im Gegenteil: Durch die plurale Konstellation seiner Aufgaben kann er in einem Geflecht unterschiedlichster Interessen diese zum Vorteil seiner Karriere koordinieren. Im Idealfall ergibt sich ein Aufschaukelungsprozeß, eine Art Erfolgsspirale von öffentlichem Mandat und Verbands-, Partei- oder Profitinteressen: Die Verfolgung letzterer im Bereich der Exekutive (als Verwaltungsakt, Einflußnahme über die Partei) fördert das Ansehen in der Wirtschaft, dieses im Rahmen einer Verzahnung wirtschaftlicher und politischer Eliten wiederum die politische Karriere, eine Synthese des Antagonismus von öffentlichem Mandat und privaten Interessen im Karriereschub.

---

53 Vgl. Scheuch (1992): "Daß in der heutigen Bundesrepublik die Art der Auswahl von Berufspolitikern und ihre Karriere die entscheidende Schwachstelle des politischen Systems sind, dürfte nicht kontrovers scin" (S.14).

54 Zur Entwicklung der Parteien: von Beyme (1984), S.419ff.

55 Girtler, S.526. Beispiele bei Roth, S.152ff. Die soziologische Systemtheorie spricht von "Rolleninterferenz" (Teubner, S.111).

5.4.8 *Zur Ethik politischer Eliten*

Die Entscheidungsalternativen politischer Eliten können hinsichtlich der bürgerlichen Trennung von öffentlicher und privater Sphäre zwischen zwei Polen verortet werden, idealtypisch als kapitalorientiertes und gemeinwohlorientiertes Handeln charakterisierbar. Hier schließt für eine ideologiekritische Sozialwissenschaft die empirische Frage nach Präferenzen, nach bewußten und unbewußten Determinanten administrativen Handelns an.

Im gesamten 19. Jahrhundert war auch für das höhere deutsche Beamtentum der Obrigkeitsstaat (neben persönlichen Interessen) Maßstab ihrer Entscheidungen. Orientierung am öffentlichen Interesse jenseits des Staates, wie von der Sozialdemokratie praktiziert, wurde systematisch bekämpft, wie nicht zuletzt Bismarcks Sozialistengesetze belegen. Politisch verantwortungsvolle Positionen blieben der Sozialdemokratie bis zur Weimarer Republik gezielt vorenthalten (Linse, S.23; S.33f.). In fortschrittlicheren Nationen wie Frankreich und England waren dagegen bereits im 19. Jahrhundert pluralistische Elemente vorhanden. Konservative und Liberale vertraten unterschiedliche und teilweise unvereinbare Konzepte politisch-administrativen Handelns.

Gleichwohl waren die Parlamente bis in die zweite Hälfte des 19. Jahrhunderts Märkte für Standes- und Profitinteressen. Abgeordnete und politische Beamte betrachteten ihre politische Position als Mittel der Einflußnahme. Die offiziell propagierte, für die ausführenden Beamten obligatorische Trennung von öffentlicher und privater Sphäre hatte für die politischen Eliten faktisch nie Gültigkeit. Mit der Einführung des allgemeinen Wahlrechts setzte eine nun pluralistische Öffentlichkeit, die nicht mehr auf das besitzende Bürgertum beschränkt war, den Staat verstärkt unter Legitimationsdruck (Landfried 1989a, S.141). Die oft unverhohlene Instrumentalisierung politischer Ämter zu privaten Zwecken zog nun harsche Kritik an den Parlamenten nach sich, bis hin zur reaktionären Forderung nach deren Abschaffung (zu Frankreich vgl. Landfried 1989a, S.140). Erst der Aufstieg der Parteien als vermittelnde Instanz zwischen Gesellschaft und Staat, zwischen tatsächlichen sozialen und vorgeblich öffentlichen Interessen, wirkte diesem Unbehagen am Parlamentarismus entgegen. Die zunehmende Fixierung von Politikern und hohen Beamten auf eine Partei hat eine legitimierende Wirkung. Indem Parteien als Institutionen demokratischer Gesellschaften die Willensbildung der Bürger zu repräsentieren vorgeben, beanspruchen sie die Vertretung von Gemeininteressen. Der ständige Machtzuwachs der Parteien im Staat ist unter dieser Prämisse zunächst nicht als Einbruch kollektiv-privater in die Sphäre öffentlicher Interessen zu sehen, denn die als öffentlich behaupteten Interessen waren ja nur mehr oder weniger die kollektiven des besitzenden Bürgertums. Vielmehr legitimiert der Aufstieg der Parteien unter den Bedingungen des allgemeinen Wahlrechts den Staat als Vertreter der Allgemeinheit durch die demokratische Genese politischer und administrativer Entscheidungen.

Bis Mitte des 20. Jahrhunderts vertraten die Parteien noch ausdrücklich partikulare Interessen (von Klassen, Ständen, Berufsgruppen, Religionsgemeinschaften), weshalb man in der Politikwissenschaft von "Interessenparteien" spricht (Noack, S.119). Die

Tendenz zur Volks- bzw. Massenpartei entstand beispielsweise in Deutschland erst nach dem zweiten Weltkrieg (von Beyme 1984, S.419f). Erst damit wurde die Legitimationsfigur geschaffen, die endgültig Parteieninteresse und Gemeinwohl auf der Ebene des öffentlichen politischen Diskurses kurzschloß. Der offizielle politische Diskurs der Parteien erscheint nunmehr als massenmediale Veranstaltung, um innerhalb einer vermachteten Öffentlichkeit die Wahrnehmung kollektiver Privatinteressen als öffentliche darzustellen.[56] Die komplexe Dynamik der Wechselwirkungen wirtschaftlicher und politischer Einflüsse verschwindet hinter dem Schleier der Gemeinwohlorientierung der modernen Massenparteien (Offe 1980, S.29f.). Durch Abhängigkeiten und personelle Identitäten zwischen den Bereichen des Staates, der Wirtschaft und der Parteien verzahnen sich politische Praxis, private ökonomische Interessen und Parteipolitik, ungeachtet des bürgerlichen Prinzips der Trennung von öffentlichen und privaten Interessen.

Die Entwicklung von der Handlungsorientierung politischer Funktionsträger an Standes-, Wirtschafts- oder Machtinteressen oder am Obrigkeitsstaat bis hin zum Parteibuchbeamten und Parteipolitiker zeigt die Bezugsgrößen administrativen Handelns durch die verschiedenen Formationen der bürgerlichen Gesellschaft hindurch auf. Was sind nun die jeweiligen Motive dieses politischen Handelns? Die des ausführenden Funktionsträgers entsprechen mit ihrer an konservative Werte gebundenen Beamtenethik dem kleinbürgerlich-patriarchalen Sozialcharakter. Sekundärtugenden wie Gehorsamsbereitschaft, Autoritätsgläubigkeit, Pflichtgefühl, psychoanalytisch als Identifikationen mit dem Aggressor zu verstehen, sind in der preußischen Beamtenethik mit ihrer Unterwerfung unter die Obrigkeit realisiert.[57]

Mit dem Parlamentarismus und dem Aufstieg der Parteien steigt zwischen der Elite der politischen Beamten und Politiker und den ausführenden Befehlsempfängern eine neue Schicht von Staatsdienern auf, die man heute in der Wirtschaft als mittleres Management, in der Verwaltung als mittlere Führungsebene bezeichnen würde. Diese aus dem gebildeten Bürgertum entstammende Schicht erweist sich im Vergleich zum einfachen Beamtentum als anpassungsfähiger und damit den Verwertungsbedingungen der kapitalistischen Gesellschaft eher funktional. Der neue Beamten- und Politikertypus handelt vernünftig im Sinne einer subjektiven, instrumentellen Vernunft. Als vernünftig gilt, was ihm selbst, seiner Firma, seiner Partei, seiner Karriere nützt. Im modernen Kapitalismus ist dies der Typus des politischen Karrieristen. Die sozialen Grenzen zwischen dieser Schicht der mittleren Führungsebene und den politischen Eliten sind offen, lediglich Barrieren auf dem Wege der persönlichen Karriereplanung. Hans Magnus Enzensberger beschreibt diesen Typus: "Er darf sich für Probleme außerhalb des Apparates eigentlich gar nicht ernsthaft interessieren. Er wird sonst zu einer Belastung. Denken Sie sich zum Beispiel einen Politiker in irgend-

56 Zur vermachteten Öffentlichkeit und Parteienmacht: Habermas (1990), S.309. Man beachte auch die verräterische Konnotation des Begriffs der "Öffentlichkeitsarbeit", die auf den manipulativen Aspekt des offiziellen politischen Diskurses der Parteien verweist (a.a.O., S.300).

57 Die Rolle der Beamtenschaft in der NS-Diktatur bestätigt die psychoanalytischen Thesen der Vermittlung von Sozialcharakter und gesellschaftlicher Funktion.

einem Umwelt-Ressort, der ein Kind hätte, das wegen einer chemischen Vergiftung schwer behindert ist. Dieser Mann wäre untragbar. Er wäre nämlich an seiner Aufgabe allzu sehr interessiert. Der loyale Parteipolitiker darf dagegen nur ein einziges Kalkül kennen: Hilft es meinem Verein, wenn ich so oder so handle, oder schadet ihm das? Er wird deshalb die fragliche Position nur erreichen, wenn er überzeugungsneutral ist. Das Problem darf ihn nicht interessieren, nur die Konsequenzen der Problemlösung für seine Machtgruppe" (Enzensberger, S.241). Unschwer läßt sich die Mentalität des modernen Berufspolitikers als zynisches Bewußtsein identifizieren. Instrumentelle und zynische Vernunft verschmelzen im Willen zum Erfolg, im Karrierebewußtsein.

Das politische und ethische Prinzip, nach dem der politische Beamte bzw. der Abgeordnete im organisierten Kapitalismus überwiegend handelt und entscheidet, ist nicht das liberale der Gleichheit, nicht die Nation, nicht der kategorische Imperativ, sondern der gesamtwirtschaftliche Erfolg, operationalisiert in der Konjunktur. Unter dem "Primat der Wirtschaft" wird diese zum ersten Maßstab administrativen Handelns. Was der Historiker und Korruptionsforscher Noack mit "Gefälligkeitsdenken" (Noack, S.138) umschreibt, ist eine Handlungsdisposition zum Nutzen ökonomischer Interessen.

Das Ethos des Primats der Wirtschaft liefert mit seinem impliziten Utilitarismus die moralische Rechtfertigung für profitorientiertes Handeln: Was der Wirtschaft als führendem Subsystem nützt, nützt damit der gesamten Gesellschaft, der Allgemeinheit. Die simple Synthese von (privaten) Wirtschaftsinteressen und (öffentlichem) Allgemeinwohl wird zur Ideologie politischer Administrationen. Unschwer läßt sich diese Ideologie als Propagierung des längst überwundenen liberalen Konkurrenzkapitalismus ausmachen. Im Rahmen der Refeudalisierung der Gesellschaft versucht man, sich des lästigen Legitimationsdrucks des Wohlfahrtsstaates zu entledigen, indem man die liberale Idee des gerechten Äquivalententauschs wieder hoffähig macht. Die Aufgabe des Staates und seiner Repräsentanten soll wieder ungeschminkt als die eines ideellen Gesamtkapitalisten offensiv vertreten werden können, was die Verschleierung der Agenturfunktion überflüssig macht. In unserem Zusammenhang ist die empirische Frage, ob der Spätkapitalismus eher zum Wohlfahrtsstaat oder Konkurrenzkapitalismus tendiert, ob sich Keynesianismus oder Neoliberalismus durchsetzen werden, nicht zu beantworten. Behauptet wird aber eine Tendenz innerhalb der politisch-administrativen Eliten zu konjunkturorientierten Dispositionen, die letztere Alternativen fovorisieren.[58]

Nun soll den politisch-administrativen Eliten nicht ausnahmslos Egoismus oder Zynismus attestiert werden. Das Ethos des Primats der Wirtschaft schließt ein Handeln nach bestem Wissen und Gewissen ja per definitionem ein. Vielmehr entspringt die administrative Handlung unter dem Primat der Wirtschaft einer Art konjunkturorientiertem Über-Ich. Der Utilitarismus liberaler Ökonomietheorien scheint in den politisch-administrativen Eliten zur handlungsleitenden Ideologie zu werden.

---

58 Belege für diese These folgen in der Zeitdiagnose über den politischen Diskurs des Machtmißbrauchs am Beispiel des Phänomens Waffenhandel.

Damit wäre die funktionale Lücke zwischen der Ungleichzeitigkeit eines traditionsorientierten Beamtentums und den Verwertungsbedingungen des Kapitals geschlossen. Gleichzeitig öffnet diese neoliberale Ideologie aber das Feld für eine andere Form von Widersprüchen, oben als solche zwischen der (objektiven) Agenturfunktion des Staates und den bornierten Interessen einzelner Kapitalisten dargestellt. Die Verzahnung von öffentlichen und privaten Interessen in der Person des politischen Beamten oder des Abgeordneten führt tendenziell zur Vernachlässigung der Agenturfunktion zugunsten egoistischer Profitinteressen. Die Logik des Primats der Wirtschaft negiert sich als handlungsleitendes Paradigma auf diese Weise selbst, indem sie langfristige Stabilisierungs- und Strukturierungsleistungen kurzfristigen Profitinteressen opfert. Dem politischen Diskurs des Machtmißbrauchs fällt als Kritik von Refeudalisierung und Filz die Aufgabe der Kompensation dieses Krisenphänomens zu.

Die Problematik der Stellung von Beamten und Volksvertretern zwischen öffentlichem Auftrag und privaten Interessen weist auf eine Mechanik politischer Macht hin, die sich im Diskurs der Korruption manifestiert. Dieser ist im 19. Jahrhundert von Klasseninteressen geprägt und produziert Klassenschranken. Während die Profitorientierung des ausführenden Staatsdieners im Amt unerbittlich den Diskurs des Machtmißbrauchs auf allen seinen Ebenen hervorruft (öffentliche Empörung, Strafandrohung, Verurteilung), werden die Vertreter politisch-administrativer Eliten schon durch ihre Rollenvielfalt vor diesem Zugriff geschützt. Was dem einfachen Beamten (einfach auch im Sinne seiner Rollen und Funktionen) jederzeit als Korruption nachgewiesen werden kann, die persönliche Bereicherung mit Hilfe seines Amtes, ist für den vielseitigen politischen Beamten und Abgeordneten durch die Pluralität seiner Posten in Staat und Wirtschaft unter Umständen Basis der Karriere. Die Komplexität der Rollen läßt den auf die eindimensionale Trennung von öffentlicher und privater Sphäre fixierten Diskurs der Korruption ins Leere laufen. Das Interesse politisch-ökonomischer Eliten an einer Reduktion von Komplexität im Diskurs der Korruption erklärt sich damit von selbst.

Die Refeudalisierung des Staates bringt eine vielschichtige Überlappung von politischen Privilegien, von Chancen im Sinne Max Webers: Definitionsmacht im öffentlichen und offiziellen Diskurs durch permanente Präsenz in Massenmedien, die zum Teil als öffentlich-rechtliche im Sinne einer vermachteten Öffentlichkeit den politischen Eliten faktisch unterstehen. Eine weitere Chance ist der Einfluß auf den legislativen Diskurs als Abgeordneter, Parteifunktionär und Lobbyist. Die Verschränkung politischer und wirtschaftlicher Macht mit ihrer eigenen Kontrolle durch die Volksvertretung hält den Diskurs der Korruption auf Distanz zum Handeln politischer Eliten.

Am deutlichsten wird die Verfolgung privater Interessen bzw. deren Duldung innerhalb der politischen Elite durch die Tatsache, daß Abgeordnete in der Bundesrepublik Deutschland von den Tatbeständen der Bestechung und der Bestechlichkeit ausgenommen sind, durch ein von ihnen selbst eingebrachtes und beschlossenes Gesetz. Offensichtlich wird von diesem Privileg auch Gebrauch gemacht, was Roland Roth zu der Bemerkung veranlaßt: "Von der Einführung des Deliktes der

Bestechung bzw. Bestechlichkeit wird heute kaum mehr geredet, stünde doch eine Kriminalisierung des Parlaments zu befürchten."[59]

5.5 Die Ausschließungsfunktionen des Begriffs des Politischen

5.5.1 Die Ambivalenz des politischen Diskurses und seine Tendenz zur Eindimensionalität

Die Tatsache, daß die Dynamik des Diskurses des Machtmißbrauchs letztlich der Legitimation bestehender Machtverhältnisse zugute kommt, darf nicht zu einem instrumentalistischen Kurzschluß führen, der seiner Ambivalenz nicht gerecht würde. Der Diskurs des Machtmißbrauchs ist sicher nicht von den Mächtigen ins Leben gerufen worden, um ihre Macht durch die demonstrative Ausgrenzung eines Falschen als richtige zu rechtfertigen. Er ist als Machtkritik entstanden, als Schaffen eines politischen Diskurses[60], der es erlaubt, Praktiken der Macht als "falsche" zu thematisieren, indem er permanent Kriterien für die Unterscheidung legitimer (Machtgebrauch) und illegitimer Macht (Machtmißbrauch) produziert.[61] Darüber hinaus repräsentiert er den Einbruch bürgerlicher Rationalität als universalistische Ethik in das vormoderne, feudalistische Prinzip der Loyalität zum Herren, das kein verbindliches Recht für alle, sondern nur partikularen und irrationalen Gehorsam kannte. Entstanden als Kritik des Bürgertums gegen die ihre Interessen hemmenden Strukturen des Feudalismus ist der Diskurs des Machtmißbrauchs in der pluralistisch organisierten bürgerlichen Gesellschaft als Bestandteil der Öffentlichkeit sozusagen institutionalisiert. Die politischen Eliten finden ihn als pluralen und kontroversen öffentlichen Diskurs vor, der ohne Verletzung der eigenen, auf Grund- und Bürgerrechten fußenden politisch-moralischen Grundsätze nicht aus der (bürgerlichen) Welt zu schaffen ist. Weder hat irgend eine politische Gruppe ihn allein geschaffen, um die Herrschaft auszuhebeln, noch die herrschende Klasse selbst, um ihre Macht auf subtile Weise zu stützen. Für die Eliten wie für die Masse ist er eine soziale Tatsache, der sie sich nicht entziehen können, zusammengesetzt aus unzähligen einzelnen Aussagen und Diskursen. Zwar läßt er sich instrumentalisieren, lassen sich Teile von ihm ausschließen; diese politischen Strategien stehen aber stets unter der potentiellen Beobachtung und Kontrolle einer Öffentlichkeit, sind also stets dem

---

59 R. Roth (1985), S.156; zur Gesetzeslage hinsichtlich der Bestechung und Bestechlichkeit von Abgeordneten vgl. auch Noack, S.136.

60 "Schaffen eines Diskurses" ist hier im Sinne der Foucaultschen Affirmation zu verstehen (1991a).

61 In diesem Sinne ist der politische Diskurs Teil des modernen Denkens, das seine Energie aus dem unbändigen Willen zum Wissen empfängt, der die moderne Variante des Nietzscheanischen Willens zur Macht ist. (Dies ist das wissens- und machttheoretische Thema von Foucaults erstem Band von Sexualität und Wahrheit, "Der Wille zum Wissen" (1991c). Gleichzeitig vermischt der politische Diskurs Ansprüche auf objektive Wahrheit, in der Moderne erst mit Wissen identisch, mit einem durch politische Interessen geprägten Pragmatismus und Zweckrationalismus.

Risiko des Legitimationsverlustes ausgesetzt. Dieser Legitimationsdruck läßt das Verschweigen politischer Themen, die Unterdrückung politischer Diskurse nicht mehr ohne Legitimationsverlust zu. Strategie der Macht ist deshalb nicht das plumpe Verschweigen, sondern "das negative Spiel einer Beschneidung und Verknappung des Diskurses" (Foucault 1991a, S.34): ein Wechselspiel zwischen Integration und subtilen Formen des Ausschlusses. Mit steigender Systemrationalität entwickelt die bürgerliche Gesellschaft eine Dynamik, die die zunehmende Integration oppositioneller Elemente ermöglicht.[62] Ihre verschiedenen Formationen konnten in diesem Sinne Teile des kritischen Diskurses des politischen Machtmißbrauchs dem affirmativen Diskurs des Politischen angliedern. Dazu mußten zum einen grundsätzlich systemfeindliche Elemente ausgeschlossen werden (wie die Frage nach dem Eigentum an Produktionsmitteln, im subkulturellen Diskurs der frühen Sozialisten durchaus als Machtmißbrauch diskutiert); zum anderen konnte der so bereinigte öffentliche Diskurs des Machtmißbrauchs seine normkonstituierende Kraft entfalten. Indem er klare Grenzen zwischen legitimer Macht und Machtmißbrauch zieht, erteilt er der positiven Macht den Status eines Selbstverständlichen und entzieht sie damit im Rahmen der bürgerlichen Öffentlichkeit der Machtkritik.

Diese Tendenz zur Eindimensionalität widerspricht scheinbar der Pluralität der Öffentlichkeit, der Offenheit der Bürgergesellschaft. Die Methoden zur Vereinheitlichung des politischen Diskurses fußen jedoch zunehmend weniger auf offener Repression, sondern auf der Logik ihrer eigenen, modernen Rationalität, hervorgegangen aus der Entzauberung einheitsstiftender, religiös-metaphysischer Weltbilder (Habermas 1981/1 in Anlehnung an Max Weber, S.293ff.). Rationalität und Vernunft sind unwiederbringlich in einzelne Wertsphären auseinandergetreten: 1.) die Sphäre der kognitiv-instrumentellen Rationalität, ideal verkörpert in der modernen Wissenschaft und Technik; 2.) die Sphäre der moralisch-praktischen Rationalität, verkörpert durch eine zum Universalismus strebende Ethik im moralisch-praktischen Diskurs; 3.) die Sphäre ästhetisch-praktischer Rationalität, ideal vertreten durch den expressiven Diskurs der autonomen Kunst (a.a.O., S.329).

Nun läßt sich in modernen kapitalistischen Gesellschaften nicht nur eine Tendenz zur Hypostase kognitiv-intstrumenteller Rationalität und zur Entwertung normativer Rationalität zu bloßer Konvention feststellen (S.311), sondern darüber hinaus die Verkürzung dieser zu einer instrumentellen Vernunft.[63] Diese wird unter der Prämisse der Legitimation durch Verfahren zum Kriterium des politischen Diskurses, an dem politisches Handeln wie auch dessen Kritik gemessen werden. Die Begrenzung des politischen Diskurses durch die Denkfigur der Legitimation durch Verfahren erfolgt durch die Reduktion des Politischen auf das Legitime, das wiederum auf seine Genese im richtigen Verfahren reduziert ist. Die Herrschaftsstrukturen moderner Mas-

62 Marcuse spitzte diese These 1964 zu der einer "eindimensionalen Gesellschaft" zu (1988). Kirchheimer spricht vom "Verfall der Opposition" (S.58); speziell für die SPD nach dem Godesberger Programm: S.64ff.

63 Diese Verengung der zweckrationalen zur instrumentellen Vernunft bildet ein zentrales Thema philosophischer und soziologischer Kulturkritik des 20. Jahrhunderts, von Max Weber über Horkheimer und Adorno bis zu Habermas, von Gehlen bis zu den Neukonservativen.

sendemokratien gelten als legitim, weil sie auf demokratische Weise zustandegekommen sind. Der politische Diskurs setzt mit diesem Feld legitimer Herrschaft die Grenze des Politischen fest. Marx hat bereits auf den Ideologiecharakter der Abspaltung einer Sphäre des Politischen von der Gesellschaft hingewiesen (Habermas 1988, S.78). Ein auf Herrschaft und Administration reduzierter Begriff des Politischen blendet grundlegende ökonomische und soziale Zusammenhänge aus dem politischen Diskurs aus, weshalb sich der bürgerliche Diskurs des Machtmißbrauchs weitgehend auf das Phänomen der Korruption beschränkt. Das moderne Prinzip der Legitimation durch Verfahren wird mit diesem verengten Begriff des Politischen zum Ausschlußprinzip verfälscht: Kritik ist nur am von der Norm Abweichenden gerechtfertigt, nicht an der Norm selbst. Machtkritik, die durch legitime Verfahren zustande gekommene, grundlegende Strukturen des politischen Systems betrifft, überschreitet bereits diese Grenzen.

Politische Fragen werden auf Sach- und Rechtsfragen reduziert; es herrscht eine technokratische Logik der Sachzwänge. Diese Dominanz einer verkürzten Definition des Politischen prägt den politischen Diskurs der Öffentlichkeit. Sie erschwert den Zugang oppositioneller Diskurse, die sich dieser Verengung verweigern, jeder Machtkritik, die ihren Ort jenseits der instrumentellen Vernunft der Sachzwänge hat. Als destruktiv, radikal, extremistisch oder, weniger restriktiv, als intellektualistisch, utopistisch oder weltfremd wird ihr die Berechtigung der Teilnahme am "vernünftigen" politischen Diskurs verwehrt.[64]

Zunächst zur weniger geschickten, doch effektiven Methode, die vor allem in Deutschland traditionell zur Anwendung kommt: Man macht die Anerkennung der Legitimität vorhandener Machtstrukturen zum Ritual, welchem sich jeder potentielle Teilnehmer am öffentlichen politischen Diskurs unterwerfen muß. Ein markantes Beispiel ist die Terrorismusdiskussion Ende der 70er Jahre in der Bundesrepublik. Wer sich nicht vor seinem Diskussionsbeitrag ausdrücklich zum Gewaltmonopol des Staates bekannte, bezichtigte sich gemäß der Logik einer allgemeinen Terrorismushysterie des Sympathisantentums und lieferte damit gleich selbst seine eigenen Ausschlußgründe. Der offizielle politische Diskurs war durch dieses Ritual zu einer Veranstaltung der Reinigung des gesamten öffentlichen Diskurses von systemfeindlicher Machtkritik geworden. Umfassender und deshalb noch effektiver aber ist die zweite Methode. Die demokratische bürgerliche Gesellschaft zensiert nur als ultima ratio. Das unauffälligere und wirksamere Mittel der Verknappung des Diskurses ist das Abdrängen von Argumenten, Themen und damit letztlich von Klassen- oder Gruppeninteressen in marginale Diskurse. Fundamentale Machtkritik wird als utopistische, theoretische oder intellektualistische der Sphäre der autonomen

---

64 Symptomatisch für den Ausschluß aus dem öffentlichen Diskurs über semantische Strategien ist die politische Konnotation des Begriffs "radikal". In der Philosophie eine ehrenwerte und fruchtbare Form des Denkens (bis zur "Wurzel" einer Sache) beschreibend, wird "radikal" - nach dem gleichen Muster wie "anarchistisch" im 19. Jahrhundert - im politischen Diskurs zur Allzweckwaffe gegen mißliebige Argumente, Individuen und Gruppen. Im ironischen Beiklang des vom Volksmund geprägten Begriffs des "Radikalenerlasses" offenbart sich der Zynismus dieser semantischen Strategie der Macht.

Kunst, allenfalls der der Ethik zugewiesen. Alle Versuche, Machtkritik im politischen Diskurs zu etablieren, bleiben im circulus vitiosus der bürgerlich-kapitalistischen Kulturkritik stecken: Durch ihre bloße Existenz zeugen sie von der Toleranz und Offenheit der bürgerlichen Gesellschaft, ohne auf der Ebene politischen Handelns Einfluß nehmen zu können.[65]

Der Ausschluß vom politischen Diskurs des Machtmißbrauchs funktioniert in jedem Falle über die Legitimationsbehauptung der herrschenden politischen Vernunft, über ihre Tautologie: Als legitim gilt nur konstruktive Kritik innerhalb der Grenzen des herrschenden politischen Diskurses, der sich selbst nicht mehr legitimieren muß. Mit diesem sanften Zwang des Gebots der Konstruktivität wird jedes diskursive Element jenseits der herrschenden Definition des Wahren vom politischen Diskurs zensiert. Der Zirkel von Legitimitätsbehauptung und Ausschließung schließt sich mit dem Einverständnis der Masse: "Der Zirkel schließt sich. Es bedürfe der lebendigen Menschen, um die verhärteten Zustände zu verändern, aber diese haben sich so tief in die lebendigen Menschen hinein, auf Kosten ihres Lebens und ihrer Individuation, fortgesetzt, daß sie jener Spontaneität kaum mehr fähig scheinen, von der alles abhinge. Daraus ziehen die Apologeten des Bestehenden neue Kraft für das Argument, die Menschheit sei noch nicht reif. Bereits den Zirkel zu demonstrieren, verletzt ein Tabu der integralen Gesellschaft. Je weniger sie duldet, was entscheidend anders wäre, desto strenger wacht sie darüber, daß, was immer in ihr gedacht und gesagt wird, auch ja zur partlikularen Veränderung tauge oder, wie sie es nennen, einen positiven Beitrag leiste. Denken wird der subtilen Zensur des terminus ad quem unterworfen: es müsse, wofern es kritisch auftritt, das Positive angeben, das es wolle. Finde es solche Positivität versperrt, so sei es resigniert, müde, als ob die Versperrtheit seine Schuld wäre und nicht die Signatur der Sache" (Adorno 1979, S.18f.). Was über den im herrschenden Diskurs definierten Rahmen hinausgeht, disqualifiziert sich selbst gemäß der diskursiven Regeln. Der Ausschluß funktioniert nicht repressiv, sondern kulturell. Hinterfragen politischer und gesellschaftlicher Strukturen, fundamentale Machtkritik, ist nicht zensiert, überschreitet aber die Grenzen des bürgerlichen Politikbegriffs und damit des politischen Diskurses. Kritik am Abweichenden (zum Beispiel der vulgären Korruption) bleibt innerhalb dieser Grenzen, ist funktional, erwünscht und wird selbst innerhalb des offiziellen Diskurses gefördert. Kritik an der gesellschaftlichen und politischen Normalität wird dagegen Sache der Kultur im engeren Sinne des nurmehr Kontemplativen und Überflüssigen. Diese Verschiebung der Machtkritik vom politischen in einen ästhetischen Diskurs manifestiert sich im Abdriften der Machtkritik in das Feuilleton, wo sie ohne politischen Einfluß bleibt.[66]

---

65 Dieses Dilemma fundamentaler Machtkritik manifestiert sich unter anderem täglich in der Tagespresse. Während dem offiziellen Diskurs der Regierenden unter dem Deckmantel der Überparteilichkeit breiter Raum einschließlich der Titelseite gewidmet ist, wird der Machtkritik allenfalls das Feuilleton vorbehalten, wo sie eher ästhetischen als politischen Kriterien unterworfen ist.

66 Den Versuch, einen erweiterten Politikbegriff in der Tagespresse zu verwirklichen, macht die alternative "tageszeitung". Ihre Lektüre zeigt nicht selten, wie schwer dieser Anspruch umzusetzen ist. In lichten Momenten beweist sie aber auch, daß dies möglich ist.

Mit der Ausschließung der Machtkritik vom politischen Diskurs des Machtmißbrauchs droht dieser in der Öffentlichkeit, insbesondere den Massenmedien, zu einem eindimensionalen, affirmativen Diskurs im Sinne der Machterhaltung zu werden. Die Demontage und Auswechslung einzelner Repräsentanten der Macht mit Hilfe des politischen Skandals widerspricht nicht dieser Tendenz zur Eindimensionalität. Im Gegenteil: Sie ist Teil ihrer Logik, die im Spiel der Legitimation der Macht den Diskurs des Machtmißbrauchs zu einem funktionalen Element werden läßt. Die moderne Macht "maskiert sich, indem sie einen Diskurs produziert, der ihr anscheinend zuwider läuft, in Wirklichkeit aber Teil ihrer weiteren Entfaltung ist" (Dreyfus/Rabinow, S.160).

Als Element des politischen Diskurses unterliegt der Diskurs des Machtmißbrauchs dessen Gesetzmäßigkeiten und Begrenzungen. Der Begriff des Politischen wird unter den Bedingungen einer vermachteten Öffentlichkeit zunehmend auf politisch-administrative Entscheidungen, Wahlen und Personen reduziert. Insbesondere die neuen Massenmedien tragen zu dieser weiteren Reduktion des Begriffs des Politischen bei. Kritische Publizität weicht, so die Diagnose von Habermas, einem "arrangierten Räsonnement" (Habermas 1990, S.253), dessen sozialpsychologische Funktion die eines "quietiven Handlungsersatzes" ist. Öffentlichkeit verkommt dort "zur Sphäre der Veröffentlichung privater Lebensgeschichten, sei es, daß die zufälligen Schicksale des sogenannten kleinen Mannes oder die planmäßig aufgebauter Stars Publizität erlangen, sei es, daß die öffentlich relevanten Entwicklungen und Entscheidungen ins private Kostüm gekleidet und durch Personalisierung bis zur Unkenntlichkeit entstellt werden" (S.262). Innerhalb der Schranken dieses Politikbegriffes bleibt der Diskurs des Machtmißbrauchs politisches Theater im Sinne einer Inszenierung spektakulärer Fälle als Skandal: "Schaupolitik" (Käsler, S.24; zur Politik als Inszenierung: S.9).

5.5.2 Diskursivierung als Besänftigung. Foucault und die Kritik der Machtkritik

Wir fassen zusammen: Der offizielle Diskurs des Machtmißbrauchs, bereinigt von oppositionellen Elementen, begrenzt sich auf die Sphäre des Politischen im engeren Sinne: auf die Abweichung von geltenden Normen und von geltenden Recht. Als Machtmißbrauch wird nur thematisiert, was im Bereich der Machtausübung, und dies ist im engeren politischen Verständnis die politische Exekutive, dem Gesetz widerspricht. Diese naiv-positivistische Tautologie des unreflektierten Legalismus läßt jede oppositionelle Machtkritik zum "wilden Außen" (Foucault 1991a, S.25) werden, welches niemals "im Wahren" (ebenda) im Sinne des Diskurses und damit der von ihm gestifteten Ordnung sein kann. Es ist diese Ordnung, die alles Machtkritische, Oppositionelle, Dysfunktionale fernhält, eine "diskursive Polizei" (ebenda), - nicht als internalisiertes und deshalb unbewußtes Paradigma der Wissenschaftlichkeit wie in den Modellen Foucaults und Kuhns (Foucault 1990b, S.413ff.; Kuhn 1976), sondern als faktisches Sprechverbot in der trivialen Sphäre des Politischen. Mit dem Satz: "Es ist immer möglich, daß man im Raum eines wilden Außen die Wahrheit sagt; aber im Wahren ist man nur, wenn man den Regeln einer diskursiven 'Polizei' gehorcht, die man in jedem seiner Diskurse reaktivieren muß" (Foucault 1991a, S.25), spricht Foucault neben den Zwängen des modernen Wissenschaftsbetriebes auch dessen historische Relativität an. Wörtlich wäre der Satz auf die repressiven Mechanismen des Ausschlusses vom bürgerlichen Diskurs des Machtmißbrauchs anzuwenden, wie er durch Sozialistengesetze, § 129a und ähnliche juridische Manifestationen der Zensur wirksam wird. Nur, die diskursive Polizei wäre dann nicht mehr Metapher wie bei Foucault, vergleichbar der berühmten Schere im Kopf, sondern wörtlich zu nehmen: als konkrete Institution staatlicher Repression.

Diese Form des Ausschlusses ist allerdings nur aus einer zentralen Position politischer Macht möglich, wie beispielsweise Bismarck sie inne hatte. Grundsätzlich sind Ausschließungsmechanismen als Formen einer Zensur zu sehen, die zwischen den Polen manifester Anwendung politischer Macht und subtiler Methoden semantischer Beeinflussung liegen. Die Öffentlichkeit dient dabei als Arena, in der die Kriterien für die Unterscheidung in wahr und falsch, in normal und kriminell ausgelotet werden. Dabei werden die Methoden der Verknappung und der Ausschließung mit der fortschreitenden Ausdifferenzierung und Dynamisierung der kapitalistischen Gesellschaft zunehmend subtiler. Der Rückgriff auf dirigistische Maßnahmen wird auf der Ebene der Öffentlichkeit im Spätkapitalismus nur noch ultima ratio der Mächtigen. Der öffentliche Diskurs des Machtmißbrauchs nähert sich mit steigender Systemrationalität den Ansprüchen des seriösen Diskurses der Wissenschaften an, dessen Mechanik des Ausschlusses und der Verknappung nicht legalistisch (über Verbote) funktioniert, sondern kulturell (über Legitimationskriterien). Seine Relevanz im Rahmen des politischen Diskurses der bürgerlichen Öffentlichkeit wird erkennbar: als Inszenierung spektakulärer Fälle, als symbolische Sanktionierung des Abweichenden, welche das Normale um so unproblematischer werden läßt; als Ablenkung von der normalen Mechanik der Macht, dem zentralen Thema gesellschaftstheoretischer Machtkritik.[67] Vor dem Hintergrund skandalisierter und dramatisierter Formen des Machtmißbrauchs erscheinen diese alltäglichen Repressalien als hinzunehmende Selbstverständlichkeiten. Der Diskurs des Machtmißbrauchs bleibt in dieser Form vorkritisch, indem er auf offensichtliche Abweichungen nochmals hinweist, Realität verdoppelt, nicht hinterfragt. Foucault radikalisiert die These von der Diskursbeschränkung durch einen reduzierten Politikbegriff, indem er dem bürgerlichen Denken ein anachronistisches Verständnis von Macht attestiert. Seiner Ansicht nach befindet sich das zeitgenössische bürgerliche Denken hinsichtlich der Kategorie der Macht noch immer in einem vorbürgerlichen Stadium. Durch die "juridische Repräsentation" der Macht wird diese in der modernen bürgerlichen Gesellschaft auf "Gesetzesmacht" und "Repräsentationsmacht" reduziert (Foucault 1990c, S.111). Nicht nur der herrschende Machtbegriff, sondern noch die diesem Begriff verpflichtete Machtkritik sind aufgrund des theoretischen Privilegs des 'Gesetzes' und der 'Souveränität' "im Bann der Monarchie verblieben" (S.110). Die

---

67 Diese theoretischen Machtkritik tritt als Kritik der Mikrophysik der Macht, ihrer tagtäglichen "Normierungen" und "Disziplinierungen" (Foucault), ihrer Kolonialisierungen (Habermas), Entfremdungen (Marx/Engels) und Vergesellschaftungszumutungen (Adorno) auf.

Verengung des Politik- und des Machtbegriffs läßt aus dieser Sicht den gesamten Diskurs des Machtmißbrauchs, einschließlich seiner machtkritischen Elemente, zu einer atavistischen Veranstaltung werden, die die tatsächlichen Machtbeziehungen moderner Gesellschaften (Foucaults Mikrophysik der Macht) verdeckt.

Marx hatte schon den bürgerlichen Politikbegriff als ideologisch entlarvt: Der Ausschluß der fundamentalen und für die bürgerliche Gesellschaft konstitutiven ökonomischen Strukturen aus dem politischen Diskurs diente der Verschleierung der realen Bewegungsgesetze des Kapitals, der Tauschabstraktion samt ihrer sozialen Folgen: der Unterdrückung und Ausbeutung des Menschen durch den Menschen.[68] Die zentrale Bedeutung der Ökonomie bei Marx wird bei Foucault durch die der Macht abgelöst. Noch heute verstehe man unter Macht ausschließlich "Gesetzes-Macht" und "Souveränitäts-Macht" (Foucault 1991c, S.111). Da die immer noch gültige, jedoch längst den realen Formen der Macht nicht mehr angemessene "juridische Repräsentation" die Analyse von Macht nur im Rahmen ihrer rechtlichen Manifestation erlaubt, thematisiere man lediglich Symptome an der Oberfläche eines ungleich komplexeren Phänomens. Man wende auf das flexible Phänomen moderner Macht die anachronistischen Kategorien Souveränität, Gewalt und Gesetz an: "Im politischen Denken und in der politischen Analyse ist der Kopf des Königs noch immer nicht gerollt. Daher rührt die Bedeutung, die man in der Theorie der Macht immer noch dem Problem des Rechts und der Gewalt beimißt, dem Problem des Gesetzes und der Gesetzwidrigkeit" (S.110). Auch noch das moderne Verständnis von Macht bleibt im "Bann der Monarchie", weshalb die längst wirksamen Praktiken[69] moderner Macht nicht erkannt werden können. "Denn wenn auch viele ihrer (der monarchischen Macht - J.F.) Elemente überlebt haben und noch immer bestehen, so ist sie doch allmählich von ganz neuen Machtmechanismen durchdrungen worden, die wahrscheinlich nicht auf die Repräsentation des Rechts zurückgeführt werden können" (Foucault 1991c, S.110). Von den Gesellschaftswissenschaften noch unbemerkt, arbeiten die neuen Machtverfahren nicht mehr nur mit dem Recht, sondern vorrangig mit der "Technik..., nicht mit dem Gesetz, sondern mit der Normalisierung, nicht mit der Strafe sondern mit der Kontrolle" (ebenda).

Machtkritik auf der Basis der juridischen Repräsentation trägt durch die Reduktion des Machtbegriffes zur Verschleierung realer Machtverhältnisse bei, die diese erst erträglich werden läßt. Die Diskursivierung des Machtmißbrauchs ist geradezu der Idealtypus dieser Form der Ablenkung, verkörpert der politische Diskurs des Machtmißbrauchs doch genuin die juridische Repräsentation. Foucaults Machtkonzept

68 Zur Aktualität der Marxschen Kapitalismusanalyse siehe: Sichtermann, S.31; auch: Altvater; Greffrath.

69 Habermas weist auf die repressive Konnotation des Foucaultschen Begriffs der Praktik hin: "In den Begriff der 'Praktik' hat Foucault das Moment von gewaltsamer, asymmetrischer Einflußnahme auf die Bewegungsfreiheit anderer Interaktionsteilnehmer aufgenommen. Juristische Urteile, polizeiliche Maßnahmen, pädagogische Unterweisungen, Internierungen, Züchtigungen, Kontrollen, Formen des körperlichen und intellektuellen Drills sind exemplarisch für das Eingreifen der vergesellschaftenden, organisierenden Kräfte in das naturwüchsige Substrat leibhaftiger Kreaturen" (Habermas 1988, S.285).

liefert eine plausible Erklärung für die Skandalisierung von Korruption und Machtmißbrauch in den Medien und relativiert damit die eindimensionalen Formeln von einer funktionsfähigen Öffentlichkeit als vierter Gewalt, von einem kritischen und regulativen Potential mündiger Bürger. Mit der Diskursivierung des Machtmißbrauchs innerhalb des "theoretischen Privilegs des Gesetzes und der Souveränität" wird nicht nur die Aufmerksamkeit von den realen Formen der Macht abgelenkt. Das Schauspiel des Politischen befriedet rebellische Potentiale und entlastet damit die Psyche vom Unbehagen an der eigenen Verstrickung in die Mikrophysik der Macht.

Foucault zeigt sich mit dieser Reflexion des Machtbegriffs ganz und gar nicht als der Gegenaufklärer, gegen den so mancher Modernist die Aufklärung verteidigen zu müssen meint. Seine Machttheorie kann vielmehr, trotz aller Inkonsistenzen, als der Versuch einer konsequenten Radikalisierung der Aufklärung gelesen werden, ganz im Sinne des Kantischen Projekts einer Kritik der Grenzen und Beschränkungen des Denkens. Auf Foucaults Machttheorie bezogen: Er denunziert nicht Machtkritik, sondern er spürt ihre Selbstbeschränkungen und Denkblokaden auf. Der Diskurs des Machtmißbrauchs ist aus einer solchen Sicht weder falsch noch rein affirmativ, sondern aus internen Gründen eindimensional, verengt, anachronistisch und deshalb den realen Praktiken moderner Macht nicht gewachsen. Die Offenlegung dieser internen Gründe wäre Aufklärung im Sinne Foucaults, seines Ethos' der Moderne (Dreyfus/Rabinow; Bernstein, insbes. S.417).

5.5.3 Definitionsmacht und Herrschaft
Bourdieu und das Privileg der politischen Sprache

In Foucaults Ansatz ist Macht nicht konkreten Personen, Gruppen oder Klassen zuzuordnen. Sie ist vielmehr in den "subjektlosen Willen eines im kontingenten und ungeordneteten Auf und Ab der Diskursformationen wirksam" (Habermas 1988, S.298). Mechanismen der Ausschließung und Verknappung konstituieren letztlich einen politischen Diskurs, der die Machtinteressen transportiert und gleichzeitig spiegelt. Diskursformationen entstehen "aus Machtpraktiken, die sich in einem 'Hasardspiel der Überwältigungen' miteinander verflechten" (S.300). Foucaults Ansatz sperrt sich gegen eine soziologische, speziell gegen eine klassentheoretische Vereinnahmung. Letztlich wird in der Modernen jeder Objekt einer "Bio-Macht" (Foucault 1991c, S.167f.), einer "Form der Vergesellschaftung, die alle Naturwüchsigkeit beseitigt und das kreatürliche Leben insgesamt in ein Substrat der Vermachtung umwandelt" (Habermas 1988, S.334). Der politische Diskurs nimmt bei Bourdieu, trotz unterschiedlicher Perspektiven, hinsichtlich seiner Funktionen der systematischen Ausschließung eine ähnliche Position ein wie bei Foucault. Er legt das Feld möglicher Wahrheit fest, in dem sich politische Öffentlichkeit einschließlich der Opposition konstituiert. Mit ihm werden auch die Grenzen des dikursiven Feldes abgesteckt und damit die "wahrheitskonstitutiven Ausschlußregeln" (a.a.O., S.392). Foucault und Bourdieu ordnen, hierin trotz aller Abgrenzungsversuche dem Strukturalismus verpflichtet, Wahrheit dem Diskurs unter, als von diesem determiniert, als historisch zu Diskurs und Macht relative, abhängige Variable. Während Foucault seinen Machtbegriff jedoch streng historistisch und antisoziologisch konzipiert, Diskurse deshalb einzig als "Protuberanzen von Macht überhaupt" (a.a.O., S.326) erscheinen, versteht Bourdieu den politischen Diskurs als Resultante sozialer Hierarchisierung. Sprache, Macht und Herrschaft sind ineinander verschränkt, soziale Privilegien Ursache und Wirkung sprachlicher Kompetenz, denn Sprache steht "wie alles Symbolische auf der Seite der Herrschenden" (Bourdieu 1991, S.726). Der Ausschluß vom politischen Diskurs erfolgt klassenspezifisch über sprachliche Kompetenz als symbolischem Kapital. Privilegierte Klassen können mittels ihrer Definitionsmacht Sprache reduzieren und komplizieren, so daß Erfahrungen unterprivilegierter Klassen letztlich im politischen Diskurs nicht mehr thematisierbar sind. Durch die Definition des Politischen erreicht der herrschende Diskurs, der der Diskurs der Herrschenden ist, eine "Art Abschließung, indem er stillschweigend den Bereich der realisierten Möglichkeiten als den aller potentiellen Möglichkeiten ausgibt und auf diese Weise den Bereich des *politisch Denkbaren* abschließt" (a.a.O., S.720; Hervorhebungen im Original). In diesem reduzierten Bereich des politisch Denkbaren produziert der Diskurs einen Logozentrismus, der am deutlichsten in der politischen Umfrageforschung und im politischen Journalismus der öffentlich-rechtlichen Medien zum Ausdruck kommt (zur Kritik der Umfrageforsch: Habermas 1990, S.352; Bourdieu 1991, S.726). In der Hand professioneller Diskursproduzenten gewinnt die politische Sprache eine Art esoterische Eigendynamik, die sich von den Erfahrungen, von der Lebenswelt der einfachen Klassen schließlich gänzlich ablöst: "Zwischen der praktischen Erfahrung, die mit allem (objektiv) Politischen in der Alltagspraxis souverän umgehen kann, ohne jemals explizit werden oder sogar systematische Begrifflichkeit gewinnen zu müssen, und der symbolisch beherrschten, die sich im von der Gesellschaft als politisch anerkannten Diskurs bekundet und der die Ausklammerung jeden unmittelbaren Bezugs auf die Situation in ihrer konkreten Einmaligkeit immanent ist, existiert kein notwendiges Band" (Bourdieu 1991, S.721). Die der Alltagserfahrung entfremdete politische Sprache wird zum Instrument herrschaftlicher Interessen, was selbst die Delegierten und Wortführer unterprivilegierter Klassen von ihren Auftraggebern trennt. Erfahrung und damit konkrete Interessen finden im elitären und abstrakten Jargon des Politischen keinen Platz, einem Jargon, der letztlich objektiv als Zensur wirkt.[70]

Die Grundannahme Bourdieus, politische Herrschaft bediene sich eines spezifischen Begriffs des Politischen zwecks Ausschließung der Massen, teilen so unterschiedliche Denker wie Habermas und Schelsky. Bei beiden spielen die neuen Massenmedien eine zentrale Rolle. Habermas' These von der vermachteten Öffentlichkeit entspricht Schelskys Diagnose vom "Vordringen der Medien und ihrer Publizität als Herrschaftsmittel" (Schelsky, S.55). Schelsky unterscheidet zwischen der realen

70 Eine typische Strategie der politischen Sprache der "Pseudo-Abstraktion" (Bourdieu) ist die Verwendung von Worthülsen, modernen Euphemismen. Diese "stellen ihre implizite Charakterisierung und Wertung nämlich nicht offen zur Diskussion, sondern transportieren sie unterschwellig mit. Und sie enthalten wie jeder klassische Euphemismus ein Element der gewollten Täuschung" (Heringer, S.56).

Politik und ihrem massenmedial erzeugten Bild, das, purer gesellschaftlicher Schein, den ideologiefreien Blick auf erstere immer mehr erschwert. "Die Realität der Politik verschwindet für die 'Bürger' immer mehr hinter dem Schleier der publizierten Politik" (S.45). Wie im Bourdieuschen Modell ist der Bürger kaum noch in der Lage, sich unabhängig einen eigener Erfahrung verpflichteten Begriff des Politischen zu bilden, der nicht durch einen publizistischen schon vorstrukturiert ist. Noch weniger kann sich unter diesen Bedingungen eine kritische Öffentlichkeit von mündigen Staatsbürgern, von citoyens herausbilden. "So ist der 'Volkswille' der Bundesrepublik längst der publizitätsgesteuerte *Meinungswille* der wahlberechtigten Staatsbürger geworden, der sich nicht von 'unten nach oben', sondern durch den Zugang zu der Herrschaft durch 'Publizität' von 'oben nach unten' bildet" (S.61; Hervohebungen im Original). Schelskys Deutung und die Thesen von den professionellen Diskursproduzenten (Bourdieu) oder der vermachteten Öffentlichkeit (Habermas) unterscheiden sich nur in Nuancen. Entsprechend auswechselbar ist Schelskys Fazit: "Das Politische muß heute allenthalben als Machtgewinn durch 'Publizität' begriffen werden" (ebenda).

Wie Habermas und Schelsky begreift Bourdieu diesen Prozeß der Entmündigung des Bürgers nicht als offen repressiven, sondern als dynamischen, der keineswegs eine breite Empörung hervorruft. Die Masse ist vielmehr gar nicht in der Lage, diese Prozesse als Habermassche Vermachtung der Öffentlichkeit, als Schelskys Verdrängung des Volkswillens zugunsten des publizitätsgesteuerten Meinungswillens oder als die von Bourdieu diagnostizierte zunehmende Steuerung des politischen Diskurses durch professionelle Diskursproduzenten zu erkennen. Wie die herrschende Definition des Politischen werden diese Tendenzen stillschweigend als gegeben, als nicht veränderbar hingenommen.

Das Einverständnis der Beherrschten mit der herrschenden Definition des Politischen auf einer Ebene der Pseudo-Abstraktion verdeckt und verstärkt gleichzeitig die objektive Funktion der politischen Sprache als Zensur: "Mit dem Schein von Allgemeinheit behaftet, beraubt diese zunächst verbrämte und beschönigende Sprache dem von ihr Bezeichneten jeglichen Realitätsbezug...; indem sie die Äußerung der ureigensten Interessen der Beherrschten mit totaler und zugleich den Betroffenen total unsichtbarer Zensur belegt, bleibt diesen keine andere Wahl, als die Verschleierung des offiziellen Diskurses mitzumachen oder in unwürdiger Weise zu 'stänkern und zu fluchen'" (Bourdieu 1991, S.723).

Diese These von den Ausschließungsmechanismen erinnert an Foucaults Diskurstheorie. Im Unterschied zu Foucault aber konkretisiert Bourdieu Macht soziologisch: als sozialhierarchisches Phänomen, als Herrschaftsinstrument in den Händen einer Klasse. So kann Bourdieu ideologiekritisch die Verdrehung von Anspruch und Wirklichkeit als Symptom der Herrschaft einer Klasse über andere entlarven. Der politische Diskurs, "der, statt selbst Rechenschaft abzulegen, die anderen aufruft, *sich Rechenschaft abzulegen*, der, statt die Mittel an die Hand zu geben, um das partikular und praktisch gewußte mit dem allgemeinen Wissen in Zusammenhang zu bringen, sich damit begnügt, Lektionen zu erteilen und die spezifischen Erfahrungen in allgemeine Erklärungsmuster zu pressen" (a.a.O., S.726; Hervorhebungen im Original), ist in diesem Sinne Ideologie: bewußte Vertauschung von Realität und Propaganda von Seiten der Herrschaft, notwendig falsches Bewußtsein seitens der Beherrschten.

Auch der Diskurs des Machtmißbrauchs, der sich der herrschenden politischen Sprache bedient, ist aus dieser Perspektive Teil jener Herrschaftsstrategie der Ausschließung, Element des hegemonialen politischen Diskurses. Die Einschränkung der politischen Sprache auf der Ebene der Pseudo-Abstraktion, die Ausschließung aller alltagsweltlichen Erfahrung sowie die Konstituierung des politischen Diskurses durch "professionelle Diskursproduzenten" verweisen auf die Konvergenz von Sprache, politischem Diskurs und Herrschaft.[71] Unter dem Diktat der politischen Sprache bleibt auch der Diskurs des Machtmißbrauchs affirmatives Element bürgerlicher Herrschaft. Im Rahmen jenes als oppositionell geltenden Diskurses wird darüber hinaus diese Sprache auch von denen akzeptiert, denen sie als Instrument der Herrschaft entgegentritt, denn der Diskurs des Machtmißbrauchs erlaubt die Kanalisierung eines diffusen Unbehagens an der Macht, welches in der Zerstörung des spontanen politischen Diskurses durch die politische Sprache gründet.

5.6 Schlußfolgerung: Zur Rolle des kapitalistischen Staates

Foucaults Prinzip der Umkehrung wirft andere Fragen auf als eine Kriminologie der Mächtigen oder eine systemtheoretisch beeinflußte kritische Theorie, wie das Phänomen der Diskursivierung des Machtmißbrauchs, insbesondere der Korruption, zeigt. Letztlich können diese Ansätze kaum erklären, aus welchen Gründen ausgerechnet in der kapitalistischen Gesellschaft Korruption als derart moralisch verwerflich gilt. Immerhin verkörpert Korruption nichts weiter als das Prinzip der Gewinnmaximierung, für dessen Beherrschung erfolgreiche Manager allseits bewundert werden, und das in beliebten Gesellschaftsspielen (stellvertretend sei nur das brillante und spannende "Monopoly" genannt) geübt und gefeiert wird. Gewiß trifft die Korruption einen Nerv fortgeschrittener kapitalistischer Gesellschaften. Sie negiert die künstlich geschaffene und vom Prinzip der Tauschabstraktion abgelöste Ordnungssphäre, deren Funktion nicht zuletzt im Auffangen von Krisen liegt und damit in der Erhaltung des Systems.[72]

Diese funktionalistische Erklärung für eine Diskursivierung der Korruption ist jedoch nicht zufriedenstellend. Sie geht davon aus, daß der kapitalistische Staat als ideeller Gesamtkapitalist zu einer Steuerung der Gesellschaft im Interesse der Wirtschaft in der Lage ist. Davon kann unter den Bedingungen einer komplexen

71 Dieter E. Zimmer bringt diesen Zusammenhang von Macht und Sprache auf den Punkt: "Wer die Macht hat, hat in einiger Hinsicht auch die Macht über die Sprache; und wer die Macht über die Sprache hat, befestigt seine politische Macht" (S.153).

72 Kapitalistische Gesellschaften, die diese Ordnungsfunktion zugunsten einer freien Entfaltung des Marktes vernachlässigen, sind tatsächlich permanent vom Zusammenbruch bedroht, bewegen sich an der Grenze des Bankrotts bzw. sind auf Kredite mächtiger Verbündeter angewiesen - man sehe sich nur die wirtschaftliche Lage eines beliebigen südamerikanischen Staates an.

Gesellschaft mit den gegenläufigen Tendenzen einer Verstaatlichung der Gesellschaft (z.B. über die Parteien) und einer Vergesellschaftung des Staates kaum mehr die Rede sein.[73] Der Staat als ideeller Gesamtkapitalist ist so wenig als Subjekt zu denken, welches bewußt und strategisch die abstrakten Interessen einer Klasse vertritt, wie seine Repräsentanten (Beamte, Juristen, Politiker) als monadisierte Verfechter der ideellen Interessen des Gesamtkapitals. Diese Repräsentanten sind einerseits Betroffene des Widerspruchs zwischen einer Ethik des Primats der Wirtschaft und der des Gemeinwohls, andererseits in einem Geflecht aus Partei-, individuellen und kollektiven Profit-, Karriere- und Gemeinwohlinteressen verstrickt.

Nach der Widerlegung der neomarxistischen These einer strategischen Vertretung von Klasseninteressen durch den Staat kann auch die These einer bewußten Inszenierung des Diskurses des Machtmißbrauchs nicht mehr überzeugen. Die Erklärungskraft ökonomisch orientierter Kapitalismustheorien stößt mit der Vielschichtigkeit der Phänomene an ihre Grenzen. Aus der Perspektive Foucaults können diese Grenzen überschritten werden. Sein Funktionalismus orientiert sich nicht an ökonomischen Notwendigkeiten, sondern an der Dynamik der Macht. Er zeigt, wie sich die effektivsten Methoden und Strategien der Macht faktisch durchsetzen, ohne einer konkreten Steuerung zu folgen.[74] Die Diskursivierung des Machtmißbrauchs mag zu einem gewissen Teil von den Mächtigen inszeniert sein, motiviert aus der Not des Legitimationsdrucks. Ohne ihr Komplement, den Wunsch der Massen nach Verdrängung der eigenen Verstrikung in die Mikrophysik der Macht, wäre sie in ihrer die realen Machtstrukturen verschleiernden Form (als Personalisierung, Skandalisierung) jedoch nicht möglich.

Eine weitere Herausforderung an eine gesellschaftstheoretische Machtkritik stellt die soziale Differenzierung innerhalb des Diskurses des Machtmißbrauchs dar. Politische Ökonomie und kritische Kriminologie weisen mit Fug auf die ideologische Verschleierung dieser Problematik im organisierten Kapitalismus hin. Die Tatsache der Vorteilnahme politischer Eliten entgeht allerdings keineswegs der bürgerlichen Öffentlichkeit. Davon zeugen zum Beispiel regelmäßig aufkeimende öffentliche Debatten über Diäten und Altersversorgungen von Abgeordneten. Insbesondere seit den späten 60er Jahren, aber auch bereits während der Anfänge des Staatsinterventionismus am Ende des 19. Jahrhunderts wurde bürgerliche Kritik nicht nur an Einzelfällen privater Bereicherung geübt, sondern auch an politischen Strukturen, an Tendenzen der Refeudalisierung und der Verfilzung politischer und wirtschaftlicher Eliten. In diesem Sinne ist Bourdieus Auffassung eines prinzipiellen Einverständnisses der Beherrschten mit den Mechanismen der Macht (sei es die Usurpation von Machtpositionen durch die Delegierten, sei es der Ausschluß vitaler Interessen durch die Sprache des Politischen) zu relativieren.

---

73 Zu den gegenläufigen Tendenzen der Verstaatlichung der Gesellschaft bei gleichzeitiger Vergesellschaftung des Staates vgl. Habermas (1990), S.295f.

74 Foucaults darwinistische These von der Durchsetzung der effektivsten Form der Macht wird nicht dadurch bereits widerlegt, daß er den emanzipatorischen Gehalt der gleichen zugrundeliegenden Modernisierungsprozesse vernachlässigt.

Die teilweise den Verwertungsbedingungen des Gesamtkapitals widersprechenden Orientierungen an individuellem Profit, die komplexe Dynamik von Macht- und Kapitalinteressen in Staat und Parteien, das Lavieren der Regierungen zwischen vermuteter öffentlicher Meinung und systemadäquater Botmäßigkeit lassen die Agenturtheorie des kapitalistischen Staates als zu statisch erscheinen.[75] Die an Marx, Max Weber, Neumann, Kirchheimer und Michels orientierten kritischen Konzepte pluralistischer Machttheorien scheinen der komplexen Dynamik spätkapitalistischer Gesellschaften eher gewachsen (Marramao 1982; Söllner 1982). Auf dieser Grundlage können Rahmenbedingungen und Funktionen des politischen Diskurses beleuchtet werden, die eine Diskursanalyse jenseits der verdinglichenden Trennung von legitimer/legaler Macht (Machtgebrauch) und Machtmißbrauch ermöglichen, ohne einem positivistisch-partikularistischen Denken zu verfallen.[76]

Im Zentrum der Analyse muß der kapitalistische Staat stehen. Dies erfordert seine Rolle als Steuerungsorgan, als Vermittler gesellschaftlicher Macht und ökonomischer Interessen sowie als Gesetzgeber und Rechtsinstanz. Ziel kann jedoch nicht mehr eine Staatstheorie mit dem Anspruch auf alleinige Erklärung sein. Vielmehr sind die vielfältigen und widersprüchlichen Funktionen verschiedener kapitalistischer Staaten unter dem Aspekt ihrer zentralen Stellung zu berücksichtigen: "A new theoretical understanding of states in relation to social structures will likely emerge as such programms of comparative-historical research are carried forward. But this new understanding will almost certainly not resemble the grand systems theories of the structure-functionalists or Neo-Marxists. As we bring the state back in to its proper central place in explanations of social change and politics, we shall be forced to respect the inherent historicity of sociopolitical structures, and we shall necessarily attend to the inescapable intertwinings of national-level developments with changing world historical contexts. We do not need a new or refurbished grand theory of 'The State'. Rather, we need solidly grounded and analytically sharp understandings of the causal regularities that underlie the histories of states, social structures, and trans-national relations in the modern world" (Skocpol, S.28). Der politische Diskurs des Machtmißbrauchs ist um den Staat, um seine Rolle als ordnendes Element inmitten der Anarchie des freien Marktes. Der Staat institutionalisiert Elemente des Diskurses des Machtmißbrauchs in geltendem Recht, in administrativen Maßnahmen und in Urteilen. (Als bürgerlicher ist er gegen seine absolutistischen Vorgänger entstanden.) Die Repräsentanten des Staates sind Adressaten des Diskurses des Machtmißbrauchs. Er ist dessen Auswirkung, Anlaß und Gegenstand, Subjekt und Objekt.

---

75 Zum Scheitern der Agenturtheorie vgl. zusammenfassend Ebbinghausen (1981), S.122ff.

76 Der Eklektizismus von Foucaultscher Diskurstheorie und postmarxistischen Ansätzen einer pluralistischen Machttheorie mag theoretisch und methodologisch problematisch sein, verbleibt jedoch nach dem "Ende der Dialektik" als fruchtbare Alternative im Sinne kritischer Gesellschaftswissenschaft, die sich weder totalisierend systemischem noch partikularistisch positivistischem Denken unterwirft. Machtkritik ist in diesem Sinne als Denken zu begreifen, das quer zum politischen Diskurs liegt (damit auch zu dem des Machtmißbrauchs), ohne diesen spekulativ zu vereinnahmen.

Neu zu überdenken ist seine Funktion im Reproduktionsprozeß kapitalistischer Gesellschaften. Offe und Habermas haben in den 70er Jahren neomarxistische und funktionalistische Staatstheorien widerlegt, ohne selbst den Vereinfachungen funktionalistischer Erklärungsmuster ganz zu entkommen. Gerade neuere Tendenzen der Verselbständigung von Macht- und Wirtschaftsinteressen, die Rolle der Volksparteien als Instrument der Vermittlung zwischen privaten, sozialen und ökonomischen Interessen und staatlicher Steuerung, die pluralistische und unübersichtliche Struktur der Öffentlichkeit, die gegenläufigen Tendenzen von Verstaatlichung und Entstaatlichung verlangen nach differenzierten und differenzierenden Erklärungen. Der Staat darf nicht als monolithischer Block, als strategisch steuerbares Instrument gesehen werden, das gezielt konkrete Interessen durchsetzen kann, wie dies auch noch die modifizierten Spätkapitalismusthesen des Agenturansatzes annehmen. Daß tatsächlich bestimmte Interessen (des Kapitals) letztlich doch Vorrang haben, ist nicht als vorauszusetzendes, ehernes Gesetz des Kapitalismus zu behandeln, sondern als immer neu zu beweisende These. Ebenso müssen die Analysen der zugrundeliegenden Strukturbedingungen[77] permanent dem stetigen Wandel der kapitalistischen Gesellschaft auf der Spur bleiben, ohne den cultural lag zu leugnen, der zwischen der Theorie und der dieser vorauseilenden Realität klafft.

Der Diskurs des Machtmißbrauchs ist innerhalb dieser komplexen Dynamik nicht als durch ein gesellschaftliches Subjekt steuerbare Einheit zu verstehen. Was ihn überhaupt als *einen* Diskurs erscheinen läßt, ist einzig seine Thematik. Um seiner Komplexität und seiner inneren Widersprüche gerecht zu werden, sollte die "Regel der taktischen Polyvalenz der Diskurse" (Foucault 1991c, S.122) beachtet werden. Diese verweist auf den kontingenten Charakter des Diskurses wie auf seine Verkettung mit den Interessen der Macht; auf die Gleichzeitigkeit von Elementen der Macht und ihrer Negation im Diskurs, von These und Antithese; (das Verhältnis von Diskurs und Macht ist deshalb als negativ dialektisches zu denken, auch wenn Foucault selbst sich als Gegner jeglicher Dialektik sah): "Die Diskurse ebensowenig wie das Schweigen sind ein für allemal der Macht unterworfen oder gegen sie gerichtet. Es handelt sich um ein komplexes und wechselhaftes Spiel, in dem der Diskurs gleichzeitig Machtinstrument und -effekt sein kann, aber auch Hindernis, Gegenlager, Widerstandspunkt und Ausgangspunkt für eine entgegengesetzte Strategie. Der Diskurs befördert und produziert Macht; er verstärkt sie, aber er unterminiert sie auch, er setzt sie aufs Spiel, macht sie zerbrechlich und aufhaltsam."[78]

---

77 Die Strukturgesetze des kapitalistischen Staates sind der Gegenstand der soziologischen Gesellschaftsanalyse der klassischen Kritischen Theorie. Siehe dazu den programmatischen Aufsatz Adornos zur Eröffnung des Deutschen Soziologentages von 1968 (1979, S.356).

78 Ebenda. Habermasens Kritik, Foucault habe in seiner Machttheorie "die Komplexität der gesellschaftlichen Modernisierung...eingeebnet" (Habermas 1990, S.341), scheint angesichts dieses Foucault-Zitates ihrerseits auf einer Einebnung des Foucaultschen Denkens zu fußen. Die Diagnose einer "Tendenz zur Einebnung zweideutiger Phänomene" bei Foucault (ebenda) geht zurück an den Absender.

Vor diesem Hintergrund ist jede These einer ungebrochenen Funktionalität des Diskurses des Machtmißbrauchs im Interesse der Mächtigen bzw. des Kapitals - noch im moderaten Funktionalismus der Agenturthese - ebenso falsche Totalisierung wie die These einer gänzlich manipulierten Öffentlichkeit, die einer differenzierten Anschauung politischer Realität nicht fähig sei. Die Verfolgung kollektiver Privatinteressen durch politische und administrative Eliten spielt sich nicht gänzlich hinter dem Schleier der Legitimität politischen Handelns ab. Die Behauptung klandestiner Machenschaften, die sich unbemerkt von einer manipulierten, unwissenden und unfähigen Öffentlichkeit abspielten, ist nicht minder ideologisch verkehrt wie die einer voll funktionierenden kritischen Öffentlichkeit.

Wenn sich die Agenturthese als in ihrem Funktionalismus zu statisch erwiesen hat, darf es eine machtkritische Gesellschaftstheorie nicht beim Insistieren auf solch trivialen Wahrheiten belassen. Sie muß vielmehr fragen, wie *trotz* des Wissens um diese Phänomene der Ungleichheit und der Instrumentalisierung von Macht die Legitimation spätkapitalistischer Staaten gelingt; wie über die Wahrheit der Selbstbereicherung einzelner Repräsentanten des Staates hinaus ein politischer Diskurs sich durchsetzt, der diese Wahrheit noch zu seiner eigenen im Interesse bestehender Machtverhältnisse zurechtbiegt; inwiefern dieser politische Diskurs eine Bühne zur Verfügung stellt, auf der einzelne Phänomene der Macht als Schauspiel inszeniert werden, um dadurch den großen Rest der realen Mechanik der Macht auszuschließen.

Teil II

Gegenwartsdiagnose am Beispiel der Rüstungsexportpolitik

Zur Kritik des politischen Diskurses

Die historischen Entstehungsbedingungen des bürgerlichen Diskurses des Machtmißbrauchs sowie dessen Bedeutung in der kapitalistischen Gesellschaft verweisen auf die Verknüpfungen von politischem Diskurs und Macht. Aus der in den vorangegangenen Untersuchungen eingenommenen Perspektive der historischen Distanz konnte der Diskurs des Machtmißbrauchs, darüber hinaus der politische Diskurs insgesamt als Einheit betrachtet werden. So wurden Aussagen über seine Funktionen, seine Wandlungen, seine Instrumentalisierungen und damit über seine Relation zu den Machtverhältnissen möglich. Der Vorteil dieser Generalisierung ist fraglos durch fehlende Differenzierung erkauft. Der Kollektivsingular des politischen Diskurses darf wie der des Diskurses des Machtmißbrauchs nicht als homogene Einheit mißverstanden werden. Vielmehr ist er als Kategorie zu verstehen, die lediglich über die gemeinsame Thematik, den gleichen Ort ihres Erscheinens und die gegenseitige Bezugnahme definiert ist. Einzelne "Subdiskurse" werden dabei von unterschiedlichen Akteuren mit unterschiedlichen Interessen vorgetragen. Diese gewinnen für sich ebenfalls den Status eines eigenständigen Diskurses mit jeweils eigenen Regeln, der dem übergeordneten politischen Diskurs subsumiert werden kann.[1]

Im folgenden wird versucht, am Beispiel des Diskurses über die Rüstungsexportpolitik der Bundesrepublik Ende der 80er Jahre, noch einmal präzisiert in der sogenannten Kieler U-Boot-Affäre, eine Gegenwartsdiagnose des politischen Diskurses zu erstellen. Mit der oben vorgenommenen Differenzierung nach dem Grad der Institutionalisierung ist bereits ein Instrument der Analyse vorgegeben. Zu suchen sind nun zum einen regelhafte Mechanismen, die unterschiedliche Diskurse unterschiedlicher Akteure verbinden, determinieren oder selektieren, zum anderen systematische Differenzen zwischen den Ebenen des Diskurses. Ersteres ist eine Problem der Dynamik politischer Diskurse, letzteres eines der Ideologiekritik. Für eine kritische Gesellschaftstheorie relevant bleibt dabei immer die Frage, inwieweit jene Mechanismen und Differenzen auf Strukturprinzipien, verallgemeinerbare Machtstrategien oder aber lediglich auf die einzelnen Handlungen mehr oder weniger "korrupter" Ak-

1 Vergleichbar ist die Kategorie des Diskurses mit der des Systems: Auch Subsysteme werden als jeweils relativ autonome (in der neueren Systemtheorie selbstreferentielle) Systeme höherstufigen Systemen zugeordnet.

teure zurückgehen. Im Rahmen der Fallstudie werden die Aussagen[2] des konkreten Diskurses um die U-Boot-Geschäfte den drei Kategorien Struktur, Strategie und Taktik zuzuordnen sein.

Während über den Begriff der Struktur innerhalb der kritischen Gesellschaftstheorie Konsens herrscht,[3] die Taktik als situationsabhängige, persönlich motivierte Handlung im Rahmen der Politischen Soziologie von eher untergeordneter Bedeutung ist, muß der Begriff der Strategie näher erörtert werden. Obwohl den Akteuren jeweils mehrere Handlungsalternativen zur Verfügung stehen, d.h. strukturell möglich sind, lassen sich permanent wiederkehrende Handlungsmuster zugunsten bestimmter Alternativen beobachten. Diese gereichen in der Regel zum Vorteil ökonomisch oder politisch mächtiger Interessengruppen. Obwohl nicht mit dem handlungsleitenden Charakter von Strukturen versehen, folgen diese Handlungen angebbaren Regeln. Diese regelgeleiteten Handlungen werden im folgenden politische Strategien genannt.

Der Begriff der Strategie ist hier im Sinne Foucaults[4] zu verstehen: als Handlungsmuster, das sich im Laufe der Evolution der Machttechniken als das effektivste herauskristallisiert hat. Handelt es sich bei den Strukturen kapitalistischer Staaten nach der Spätkapitalismustheorie um eine politisch-ökonomische Kategorie, so ist die Strategie eher sozialpsychologisch zu bestimmen. Sie ist im Bewußtsein der Akteure verankert. Während Strukturen Handlungsmöglichkeiten systematisch ausschließen, werden durch Strategien bestimmte Alternativen in aller Regel vorgezogen. Die Dimensionen Institutionalisierung und Handlungsdisposition sind dabei keineswegs unabhängig. Ein hoher Grad der Institutionalisierung bedeutet zumeist auch eine starke Strukturierung. An einem geltenden Gesetz als Aussage des juridischen Diskurses schließen weniger potentielle Handlungsalternativen an als an einen Zeitungskommentar als Aussage des öffentlichen. Das Gesetz läßt den ihm folgenden juridischen Diskurs (dem Urteil oder dem Verwaltungsakt) weniger Raum für Strategie und Taktik. Aber Strategie und Taktik bleiben auch im rein juridischen Diskurs möglich, als Ermessen, Auslegen, Anwenden. Die Darstellung der inneren Differenzierung des politischen Diskurses am Beispiel der Rüstungsexportproblematik in der Bundesrepublik der 80er Jahre dient in diesem Sinne der Annäherung an strukturelle Dispositionen und Strategien, die den Hintergrund politischen Handelns bilden.

Die vorliegende Studie beschränkt sich weder auf einen Aspekt des Diskurses (dies könnte bspw. der moralische, der rechtliche, der politische sein), noch auf einen seiner Träger (den Staat, die Parteien, die Öffentlichkeit, die Wirtschaft), noch auf eine Ebene seines Auftretens (die öffentliche, legislative, juridische oder administrative). Vielmehr sollen Zusammenhänge und Wechselwirkungen zwischen den Ebenen

2 "Aussage" wird hier im sehr spezifischen Sinne Foucaults gebraucht (1990a, Kapitel III, S.113ff.).

3 Zum Begriff der Struktur als Grundlage kritischer Gesellschaftstheorie: Offe (1972), S.79; Adorno (1979), S.356.

4 Nach Deleuze bilden die von Foucault beschriebenen Machtverhältnisse "anonyme Strategien" (S.103f.).

gezeigt sowie die innere Dynamik einzelner Ebenen untersucht werden. Dieses komplexe Vorhaben orientiert sich an theoretischen Fragen, weshalb die Strukturen des politischen Diskurses vor dem Hintergrund von politischer Soziologie, Rechtssoziologie und kritischer Gesellschaftstheorie zu sehen sind. Detaillierte Untersuchungen zu einzelnen Aspekten des Diskurses mit konventionellen Methoden empirischer Sozialforschung können daran ohne weiteres anschließen. So könnten mit Aktenanalysen Aspekte des administrativen Diskurses, mit Inhaltsanalysen solche des öffentlichen (z.B. der Tagespresse) oder durch Implementationsforschung diejenigen des juridischen Diskurses näher beleuchtet werden. Die vorliegende Studie will zunächst jedoch vor solch spezifischen Aufgaben Kategorien herausarbeiten, die den heutigen politischen Diskurs (bzw. den Diskurs des Machtmißbrauchs) charakterisieren.

6 Recht und Öffentlichkeit

6.1 Rechtssoziologische Aspekte

6.1.1 Die Entformalisierung des Rechts als Entlastung von Legitimationszumutungen

Im 18. und 19. Jahrhundert entsprach das formal-rationale Recht den Interessen des Bürgertums. Folgerichtig richtete sich der politische Diskurs des Bürgertums gegen vorbürgerliche Formen des Rechts, das traditionaler Herrschaft sowie kulturellen und religiösen Überlieferungen zu Lasten der Freiheit der Warenproduzenten verpflichtet war. Anfang des 20. Jahrhunderts diagnostiziert Max Weber nun die gegenläufige Tendenz einer Entformalisierung des Rechts.[1] Im formal-rationalen Recht schienen die Fesseln der Tradition und feudalistischer Willkür abgestreift und damit das den Verwertungsbedingungen des Kapitals im Konkurrenzkapitalismus adäquate Recht gefunden. Recht hatte in erster Linie die Funktion der Sicherung der Privatautonomie der Produzenten. "Indem es einen weiten Bereich der Privatautonomie zuließ, zumal den Rechtscharakter vertragsinterner Vereinbarungen durch die Zutat staatlicher Sanktionen anerkannte und schließlich externe Übergriffe abwehrte, garantierte es die Berechenbarkeit ökonomischer Beziehungen im Medium formaler Sicherheit der Rechtserwartungen" (Maus 1986, S.227). Garant des formal-rationalen Rechts war aufgrund seines Gewaltmonopols der bürgerliche Staat. Allgemeingültigkeit der Gesetze hieß deshalb auch, daß "der Staat kraft seines Gewaltpotentials dergestalt in den kapitalistischen Produktions- und Realisierungsprozeß eingreift, daß er für alle Teilnehmer dieses Prozesses berechenbare Bedingungen herstellt, z.B. darauf hinwirkt, daß kein Kapitalist gezwungen ist, sein Kapital brachliegen zu lassen oder gar aufzuhören, als Kapitalist überhaupt zu fungieren" (Preuß, S.57).

Als alleiniger Garant des Rechts wurde der bürgerliche Staat mit dem Aufstieg sozialer Bewegungen in der zweiten Hälfte des 19. Jahrhunderts nunmehr Ziel oppositioneller Kritik. Ihm wurde die Verantwortung für die soziale Ungleichheit angelastet, die die formale Gleichheit nach dem Gesetz produzierte.[2] Der Rückzug des Staates auf die Funktion der Garantie der formalen Gleichheit wurde von der Sozialkritik als Parteinahme für die Klasse der Kapitalisten gesehen. Tatsächlich

---

1 M. Weber (1972), Kap. VII, § 8, S.503ff. Vgl. auch F. Neumann, S.63ff.; Zusammenfassend: Savelsberg, S.142f.; Breuer, S.223f.; Maus (1986), S.286ff.

2 Savelsberg/Brühl verweisen auf den Zusammenhang von rechtlicher Freiheit und faktischer Unfreiheit im Konkurrenzkapitalismus: "Die materielle oder soziale Ungleichheit , die - nicht formale - sondern faktische Unfreiheit des Schwächeren interessiert formal-rationales Recht nicht" (Savelsberg/Brühl, S.46).

wirkte unter den Produktionsverhältnissen des 19. Jahrhunderts in Westeuropa staatliche Nicht-Intervention "faktisch als Intervention zugunsten der ökonomisch Privilegierten" (Maus 1986, S.228). Der politische Diskurs einer kritischen Öffentlichkeit brachte den sozialen Skandal des Liberalismus zur Sprache, der ausgerechnet in dem bürgerlichen Wert der allgemeinen Freiheit (des Vertrages) seine Wurzeln hatte. Wir haben gesehen, wie sich unter diesem Legitimationsdruck, formale Gleichheit auch materiell einzulösen, der bürgerliche Rechtsstaat zum sozialen Rechtsstaat entwickelt hat.[3] Mit dieser Entwicklung verflüssigt sich der Formalismus des bürgerlichen Rechts. Max Weber hat diese Tendenz als Entformalisierung des Rechts beschrieben.[4] Legitimiert waren die Eingriffe in die Formalität des Rechts durch den Zweck einer ausgleichenden Gerechtigkeit. War das streng formal-rationale Recht faktisch das Recht des (ökonomisch) Stärkeren, so bedurfte die Einlösung des Sozialstaatsgedankens gegen den Sozialdarwinismus des Konkurrenzkapitalismus materialer Korrekturen.

Freilich hätten allein soziale Motive einen derartigen Strukturwandel des Rechts *gegen* die Interessen des Kapitals nicht begründen können. Vielmehr wirkt die strenge Formalität des Rechts, unter Bedingungen der freien Konkurrenz der Produzenten noch notwendige Rahmenbedingung, im Hoch- und Spätkapitalismus zunehmend dysfunktional. Verrechtlichung und Bürokratisierung mit der Folge langwieriger Verfahren und Instanzenwege behindern dort zunehmend die freie Warenproduktion. Gerade den erstarkten sozialen Bewegungen, allen voran den Gewerkschaften, kommt durch formale Rationalität des Rechts mittelbare Macht zu. Sie können zum einen über Öffentlichkeit und Parteiarbeit indirekt Einfluß auf die Gesetzgebung ausüben, zum anderen das formal-rationale Recht für sich und ihre Klientel beanspruchen und damit den Produktionsprozeß behindern. Mit Generalklauseln, mit Kompetenzabtretungen des Rechts an Verwaltungen, mit weichen Formulierungen, mit "Partikularitäten" (Max Weber) wird diese mittelbare Macht ausgehöhlt. Letztlich weist die durch den Sozialstaatsgedanken legitimierte Entformalisierung des Rechts dem Kapital einen neuen Weg zur verstärkten Einflußnahme.[5] Nach Weber kommen Partikularitäten als materiale Einbrüche in formales Recht einer "steigenden Rücksichtnahme" gleich, die "Interessenten des Güterverkehrs und der betriebsmäßigen gewerblichen Güterproduktion sich erzwungen haben... Praktisch bedeutet dies eine Abschwächung des Rechtsformalismus aus materialen Interessen heraus."[6]

---

3 Habermas beschreibt die Entwicklung vom bürgerlichen Staat über den bürgerlichen Rechtsstaat und den demokratischen Rechtsstaat zum sozialen und demokratischen Rechtsstaat im Anschluß an Max Weber als evolutionären Prozeß, der erst mit zunehmender gesellschaftlicher Rationalisierung möglich wurde (1981/2 S. 530ff.).

4 Max Weber nennt die freie Beweiswürdigung (1972, S.504), F. Neumann die Sittenwidrigkeit im Arbeitsrecht (S. 63ff.) als Beispiel der Entformalisierung.

5 Die Dialektik der Entformalisierung als Beispiel der Dialektik der Aufklärung: Unter dem Zeichen der Emanzipation entstanden, verkehrt sich die Tendenz der Entformalisierung im Rahmen der gegebenen positiven Machtverhältnisse zu Repression.

6 M.Weber (1972), S. 504. Zum Interesse des Kapitals an der Entformalisierung des Rechts vgl. auch Turkel 1980; Savelsberg 1990, S.142f, S.147.

Generalklauseln sind Indizien für die Entformalisierung. Franz Neumann weist auf deren Häufung seit dem ersten Weltkrieg hin.[7] Wie Weber sieht er ökonomische Interessen als Ursache. Zwar kann das Kapital seinen Interessen widerstrebende Gesetze gegen eine kritische Öffentlichkeit nicht verhindern. Es kann jedoch genügend Druck ausüben, um deren Wirkungen zu entkräften, beispielsweise durch Generalklauseln. So ist es kaum verwunderlich, "daß Generalklauseln immer dort auftreten, wo der Staat mit gesellschaftlich bedeutsamen Machtgruppen konfrontiert ist. Überall, wo nicht gleichberechtigte Parteien in Tauschbeziehungen miteinander stehen, sondern wo eine mächtige Partei anderen Privaten oder dem Staat gegenüber steht, kann rationales Recht nicht mehr angewandt, muß vielmehr zu irgendeiner Generalklausel Zuflucht genommen werden" (F. Neumann, S.63).

Legitimiert durch den Sozialstaatsgedanken dient Entformalisierung des Rechts den herrschenden ökonomischen und politischen Interessen: denen der Besitzer von Produktionsmitteln auf beschleunigte Verfahren, auf Abbau staatlicher Kontrolle, auf Mitsprache in technischen Fragen, auf Entbürokratisierung der Marktsphäre, aber auch denen des Juristenstandes und der staatlichen Exekutive nach Kompetenz- und Prestigegewinn. Jede Generalklausel erweitert den Spielraum der Anwender des Rechts, seien es Juristen, Regierungen oder Behörden.[8] Breuer bringt diesen Zusammenhang auf eine einfache Formel: "Je informaler - und das heißt in der Regel: je unpräziser - die Normen, desto größer der Spielraum der Instanzen, die sie anwenden, allen voran: Justiz und Verwaltung" (Breuer, S.224).

Die Entformalisierung des Rechts im allgemeinen sowie jede Generalklausel durch ihre partikulare Interpretationsmöglichkeit im besonderen bedeuten einen Verlust an Rationalität. Im Monopol- und Spätkapitalismus des 20. Jahrhunderts heißt dies nicht mehr Verunsicherung des Unternehmertums, sondern Verstärkung seines politischen Einflusses: "Die irrationale Norm ist für den Monopolkapitalismus berechenbar, da er stark genug ist, der formalen Rationalität zu entbehren" (F. Neumann, S.66). Diese Einschätzung Franz Neumanns teilen heute auch Vertreter der soziologischen Systemtheorie: "Nicht mehr eine berechenbare formale Rechtsordnung ist gefragt, wie zu Zeiten des Frühkapitalismus, sondern diskretionäre staatliche Eingriffe sind nunmehr funktional zur Abstützung der selbstgeschaffenen Ordnung der Wirtschaft" (Teubner, S.124).

Max Webers Zuordnung des formalen Rechts zum bürgerlichen Rechtsstaat des 19. Jahrhunderts (dessen Kern die Vertragsfreiheit ist) und des partikularisierten Rechts zum Sozialstaat des 20. Jahrhunderts trifft den Charakter des Strukturwandels kapitalistischer Staaten. Sie ist insofern historisch richtig (Savelsberg/Brühl, S.58). Sie gibt jedoch zu Mißverständnissen Anlaß, wenn die Aussagen in kausale Beziehungen gesetzt werden. Der Gedanke des Sozialstaates erfordert zwar bis zu ei-

---

7 "Aus Stiefkindern des Rechts wurden sie zu verhätschelten Lieblingskindern" (F. Neumann, S.65).

8 Breuer, S.223; Breuer spricht nicht von einer Entformalisierung, sondern von einer "Rematerialisierung" des Rechts (S.224). Zur These vom Kompetenzgewinn von Bürokratie und Justiz zulasten des Gesetzes durch Entformalisierungstendenzen vgl. Savelsberg/Brühl, S,58.

nem gewissen Grade Einschränkungen eines formal-rationalen Rechts, da dieses durch die abstrakte Gleichheit der Rechtssubjekte soziale Ungleichheit reproduziert. Die tatsächlich stattfindenden Einschränkungen der Formalität des Rechts aber dienen in letzter Konsequenz eher ökonomischen als sozialen Zwecken.

Die Entformalisierung des Rechts setzt sich nach dem zweiten Weltkrieg in Westdeutschland verstärkt fort. Mit der rasanten technischen Modernisierung, mit der weiter zunehmenden Ausdifferenzierung der Gesellschaft und mit ihren Begleiterscheinungen Spezialisierung und Partikularisierung im technischen und administrativen Bereich verliert formales Recht als Steuerungsmedium und Sanktionsinstrument des Staates an Bedeutung. Formales Recht ist dem Tempo des technischen Fortschritts längst nicht mehr gewachsen.[9] Recht ist kaum noch in der Lage, langfristig konstante Regeln vorzugeben, es wird zum Krisenmanagement (v. Heydebrand, S.107). Es verkörpert nicht mehr Gerechtigkeit, sondern ist ein funktionales Element innerhalb eines übergeordneten gesellschaftlichen Zusammenhangs unter dem Primat der Ökonomie. (Das meint Luhmann, wenn er vom funktionalen Primat der Wirtschaft vor den anderen Subsystemen spricht (Luhmanns Forderung des Primats der Wirtschaft: 1970, S.226f.; 1981, S.152; 1984, S.334; 1988, S.343f.). Aus der Perspektive der Theorie autopoietischer Systeme erscheint der hier mit "Entformalisierung" oder "Rematerialisierung" umschriebene Strukturwandel des Rechts als funktional notwendige Anpassungsleistung des Rechtssystems an die Erfordernisse des vorgeordneten Subsystems der Wirtschaft.[10]

Mit der Kompetenzverlagerung von der legislativen auf die juridisch-administrative Ebene des politischen Diskurses durch diese Anpassungsleistungen des Rechtssystems schwindet der Einfluß der kritischen Öffentlichkeit ebenso wie die Wirksamkeit demokratischer Kontrolle (Savelsberg/Brühl, S.58). Ein im Parlament diskutiertes Gesetz kann sich der Öffentlichkeit kaum entziehen, das Urteil eines regionalen Gerichtes schon eher, einzelne Verwaltungsentscheidungen von Behörden durchaus, Nicht-Entscheidungen ohne weiteres. Indem mit der Entformalisierung der Code Recht/Unrecht durch "politische Opportunität" und "ökonomische Utilität" (Teubner, S.128) ersetzt wird, können Verwaltungen ungeniert, weil weitgehend unbemerkt, (kollektive) Privatinteressen wahrnehmen; das Gleiche gilt für die Rechtsprechung, die unter diesen Umständen eine neue Form der "Kadi-Justiz" zu werden droht (ebenda). Weil das Recht durch die Zunahme von Generalklauseln nicht nur an Präzision, sondern auch an Rationalität verliert, wird es zum Instrument "ökonomischer Sachgesetzlichkeiten", die Justiz "zum bloßen Agenten ökonomischer Eigengesetzlichkeit".[11] Die gleiche Ansicht vertritt Ott, wenn er Generalklauseln als

---

9 Man betrachte nur die Hilflosigkeit des Gesetzgebers gegenüber der elektronischen Datenverarbeitung hinsichtlich des Datenschutzes in den 80er Jahren.

10 Eine "Übersetzung" des Phänomens der Entformalisierung in den Jargon der neueren soziologischen Systemtheorie findet sich bei Teubner, S.127 ff.

11 Maus (1986), S.237. Maus diagnostiziert eine "zunehmende Erosion spezifischer Rationalität des Rechts" (S.236). Als Beispiele für entsprechende Generalklauseln nennt sie die typischen Formulierungen "zur Vermeidung volkswirtschaftlicher Schäden", "Sozialadäquanz", "Öffentliches Interesse" und "Natur der Sache".

"Einbruchstellen gruppenspezifischer Interessen" bezeichnet (Ott, S.372). Aus der Perspektive der Analyse des politischen Diskurses stellt sich der als Entformalisierung beschriebene Strukturwandel des bürgerlichen Rechts als Reduktion des Institutionalisierungsgrades dar. Während formal-rationales Recht fest verankert ist, die Entscheidungen von Regierung, Justiz und Verwaltung stark determiniert, läßt entformalisiertes Recht einen weitaus größeren Spielraum zu. Die Verlagerung vom legislativen zum juridischen und administrativen Diskurs verringert die Strukturierungsleistungen des Rechts. Sie öffnet den Raum für politische und ökonomische Strategien durch seine Anwender. Gleichzeitig behindert diese Verlagerung die Entfaltung eines kritischen öffentlichen Diskurses, indem Entscheidungen partikularisiert, regionalisiert und damit zunehmend unübersichtlich werden. Der legislative Diskurs entzieht sich den Legitimationszumutungen durch eine kritische Öffentlichkeit, indem die Zuständigkeiten vom Recht auf seine Anwendung in Judikative und Exekutive übergehen. Ingeborg Maus beschreibt diesen Verlust an öffentlicher Kontrolle: "Die Entformalisierung des Rechts verändert alle Probleme demokratischer Kontrolle und Legitimation politischer Entscheidungen. Trotz der geringen Kenntnis des geltenden Rechts in der Bevölkerung kann bei brisanten Rechtsänderungen während des laufenden Gesetzgebungsverfahrens so viel Aufmerksamkeit für die Austragung öffentlicher Kontroversen erzeugt werden, daß trotz der Selektivität politischer Wahlmechanismen eine rudimentäre demokratische Kontrolle der Rechtssetzung noch erhalten bleibt. Aber selbst dieses Minimum demokratischer Legitimation des Staatshandelns über die demokratische Kontrolle des Gesetzgebers läuft ins Leere, wenn das Recht eine Struktur annimmt, die die Staatsapparate immer weniger bindet. Die Folgenlosigkeit demokratischer Willensbildungsprozesse... ist wesentlich abgesichert durch die Entformalisierung des Rechts" (Maus 1986, S.279).

6.1.2 Die Kompatibilität von bürgerlichem Recht und ökonomischen Interessen

Das funktionale Primat der Wirtschaft erfordert eine Rechtsstruktur, die Legitimationsaufgaben übernimmt, ohne ökonomische Interessen zu hemmen. Neben der Tendenz zur Entformalisierung des Rechts erfüllt die Kompatibilität des Rechts mit der Struktur des Wirtschaftssystems diese Aufgabe. Zwecks Steuerung des Wirtschaftshandelns paßt Recht sich dessen code an, es übersetzt seinen eigenen code Recht/Unrecht in Zahlung/Nicht-Zahlung.[12] Geldbußen im Wirtschaftsstrafrecht sind in diesem Sinne kompatibel. Sie behindern nicht unternehmerische Freiheit, sondern fügen der Kalkulation lediglich einen - mitunter lästigen - Ausgabeposten hinzu.[13]

---

12 Zu den codes in den Subsystemen vgl. Luhmann (1984), S.308ff.

13 Kompatibel ist die Geldstrafe nur für das reine Wirtschaftshandeln, dessen Zweck ausschließlich die positive Bilanz (der Profit) und dessen Dimension allein die der Einnahmen und Ausgaben ist. Für den Bürger ist eine Geldbuße mitunter Statusverlust, Kränkung, vor allem aber finanzieller Schaden: Er kann eventuellen Unkosten durch Geldbußen nicht prophylaktisch durch Kalkulation begegnen.

Der Unternehmer kann nach Gesichtspunkten der Rentabilität entscheiden, ob er rechtmäßig handelt oder eine Gesetzesübertretung als rein finanzielles Risiko in Kauf nimmt. Moralische, soziale, kulturelle Aspekte werden nur dann einbezogen, wenn sie auf lange Sicht ökonomische Relevanz besitzen, beispielsweise mittelbar über das Image eines Konzerns.

Aus der Perspektive der neuen soziologischen Systemtheorie stellt sich die Steuerungsproblematik des Rechts gegenüber der Wirtschaft als Kommunikationsproblem dar. "Kommunikationen müssen durch reflexive Kommunikationen als zum System gehörig definiert werden, erst wenn sie derart als Handlungen definiert sind, können weitere Handlungen an sie anschließen" (Teubner, S.34). Aus der Sicht der Wirtschaft heißt das: Erst wenn Recht im code Zahlen/Nicht-Zahlen definiert werden kann, sind die Vorraussetzungen für die optimale Entfaltung der eigenen Systemrationalität erfüllt. Systemfremde codes, die nicht ohne weiteres in den eigenen übersetzt werden können, sind wirkungslos. "Ob und mit welcher Tragweite Werte anderer Systeme relevant sind, entscheidet das akzeptierende System nach dem eigenen code und den eigenen Programmen" (Luhmann 1988, S.86).

Mit zunehmender Ausdifferenzierung einer Gesellschaft wird die Möglichkeit zur Kompatibilität autopoietischer Subsysteme zu einem funktional wichtigen Faktor. Der Gesichtspunkt des möglichen Mißbrauchs hoher Freiheiten weicht dem "struktureller Kompatibilität hoher Freiheiten" (Luhmann 1983, S.216). Mit anderen Worten: Die Anpassung des Rechtscodes an den des Wirtschaftssystems erhöht dessen Rationalität. Systemfremde codes wie Recht/Unrecht sind für das Wirtschaftssystem deshalb dann dysfunktional, wenn sie sich nicht ohne weiteres und ohne Verzögerung in den eigenen code übertragen lassen. Strikte Verbote, die nicht mit der nachträglichen Zahlung einer Geldbuße faktisch wirkungslos, sondern durchgesetzt werden, Haftstrafen oder Enteignungen unterbrechen oder verhindern den reibungslosen Ablauf gleich codierter Handlungen.

Dagegen gewährleistet ein den Systemerfordernissen der Wirtschaft kompatibles Recht Funktionalität nur auf Kosten seiner Legitimität. Recht kann nicht gleichzeitig ökonomische Funktionalität und Gerechtigkeit (als moralische Kategorie) garantieren. Dieses Dilemma zeigt sich im freien Vertrag. Obwohl Rechtsfigur, ist dieser "vom Erfordernis innerer Gerechtigkeit entlastet. Das Recht des Vertrages ist außerstande, die Gerechtigkeit des Vertrages zu gewährleisten. Es gewährleistet aber, und darauf kommt es jetzt an, seine *Kompatibilität mit einem ausdifferenzierten Wirtschaftssystem, das sich selbst ....steuert*" (Luhmann 1983, S.327, Hervorhebungen im Original). Recht wird zum Aufbau einer eigenen Ordnung des Subsystems Wirtschaft "hochselektiv" (Teubner, S.93) benutzt, Gerechtigkeit als seine normative Grundlage ignoriert. "Wenn Rechtsnormen überhaupt auf den Bildschirmen wirtschaftlicher Kalkulation auftauchen, werden sie nicht kraft normativer Geltung wie innerhalb des Rechtssystems beachtet, sondern als Posten innerhalb von Kosten-Nutzen-Kalkulationen behandelt. Es ist wirtschaftlich rational, die Befolgung von Rechtsnormen von der Höhe der Sanktion und der Wahrscheinlichkeit der staatlichen Sanktionierung abhängig zu machen" (Teubner, S.98).

Rechtsbruch ist eine Alternative, die dann gewählt wird, wenn der zu erwartende Nutzen die zu erwartenden Kosten übersteigt, "effizienter Vertragsbruch" (Teubner, S.116). Diese "pragmatisch selektive, nach Bedarf moralisch neutralisierende Einstellung zur Rechtsnorm" (Luhmann 1983, S.280) entspricht den Erfordernissen des Wirtschaftssystems. Unrechtsbewußtsein oder moralische Skrupel dagegen gefährden dessen spezifische Rationalität. Der Gesetzgeber kommt in diesem Sinne den Kapitalinteressen näher, wenn er illegales Wirtschaftshandeln vorwiegend mit Geldbuße oder Geldstrafe bedroht;[14] die Justiz, indem sie, auf Dauer erwartbar, in Zweifelsfällen die pekuniäre Form der Strafe wählt;[15] die Verwaltung, indem sie Kontrolle und Genehmigungspraxis den Erfordernissen der Wirtschaft anpaßt. Legislativer, juridischer und administrativer Diskurs ergänzen sich so im Sinne ihrer Kompatibilität mit dem Subsystem Wirtschaft. Geldbußen, zum Beispiel für verbotene Preisabsprachen, können unter diesen Bedingungen bereits in der Preisgestaltung berücksichtigt werden, was auch üblich ist (Ott, S.357. Im Vergleich zum amerikanischen "sit-in-Director" mutet diese Praxis allerdings geradezu bieder an. Als offiziell verantwortlicher eines Unternehmens sitzt dieser gegen Bezahlung die Haftstrafen für Gesetzesverstöße des Unternehmens ab (ebenda): zweifellos ein markantes Beispiel für die Dynamik des Wirtschaftssystems, daß selbst die an sich inkompatible Haftstrafe noch in seinen code und sein Programm übersetzt.)

Neben der Angleichung des Rechts an den code des Wirtschaftssystems kann auch der Verzicht auf staatliches Handeln mit ökonomischen Interessen kompatibel sein. Wenn Luhmann von "mehr oder weniger stillschweigenden Vereinbarungen" als "tauschförmigen Motivationen und Verständigungsmustern" (1983, S.278) spricht, so meint er nicht zuletzt das funktionale Wegsehen und Nicht-Handeln des Staates: mangelhafte oder fehlende Kontrolle von Verboten und Auflagen ebenso wie die Ignoranz des Gesetzgebers gegenüber profithemmenden normativen Forderungen der Öffentlichkeit.[16] Die Nicht-Entscheidung des Staates oder Gesetzgebers beruht allerdings auf Notwendigkeit. Nicht alle Normen können Recht werden, kaum jemand kann eine solch uferlose Verrechtlichung ernsthaft wollen. Es ist die Aufgabe des Gesetzgebers, zu selektieren, nur bestimmten Normen Gesetzesgeltung zu verschaffen: "Die Entscheidung des Gesetzgebers... findet eine Fülle von Normprojektionen vor, aus denen sie mit mehr oder minder großer Entscheidungsfreiheit auswählt. Sie könnte

14 Die §§ 73 StGB (Verfallsvorschrift) und 30 OWiG sind Beispiele einer gelungenen Kompatibilität des Rechts mit dem Wirtschaftssystem. Die Wiederherstellung des status quo ante nach § 73 StGB birgt kein finanzielles Verlustrisiko. Der Verstoß bietet dagegen bei einer hohen Dunkelziffer eine hohe Gewinnwahrscheinlichkeit (Schünemann, S.161). Dem § 30 OWiG weist Schünemann faktische Wirkungslosigkeit nach. Er gilt nur, wenn der Leitung eines Unternehmens Schuld nachgewiesen werden kann, was zu einer "Abwanderung der Verantwortung" nach unten führt (S.167).

15 Beispiel Kartellverstöße: Diese werden fast ausschließlich nach dem Ordnungswidrigkeitengesetz bestraft (See, S.287). Berücksichtigt man die juristische Kompetenz der Konzerne (mit eigener Rechtsabteilung), so kann in vielen Fällen durchaus von "effizientem Vertragsbruch" gesprochen werden.

16 Der Non-Decision-Making Ansatz befaßt sich ausschließlich mit Wirkung und Funktion staatlichen Nichts-Tuns (Savelsberg/Brühl, S.79).

anders keine Rechtsentscheidung sein. Ihre Funktion liegt nicht in der Schöpfung, in der Herstellung von Recht, sondern in der Selektion und symbolischen Dignifikation von Normen als bindendes Recht" (Luhmann 1983, S.208). Nicht die Tatsache, daß der Staat selektiert, ruft den Diskurs des Machtmißbrauchs hervor, sondern wie und in wessen Interesse dies geschieht, konkret: die Ignoranz eines an der Funktionalität des Wirtschaftssystems orientierten Rechts gegenüber dem Recht als normativ legitimierte Institution.

Die Kompatibilisierung des Wirtschaftsrechts mit den Interessen des Wirtschaftssystems ähnelt in seiner Funktionsweise der Tendenz zur Entformalisierung des Rechts. Wie diese erscheint auch die Kompatibilisierung als Doppelstrategie. Sie ermöglicht Gesetze, die sich normativ gegen Kapitalinteressen wenden, ohne diesen effektiv zu schaden, also Legitimation *und* Funktionalität. Der Legitimationseffekt des kompatiblen Wirtschaftsrechts speist sich aus seiner Symbolkraft. Es signalisiert die Neutralität des Staates gegenüber privaten Interessen, indem es diese humanistischen, allgemeinen oder sozialen Normen unterordnet. Diese Unterordnung wird mit der Übersetzung des Rechtsgedankens in den code des Wirtschaftsystems wieder aufgehoben.

Der öffentliche Diskurs des Machtmißbrauchs verweist jedoch gerade an diesem Punkt auf die Schranken der Legitimationswirkung eines funktionalen Rechts. Dies zeigt die Diskussion um Rüstungsexporte. Solange Recht ausschließlich Steuerungsmedium innerhalb wirtschaftlicher Prozesse ist, genügt der Hinweis auf ein ordnungsgemäßes Verfahren zu seiner Legitimation. Dies gilt für das Zustandekommen sowohl der Rechtsnorm als des Urteils oder Verwaltungsaktes. Sobald eine kritische Öffentlichkeit aber auf dem Recht als (moralische) Institution insistiert, ist dieses mit dem "positivistischen Hinweis auf Verfahren nicht (mehr) hinreichend legitimiert."[17] Der öffentliche Diskurs appelliert an die Institution Recht. Seine Kriterien sind weniger funktionale als soziale und normative. Diesen gegenüber läßt sich Recht weder allein durch Verfahren noch durch den Hinweis auf seine Funktionalität rechtfertigen. Solange der Anspruch der Institution an das Recht besteht (was bei Prinzipien des Strafrechts, beim Verfassungsrecht, bei moralisch fundierten Rechtsnormen der Fall ist), verlangt dieses die Verankerung in der Lebenswelt, die sich gegen die Abstraktionen der Systemfunktionalität im Recht sträubt. Rechtsnormen "bedürfen einer materiellen Rechtfertigung, weil sie zu den legitimen Ordnungen der Lebenswelt selbst gehören" (ebenda).

Die vollständige Kompatibilisierung von Rechts- und Wirtschaftssystem unter dem Primat des letzteren scheitert an diesem Widerspruch zwischen funktionalem Ansinnen und lebensweltlich verankertem Legitimationsdruck. Legislativer, juridischer und administrativer Diskurs können sich deshalb nicht gänzlich auf funktionalistische Vernunft und Legitimation durch Verfahren stützen, ohne selbst an

---

17 Habermas (1981/2), S.536. Im Gegensatz zu formalem Recht haben Rechtsinstitutionen "keine konstituierende Kraft, sondern nur regulative Funktion. Sie sind in einen breiteren politisch-kulturellen und gesellschaftlichen Kontext eingebettet, stehen in einem Kontinuum mit sittlichen Normen und überformen kommunikativ strukturierte Handlungsbereiche.." (S.537).

Legitimität zu verlieren. Daß die Ergebnisse der folgenden Fallstudie zur Kieler U-Boot-Affäre dem insofern widersprechen, daß die praktizierte Politik sich gänzlich den Verwertungsinteressen der Wirtschaft unterwarf, ist nicht einzig der Struktur des Rechts zu verdanken. Diese allein vermag ein derart widerspruchsfreies und reibungsloses Zusammenwirken politischer und ökonomischer Interessen nicht zu garantieren. Vielmehr wurde der von der Öffentlichkeit ausgehende Legitimationsdruck unterschätzt und das Recht rein funktionalistisch im Sinne partikularer Kapitalinteressen ausgelegt und angewandt, ohne mit den aus der Lebenswelt gespeisten Widerständen zu rechnen. Die Skandalisierung des U-Boot-Geschäftes war in diesem Sinne Folge des Legitimationsverlustes, der seine Ursachen in der unverhüllten Orientierung an Profitinteresen hat.

6.2 Der öffentliche Diskurs

Der politische Diskurs des Machtmißbrauchs verläuft heute entlang des Risses zwischen funktionalistischer Vernunft und eines Ethos' des Primats der Wirtschaft auf der einen und sozialen, kulturellen, politischen Widerständen auf der anderen Seite. Dieser Riß ist der Ort, an dem der Diskurs des Machtmißbrauchs entsteht und sich reproduziert, durch alle seine Verzerrungen und Wandlungen, von der Öffentlichkeit der Salons bis zu der von elektronischen Massenmedien geprägten vermachteten Öffentlichkeit. Das Aufeinanderprallen mehrerer kontroverser Auffassungen von legitimer Macht und Machtmißbrauch in der Öffentlichkeit provoziert einen politischen Diskurs. Dieser erzwingt im Idealfall mittels des Legitimationsdrucks einen legislativen, der seinerseits den administrativen und juridischen in Gang setzt. Die entscheidende intervenierende Variable bei diesem Prozeß ist Macht. Als Definitionsmacht ist sie in der Lage, Themen und Aussagen zu selektieren, auszuschließen oder in marginale Diskurse zu verdrängen, Recht zu formulieren und auszulegen. Darüber hinaus wirkt sie auf die Basis aller Diskurse, auf die Sprache.

Mit dem Konzept der politischen Sprache hat Bourdieu den Zusammenhang zwischen Macht und öffentlichem Diskurs thematisiert. Auf der Ebene des öffentlichen Diskurses werden politische und soziale Kämpfe als symbolische ausgetragen (Bourdieu 1992b, S.148). Die Voraussetzungen der einzelnen Akteure sind dabei stets ungleich, denn wie das ökonomische ist das symbolische Kapital immer ungleich verteilt (a.a.O., S.149). Symbolisches Kapital wirkt nicht unmittelbar als Machtpotential, etwa mittels einer Art "verborgener Steuerung" (Habermas 1990, S.28) durch politisch oder wirtschaftlich Mächtige; vielmehr besteht sein Einfluß darin, Wahrnehmungskategorien im sozialen Raum durchsetzen zu können. Symbolisches Kapital kann somit soziale Kräfteverhältnisse reproduzieren (Bourdieu 1992b, S.149). Dieser Zusammenhang zwischen sozialem Raum und symbolischem Kapital ist zirkulär: Symbolisches Kapital ermöglicht die Definition des sozialen Raumes. Die kontingenten Kriterien dieser Definition werden als wahr akzeptiert und damit der Definitionsmacht unterworfen. Soziale Wahrnehmung, die unbewußt den Kriterien symbolischer Macht folgt, legitimiert diese. Aus dieser Sicht ist die Legitimation der sozialen Ordnung nicht erfolgreicher manipulativer Publizität (Habermas 1990, S.270) zu verdanken; "sie ergibt sich vielmehr aus der Tatsache, daß die Akteure auf die objektiven Strukturen der sozialen Welt solche Wahrnehmungs- und Wertstrukturen anwenden, die selbst aus jenen objektiven Strukturen hervorgegangen sind und deshalb tendenziell die Welt als evident wahrnehmen" (Bourdieu 1992b, S.149). Politische Macht reproduziert sich in symbolischer Macht, die ihrerseits Resultat symbolischer Kämpfe "um die Schaffung des Alltagsverstandes oder, genauer, um das Monopol auf legitime Benennung" ist (ebenda). Ziel der politischen Akteure in modernen Gesellschaften ist es deshalb, das im öffentlichen Diskurs erkämpfte symbolische Kapital, das dort ja stets in Konkurrenz und damit zur Disposition steht, zu institutionalisieren. Dies geschieht im Recht. Das zum Recht geronnene symbolische Kapital verliert seinen kontingenten, vorläufigen Charakter und wird zur Evidenz. "Durch die Legalisierung des symbolischen Kapitals gewinnt eine bestimmte Perspektive absoluten, universellen Wert und wird damit jener Relativität entzogen, die per definitionem jedem Standpunkt als einer bestimmten Sicht von einem partikularen Punkt des sozialen Raumes aus immanent ist" (a.a.O., S.150). Was oben Legalismus (bzw. legalistischer Dezisionismus) genannt wurde, ist im Bourdieuschen Konzept als Ergebnis symbolischer Kämpfe Einschränkung sozialer Wahrnehmung und gleichzeitig Verabsolutierung eines relativen Standpunktes, als solche: Mythos. Der öffentliche Diskurs ist das Feld, auf dem dieser Mythos erkämpft und gegen Entmystifizierung verteidigt wird. Ziel des offiziellen Diskurses der Herrschenden ist demnach die Aufhebung symbolischer Konflikte im Mythos der Gerechtigkeit und Evidenz des Rechts.[18]

Barthes' Definition des Mythos als "entpolitisierte Aussage" (Barthes, S.131) trifft diese Dynamik zwischen öffentlichem Diskurs und offiziellem Diskurs der Herrschenden.[19] Indem der offizielle Diskurs Recht zum Mythos erhebt, fördert er unreflektiert legalistisches Denken. Er definiert das Recht jenseits des Politischen, um es dem politischen Diskurs zu entziehen. Geltendes Recht wird dann zur Grundlage des politischen Dikurses statt zu seinem Gegenstand. Dies heißt nun nicht, der offizielle Diskurs verschweige die Problematik des Rechts. Im Gegenteil; was oben als Diskursivierung beschrieben wird, die Geschwätzigkeit der Politik, ist ein Mittel der Entpolitisierung des Rechts. "Der Mythos leugnet nicht die Dinge, seine Funktion besteht im Gegenteil darin, von ihnen zu sprechen. Er reinigt sie nur einfach, er macht sie unschuldig, er gründet sie als Natur und Ewigkeit, er gibt ihnen eine Klarheit, die nicht die der Erklärung ist, sondern die der Feststellung" (Barthes, S.131).

Die Diskursivierung des Machtmißbrauchs dient in diesem Sinne der Schaffung des Mythos der legitimen Macht und des gerechten Rechts. Die im offiziellen Diskurs

18 Im Rückgriff auf Pascal thematisiert Derrida die philosophische Prämisse einer Kritik der rechtlichen Ideologie: "Eine Freilegung, eine Loslösung, eine Abtragung der Sedimente des rechtlichen Überbaus, dessen Strukturen die ökonomischen und politischen Interessen der herrschenden gesellschaftlichen Kräfte verbergen und zugleich spiegeln, wäre nicht nur möglich, sondern immer auch nützlich" (Derrida, S.27).

19 Zur Verwendung des Begriffs "offizieller Diskurs" bei Bourdieu siehe Bourdieu (1992b), S.150.

behauptete, im Recht definierte Grenze zwischen Recht und Unrecht, zwischen legitimer Macht und Machtmißbrauch, suggeriert die Barthessche "Natürlichkeit" und "Ewigkeit" dieser Grenze, die tatsächlich nur momentanes Ergebnis politischer und sozialer Kämpfe unter der Bedingung ungleicher Verteilung des symbolischen Kapitals ist. Macht in Form von symbolischem Kapital wirkt demnach nicht nur organisatorisch über politisch-ökonomische Hierarchie. Subtiler und effektiver beeinflußt sie die Struktur von Sprache und Wahrnehmung und damit die Konstruktion gesellschaftlicher Wirklichkeit.[20] In Habermas' Konzept einer vermachteten Öffentlichkeit ist dieser Aspekt vernachlässigt. Habermas diagnostiziert treffend "sozialstrukturelle Filter des Zugangs zur politischen Öffentlichkeit" sowie eine "bürokratische Verformung der Strukturen öffentlicher Kommunikation" (1981/2,S.509). Zweifellos sind solche Versuche, Öffentlichkeit mittels politischer Einflußnahme direkt zu steuern, ein Charakteristikum des postliberalen Kapitalismus. Durch Parteien dominierte öffentlich-rechtliche Medien, Öffentlichkeitsarbeit von Regierungen und Parteien oder Informationspolitik sind Beispiele solcher Lenkungsversuche. Die Steuerungspotenz der Herrschenden innerhalb des öffentlichen Diskurses aber wird überschätzt, wenn man ihr allein die Sicherung von Massenloyalität aufbürdet. Vielmehr offenbaren sich gerade in der staatlichen Öffentlichkeitsarbeit Steuerungsprobleme gegenüber der bürgerlichen Öffentlichkeit, die sich eine weitgehende Autonomie gegenüber dem politischen System erhalten konnte.[21] Neuere Tendenzen sprechen eher für eine immer weniger überschaubaren Pluralität und Heterogenität der Presse. Das Beispiel Rüstungsexporte wird zeigen, daß die politisch-ökonomische Elite nicht Initiator des öffentlichen Dikurses, sondern dessen Objekt ist, zunächst also in Zugzwang gerät.

Habermas ist zuzustimmen, wenn er einen Rückgang kritischer Öffentlichkeit beklagt.[22] Die Erklärung, dies sei der Vermachtung der Öffentlichkeit zu verdanken, greift indes zu kurz. Bourdieus Konzept des "worldmaking" (Bourdieu 1992b, S.151) scheint dagegen eher in der Lage, zunehmende Autonomie bürgerlicher Öffentlichkeit (deren neueste Konsequenz hierzulande der unaufhaltsame Aufstieg privater Funk- und Fernsehsender ist) bei gleichzeitigem Rückgang kritischer Publizität zu erklären. Plausibel ist der Zusammenhang nur dann, wenn Tendenzen der Entpolitisierung nicht als Resultat direkter Machtausübung, sondern als dynamischer Prozeß zwischen politischer Mythenbildung und sozialer Wahrnehmung gesehen werden.[23] Das heißt,

20 Dieses phänomenologisch-strukturalistische Theorem findet sich im Habituskonzept Bourdieus, metatheoretisch diskutiert in (1992b), S.143ff.

21 Die neuere soziologische Systemtheorie erklärt diese Steuerungsprobleme mit der Selbstreferenz jeweiliger Subsysteme, die sich durch ihren je eigenen Systemcode gegen direkte Steuerung immunisieren. Vgl. dazu Teubner S.22ff; Luhmann (1983), S.356ff.

22 Wenn tatsächlich kritische Öffentlichkeit zurückgedrängt wird (Habermas, 1990, S.313), so ist dies allenfalls ein quantitatives Phänomen: Nicht das Spektrum an Meinungen und Standpunkten wird kleiner, sondern der Marktanteil kritischer Produkte. Der Bedeutungsverlust einer kritischen Öffentlichkeit ist deshalb nicht auf erfolgreiche direkte Steuerung, sondern auf Marktmechanismen zurückzuführen.

23 Nur dann ist auch plausibel, daß gerade öffentlich rechtliche Medien noch eine gewisse Hemmschwelle gegenüber allzu plumpen Diskursivierungsstrategien und allzu offensichtlicher

Macht- und Herrschaftsinteressen setzen sich nicht nur mittels direkter Steuerung durch,[24] sondern auch über die größere Chance ihrer Vertreter, Normen und Recht zu definieren und damit subjektive soziale "Welten" zu konstruieren. Die gesellschaftliche Funktion des offiziellen Diskurses ist nicht die unmittelbare Manipulation der Massen; seine affirmative Wirkung besteht nicht in einzelnen Argumentationen zu konkreten politischen Themen, sondern in der Definition gültiger Wahrnehmungskriterien. Diese bilden sich nicht so sehr in aktuellen politischen Auseinandersetzungen, sondern eher langfristig durch das Besetzen von Begriffen, durch sich einschleichende Konnotationen und Ausschließungen.

Die Wirkung dieser Definitionsmacht steigt mit dem Grad der Institutionalisierung des Diskurses. Ein Argument in der öffentlichen Diskussion steht immer zur Disposition, gleich ob es von offizieller Stelle, von oppositionellen Gruppen oder von privaten Kommunikationsmedien vorgebracht wird. Die pseudo-öffentliche Aussage des offiziellen Diskurses ist allerdings als "institutionell autorisierte... stets privilegiert" (Habermas 1990, S.356). Ein Gesetz dagegen wird mit seiner institutionellen Verabschiedung in der Regel auch aus dem öffentlichen Diskussion verabschiedet. Es bedarf einer erneuten Anstrengung, um einmal geltendes Recht aus diesem entpolitisierten Zustand des Selbstverständlichen in den öffentlichen Diskurs zurückzubringen.[25]

Orientierung am Profit besitzen. Dieses Niveaulimit bewahrt die dem Zugriff politischer Macht ausgesetzten Massenmedien vor der vollständigen Instrumentalisierung durch Profitinteressen.

24 Habermas spricht von "gesteuerte(r) publizistische(r) Einflußnahme" (1990, S.356).

25 Neckel nennt als Träger dieser das Recht repolitisierenden Diskurse den investigativen Journalismus, neue soziale Bewegungen und neue politische Akteure (Neckel 1990, S.7).

7 Fallstudie: Die Kieler U-Boot-Affäre

Alle Kriterien eines klassischen politischen Skandals erfüllte die Affäre um die Lieferung von Blaupausen für U-Boote nach Südafrika: die Beteiligung hochrangiger Politiker einschließlich des Bundeskanzlers; die Geheimhaltung der Vorgänge vor der Öffentlichkeit bis zum Jahre 1987, obwohl die Bundesregierung bereits spätestens seit 1984 involviert war; das Übertreten von Gesetzen und Normen und das Leugnen dieser Übertretungen durch Vertreter politischer und ökonomischer Eliten; die Empörung der Öffentlichkeit; die Berufung eines parlamentarischen Untersuchungsausschusses. Was die Affäre darüber hinaus zu einem geradezu idealen Beispiel einer Studie zum politischen Diskurs des Machtmißbrauchs werden läßt, ist die breite Streuung der beteiligten Institutionen und Personen: von den drei klassischen Gewalten der parlamentarischen Demokratie über die Massenmedien als vierte bis hin zu internationalen Institutionen wie der Vollversammlung der Vereinten Nationen; vom Bundeskanzler über die Minister der sogenannten Schlüsselressorts Finanzen, Wirtschaft, Außen- und Verteidigung bis hin zu Sachbearbeitern des Bundesamtes für Wirtschaft oder der Oberfinanzdirektion Kiel. Beteiligt sind Abgeordnete aller Fraktionen in den verschiedensten Rollen: als Beschuldigte, Lobbyisten, Verteidiger, Ankläger, Richter und Staatsanwälte. Die U-Boot-Affäre kann mit dieser Ausweitung auf alle Ebenen des politischen Diskurses des Machtmißbrauchs geradezu als dessen mikrokosmisches Abbild gelten. Es ist nun am Beispiel zu untersuchen, inwieweit beobachtete Handlungsmuster bestimmbaren regelmäßigen Kriterien folgen, inwieweit politische und gesellschaftliche Strukturen und Institutionen den Diskurs und die Praxis bestimmen, d.h., es sind rechtstheoretische (1), politikwissenschaftliche (2), soziologische (3) und sozialpsychologische (4) Schlüsse zu ziehen. In diesem Sinne ist die Fallstudie an folgenden forschungsleitenden Fragen orientiert:

1.) Rechtstheoretischer und -soziologischer Aspekt:

- Besteht ein Zusammenhang von Gesetzgebung und Rechtsstruktur mit partikularen (ökonomischen und politischen) Interessen, also zwischen Recht und Macht? Konkret: Wirken die oben beschriebenen Mechanismen der Entformalisierung des Rechts und der Kompatibilisierung von Rechtsnormen mit den Erfordernissen der Wirtschaft systematisch zugunsten privilegierter Gruppen (hier der Rüstungsindustrie)?
- Welche gesellschaftlichen Einflüsse determinieren die Genese des Rechts? Sind Vertreter kollektiver Privatinteressen in der Lage, diese mittels ihres politischen Kapitals, etwa in Form einer lobbyistischen Einflußnahme, in Gesetzen zu verankern?
- Welche Rolle spielen politische und ökonomische Macht bei der Implementierung von Recht in Verwaltung und Justiz? Stehen Organisations- und Entschei-

dungsstrukturen sowie Gepflogenheiten mit dieser Macht in einem Zusammenhang? Wirken sich beispielsweise Nicht-Entscheidungen systematisch zugunsten einer bestimmten Klientel aus?

2.) Politikwissenschaftlicher Aspekt:

- Lassen im Rahmen der U-Boot-Affäre analysierte Strukturen, Strategien und Tendenzen in Recht, Politik und Verwaltung Schlüsse auf die Funktion des heutigen kapitalistischen Staates zu? Anhand der Rolle des Staates im Fallbeispiel lassen sich konkurrierende Thesen prüfen: die immer wieder variierte und erneuerte These von der Agenturfunktion des Staates im Spätkapitalismus; die marxistische These des Staatsmonopolkapitalismus (Ebbinghausen 1981, S.133; Offe 1972, S.66); die Neokorporatismus-These (von v. Alemann 1981 (Hrsg.); zusammenfassend: v. Beyme 1991, S.132ff.); Modelle des Staates als Knotenpunkt innerhalb eines pluralistischen Interessengeflechts,[1] oder als funktionales Teilsystem zur Koordination und Integration gesellschaftlicher Interessen.[2]
- Inwieweit entsprechen Recht, politische Strukturen, Strategien und Entscheidungsmechanismen den im offiziellen Diskurs propagierten Maßstäben wie Gewaltenteilung, Orientierung an allgemeinen Grund- und Menschenrechten sowie am Gemeinwohl? Inwieweit die Anwendung des Rechts seiner Intention?

3.) Soziologischer Aspekt:

- Wie wirkt sich die Machtkritik der Öffentlichkeit auf den politischen Diskurs aus?
- Welche Muster entwickeln die politischen Eliten als Reaktion auf die Legitimationszumutung durch einen öffentlich initiierten Diskurs des Machtmißbrauchs? Zu fragen ist nach der Dynamik zwischen Pseudo-Öffentlichkeit und Öffentlichkeit, nach gegenseitigen Wechselwirkungen, sowie nach Regeln, denen diese Dynamik folgt. Eine wichtige Rolle dürfte dabei der Zusammenhang von politischem, ökonomischem und kulturellem Kapital mit dem politischen Diskurs spielen.

4.) Sozialpsychologischer Aspekt:

- Lassen sich verallgemeinerbare Handlungsmuster bei den politisch verantwortlichen Akteuren beobachten?
- Wenn ja, welche Motive liegen diesen zugrunde? Kann die These eines Ethos des Primats der Wirtschaft bestätigt, kann sie auf die gesamte politische und ökonomische Elite übertragen werden?

Im Anschluß an die Diskussion der Fallstudie wird die Verallgemeinerungsfähigkeit der gezogenen Schlüsse zu prüfen sein.

Die Affäre wurde ausführlich in den Massenmedien behandelt. Die Sachverhalte werden inzwischen in mehreren Büchern geschildert und sind im Bericht des Untersuchungsausschusses des Deutschen Bundestages sowie in einem zusätzlichen Votum der sozialdemokratischen Fraktion ausführlich dargelegt. Auf eine ausführliche Darstellung kann hier deshalb verzichtet werden. Für die weitere Argumentation unentbehrliche Informationen sind in einem kurzen Glossar sowie einer Chronologie der wichtigsten Ereignisse zusammengefaßt. (Alle Seitenzahlen im Text beziehen sich

1 Entwickelt im Anschluß an Neumann und Kirchheimer. Vgl. v.a. Marramao (1982); Söllner (1982).

2 So der Strukturfunktionalismus Parsons' und die soziologische Systemtheorie Luhmanns.

auf die Drucksache 11/8109 des Deutschen Bundestages vom 09.10.1990, der Beschlußempfehlung und dem Bericht des 1. Untersuchungsausschusses der 11. Wahlperiode nach Artikel 44 des Grundgesetzes. Die Seiten 1-94 wurden von der Ausschußmehrheit aus Abgeordneten von CDU/CSU und FDP verfaßt und verabschiedet, die Seiten 95-178 enthalten den abweichenden Bericht der Berichterstatterin der Fraktion der Grünen, die Seiten 179 bis 800 sind Anlagen und Anhänge.)

Glossar:

HDW: Howaldtswerke Deutsche Werft AG. Das Unternehmen befand sich zwischen 1983 und 1990 "zu 74,9% im Eigentum der Salzgitter AG, selbst eine zu 100% dem Bund gehörende Gesellschaft, sowie zu 25,1% im Eigentum des Landes Schleswig-Holstein" (57). *IKL:* Ingenieurkontor Lübeck. Spezialist für U-Boot-Bau, gegründet von Admiral Dönitz, als Hitler-Nachfolger vorgesehen (Gansel, S.298).

LSM: Firma Liebenberg Stander Maritime. Südafrikanischer Vertragspartner von IKL und HDW in Sachen U-Boot-Lieferung.

Bundesamt für Wirtschaft (BAW): dem Wirtschaftsministerium unterstellte Behörde, als Kontrollbehörde zuständig für Genehmigungen von Rüstungsexporten.

Oberfinanzdirektion Kiel (OFD): Eine der zuständigen Ermittlungsbehörden.

Nohse, Lutz, Dipl.Ing.: Geschäftsführer des IKL.

Pieper, Ernst und Ahlers, Klaus: Geschäftsführer der HDW.

Hansen-Wester, Peter: Mitglied im Vorstand der HDW.

Hansen, Svend-Olaf: Präsident der OFD Kiel.

Rummer, Hans: Präsident des Bundesamtes für Wirtschaft (BAW).

Zoglmann, Siegfried: Nacheinander Mitglied der NSDAP, der FDP, der CSU und der Nationalliberalen Aktion, ehemaliger Abgeordneter des Bundestages; Lobbyist der Firma HDW (111). Er sollte 3,5% Provision für den erfolgreichen Abschluß des U-Bootgeschäftes der Firmen HDW und IKL erhalten. Dies wären für die sogenannte kleine Lösung, die Lieferung von Blaupausen, 4,2 Millionen DM, für die große Lösung, die Lieferung fertiger U-Boot-Teile, 60 Millionen DM (Gansel, S.303).

IK 97: Firmeninterne Bezeichnung des U-Boot-Projektes bei IKL und HDW, wurde auch gegenüber der Bundesregierung verwendet.

Argumente IK 97: Notiz Nohses vom 6.Oktober 1983, die den damaligen Ministern Stoltenberg (Finanzen) und Wörner (Verteidigung) sowie mehreren leitenden Beamten des Wirtschafts- und Außenministeriums als "vertraulich" zugeleitet worden war. Ob auch der Bundeskanzler die Notiz erhalten hatte, konnte nicht mehr festgestellt werden, nachdem Ministerialdirektor Teltschik alle einschlägigen Akten vernichtet hatte (111). Die Notiz kann als Strategiepapier gesehen werden, in dem Wege zur Abwicklung von IK 97 vorgeschlagen werden, die die üblichen Genehmigungsverfahren sowie die vorgesehenen behördlichen Kontrollen umgehen. "Aus dem Kontext des Vermerks ist deutlich, daß gerade geplant war von den Firmen, die einschlägigen Gesetze zu durchbrechen" (112). In dem Papier heißt es unter anderem:

> "6. Die Unterlagen gehen als Mikrofilme im Diplomatengepäck über die Grenze (werden abgeholt)";

"9. ..Außerdem würde das IKL die Aufbauten ändern, um 'deutsches Design' zu vermeiden.

10. Diese Unterlagen würden in gleicher Weise, wie unter Punkt 6 erwähnt, abgeholt werden" (58; die komplette Notiz "Argumente IK 97" ist als Anlage 1 beigefügt).

7.1 Die Rechtslage

Völkerrechtliche Bestimmungen: 1977 verhängte die Vollversammlung der Vereinten Nationen gegen Südafrika ein Waffen- und Rüstungsembargo durch einen mandatorischen Beschluß des Sicherheitsrates mit "völkerrechtlicher Bindungswirkung für alle Mitgliederstaaten" (Gansel, S.297; Resolution 418, S.524). Für die Bundesrepublik heißt dies, daß alle betreffenden Exporte durch die Bundesregierung genehmigt werden müssen, demnach alle Rüstungsexporte nach Südafrika seit 1977 illegal waren.[3] (UN-Resolution 418: siehe Anlage 2.)

Internationale Verträge: In einem Geheimschutzabkommen vom 10.7.1981 mit Indien verpflichtet sich die Bundesrepublik, U-Boote oder entsprechende Konstruktionsunterlagen der in IK 97 vorgesehenen Bauart des Typs 1650 gegenüber Drittländern geheimzuhalten, da diese bereits an Indien geliefert wurden (102).

Bundesdeutsches Recht:

Artikel 25 Grundgesetz: "Die allgemeinen Regeln des Völkerrechts sind Bestandteil des Bundesrechts. Sie gehen den Gesetzen vor und erzeugen Rechte und Pflichten unmittelbar für die Bewohner des Bundesgebietes."

Nach *Artikel 26 Grundgesetz* sind Handlungen unter Strafe zu stellen, "die geeignet sind, das friedliche Zusammenleben der Völker zu stören."

Die *Außenwirtschaftsverordnung (AWV)* stellt in einer Ausfuhrliste angeführte Rüstungsgüter und Waffen sowie Unterlagen zu deren Fertigung unter Genehmigungsvorbehalt (§ 5). Nach § 45 Abs. 3 müssen außerdem auch die der Ausfuhrliste entsprechenden Lizenzen an Patenten sowie die "Weitergabe von nicht allgemein zugänglichen Kenntnissen an Gebietsfremde, die in der Republik Südafrika und Südwestafrika ansässig sind", genehmigt werden. Ein Verstoß gegen diese §§ stellt nach § 70 AWV eine Ordnungswidrigkeit dar. Genehmigende Behörde ist das dem Wirtschaftsministerium unterstellte Bundesamt für Wirtschaft (BAW). 65 von etwa 500 Mitarbeitern sind im Bereich Ausfuhr beschäftigt, von denen wiederum nur ein Teil für Rüstungsgüter zuständig ist (Koppe/Koch, S.369).

Das *Außenwirtschaftsgesetz (AWG)* "geht als Grundlage des Außenwirtschaftsrechts vom Grundsatz der Freiheit des Außenwirtschaftsverkehrs aus." (50) Ein generelles Verbot von Rüstungsexporten nach Südafrika existiert nicht, geplante Lieferungen stehen lediglich unter Genehmigungsvorbehalt (109).

Eine Ordnungswidrigkeit gemäß § 70 AWV ist nach § 34 AWG als Straftat zu ahnden, wenn diese

a) die Sicherheit der Bundesrepublik Deutschland beeinträchtigt oder

---

3 Vgl. Wulf S.123; Wulf nennt neben IK 97 neunzehn weitere Beispiele für Rüstungsexporte aus der Bundesrepublik nach Südafrika seit 1977.

b) das friedliche Zusammenleben der Völker oder

c) die auswärtigen Beziehungen der Bundesrepublik Deutschland erheblich gestört hat.

Nach § 34 Abs. 2 AWG ist der Versuch strafbar.

Nach dem *Kriegswaffenkontrollgesetz (KWKG)* als Ausführungsgesetz zu Artikel 26 GG sind Herstellen, Überlassen und Befördern von Kriegswaffen genehmigungspflichtig. Zuständige Behörden sind das Wirtschafts- bzw., bei Exporten, das Verkehrsministerium. "Nach § 6 Abs. 3 Nr. 2 KWKG ist eine Genehmigung zum Export von U-Booten zwingend zu versagen, wenn Grund zu der Annahme besteht, daß die Erteilung der Genehmigung völkerrechtliche Verpflichtungen der Bundesrepublik Deutschland verletzen oder deren Erfüllung gefährden würde" (52).

7.2 Chronologie

1981 Das IKL führt erste Verhandlungen mit südafrikanischen Rüstungslobbyisten über den Bau von U-Booten (110).

1982 Nach Angaben der Firma Ferrostaal unterstützt die deutsche Botschaft in Pretoria das Projekt. Bis zum Oktober steht HDW dem Geschäft ablehnend gegenüber. Nach dem Regierungswechsel nimmt HDW dann über den örtlichen Repräsentanten des Salzgitterkonzerns Kontakt zur Firma LSM auf (111).

1983 IKL und HDW arbeiten im U-Boot-Geschäft zusammen. Ihre Vertreter führen erste Sondierungsgespräche mit Politikern auf Bundes- und Landesebene. Am 28.10. erhält Bundesfinanzminister Stoltenberg die Notiz Argumente IK 97, im November legt Zoglmann dem bayrischen Ministerpräsidenten Strauß und Verteidigungsminister Wörner das Papier persönlich vor (58, 111). Zoglmann spricht Außenminister Genscher mehrmals auf das Projekt an und bewertet dessen Haltung als "offen bis positiv" (111). Laut Protokoll der HDW-Vorstandssitzung vom 12.12. haben die "Herren Botha und Genscher ein Gespräch über dieses Projekt (IK 97) geführt." (59)

1984 Mehrere hohe Beamte der Bundesregierung, vorrangig des Wirtschaftsministeriums und der Landesregierung Schleswig-Holsteins erhalten "Argumente IK 97", im Bundeskanzleramt Ministerialdirektor (MD) Teltschik (113; Gansel, S.304)). Am 5. Juni kommt es zu einem Gespräch zwischen Bundeskanzler Kohl und dem südafrikanischen Premierminister Botha. Kohl verspricht, sich persönlich um das Gelingen der U-Boot-Lieferung zu kümmern. Er beauftragt den Kanzleramtsminister Schreckenberger, die sogenannte große Lösung, die Lieferung kompletter U-Boote, zu prüfen, da diese Arbeitsplätze bei HDW sichere (61). Am 15.6. schließen IKL und HDW mit der Firma LSM einen Vertrag über die Lieferung von Fertigungsunterlagen und Lizenzen für den Bau des modifierten Typs 1650 über 60 Millionen DM sowie über technische Hilfe beim Bau von vier weiteren U-Booten des gleichen Typs über 56 Millionen. Eine Lizenzgebühr von zwei Millionen DM war bereits vorher vereinbart worden (61). Die Fertigungsunterlagen sind identisch mit Plänen für in den 70er Jahren von HdW an Indien gelieferte U-Boote des Typs 1650 (Gansel, S.305).

Am 31.7. erhält Bundeskanzler Kohl einen Brief vom bayrischen Ministerpräsidenten Strauß, in dem dieser ihn zur Befürwortung des U-Boot-Geschäftes drängt, primär zur großen Lösung (Strauß-Brief siehe Anlage 3). Strauß erwähnt, daß er sich bereits "mehrmals über Aufträge an Südafrika" mit Kohl unterhalten habe. Schreckenberger informiert Nohse noch am 31.7. Dieser vermerkt darauf hin: "...BK (gemeint ist Bundeskanzler; J.F.) und MP Strauß haben ein Interesse daran, daß HDW und IKL den Vorgang IK 97 ausführen können" (62). "In Erwartung einer Genehmigung" wird nun der Vertrag mit LSM für gültig erklärt. Eine Aktennotiz des IKL bestätigt diese Erwartung: "Herr Staatssekretär Schreckenberger hat uns im Auftrag von Herrn Bundeskanzler Kohl telefonisch mitgeteilt, daß der Bundeskanzler und Franz Josef Strauß unserem Projekt IK 97 in der mittleren Lösung ihre Zustimmung verleihen" (117).

Am 19.9 äußert Genscher gegenüber Kohl unter Verweis auf die UN-Resolution 418 erstmals Bedenken hinsichtlich einer Genehmigung (65).

Wie in "Argumente IK 97" vorgesehen, werden am 10.10. die ersten Pläne per Mikrofilm und unter Umgehung des Zolls als Diplomatengepäck nach Südafrika geschafft.[4] Im Dezember 1984 und im Januar 1985 folgen weitere Lieferungen.

Am 13.11. erörtern Nohse, Hansen-Wester und Zoglmann mit MD Teltschik die Möglichkeit, das Geschäft über ein Drittland abzuwickeln, um die Exportbestimmungen zu umgehen. Des weiteren sei Teltschik gefragt worden, "ob nicht die Bundesregierung sich zu einem Verfahren verstehen könne, in dem er als MD eine mündliche Genehmigung erteile, die dann politisch von der Gesamtregierung abgesichert sei" (zitiert nach der Aussage Teltschiks im Untersuchungsausschuß; 123).

1985 Im Januar teilt die Bundesregierung den Geschäftsführern Nohse (IKL) und Ahlers (HDW) mit, daß eine Genehmigung nicht zu erwarten sei. Ein Antrag liegt nicht vor. Die Lieferung von Plänen wird fortgesetzt (123f.).

Im Juni trifft das HDW-Vorstandsmitglied Hansen-Wester einen türkischen Mittelsmann, um die Lieferung von U-Boot Teilen über die Türkei zu erörtern (125). Nohse und Zoglmann haben diese Version Wirtschaftsminister Bangemann vorgeschlagen, da immer noch kein Antrag vorliegt und diesem aufgrund der Rechtslage kaum noch Chancen eingeräumt werden (68). Aufgrund der Kenntnisse, die das Wirtschaftsministerium dadurch von dem Geschäft erlangt hat, fordert dessen

---

4 Das Umgehen des Zolls ist im "Stern" beschrieben: "Mitarbeitern, die in Südafrika die U-Boote zusammenbauen, empfahl 'Abdomen' (Deckname für die südafrikanische Botschaft in Bonn), 'für Reisen nach Karate' (meint: Südafrika; J.F.) 'einen zweiten sauberen Paß zu benutzen'. Damit hinterher kein Einreisestempel im Paß blieb, wurde das Besuchsvisum als 'Einlegeblatt' beantragt. Gleichzeitig sorgten die Südafrikaner dafür, daß brisante Papiere nicht kontrolliert wurden. 'Wenn Unterlagen mitgenommen werden, die einen direkten oder indirekten Bezug auf den U-Bootbau haben, kann bei Abdomen ein Guide beantragt werden', damit der 'Zoll keine Einsicht in die Papiere nehmen kann', heißt es in dem zwölfseitigen Plan vom 15. Oktober 1984" (zitiert nach dem "Stern" vom 22.3.1990, S. 298).

Außenwirtschaftsexperte, MR Haase, zunächst die Abgabe des Falles an die Staatsanwaltschaft: "Bei Kenntnis von schweren Verstößen würde ich das BMWi allerdings im Hinblick darauf, daß es die vorgesetzte Behörde einer der Überwachungsbehärden (BAW) ist, für grundsätzlich verpflichtet halten, Anzeige zu erstatten" (125).
Eine entsprechende Anzeige wird nicht erstattet. Stattdessen wird der Vorgang im September an das Finanzministerium weitergeleitet.

Der Staatssekretär im Bundeskanzleramt, Schreckenberger, teilt Finanzminister Stoltenberg mit, er habe bereits im Oktober 1984 den Firmen IKL und HDW von dem Projekt abgeraten sowie Herrn Nohse aufgefordert, "diese Sache in Ordnung zu bringen." (70) Weder hat er die Firmen angezeigt noch auf einem ordnungsgemäßen Antrag bestanden.

MR Haase vom BMWi weist das BAW am 9. Juli an, die Ausfuhren und Anträge der Firmen IKL und HDW sorgfältig zu prüfen, insbesondere den Endverbleib der Ware. Am 10. Juli ruft Haase deshalb nochmals beim BAW an. Diesmal spricht er mit dessen Präsidenten Rummer (69).

Mit Schreiben vom 14. Oktober teilt IKL-Chef Nohse den südafrikanischen Geschäftspartnern mit, man sei aufgrund fehlender Genehmigung zur Aufgabe des Geschäfts gezwungen. Die Staatsanwaltschaft Kiel wird später (22.8.1990) dieses Schreiben als Teil des Versuchs werten, "den tatsächlichen Umfang des Geschäfts durch interne Vermerke und Schriftverkehr mit anderen Partnern" zu tarnen und einen "angeblichen Abbruch des Projekts im Sommer 1985" zu suggerieren (Zitiert aus einem Brief der Staatsanwaltschaft Kiel, nach 127).

Am 13.12. fordert die Oberfinanzdirektion Kiel (OFD), die den Fall inzwischen bearbeitet, den IKL-Geschäftsführer Nohse auf, gemäß § 44 AWG Auskunft über erfolgte Lieferungen zu erteilen. Die Firma HDW bleibt unbehelligt (71).

1986 Ab 10. Februar ermittelt die OFD Kiel gegen das IKL. Eine Beteiligung der HDW sei nicht erkennbar (71). Die OFD ordnet eine Außenwirtschaftsprüfung bei IKL an, die erst nach telefonischer Ankündigung erfolgt. Die Zollfahndung wird nicht eingeschaltet. Der bereits abgewickelte Teil des Geschäftes (42,6 Millionen DM) wird nachträglich als genehmigungspflichtig eingestuft. Damit sind die Prüfungen beendet, das Verfahren gegen die Firma IKL wird nun ohne Begründung eingestellt (Gansel, S.315).

Am 30. Mai schlägt die OFD Kiel dem Bundesfinanzministerium ein Bußgeldverfahren gegen Nohse vor und bittet um Weisung hinsichtlich eines etwaigen Ermittlungsverfahrens gegen HDW. Das BMFi ordnet an, das BAW erst nach Vorlage des Ermittlungsergebnisses zu beteiligen (72).

Am 30. Oktober werden die HDW-Manager Ahlers und Hansen-Wester von der OFD Kiel gehört. Hansen-Wester begründet die Abwicklung des Projektes ohne vorgeschriebenen Antrag damit, daß ein drittes Land (Indien - namentlich nicht erwähnt) "als Käufer des U-Boot-Typs 1650 nichts habe erfahren dürfen" (73). Man habe Deckung durch die höchste politische Ebene erwarten dürfen: "Erst nach den Äußerungen maßgeblicher Personen auf Regierungsebene sei der Vertrag mit dem südafrikanischen Partner abgeschlossen worden" (Vermerk Hansen-Westers, nach 73). Nachdem ein Teil des Geschäftes ohne Genehmigung abgewikelt worden ist, schlägt HDW nun selbst der OFD Kiel eine "politische Beerdigung" (Hansen-Wester) über das Ordnungswidrigkeitengesetz (OWiG) vor. Bedingung: ein akzeptables Bußgeld (73). Der Abteilungsleiter der OFD Kiel, Regierungsdirektor Budrat hält 50 000.- DM sowohl für IKL als auch für HDW für angemessen (Gansel, S.316).

Bis November bleibt der gesamte Komplex, von dem der Bundeskanzler, der Bundesaußenminister, der Wirtschaftsminister, der Finanzminister, der Verteidigungsminister, der Kanzleramtsminister, der bayrische und der schleswig-holsteinische Ministerpräsident, zahlreiche Behörden auf Bundes- und Landesebene sowie Richter und Staatsanwälte Kenntnis haben, vertraulich. Das heißt, trotz der bereits unüberschaubaren Zusammenhänge ist noch keine Information an die Öffentlichkeit gelangt. Am 26. November berichten die Kieler Nachrichten erstmals über "U-Boot-Pläne der HDW nach Pretoria". Informant war ein Beamter der OFD Kiel. Der konspirative Diskurs zwischen Bundesregierung, Unternehmen und Behörden wird nun zu einem öffentlichen.

Am 28. November berichtet die OFD Kiel dem BMFi, die gelieferten Unterlagen seien für die Fertigung eines U-Bootes unbedeutend, weshalb lediglich eine Ordnungswidrigkeit vorliege (73). Ministerialrat Haberland vom BMWi weist RD Budrat darauf hin, daß 42 Millionen DM durchaus eine für den Bau von U-Booten relevante Lieferung vermuten lasse. Außerdem seien dem BMWi "mehrere Fälle bekannt, in denen Südafrika Teilbeiträge von mehreren Lieferländern zu einer gebrauchsfähigen Einheit zusammengefügt habe" (Zitat: Notiz Budrats über ein Gespräch mit Haberland; 74).

Im Dezember droht der Anwalt des IKL, Dr. Zoglmann (nicht verwandt oder verschwägert mit Siegfried Zoglmann), der OFD Kiel "belastendes Material gegen die Bundesregierung vorzulegen, falls das Verfahren der OFD nicht zur Zufriedenheit der Firmen ausgehe" (137).

Am 28. Dezember wird das BAW förmlich an den bisher von der OFD alleine geführten Untersuchungen beteiligt (75).

1987 Das BMWi fragt am 2. Januar beim BAW an, was auf die Weisung des MR Haase vom 9. Juli 1985 veranlaßt worden sei (69). Am 9. Januar antwortet der Präsident des BAW, es sei nichts unternommen worden, da weder von HDW noch von IKL Genehmigungsanträge eingegangen seien (75).

Am 14. Januar nimmt die OFD Kiel eine Außenwirtschaftsprüfung bei HDW auf. Im Februar wird dann das BAW in eine Prüfung technischer Unterlagen einbezogen (75). Am 16. Februar wird Bundeskanzler Kohl vor dem Untersuchungsausschuß des Bundestages gehört. Er kann sich angeblich weder an das Gespräch mit Genscher vom 19. September 1984 noch an einen Brief von Strauß erinnern, in dem dieser ihn, Kohl, zu dem U-Boot-Geschäft drängt (65). (Später wird Kohl diese Falschaussage als "blackout" entschuldigen.)

Im März erhält HDW 2 Millionen DM Lizenzgebühr aus Südafrika (136).

Im April erscheint der erste Prüfbericht der OFD Kiel. Darin heißt es, es seien keine Gesetzesverstöße erkennbar. Die mit 42,6 Millionen DM vergüteten Unterlagen befähigten nicht zum Bau von U-Booten (76). In zwei technischen Stellungnahmen bestätigt das BAW im Juni und im August diese Einschätzung. Die gelieferten Unterlagen entsprächen "weitgehend und prinzipiell einem zivilen, ausfuhrgenehmigungsfreien Tauchboot"(77; 137).

Das Auswärtige Amt erklärt in einem am 19 Mai gefertigten Gutachten, das U-Boot-Geschäft mit Südafrika habe "zu keiner erheblichen Störung der auswärtigen Beziehungen der Bundesrepublik im Sinne des § 34 AWG geführt" (137). Wie schon im Dezember 1986 bittet die Staatsanwaltschaft Kiel auch im Dezember 1987 den Generalbundesanwalt in Karlsruhe um Prüfung des Falles, da die Lieferungen die äußere Sicherheit der Bundesrepublik Deutschland berühre. Wie schon ein Jahr zuvor bleibt der Bundesanwalt auch dieses mal untätig (Hamburger Abendblatt vom 11. April 1990).

1988 Am 11. Januar stellt die OFD Kiel die Ermittlungsverfahren gegen Klaus Ahlers und Hansen-Wester und HDW sowie gegen Lutz Nohse und das IKL ein, da die gelieferten Unterlagen nicht als wesentlich für den Bau eines U-Bootes gelten könnten und deshalb nicht genehmigungspflichtig seien (79).

Am 29. Juni erstattet die Obfrau der Grünen im Untersuchungsausschuß, Frau Uschi Eid, bei der Staatsanwaltschaft Bonn Strafanzeige gegen Bundeskanzler Kohl wegen des Verdachts der falschen uneidlichen Aussage gemäß § 153 StGB. In seiner Vernehmung vor dem Untersuchungsausschuß des Bundestages hatte Kohl ausgesagt, von den Vorgängen erst im Sommer 1985 erfahren zu haben. Tatsächlich aber hatte Strauß ihn am 31. Juni 1984 brieflich mit den Vermerken "an den Bundeskanzler persönlich" und "sofort auf den Tisch" unterrichtet (106).

Im Juli 1988 leitet die Staatsanwaltschaft Bonn ein Ermittlungsverfahren gegen den MD Teltschik wegen des Verdachts des Verwahrungsbruchs nach § 133 StGB ein. Teltschik hat Dokumente zu dem U-Boot-Geschäft nach eigener Aussage ungelesen dem Reißwolf übergeben (107).

1989 Am 24. Mai erstattet die Anti-Apartheid-Bewegung Kiel Anzeige gegen den Präsidenten der OFD Kiel, Svend Olav Hansen, sowie gegen RD Budrat wegen des Verdachts der Rechtsbeugung gemäß § 336 StGB im Zusammenhang mit der Einstellung des Ordnungswidrigkeitsverfahrens gegen Verantwortliche der Firmen HDW und IKL (108).

Der Obmann der Sozialdemokraten im Untersuchungsausschuß, Norbert Gansel, hält am 27. September auf der 90. Sitzung des durch die Resolution 421 im Jahre 1977 zur Südafrikafrage eingesetzten Sicherheitsratsausschusses der Vereinten Nationen in New York eine Rede zur Kieler U-Boot-Affäre (Anlage 4). Am gleichen Tag gehen bei der Staatsanwaltschaft Kiel Strafanzeigen gegen die Firmen IKL und HDW wegen des Verdachts des Verstoßes gegen den § 34 des AWG ein.

Im Bericht des Special Commitee Against Apartheid an die Generalversammlung der Vereinten Nationen am 25. Oktober wird das U-Boot-Geschäft als Verstoß gegen die

UN-Resolution 415 gewertet. In einem Resolutionsentwurf von 34 vorwiegend afrikanischen Mitgliedstaaten wird die Bundesrepublik namentlich beschuldigt, aufgrund der Blaupausenlieferung das Waffenembargo gegen Südafrika zu brechen (99). Am 22. November wird die Resolution verabschiedet. Darin heißt es: "Die Bundesrepublik Deutschland wird aufgefordert, ihren Verpflichtungen aus der Resolution 421 dadurch nachzukommen, daß sie die genannten Firmen gerichtlich verfolge" (99). Der Versuch der bundesrepublikanischen Delegation, die namentliche Erwähnung zu streichen, findet keine Mehrheit. Schließlich stimmen der Resolution 106 Staaten bei 26 Enthaltungen und 17 Gegenstimmen zu (99).

Am 27. November wird bei der Staatsanwaltschaft Kiel Anzeige gegen die Firmen IKL und HDW erstattet, da aufgrund der UNO-Resolution vom 22. November die Voraussetzungen des § 24 AWG nun vorlägen.

Auch nach der Resolution der Vereinten Nationen vom 22. November bestätigt das Auswärtige Amt am 15. Dezember die bisherige Auffassung, eine erhebliche Störung der auswärtigen Beziehungen gemäß § 34 AWG liege nicht vor (101). Staatsanwaltliche Ermittlungen bleiben damit weiterhin zurückgestellt.

1990 Anfang April reisen drei Bundestagsabgeordnete der CDU nach Südafrika, um unter anderem zu überprüfen, ob U-Boote nach Plänen der deutschen Firmen IKL und HDW gebaut werden. Sie berichten, daß dies nicht der Fall sei, nachdem sie, unter Begleitung südafrikanischer Regierungsangestellter, zwei südafrikanische Werften besichtigen durften (150). Der Abgeordneten der Grünen, Uschi Eid, war dagegen im Juli 1987 die Einreise nach Südafrika verweigert worden, nachdem sie die Besichtigung einer Werft angekündigt hatte (150).

Am 25 April ermächtigt BMWi Haussmann die Kieler Staatsanwaltschaft zu Ermittlungen gegen IKL und HDW wegen Geheimnisverrats gemäß § 353 StGB (102). Gegen daraufhin erfolgende Durchsuchungen und Beschlagnahmungen legen die Betroffenen Beschwerde beim Landgericht Kiel ein.

Nach dem Bericht des Oberstaatsanwaltes Lothar von Raab-Straube vor dem Untersuchungsausschuß Ende März hat Südafrika alles bekommen, "was zum Bau einer eigenen U-Boot-Flotte benötigt wird: Konstruktionszeichnungen, sonstiges technisches Know-how, Photoexpertisen, personelle Expertenhilfe und wohl auch Teilkomponenten aus anderen deutschen Unternehmen" (Die Zeit, 6. April 1990, S.41).

Der Parlamentarische Staatssekretär Friedrich Voss (CSU) wird von der Staatsanwaltschaft Kiel verdächtigt, "den Firmen amtlichen Flankenschutz gewährt zu haben, sogar während der laufenden Ermittlungen" (ebenda).

Der Obmann der Fraktion der CDU im Untersuchungsausschuß hält weitere Aufklärung für überflüssig. Für ihn ist "der Fall erledigt" (ebenda).

Das LG Kiel sieht in seinem Beschluß zu den Beschwerdeanträgen vom 4. Juli weder die Voraussetzungen des Geheimnisverrats (§ 353 b Abs. 2 Nr. 2 StGB) noch die der Störung auswärtiger Beziehungen (§ 34 Abs. 1 Nr. 1 AWG) erfüllt. Demnach sei lediglich der Anfangsverdacht eines Verstoßes gegen das AWG in Form einer Ordnungswidrigkeit zu bejahen, folglich das Verfahren wieder an die OFD Kiel abzugeben (102). Das LG Kiel stuft den Beschluß als geheim ein, so daß die zugehörigen Akten dem Untersuchungsausschuß des Bundestages nicht zur Verfügung gestellt werden können. Begründet wird dies mit "aktenkundigen... Verletzungen der Geheimhaltungspflicht" durch Mitglieder des Bundestages. Allerdings enthält die (öffentliche) Begründung des Geheimhaltungsbeschlusses die Feststellung, daß IKL und HDW "jedenfalls bis Anfang 1987 an die Republik Südafrika ohne die erforderliche schriftliche Genehmigung Unterlagen für den Bau von U-Booten geliefert ...haben" (Zitat des Beschlusses der III. Großen Wirtschaftsstrafkammer des LG Kiel, nach 103). Sowohl die Firmen, als auch die Bundesregierung und die OFD Kiel haben bisher stets erklärt, nach 1985 seien keine Lieferungen mehr erfolgt.

Folgende Ermittlungsvorgänge gibt die Staatsanwaltschaft Kiel ab: "an die Staatsanwaltschaft Bonn gegen Siegfried Zoglmann wegen Steuerhinterziehung, an die Staatsanwaltschaft Bonn gegen MD Teltschik wegen Verwahrungsbruchs und aufgrund neuer Erkenntnisse wegen falscher uneidlicher Aussage, an die Staatsanwaltschaft Lübeck wegen Steuerhinterziehung durch unbekannte Dritte im Zusammenhang mit Provisionszahlungen der Firma IKL an K.F.Albrecht" (102).

Die Staatsanwaltschaft Kiel stellt am 22. August das Ermittlungsverfahren wegen Rechtsbeugung gegen Hansen und Budrat (OFD Kiel) ein (108).

Am 23. August stellt die Staatsanwaltschaft Bonn das Ermittlungsverfahren gegen MD Teltschik wegen des Verdachts der falschen uneidlichen Aussage ein. Am 17. September stellt die Staatsanwaltschaft Kiel alle anderen Ermittlungsverfahren ein und gibt den Vorgang an die OFD Kiel zurück (103).

Am 9. Oktober erscheint der Bericht des Untersuchungsausschusses. Die Ausschußmehrheit stellt fest: "Das Verhalten des Bundesregierung nach Bekanntwerden der ungenehmigten Lieferungen von Konstruktionsunterlagen war richtig" (92). "Die Südafrika-Politik der Bundesregierung ist eindeutig. Sie wird durch das Geschehen nicht in Frage gestellt" (93).

Im Oktober lehnt es die Staatsanwaltschaft Bonn nach vierwöchiger Überprüfung ab, ein Ermittlungsverfahren gegen Bundeskanzler Kohl wegen falscher uneidlicher Aussage einzuleiten (Frankfurter Rundschau, 18. Oktober 1990, S.4).

Der abschließenden Bundestagsdebatte über die Ergebnisse des Untersuchungsausschusses blieben neben Bundeskanzler Kohl auch die beschuldigten Minister Waigel und Stoltenberg fern. Der Antrag der Opposition auf deren Teilnahme wurde mit der Mehrheit der Regierungsparteien abgelehnt (tageszeitung vom 27. Oktober 1990, S. 6).

Ein Beamter des Zollkriminalinstituts Köln bestätigt im Oktober seine frühere Aussage, der für die Gutachten zuständige Referatsleiter des BAW sei "auf Weisung zu dem Ergebnis gekommen, daß sich mit den Plänen kein U-Boot bauen lasse" (Frankfurter Rundschau vom 24. Oktober 1990, S.4).

1992 Mit der endgültigen Einstellung aller Bußgeldverfahren durch die OFD Kiel im November ist die U-Boot-Affäre abgeschlossen (Süddeutsche Zeitung vom 7. November, S. 6; Die Zeit vom 13. November 1992). Es gab letztlich keine einzige Verurteilung. Alle Verfahren wurden eingestellt.

7.3 Der öffentliche Diskurs

7.3.1 Die Dynamik zwischen der Entformalisierung des Rechts und dem öffentlichen Diskurs

Recht strukturiert politisches und wirtschaftliches Handeln. Als "Resultat von Macht- und Entscheidungsprozessen" (Teubner, S.25) ist es durch öffentliche Diskurse ebenso wie durch ökonomische, soziale und kulturelle Interessen beeinflußt. Andererseits wirkt das Recht auf die Öffentlichkeit zurück, indem es symbolische Grenzen zwischen Recht und Unrecht zieht. Im Rahmen der bürgerlichen Ideologie der Gerechtigkeit des Rechts setzt das Recht dem öffentlichen Diskurs Grenzen. Wenn beispielsweise Machtmißbrauch mit Gesetzesübertretung durch die Mächtigen gleichgesetzt ist, werden die Gesetzestexte und deren Auslegungen zu Maßstäben des öffentlichen Diskurses. Zwar können sich jederzeit oppositionelle Diskurse konstituieren, die Machtmißbrauch abweichend von geltendem Recht und üblicher Rechtsauffassung definieren. Die vom Recht und seiner Anwendung ausgehende Definitionsmacht erlaubt es jedoch, diese Diskurse öffentlich auszugrenzen. So wird in unserem Fallbeispiel Kritik an der Regierung stets mit dem Hinweis zurückgewiesen, schließlich sei niemand verurteilt worden, also liege kein Machtmißbrauch vor.

Die Entformalisierung des Rechts scheint die Interessen des Kapitals gegen die Zumutungen einer kritischen Öffentlichkeit zu schützen, die als Moralunternehmer den Expansionsdrang des Kapitals zu hemmen droht. Das entformalisierte Recht erlaubt mittels Generalklauseln eine Doppelstrategie, die der öffentlichen Kritik den Stachel nimmt. Einerseits kann mit der Aktivität des Gesetzgebers eine ernstzunehmende Reaktion auf moralische Einwände der öffentlichen Meinung signalisiert werden, während andererseits das so entstandene Recht mit Hilfe der den Generalklauseln eigenen Unverbindlichkeit nicht gegen die Interessen des Kapitals angewandt werden muß. Die Sanktionsdrohung befriedet die Öffentlichkeit, die Generalklausel erlaubt den Sanktions- und Kontrollverzicht. Der moralische Impuls des Diskurses des Machtmißbrauchs einer kritischen Öffentlichkeit findet sich noch im Recht, wenn dieses beispielsweise Rüstungsexporte in Spannungsgebiete oder an Diktaturen verbietet. Mit dem direkten Einfluß ökonomischer Interessen auf die Gesetzgebung aber beginnt bereits ein sukzessiver Abbau dieses ursprünglichen Rechtsimpulses. Doch dieser erste Schritt entgeht noch nicht einer aufmerksamen kritischen Öffentlichkeit. Als legislativer Diskurs steht er in deren Zentrum. (Auch das Nicht-Tätigwerden muß öffentlich legitimiert werden.) Mit der Unverbindlichkeit der Gesetzestexte verflüchtigt sich dieser Impetus bei der Anwendung des Rechts, die Verwaltungsakte lassen kaum mehr etwas davon ahnen.[5] Dieses "Implementationsdefizit" beruht nach Ingeborg Maus auf politischer Strategie, denn "die implementationshemmenden Interessen sind in die entformalisierten Teile des Programms mit eingebaut" (Maus 1986, S.286).

---

5 Bestätigt wird diese These durch die Implementationsforschung (Maus 1986, S.286; Mayntz 1980, S.2 und 101).

Entformalisierung hätte demnach die Funktion, kritische Diskurse zu befrieden, ohne die Parteinahme des Staates für das Kapitals deshalb aufgeben zu müssen. Der Kieler U-Boot-Fall, das relevante Recht (AWG, KWKG) sowie seine Implementation stützen diese These. Der Diskurs des Machtmißbrauchs läuft ins Leere, er ist mit der Komplexität der Machtverhältnisse überfordert und wird mit Floskeln abgespeist. Der korporatistische Block (Esser/Fach, S.158ff.) erweist sich als undurchschaubares Kartell, das aufgrund seiner Unübersichtlichkeit und seines Einflusses auf allen Ebenen des politischen Diskurses der kritischen Öffentlichkeit überlegen ist.

7.3.2 Voraussetzungen der Skandalisierung der Rüstungsexportpolitik

Anhand der Rüstungsdebatte Ende der 80er Jahre läßt sich die Dynamik zwischen dem entpolitisierenden Mythos des Rechts und seiner Repolitisierung durch machtkritische Diskurse nachzeichnen. Rüstungsexporte waren in der Geschichte der Bundesrepublik zunächst kein exponiertes Thema öffentlicher Diskussion. Geltendes Recht und politische Praxis tolerierten und förderten die Rüstungsindustrie, während die Öffentlichkeit wenig Notiz nahm, von marginalen linken und pazifistischen Stimmen einmal abgesehen. Ein offizieller Diskurs war nicht notwendig, solange weder Legalität noch Legitimität der Rüstungsexporte in Frage standen.[6] Vorbereitet durch eine Sensibilisierung der Öffentlichkeit im Anschluß an die Studentenrevolte von 1968 wurde in den 80er Jahren die wiedererstarkte Friedensbewegung zum Initiator eines Diskurses, der die Legitimität der herrschenden Export- und Rüstungspolitik anzweifelte.[7] Der Phase einer relativ ungestörten Praxis der Rüstungsexporte folgte somit eine Phase der Kritik, die Mechanismen, Strukturen und Strategien der Macht thematisierte und ihre Repräsentanten unter Legitimationsdruck setzte. Von Machtkritik in dem oben angedeuteten emphatischen Sinne kann allerdings nur insofern die Rede sein, als für einen Augenblick die Möglichkeit eines Diskurses durchschimmerte, der humane Interessen ohne ideologischen oder strategischen Hintergrund vertritt; der Mythen und Ideologien entlarvt, ohne diese durch neue zu ersetzen. Es wurde aber sehr bald klar, daß ideologiefreie Machtkritik empirisch nicht möglich ist. Sie muß als Idealtypus gedacht werden, als kontrafaktisches Ideal, als Maßstab für den Grad der Verzerrung realer politischer Diskurse.

Jede Annäherung an diesen Idealtypus fundamentaler Machtkritik ist den Massenmedien bürgerlicher Öffentlichkeit seit jeher suspekt. Sie wird als Intellektualismus, Utopismus oder Radikalismus etikettiert. Will Machtkritik eine breite bürgerliche Öffentlichkeit erreichen, was heute nur noch über Massenmedien möglich ist, so muß sie die Komplexität der Problematik reduzieren. Der Prototyp einer solchermaßen

---

6 Über Förderungen der Rüstungsindustrie und -exporte durch die Bundesregierung seit 1945 siehe Lorscheid; Koppe/Koch; Hirsch/Roth, S.127f.

7 Eine materialistische Erklärung der Sensibilisierung der Öffentlichkeit liefert Geyer: "Die Auseinandersetzung über Neutronenwaffen und Mittelstreckenraketen ist die Entfaltung der Widersprüche, die in der qualitativen Rüstung angelegt sind: Die Vereinzelung und Hierarchisierung der Kommandogewalt bei gleichzeitiger Sozialisierung der Gefahr" (Geyer, S.231).

trivialisierten Machtkritik ist der politische Skandal. Er transformiert politische Fragen von der komplexen Ebene der Machtverhältnisse auf die Ebene des Verhaltens einzelner Personen; wenn es um Machtmißbrauch geht: des abweichenden Verhaltens. Der Skandal fragt nicht danach, wie Macht funktioniert, wem sie nutzt, sondern: *wer* sie mißbraucht hat, wer gegen Gesetze und Normen verstoßen hat. Er fragt auch nicht nach der Legitimität von Gesetzen, nach ihrem historischen Hintergrund oder nach ihrem Zusammenhang mit den Machtverhältnissen.

In unserem Beispiel U-Boot-Affäre sind die Voraussetzungen einer Skandalisierung gegeben: Mit der Sensibilisierung der Öffentlichkeit durch die Friedensbewegung ist in den 80er Jahren eine normative Grundlage für die Skandalisierung von Rüstungsexporten entstanden. Der zweite Golfkrieg bewirkte einen weiteren Diskursivierungsschub. Es existiert ein Interesse politisch relevanter Gruppen an einem Diskurs des Machtmißbrauchs, der die Legitimität der herrschenden Eliten in Frage stellt. Neben Friedens- und Menschenrechtsgruppen zeigt vor allem die parlamentarische Opposition ein solches Interesse. Weitere Rahmenbedingungen für die politische Skandalisierung des Rüstungsexports sind in der Bundesrepublik am Ende der 80er Jahre erfüllt:

- eine intakte Öffentlichkeit, vor allem Freiheit und Unabhängigkeit der Presse;
- ein in der Öffentlichkeit verbreitetes postliberalistisches Staatsverständnis. Staat bzw. Regierung werden nur dann für private Rüstungsexporte verantwortlich gemacht, wenn der Staat selbst als interventionistischer die Steuerung und Kontrolle wirtschaftlicher Prozesse beansprucht;
- als Gegenstand des Skandals die politische Praxis der Förderung von Rüstungsexporten, zumindest aber der unterlassenen Kontrolle. Diese Praxis hat sich zwar seit den 50er Jahren nicht entscheidend geändert, wird aber erst innerhalb des Kontextes der übrigen Voraussetzungen skandalisierbar.

7.3.3 Der öffentliche Diskurs
Wechselwirkung von öffentlicher und quasi-öffentlicher Meinung

Der öffentliche Diskurs über die Rüstungsexportpolitik ist durch seinen Adressaten bestimmt, die bürgerliche Öffentlichkeit. Hinsichtlich seiner Träger läßt er sich analytisch gliedern. Hier sind der offizielle Diskurs der politisch Herrschenden (der oben heuristisch als offizieller Diskurs definiert wurde), der Diskurs einer kritischen Öffentlichkeit sowie der Diskurs der politischen und parlamentarischen Opposition, der mit jenem verwoben ist, von Interesse. Der öffentliche Diskurs des Machtmißbrauchs wird in unserem Beispiel durch eine Meldung der "Kieler Nachrichten" vom 26. November 1986 in Gang gesetzt. Titel:

> "U-Boot-Pläne der HDW an Pretoria. Geschäft über 46 Millionen angeblich ohne Bonner Genehmigung." In der Meldung heißt es dann: "Das Geschäft ist nach diesen ('aus gut unterrichteten Kreisen') Informationen ohne die notwendige Ausnahmegenehmigung zum Außenwirtschaftsgesetz abgewikelt worden."

Diese Meldung war der Anstoß zu einer umfassenden öffentlichen Debatte. Das Geschäft war indes bereits seit gut drei Jahren im Gange. Seine Förderung, unter anderem durch Helmut Kohl und Franz Josef Strauß, sowie die Zusammenarbeit zwischen Staat und Wirtschaft zwecks Entschärfung der Kontrollen konnte vor der Öffentlichkeit erfolgreich verheimlicht werden, wie in IK 97 vorgesehen (Anlage 1).

Die regionale Tagespresse ist hier der Initiator eines politischen Skandals als Teil des öffentlichen Diskurses. Allerdings war der Vorgang um die Blaupausenlieferung nach Südafrika lange vor seiner Skandalisierung auf der nicht-öffentlichen, administrativen Ebene des politischen Diskurses präsent, als konspirativer Austausch zwischen Regierung, Verwaltung und Wirtschaft. Nur war er im Schutz der Nicht-Öffentlichkeit vor Kritik und Kontrolle geschützt.

Mit der Aufdeckung des U-Boot-Geschäftes treten die Mechanismen der Skandalisierung in Kraft. Die Beschuldigung der Regierung, der Vorwurf rechtswidrigen Handelns provoziert deren Reaktion gegenüber der Öffentlichkeit, einen offiziellen Diskurs, auf den die Öffentlichkeit erneut reagiert. Die Spirale der Diskursivierung dreht sich, angestoßen durch die kritische Öffentlichkeit, die hier ihrer Rolle als "vierte Gewalt" im Sinne einer institutionalisierten Kontrolle staatlichen Handelns gerecht wird.

7.4 Politische Strategien

7.4.1 Versuch der Entdiskursivierung durch Diskursverweigerung

Die Bundesregierung war im Falle des U-Boot-Geschäftes offenbar nicht auf eine öffentliche Aufdeckung vorbereitet. Man stritt zunächst alle Vorwürfe ab und beharrte auf der Behauptung, rechtswidriges Verhalten der Firmen sei nicht erkennbar gewesen (Gansel, S.317).

Die Diskurs- und Informationsverweigerung der Regierungsparteien gipfelte in der Vernichtung wichtiger Unterlagen durch die Regierungsmitglieder und -beamten Teltschik und Schreckenberger (a.a.O., S.323f.). Auch die Rolle des ehemaligen bayrischen Ministerpräsidenten Strauß, die mehreren Regierungsmitgliedern bekannt war, konnte über Jahre geheim gehalten werden, bis nach dem Regierungswechsel in Schleswig-Holstein (1987) zufällig ein Kopie des Strauß-Briefes an Bundeskanzler Kohl (Anlage 3) entdeckt wurde ebenda).

Diese Taktik der Verweigerung des Diskurses ist über den U-Boot-Fall hinaus in der gesamten Rüstungsexportpolitik zu beobachten. 1988 hat die Bundesregierung Rüstungsexporte im Wert von 31,3 Milliarden DM genehmigt. Jegliche Angaben über deren Empfänger gegenüber der Öffentlichkeit wurden mit der Begründung abgelehnt:

> "Angaben zu Rüstungsexporten vertragen aus politischen Gründen... nur ein begrenztes Maß an Publizität" (nach Lorscheid, S.8).

Diese Aussage verrät über den intendierten Sinn hinaus eine Haltung ihres Absenders, sein Politikverständnis. Sie setzt einen Anspruch der politischen Elite bzw. des Staates auf Steuerung und damit Bevormundung der Öffentlichkeit voraus, die ihrerseits als unmündig gilt. Ansonsten wäre der Satz schlicht Unfug. Er enthält vom Sprecher nicht beabsichtigte, latente Aussagen: Der Staat darf selbst entscheiden, was er der Öffentlichkeit, also den Bürgern mitteilt. Die Öffentlichkeit hat kein Recht auf Information durch den Staat. Sie ist nicht kompetent, bestimmte Informationen zu erhalten.

Dieser nicht intendierte Sinn widerspricht dem demokratischen Staats- und Politikverständnis, das die politischen Eliten für sich beanspruchen. Danach vertritt der Staat die Interessen aller Bürger. Politiker sind Delegierte der Bürger, die sich ihrem Mandatsgeber gegenüber zu verantworten haben, nicht umgekehrt. Auskünfte an die Öffentlichkeit sind dann Verpflichtung von Staat und Politik gegenüber dem Souverän, nicht dessen Vorrecht. Die Diskursverweigerung des Staates mit der Begründung, Angaben zu Rüstungsexporten vertrügen nur ein bestimmtes Maß an Publizität, spricht diesem demokratischen Prinzip Hohn. Daß eine solch obrigkeitsstaatliche Haltung in der Öffentlichkeit als selbstverständlich akzeptiert wird, ist der erfolgreichen Durchsetzung des Mysteriums des Ministeriums zu verdanken (Bourdieu 1989, S. 38ff.). Dieses ist das Ergebnis eines gelungenen "worldmaking" durch permanente expressive politische Akte, die das Politikverständnis der politischen Elite in der Öffentlichkeit verankern.[8]

Nicht nur das genannte Beispiel, sondern der gesamte offizielle Diskurs zur Rüstungsexportpolitik ist charakterisiert durch diese Usurpation der Delegierten. Das Muster ist stets gleich: Der Staat als Beauftragter des souveränen öffentlichen Interesses erklärt sich selbst zum Souverän und wendet die an ihn delegierte Macht gegen seine eigenen Auftraggeber an - hier, indem er diesen Rechenschaft über die Ausführung seines Auftrages verweigert.

> So wurde während des zweiten Golfkrieges selbst dem Deutschen Bundestag jede Information über Hermesbürgschaften der Bundesregierung für deutsch-irakische Geschäfte vorenthalten (Frankfurter Rundschau vom 26. Februar 1991, S.4).

(Hier handelt es sich freilich um eine Usurpation zweiter Ordnung: Den Delegierten ersten Grades, den vom Volk direkt gewählten Abgeordneten, wird von den Delegierten zweiten Grades, der von den Abgeordneten gewählten Regierung, die Rechenschaft verweigert.)

7.4.2 Der Legitimationsdruck durch die vierte Gewalt

Die ersten Reaktionen mit Dementis, generellem Abstreiten und Vorenthalten von Informationen sind als Taktieren einer offensichtlich überrumpelten politischen Gruppe zu werten. Die permanente öffentliche Kritik am Verhalten der Bundesregierung wurde durch diese Versuche einer Entdiskursivierung durch Diskursverweigerung eher verschärft. Diese Versuche selbst gaben Anlaß zu weiteren Anschuldigungen. So mutmaßte die "Zeit", die Bundesregierung habe etwas zu verbergen:

8 Zur Schaffung einer "Welt" durch expressive politische Akte in der Öffentlichkeit vgl. Meyer (1992), S.56 - in Anlehnung an Murray Edelmann.

> "Anders ist es unerklärlich, daß die Koalition die eigentlichen Täter - die beiden Unternehmen - vor der parlamentarischen Untersuchung geschützt hat statt sie zu notwendiger Aufklärung zu drängen" (Die Zeit, 2. November 1990, S.22).

Alle einschlägigen politischen Medien schalteten sich in die Diskussion ein. Den Verantwortlichen (immerhin einschließlich der Bundesregierung und des Bundeskanzlers) wurde "kriminelle Energie" (Stern, 22. März 1990, S.298) unterstellt. Es war von einem "konspirativen" Geschäft die Rede, bei dem sowohl die Firmen als auch die Bundesregierung "bindendes Recht" umgangen hätten (Die Zeit, 6. April 1990). Der "Spiegel" charakterisierte die Rolle der Oberfinanzdirektion Kiel mit dem Satz: "Vertuschen - nicht aufklären - heißt die Devise" (Der Spiegel, Nr. 14/1990, S.31). Auffallend ist, daß die Kritik am Verhalten der Bundesregierung und der Verwaltungen fast immer geltendes Recht zum Maßstab hatte, die Vorwürfe meist Rechtsverletzungen betrafen. Laut "Spiegel" kommt die "Abwicklung unter Decknamen und Tarnbezeichnungen sowie mit Hilfe konspirativer Treffs ...nach Meinung eines Kieler Juristen 'der Operation einer kriminellen Vereinigung gleich'" (Der Spiegel, Nr. 41/1990, S.40).

Neben der kritischen Öffentlichkeit, vertreten durch die Presse, ist es die politische Opposition, die einen öffentlichen Diskurs des Machtmißbrauchs aufrechterhält und forciert. Die Sozialdemokraten sehen in dem U-Boot-Geschäft den "Schlimmste(n) Rüstungsskandal in der Geschichte der Bundesrepublik", in den "die Spitze der Bundesregierung" verwickelt sei (Norbert Gansel, Obmann der SPD im U-Boot-Untersuchungsausschuß, zitiert nach: Frankfurter Rundschau, 15. September 1990).

Die Kritik der Öffentlichkeit und der politischen Opposition richtet sich in der Regel gegen Vertreter von Regierung und Verwaltung. Sie wirft ihnen Gesetzesverstöße oder politische Fehler vor. Ihr Thema ist nicht die legale Praxis der Rüstungsexporte, obwohl auch auf legalem Wege reichlich Rüstungsgüter in Staaten gelangen, die Menschenrechte verletzen. Ihr Thema ist überwiegend die illegale Ausnahme von der Regel des legalen Exports. Der Diskurs des Machtmißbrauchs basiert auf einem legalistischen und personalistischen Begriff des Politischen, der weder Herrschaftsstrukturen noch gängige politische Praktiken hinterfragt.

Skandale über Prominente und Meldungen über kriminelle Machenschaften sind publikumswirksam. Naturgemäß wird der geschäftstüchtige Journalismus darauf sein Interesse richten, denn er will sein Produkt verkaufen. Ist die Öffentlichkeit hinsichtlich eines Themas hinreichend sensibilisiert, wird der Journalismus zu einem funktionierenden Kontrollorgan, was die Legalität des Handelns der Regierung betrifft. Doch selbst die kritische Öffentlichkeit ist abhängig vom Markt, der Diskurs des Machtmißbrauchs bedarf markt-kompatibler Anreize. Es besteht jedoch kein Zweifel, daß die öffentlichen Angriffe auf Regierung und staatliche Stellen als Diskursivierungsschub wirken, dem sich die unter Legitimitätsdruck geratene Regierung stellen muß. Die Versuche einer Entdiskursivierung durch Diskursverweigerung schlugen fehl, sie forderten eher weitere Kritik als daß sie diese eindämmen konnten. Als langfristig wirksamer sollten sich Strategien erweisen, die selbst sich der Tendenz der Diskursivierung anschlossen.

7.4.3 Offizieller Diskurs und ideologische Differenz

Den beschuldigten Politikern mußte klar sein, daß der öffentliche Diskurs über die Rüstungsexportpolitik administrativ nicht mehr einzudämmen war. Die Öffentlichkeit war skeptisch geworden, zunächst durch die Enthüllungen über das U-Boot-Geschäft, später noch stärker durch den zweiten Golfkrieg. Rüstungsexporte in Krisengebiete und an autoritäre Regime waren nicht mehr zu rechtfertigen, auch nicht mehr zu bagatellisieren.

Da die Taktik der Entdiskursivierung gescheitert war, biederte man sich jetzt der öffentlichen Meinung an. Im offiziellen Diskurs distanzierte man sich von den Rüstungsexporten, die man selbst gefördert hatte. Diese Differenz zwischen dem offiziellen Diskurs, der sich aus Opportunitätsgründen der vermeintlichen öffentlichen Meinung angleicht, und den nicht an die Öffentlichkeit gerichteten Ebenen des politischen Diskurses, dem Recht (dem legislativen), der Exekutive (dem administrativen) und der Rechtsprechung (dem juridischen Diskurs sowie der politischen Praxis wird im folgenden "ideologische Differenz" genannt.[9] Der Habermassche Begriff der "quasi-öffentlichen Meinung" charakterisiert in diesem Sinne den offiziellen Diskurs als privilegierten, der die Kriterien einer echten Öffentlichkeit nicht erfüllt.[10]

So wurde gegenüber der Öffentlichkeit immer wieder beteuert, wie sehr die Bundesregierung hinter dem Waffenembargo gegen Südafrika stehe, auch dann noch, als längst bekannt war, daß Bundeskanzler Kohl zusammen mit F.J. Strauß das U-Boot-Geschäft mit Pretoria protegierte. Kohl selbst sagte Anfang 1989:

> "Es ist für mich überhaupt nicht denkbar, daß sich Einzelne innerhalb der Bundesrepublik aus Gewinnsucht an Vorhaben beteiligen, die zumindest in Teilen der Welt friedensgefährdend sind" (Zitiert nach der Frankfurter Rundschau vom 25. Januar 1991, S.16).

Vor dem Untersuchungsausschuß zur U-Boot-Affäre formulierte der FDP-Abgeordnete Beckmann die offizielle Ansicht der Regierungskoalition:

> "Die Koalition steht voll zur Südafrikapolitik der Bundesregierung, insbesondere zum Waffenembargo..., weil wir es inhaltlich für völlig richtig halten" (362).

Vor dem Hintergrund des U-Boot-Geschäftes und den Rollen, die der Bundeskanzler, mehrere Minister und hohe Beamte dabei spielten, wird hier die ideologische Differenz zwischen offiziellem Diskurs und politischer Praxis deutlich (- auch ohne daß diese mit dem Instrumentarium empirischer Sozialforschung quantifiziert ist). Mit dem weiteren Diskursivierungsschub durch den zweiten Golfkrieg nahm die Anbiederung an die öffentliche Meinung groteske Züge an. (Man kann fast von

---

9 Maihofer verwendet diesen Begriff in einem anderen Zusammenhang als die Differenz zwischen dem geltenden Recht und der Rechtsüberzeugung des Laien (1970 S.19f.).

10 Habermas (1990), S.355f.: "Obwohl diese quasi-öffentlichen Meinungen an ein breites Publikum adressiert sein können, erfüllen sie nicht die Bedingungen eines öffentlichen Räsonnements nach liberalem Modell. Sie sind als institutionell autorisierte Meinungen stets privilegiert und erreichen keine wechselseitige Korrespondenz mir der nichtorganisierten Masse des 'Publikums'."

Mimikry sprechen: Anpassung bis zur Selbstverleugnung aus Angst vor dem Erkanntwerden.) So forderte der damalige Wirtschaftsminister Möllemann, daß deutsche Unternehmer, die illegal Rüstungsgüter verkauften und damit "das Ansehen unseres Landes beschädigen" wie "Leute, die Mord und Totschlag begehen" bestraft werden sollten (Frankfurter Rundschau vom 24. Januar 1991, S.15).

> Möllemann selbst war Anfang der 80er Jahre glühendster Verfechter von Exporten des Kampfpanzers Leopard an das diktatorische Saudi-Arabien. Seinem Engagement pflegte er mit dem Bonmont Nachdruck zu verleihen, Leo müsse man von rechts nach links lesen, dann hieße es Oel (Frankfurter Rundschau vom 4. Februar 1991, S.3). Als Staatssekretär im Auswärtigen Amt half er den Golfstaaten bei Export- und Genehmigungsproblemen mit seiner Behörde. Ein irakischer Diplomat versicherte, Möllemann habe ihm stets geholfen, "Dinge zu bekommen, die wir manchmal nur unter sehr schwierigen Umständen erhalten hätten."[11]

Ebenfalls während des Golfkrieges versicherte der Außenminister Genscher dem israelischen Botschafter in Bonn:

> "Es ist der entschiedene Wille der Bundesregierung, Händlern und Produzenten des Todes kein Schlupfloch zu lassen" (Zitiert nach der Zeit vom 25. Januar 1991, S.31).

Zuvor war Genscher vor der Generalversammlung der Vereinten Nationen als Gegner von Rüstungsexporten aufgetreten:

> "Regionale Krisenherde werden durch einen zügellosen Waffenhandel verschärft" (nach der Frankfurter Rundschau vom 25. Januar 1991, S.16).

Während Genscher sich international als Verfechter ein strengen Exportkontrolle gab, verweigerte die Bundesregierung der deutschen Öffentlichkeit jegliche Auskunft über Rüstungsexporte, mit fadenscheinigen, laut *Zeit* "nebulösen" (9. November 1990, S.25) Begründungen: Es existierten keine Statistiken (Lorscheid, S.56), Verwaltungsverfahrensgesetz und Datenschutzbestimmungen sprächen gegen eine Veröffentlichung (Frankfurter Rundschau vom 26. Februar 1991, S.4).

Die "Zeit" erklärt die hier angewandte Doppelstrategie der Anbiederung an die öffentliche Meinung bei gleichzeitiger Irreführung der Öffentlichkeit als Arbeitsteilung innerhalb der Regierung:

> "Bonn hat in Sachen Rüstungsexport eine trickreiche Arbeitsteilung erfunden. Bundesaußenminister Hans-Dietrich Genscher profiliert sich vor den Vereinten Nationen als Gegner von Rüstungsexporten. So fordert er wiederholt umfassende Transparenz solcher Ausfuhren und plädiert für ein UN-Register aller internationalen Rüstungsexporte. Zu Hause dagegen verwehrt sein Kollege und Parteifreund vom Wirtschaftsministerium, Helmut Hausmann, neugierige Einblicke in die Exportbilanz bundesdeutscher Rüstungslieferanten" (Die Zeit vom 9. November 1990, S.25).

---

11 Ebenda. Möllemanns Berufung zum Wirtschaftsminister wird die Frankfurter Rundschau später wie folgt kommentieren: "Daß ausgerechnet zwei Männer, die ihre Promotion von Rüstungsgeschäften früher nie verhehlt haben, heute an der Spitze jenes Bundeswirtschaftsministeriums stehen, das eben diese Exporte einschränken soll, ist grotesk" (Frankfurter Rundschau vom 7. Februar 1991, S.3). Der zweite Mann ist E. Riedl, zu dem hier noch mehr zu sagen sein wird.

Deutlich ist hier die ideologische Differenz zwischen dem offiziellen Diskurs der Regierung und ihrer politischen Praxis als Resultat einer politischen Strategie erkennbar. Das gravierendste Beispiel dieser Strategie liefert der damalige Staatssekretär im Wirtschaftsministerium, Erich Riedl, gleichzeitig wichtigster Lobbyist (und Aufsichtsrat) des Ende der 80er Jahre größten deutschen Rüstungsexporteurs MBB (Leyendecker/Rickelmann, S.20).

> Während des zweiten Golfkrieges nennt er Waffenexporte an den Irak "verbrecherische Exporthandlungen" und fordert eine Erhöhung der Höchststrafe von 12 auf 18 Jahre (ebenda). Illegale Rüstungsexporte stellt er als die seltene Ausnahme dar, Bundesregierung und Behörden dagegen als gewissenhafteste Kontrolleure: "Wenn wir (gemeint ist die Bundesregierung - J.F.) auch nur den Hauch eines Verdachts haben, werden die Behörden sofort tätig." Illegale Exporte seien Einzelfälle, die "von den Behörden mit aller Intensität verfolgt" würden (a.a.O., S.19).

Riedl hatte sich zuvor als Lobbyist von Rüstungsfirmen und als Vertreter marktwirtschaftlicher Prinzipien auch im Rüstungshandel hervorgetan. Als verantwortlicher Staatssekretär mit den Rüstungsgeschäften des Bundesunternehmens F. Werner konfrontiert (unter anderem Betreiber der einzigen Munitionsfabrik im Norden Nigerias), verteidigte Riedl die Rüstungsgeschäfte und lehnte jede Verantwortung der Bundesregierung für deren Folgen ab:

> "Sie können auch mit einer Säge oder mit einem Hammer jemanden umbringen, ohne daß die Hersteller der Säge oder des Hammers dafür verantwortlich gemacht werden können" (zitiert nach Lorscheid, S.19). Auf eine parlamentarische Anfrage der Opposition im Bundestag muß Riedl später (1989) eingestehen, daß die unter Aufsicht seines Ministeriums stehende Firma "Sprengstoff für die Füllung von Artelleriegranaten" in Nigeria herstelle (ebenda). An der Lieferung der "giftgasfähigen" Condor II Rakete über Argentinien an den Irak war der von Riedl protegierte Rüstungskonzern MBB "an vorderster Front beteiligt" (Gansel in der Frankfurter Rundschau vom 25. Januar 1991, S.16). MBB mußte auch bestätigen, daß die französische Firma Euromissile, an der MBB zur Hälfte beteiligt war, Lenkwaffen an den Irak geliefert hatte (Frankfurter Rundschau, 26. Januar 1991, S.16).

Diese Lieferungen über Frankreich waren legal: Die Bundesregierung hatte sie aufgrund des Vorrangs des "Kooperationsinteresses" genehmigt (Die Zeit vom 26. April 1991, S.25). Da Frankreich offiziell Adressat war, konnte Wirtschaftsminister Möllemann, der die "Exporteure des Todes" wie Mörder bestraft sehen möchte, behaupten, zwischen 1981 und 1990 seien keine Rüstungsexporte an den Irak geliefert worden.

Dies ist ein Beispiel gelungener Kooperation im Rüstungsgeschäft: Kein Exportverbot ist mehr nötig, während man sich in der Öffentlichkeit gebührend als Moralist produzieren kann. Ein Angestellter von MBB bestätigt die politisch-strategische Absicht der Rüstungskooperation mit Frankreich: "Euromissile ist im Grunde nur für den Export gegründet worden" (Die Zeit vom 12. April 1991, S.20).

Ein Höhepunkt des politischen Rituals der Empörung und Distanzierung, mithin des Pseudodiskurses der politisch Herrschenden ist vor diesem Hintergrund die pathetische Stellungnahme Riedls während des zweiten Golfkrieges zu Rüstungslieferungen an den Irak:

"Das ist eine grausame Sache. Mir geht das auch alles nach, so wie Millionen Menschen in der ganzen Welt das schrecklich finden. Wenn wir auch nur einen einzigen Anhaltspunkt dafür gehabt hätten, daß die und jene Firma Giftgasanlagen im Irak bauen wollte, hätte keiner von ihnen die geringste Chance gehabt, überhaupt den Flughafen zu erreichen, geschweige denn zu exportieren" (nach: Leyendecker/Rickelmann, S.20).

Geht es konkret gegen die Interessen der Rüstungsbranche, zeigt Riedl Flagge für seine wahren Mandanten. Gegen eine Beschränkung von Rüstungsexporten auf die Nato argumentiert er in nationalem Interesse:

"Deutschland kann sich mit seiner Außenpolitik nicht an der Grenze Europas verabschieden" (ebenda). Gerade zu einer Zeit, da Deutschland durch die Wiedervereinigung seine volle Souveränität wiedererlangt habe, sei ein Verzicht auf Exporte "einfach lächerlich".[12]

Die versuchte Verschleierung politischen Handelns durch pseudoöffentliche Diskursivierung ist weder auf einzelne Rüstungslobbyisten noch auf die Bundesrepublik beschränkt. Politische Herrschaft ist vielmehr dann auf diese Strategie angewiesen, wenn sie sich permanent einer breiten Öffentlichkeit gegenüber legitimieren muß. Dies ist bei allen demokratischen Staaten der westlichen Welt der Fall, denn Herrschaftsinteressen und öffentliche Meinung sind nie völlig kongruent.[13] Herrschaftsinteressen als partikulare privilegierter Gruppen, Klassen (oder, im Maßstab einer Weltgesellschaft: Staaten) widersprechen zwangsläufig denen nicht privilegierter Gruppen oder Klassen, mithin einem fiktiven Gemeinwohl. Da der demokratische kapitalistische Staat jenes zu seiner ureigenen Sache erklärt, sich über dieses legitimiert, muß er seine Partikularität verschleiern.

In unserem Beispiel entspricht diese Partikularität der Parteinahme für die Rüstungsindustrie, die dem offiziellen Diskurs der Herrschenden widerspricht, der opportunistisch Friedfertigkeit beteuert. Dieser Widerspruch zwischen offiziellem Diskurs und politischer Praxis beruht auf dem strukturellen Widerspruch zwischen der Ideologiefunktion und der Agenturfunktion des kapitalistischen Staates. Er wird erst

---

12 Ebenda. Auf die - wenn auch "grausame", so doch - lukrative Lieferung von 10 000 Panzerabwehrraketen und 1050 Luftabwehrraketen durch MBB über Euromissile an den Irak (Süddeutsche Zeitung vom 24. September 1990, S.2) hätte man dank des Umwegs über Frankreich auch bei einer Exportbeschränkung auf die Nato nicht verzichten müssen.

13 Ein Beispiel für ideologische Differenz auf höchster internationaler Ebene: Auf dem Gipfeltreffen der Regierungschefs der sieben reichsten Industrieländer 1991 in London wurde eine Erklärung zur Waffenexportpolitik verabschiedet. Darin verpflichtet man sich, auf Exporte zu verzichten, "die sich destabilisierend auswirken oder bestehende Spannungen verschärfen würden." Ziele seien ein "neues Klima weltweiter Zurückhaltung" sowie "diese Gefahren zu beseitigen, welche die Sicherheit aller unserer Völker bedrohen können" (Londoner Gipfelerklärung zum Waffenexport, zitiert nach der Frankfurter Rundschau vom 18. Juli 1991, S.14). Nach dem weltweit renommiertesten Friedensforschungsinstitut SIPRI waren die USA 1991 erstmals wieder Hauptlieferant von Waffen an die dritte Welt. Die Bundesrepublik war drittstärkster, Großbritannien fünft- und Frankreich sechststärkster Rüstungsexporteur - alle als sogenannte G 7 Staaten Unterzeichner der obigen Erklärung (SIPRI Jahrbuch 1992, dokumentiert in der Frankfurter Rundschau vom 20. Juni 1992, S.11).

dann zu einem Legitimationsproblem, wenn konkrete Ereignisse in einer sensibilisierten Öffentlichkeit einen Diskursivierungsschub auslösen.

7.4.4 Die Inszenierung des politischen Diskurses im Bundestag

In unserem Modell des politischen Diskurses nimmt der parlamentarische Untersuchungsausschuß eine zwischen kritischer Öffentlichkeit und offiziellem Diskurs vermittelnde Stellung ein. Aufgrund des Legitimationsdrucks einer kritischen Öffentlichkeit entstanden, bietet er politisch Herrschenden wie auch der politischen Oppositon eine öffentliche Plattform. Auf parlamentarischer Ebene reproduziert er den gesellschaftlichen Diskurs des Machtmißbrauchs, als Spiel und als Schauspiel (Politik als Schauspiel: Käsler, S.24ff., Sennet, S.302ff.). Wie im Schauspiel ist die gesellschaftliche Komplexität auf eindeutige Rollen reduziert. Die Angehörigen der regierenden Parteien verkörpern die Herrschenden als Subjekte des offiziellen Diskurses, die Angehörigen der parlamentarischen Opposition die kritische Öffentlichkeit. Das Kontinuum der öffentlichen Meinung ist auf zwei scheinbar entgegengesetzte Positionen polarisiert. Beide aber bleiben innerhalb der Schranken der herrschenden Definition des Politischen. Sie stellen einen Diskurs des Machtmißbrauchs dar, inszeniert für die Öffentlichkeit. Der Untersuchungsausschuß zum U-Boot-Geschäft mit Südafrika ist in diesem Sinn eine exzellente Aufführung. Ungeachtet des politischen Auftrages, der Kontrolle der Regierung durch das Parlament, halten die Akteure die polarisierten Rollen konsequent durch.

Die Vertreter der Regierungsparteien, als direkt gewählte Repräsentanten des Volkes in dessen Namen Kontrolleure der Exekutive, verstehen sich durchweg als Apologeten der Regierungspolitik. Da sie im Untersuchungsausschuß über die Mehrheit verfügen, kann kein Beschluß ohne ihre Zustimmung gefaßt werden. (Lediglich das Einsetzen des Ausschusses ist das Vorrecht der Minderheit im Bundestag.) Vorgesehen als Delegierte der Öffentlichkeit drehen sie den Spieß um und fungieren als Regierungssprecher. Die Taktik ist dementsprechend die des offiziellen Diskurses der Herrschenden: Diskursverweigerung bei konkreten Anschuldigungen und gleichzeitige Dramatisierung unverbindlicher und allgemeiner Themen. Wenn die Situation für die Regierung prekär zu werden droht, behindert die Ausschußmehrheit gezielt die Aufklärung. Als Vorwand dienen in der Regel formale Einwände.

> Als das Amtsgericht Bonn die Anträge des Untersuchungsausschusses auf Beschlagnahme von Akten bei IKL und HDW zurückwies, weigerte sich die Ausschußmehrheit, Beschwerde einzulegen. Begründung: "Der Deutsche Bundestag und die Öffentlichkeit haben einen Anspruch darauf, daß der Untersuchungsausschuß in angemessener Zeit über das Ergebnis seiner Arbeiten berichtet. Seit langem ist offenkundig: Der für eine politische Bewertung relevante Sachverhalt ist aufgeklärt... Dazu gehören nicht nur umfangreiche Anhörungen, sondern auch die Einsichtnahme in zahlreiche Akten, darunter ca. 160 Dokumente aus den Unternehmen IKL und HDW" (29).

Die Ausschußmehrheit argumentiert weder inhaltlich noch formal juristisch, sondern pseudeo-öffentlich. Sie macht sich zum Fürsprecher der Öffentlichkeit und gibt ihre eigenen Interessen als deren Interessen aus, nämlich den Vorrang einer schnellen Aufklärung vor einer gründlichen. Bereits die Aussage selbst ist unplausibel, es wird kein einziges Argument für einen Vorrang einer schnellen Aufklärung vorgebracht. Die Nennung der absoluten Zahl von "ca. 160 Dokumente(n) aus den Unternehmen IKL und HDW" als Begründung für die Vollständigkeit der Untersuchung ist hanebüchen. Ohne eine Relation zur Gesamtzahl der relevanten Akten sagt die Zahl 160 nichts aus. Es könnten ohne weiteres weitere 160 aussagekräftigere Akten nicht eingesehen worden sein. Darüber hinaus aber verblüfft die Anmaßung, mit der Politiker im Namen der Öffentlichkeit zu sprechen vorgeben, wo sie kaum verhüllt partei- und machtpolitische Interessen vertreten, hier: das Verhindern der Aufklärung. Um doch noch eine Beschlagnahme der Akten zu ermöglichen, brachte die SPD-Fraktion im Bundestag einen modifizierten Untersuchungsauftrag ein, der die rechtlichen Bedenken des Amtsgerichts Bonn gegen eine Beschlagnahme ausgeräumt hätte. Die Regierungsmehrheit im Bundestag lehnte den Antrag ab und wies den Fall an den Untersuchungsauschuß zurück. Der Bundestag entscheide lediglich über den Einsatz eines Untersuchungsausschusses, nicht aber über Veränderungen des Untersuchungsauftrags (37-39). Der Kreis ist geschlossen, das Desinteresse der Mehrheit des Untersuchungsausschusses an der Aufklärung des Falles durch die Volksvertretung sanktioniert.

Im September 1990 lehnte es die Mehrheit des Ausschusses ab, die Gewährleistung der Geheimhaltung zu bestätigen. Damit verhinderte sie selbst eine mögliche Akteneinsicht. Das Amtsgericht Bonn hatte die Herausgabe der Akten mit dem Verweis auf den Verdacht einer Verletzung des Geheimschutzes durch Mitglieder des Untersuchungsausschusses verweigert.[14] Der Verdacht war von den beschuldigten Firmen geäußert worden (46). Die angeblich als geheim einzustufenden Informationen enthielten keinerlei politisch oder gar militärisch brisantes Material (nachzulesen im "corpus delicti", Anlage 5).

Nach Beendigung des Ausschusses zieht der Obmann der SPD das Fazit dieser Bemühungen der Mehrheit: Alle Verfahren wurden eingestellt, die zentralen Figuren Pieper und Zoglmann wurden nicht einmal gehört, der mit den Firmen in Kontakt stehende Minister Waigel wurde nie über Verhandlungen mit IKL und HDW befragt (Gansel, S.326). In ihrem abweichenden Bericht werfen die sozialdemokratischen Ausschußmitglieder der Mehrheit vor, Beweisanträge "rechtlich willkürlich verworfen" zu haben - "mit dem Hinweis, der Minderheit stehe es frei, vor dem Bundesverfassungsgericht zu klagen (Bundestagsdrucksache 11/8176, S.41). Das Desinteresse der Regierungsmehrheit an der Aufklärung der Sachverhalte sowie die Taktik der Behinderung der Ausschußarbeit läßt sich an den Sitzungsprotokollen ablesen. Im März 1990 waren gerade die Hälfte aller Sitzungen (22 von 44) zur Beweisaufnahme genutzt worden, den Rest (55 von 104 Stunden) nahmen "Verfahrens- und Geschäftsordnungsdebatten" ein (Der Spiegel, Nr. 13/1990, S.127).

---

14 Später stellte die Oberfinanzdirektion Kiel die Ermittlungen unter anderem deshalb ein, weil die Akten zur Aufklärung nicht eingesehen werden konnten (Wulf, S.125).

Zweifellos versuchten die Vertreter der Mehrheit im Untersuchungsausschuß, die allzu eindeutige Parteinahme für die Interessen der Regierung vor der Öffentlichkeit zu verheimlichen. Ihre Sprache aber verrät nicht selten die Strategie. Der Obmann der CDU/CSU Fraktion, Friedrich Bohl begründete im April 1987 die Ablehnung einer Erweiterung des Untersuchungsauftrages vor dem Deutschen Bundestag: "Wir werden es nicht zulassen, daß ein Bundes-Untersuchungsausschuß die Länderexekutiven kontrolliert" (363). Nicht der Vorrang von Formfragen vor dem Willen zur Aufklärung ist das Bezeichnende dieser Aussage, sondern der Gestus. Bohl nimmt die Haltung des Verteidigers der Beschuldigten gegen die Versuche der Aufdeckung der Vorkommnisse ein. Letzteres aber sollte sein Anliegen als Mitglied des Untersuchungsausschusses sein. Nicht ein Ausdruck des Bedauerns über formale Hindernisse kennzeichnet seinen Beitrag, sondern die Drohung gegen potentielle Aufdeckung.

Der Entdiskursivierung steht die Diskursivierung gegenüber. Sie ist nicht ihr Gegenteil, sondern die andere Seite der gleichen Strategie. Sie wird notwendig, weil Diskursverweigerung allein dem Legitimationsdruck nicht standhält. Aussagen über Fakten und politische Praxis werden verweigert, während der offizielle Diskurs der Regierenden unablässig Aussage auf Aussage produziert, adressiert an die Öffentlichkeit. Unter Nutzung der Privilegien der quasi-öffentlichen Meinung wird beteuert, angeklagt, wird versucht, Bühne und Rollen zu wechseln. Diskursivierung soll die Strategie der Diskursverweigerung verschleiern und ist deshalb ihr zugehörig. Die Mehrheit des Untersuchungsausschusses repräsentiert auch in dieser Hinsicht den offiziellen Diskurs, ungeachtet ihrer Aufgabe einer Kontrolle der Exekutive.

> "Die Südafrika-Politik der Bundesregierung ist eindeutig. Sie wird durch das Geschehen nicht in Frage gestellt. Seit 1969 genehmigt die Bundesregierung nicht die Lieferung von Waffen und Rüstungsgütern nach Südafrika" (93).

Es handelt sich bei dieser Stellungnahme nicht etwa um ein Regierungserklärung, sondern um den Text des Abschlußberichts des Untersuchungsausschusses, dessen Aufgabe nicht die Repräsentation, sondern die Kontrolle der Regierung ist. Zumindest hinsichtlich des U-Boot-Geschäftes ist die Aussage an sich nicht einmal falsch. Eine Genehmigung der Exporte war nämlich gar nicht vorgesehen, sondern die Rückendeckung der Regierung für die ungenehmigte Lieferung.

> Die Versicherung Kohls gegenüber dem damaligen südafrikanischen Regierungschef Botha, sich persönlich um das Gelingen des U-Boot-Geschäftes zu kümmern, kommentiert der Bericht wie folgt: "Daß Bundeskanzler Dr. Kohl dem südafrikanischen Premierminister Botha, der im Sommer 1984 Gast der Bundesrepublik Deutschland war, zusagte, sich dessen Wunsches persönlich anzunehmen, ist im Hinblick auf den international üblichen Umgang mit Staatsgästen eine Selbstverständlichkeit" (89).

Die Aussage hat im Abschlußbericht eines Untersuchungsausschusses nichts zu suchen, ist aber für unsere Untersuchung aufschlußreich. Sie verweist auf die Beflissenheit, mit der die Ausschußmehrheit sich ungefragt und ungeachtet ihres Auftrags als Verteidiger der Regierung präsentiert. (Nebenbei offenbart man die Priorität der Höflichkeit gegenüber Repräsentanten totalitärer Staaten vor den Resolutionen der Vereinten Nationen, vor internationalem Recht und vor der Achtung der Menschenrechte.)

Das "natürliche Interesse" der Ausschußmehrheit, "jede wirksame Kontrolle der eigenen Regierung zu verhindern" (Votum der SPD, Bundestagsdrucksache 11/8176, S.39) hat sich durchgesetzt. Vor diesem Hintergrund kommt dem Untersuchungsausschuß weniger die Funktion der Kontrolle selbst zu, sondern die der Aufrechterhaltung der Fiktion einer intakten Kontrolle in der Öffentlichkeit.

Daß die angestrebte Kontrolle der Exekutive durch den parlamentarischen Untersuchungsausschuß faktisch wirkungslos bleibt, kann unter den Bedingungen des Parteienstaates[15] nicht verwundern. Immerhin kontrollieren die gleichen Parteien das Kontrollorgan, die auch die zu kontrollierende Regierung stellen. Als demokratische Institution gewinnt der Untersuchungsausschuß jedoch offiziellen und damit quasinormsetzenden Charakter in der Öffentlichkeit. Er ist Teil des world-making durch expressive politische Akte und damit letztlich nicht nur Kontroll-, sondern auch Herrschaftsinstrument. Als solches wirkt die Tautologie der Selbstkontrolle über Parlament und Regierung hinaus und wird zur Rechtfertigung jeglichen Handelns der politischen Eliten.

Anhand der Verweigerung der Aktenherausgabe durch die Staatsanwaltschaft Kiel läßt sich diese Tautologie nachvollziehen: Die Ausschußmehrheit, die als Kontrolleur fast offen die Interessen der Kontrollierten vertritt, beschuldigt einige an Aufklärung interessierte Ausschußmitglieder des Geheimnisverrats. Aufgrund der Einschätzung dieser Ausschußmehrheit verweigert die Staatsanwaltschaft Kiel die Herausgabe der Akten an den Untersuchungsausschuß. Die Mehrheit lehnt einen Antrag der oppositionellen Minderheit ab, der Akteneinsicht und damit Aufklärung ermöglichen würde.[16] (Bis hierher ist die Tautologie auf den Staat - Regierung, Parlament, Untersuchungsausschuß, Justiz - begrenzt.) Da der Untersuchungsausschuß in der Öffentlichkeit als demokratische Institution gilt, also normbildenden Charakter hat, beruft man sich auf ihn als normative Instanz. Dies tut der Rechtsanwalt der Firmen HDW und IKL: "Wenn aber bereits die Mehrheit der Ausschußmitglieder dieser Auffassung (daß Geheimnisverrat vorliegt - J.F.) ist, muß erst recht jedes Vertrauen in die zukünftige Rechtstreue der Ausschußmitglieder bei außenstehenden Dritten verloren gehen" (491).

7.4.5 Die Rolle der Opposition im Untersuchungsausschuß

In Massendemokratien führt der Weg zu politischer Herrschaft über die Öffentlichkeit, sprich: die Wähler. Die Öffentlichkeit ist deshalb Adressat des offiziellen Diskurses der Regierenden. Das Gleiche gilt für den Diskurs der parlamentarischen Opposition.[17] Diese Orientierung offizieller Diskurse an der öffentlichen Meinung ist

---

15 Zum Parteienstaat: v. Beyme (1984), Kirchheimer (1981), Offe (1980).

16 Später werden die als Geheimnisse eingestuften Informationen doch veröffentlicht. Die Einstufung ist kaum nachzuvollziehen (Anlage 5).

17 Unter parlamentarischer Opposition wollen wir im folgenden der Einfachheit halber nicht nur die Minderheitsfraktionen der Parlamente, sondern die entsprechenden Parteien insgesamt verstehen.

freilich kein Charakteristikum des kapitalistischen Staates schlechthin, sondern eines seiner derzeitigen Formation in den westlichen Industrieländern, der parlamentarischen Massendemokratie.

Kirchheimer hat eine Formveränderung der Parteien in den Massendemokratien diagnostiziert. Nach seiner Konvergenztheorie führt vor allem das Verwischen von Klassengrenzen im Spätkapitalismus zu einer Wandlung der Parteienstrukturen (Kirchheimer 1981, vgl. auch Söllner 1982. Im 19. Jahrhundert, insbesondere vor der Einführung des allgemeinen Wahlrechts, vertraten die Parteien spezifische Interessen klar definierter sozialer Gruppen und Klassen. Sie waren "verhüllte Interessenverbände" (von Beyme 1984, S.22) eines identifizierbaren Klientels. Noch in der ersten Hälfte des 20. Jahrhunderts war diese Konsistenz gewahrt. Die Parteien waren fest in der Gesellschaft verankert, sie waren Teile gesellschaftlicher Gruppen. Die Identifikation einer Klasse, eines Berufsstandes oder einer religiösen Gemeinschaft mit einer Partei entsprach dem inneren Zusammenhang von gesellschaftlicher und politischer Sphäre.[18]

Mit der Veränderung der Sozialstruktur nach dem zweiten Weltkrieg und der Auflösung der herkömmlichen, homogenen Klassen löste sich dieser Zusammenhang engültig. Die gesellschaftliche Integration der Arbeiterklasse durch Tarifautonomie und Sozialstaatskompromiß sowie die Verbreitung einer lohnabhängigen Mittelschicht, die keiner sich ihrer Identität bewußten Klasse oder sozialen Bewegung mehr zuzuordnen war, führten zu einem Verwischen von Klassengrenzen.[19] Die Parteienstruktur paßte sich dieser Tendenz an. Nicht mehr die Vertretung konkreter Interessen eines identifizierbaren Klientels, sondern die Maximierung der Wählerstimmen war jetzt die wichtigste Aufgabe. Die Parteien traten in offene Konkurrenz auf einem freien Markt der Wählerstimmen. Sie sind heute nicht mehr Arbeiter-, Bauern-, Katholiken-, Aristokratenpartei, sondern Volkspartei.[20]

Mit der veränderten Sozialstruktur und der dieser folgenden Formveränderung der Parteien ging die Einheit zwischen sozialer Bewegung und politischer Organisationsform verloren und damit die Einheit von gesellschaftlicher und politischer Existenz der Bürger. Die Selbstzuordnung zu einer politischen Organisation, früher durch die soziale Lage determiniert, wurde prekär, sie wurde zum individuellen Problem der politischen Identifikation (Offe 1980, S.33). Diese Situation bestimmt den Zweck der Konkurrenzpartei: Sie ist darauf angewiesen, möglichst viele Individuen zu erreichen und zu überzeugen, ohne daß sie auf soziale Konstanten wie

---

18 Offe (1980), S.31ff. Noch in der Weimarer Republik konnten Sozialdemokratie und KPD eindeutig der Arbeiterklasse zugeordnet werden, es gab eine Bauernpartei, das Zentrum war erklärter Vertreter der Interessen der katholischen Bevölkerung.

19 Den Aufstieg der lohnabhängigen Mittelschichten als eine Ursache für die Formveränderung der Parteien nennt Raschke (1982).

20 Raschke beschreibt die Entwicklung der SPD zur Volkspartei nach 1945: In der Weimarer Republik nie über 30% der Stimmen hinausgekommen, konnt nur eine Öffnung gegenüber den neuen lohnabhängigen Mittelschichten ihre Konkurrenzfähigkeit gegenüber der anderen nach dem zweiten Weltkrieg gegründeten Volkspartei, der CDU, erhalten. Mit dieser Öffnung war eine Abgrenzung gegenüber der eigenen Parteilinken notwendig, die 1959 im Godesberger Programm manifestiert wurde (ebenda).

Klassen-, Religions- oder Berufsstandszugehörigkeit zurückgreifen kann. Der Zerfall der politischen Identität der Parteien und derjenigen der Bürger bedingen sich wechselseitig. Die aus ihm resultierende Orientierungslosigkeit prägt das Bild der heutigen Volkspartei.[21] Diese sind sich ihrer Klientel nicht mehr sicher. Sie können sich nicht mehr auf eine sozial definierte Gruppe von Anhängern stützen, sondern müssen alle Bürger ansprechen, weshalb Kirchheimer von der "catch-all-party" spricht.[22] Die gleiche Tendenz beschreiben Begriffe wie Volkspartei, Konkurrenzpartei oder soziale Querschnittspartei. Mit dem Prinzip der Abstraktion von der gesellschaftlichen Identität wird die Konkurrenzpartei zum Selbstzweck. Ihr Interesse richtet sich auf den Machterwerb, nicht auf die Vertretung konkreter Interessen eines Klientels, denn diese könnte andere Wähler vergraulen. Die Konkurrenzpartei wird zum "weltanschuungsneutralen Machterwerbsorgan" (Offe 1980). Um ihr einziges konstantes Ziel, den Gewinn politischer Macht durch die Maximierung der Wählerstimmen, zu erreichen, hat sie eine innere Differenzierung entwikelt, die Generalisierung und Spezialisierung optimal verknüpft: Generalisierung des Programmes bei gleichzeitiger Spezialisierung auf die Macht (ebenda).

Die fehlende Identität der Konkurrenzpartei, das Fehlen klare Standpunkte führt zwangsläufig zur Konvergenz der Parteien. Ihr Verhältnis zum Bürger ist ein rein instrumentelles, das auf dem abstrakten Prinzip des Tausches beruht: Die Partei bietet die Vertretung privater Interessen im Tausch gegen die Stimme des Wählers. Der Verfall der politischen Opposition ist unter der Bedingung der zentralen Rolle der Parteien in der Massendemokratie die logische Folge (Söllner, S.302). Der politische Diskurs wird eindimensional. Oben wurde dies anhand der Entwicklung des Diskurses des Machtmißbrauchs in der bürgerlichen Gesellschaft als Zerfall der Machtkritik zugunsten eines affirmativen Diskurses der Abweichung erörtert. Wenn die politikwissenschaftliche These Kirchheimers, Offes und Raschkes tatsächlich zutrifft, so müßte gerade für die Nachkriegszeit diese Tendenz verstärkt zu beobachten sein.

Im auf polare Positionen reduzierten Schauspiel des Untersuchungsausschusses spielt die parlamentarische Opposition die Rolle der kritischen Öffentlichkeit. Die Reduktion des Diskurses der parlamentarischen Opposition auf den Idealtypus politischer Kritik verdrängt zwar die Machtkritik, der sie historisch sich zu verdanken hat, zugunsten eines der politischen Sprache verhafteten Diskurses des Machtmißbrauchs. Gerade in dieser verkürzten idealtypischen Rolle aber repräsentiert der Diskurs der parlamentarischen Opposition die verkürzte Rationalität des Politischen und dessen Charakter der Inszenierung.

Eine Aufgabe der parlamentarischen Opposition ist die Aufklärung von politischen Fehlern und Rechtsverletzungen der Regierenden, der klassische Diskurs des Machtmißbrauchs. Wir haben ihn aufgrund dieser Aufgabe heuristisch der kritischen

---

21 Nach Raschke sind "Überanpassung" und "Übergeneralisierung" Ursachen für den Identitätsverlust der Volksparteien (Raschke 1982).

22 Kirchheimer verweist auf den sozialpsychologischen Hintergrund dieser Angleichung: "Eine breite Übereinkunft der Parteien kann die gleiche psychologische Funktion erfüllen wie die objektive und unabhängige Staatsgewalt, nach der die Menschen noch immer verlangen" (1957, S.81).

Öffentlichkeit zugeordnet. Betrachtet man isoliert die Rolle der Opposition im Untersuchungsausschuß, so scheint der Diskurs damit zweifelsfrei richtig charakterisiert. Mit Akribie und großem Eifer drängten die Vertreter der parlamantarischen Opposition im Untersuchungsausschuß (SPD und Grüne) auf die Klärung aller Tatbestände, insbesondere die Verstrickung von Regierungsmitgliedern. Diese betont oppositionelle Haltung widerlegt auf den ersten Blick die Konvergenzthese Kirchheimers.

Betrachtet man den Diskurs der politischen Opposition aber im Sinne Bourdieus als offiziellen, das heißt unter dem Aspekt seines Adressaten, der Öffentlichkeit, so ist hinsichtlich der Authentizität dieser Haltung Skepsis angebracht. Zumindest taucht dann auch hier die Frage nach einer ideologischen Differenz zwischen offiziellem Diskurs (der parlamentarischen Opposition) und politisch-administrativer Praxis auf. Nur läßt diese sich hier nicht unmittelbar beobachten. Während der offizielle Diskurs der Regierenden sich durch die ideologische Differenz zum administrativen bzw. zur politischen Praxis unmittelbar als Machtstrategie erweist, stehen hinsichtlich des Diskurses der parlamentarischen Opposition keine direkten Indikatoren für die Diskrepanz zwischen öffentlicher Beteuerung und tatsächlicher Intention zur Verfügung. Ideologische Differenz muß deshalb mittelbar bestimmt werden. Sie ist dann zu definieren als Differenz zwischen dem aktuellen parlamentarischen Diskurs der Oppositionspartei und deren politischer Praxis in früherer Regierungsverantwortung; oder zwischen offiziellem Diskurs als Opposition und administrativer Praxis zu gleicher Zeit in verschiedenen politischen Räumen. Die Verschiebung von Zeit oder Raum relativieren für sich genommen sicher die Ergebnisse, ihre Kombination schwächt diese Einschränkung wieder ab.[23]

Im Sinne der hier vorgeschlagenen Definition einer mittelbaren ideologischen Differenz wollen wir die konsequente Haltung der Sozialdemokraten gegen Rüstungsexporte in Krisengebiete und an totalitäre Staaten im Untersuchungsausschuß nun mit der vergleichbaren politischen Praxis der Sozialdemokratie in Regierungsverantwortung konfrontieren:

- Anfang der 70er Jahre verspricht die sozialliberale Regierung der Firma IKL (!) "Rückendeckung" für die Lieferung von U-Booten nach Israel über Großbritannien. Trotz politischer und administrativer Probleme gelingt es, das Geschäft ohne Beteiligung der Kontrollbehörden abzuwickeln (59; Die Zeit vom 6. April 1990, S.41). Die Regierung Brandt genehmigt unter anderem den Export von 840 Schnellfeuergewehren, 500 Maschinengewehren und 170 Maschinenpistolen nach Chile (363; der OB-Mann der CDU, Bohl, benutzt diese Informationen in seiner Bundestagsrede am 2. April 1987 nicht etwa zwecks einer nachträglichen Kritik, sondern als Rechtfertigung aktueller Rüstungsexporte).
- 1975 schlägt die SPD vor, die Straftatbestände des Außenwirtschaftsgesetzes künftig nur noch als Ordnungswidrigkeiten zu verfolgen (54; vgl. die obige These der Kompatibilisierung des Rechts als Strukturprinzip des kapitalistischen Staates.) In der Oppositionsrolle fordert die SPD dagegen während des zweiten Golfkrieges, Verstöße

23 Beispielsweise wird das Argument der Lernfähigkeit entkräftet, wenn früher zu Regierungszeiten praktizierte, jetzt kritisierte Bundespolitik in den Bundesländern praktiziert wird, in denen die Oppositionspartei des Bundes regiert.

gegen UN-Rüstungsembargos und gegen Rüstungsexportbestimmungen als Verbrechen zu bestrafen statt als Ordnungswidrigkeit (Frankfurter Rundschau vom 23. Januar 1991, S.4).

- Noch Anfang der 70er Jahre durfte der zum Teil in der Bundesrepublik produzierte Tornado nicht gegen den deren Willen außerhalb der Nato weiterverkauft werden. "Die Bundeskanzler Helmut Schmidt und Helmut Kohl hoben diese Beschränkung dann aber unter dem Druck der deutschen Waffenindustrie und der britischen Regierung in zwei Schritten 1981 und 1983 auf" (Die Zeit vom 12. April 1991, S.20).

- Unter der sozialliberalen Bundesregierung werden U-Boote der HDW-Werft nach Argentinien geliefert, die später im Falklandkrieg zum Einsatz kommen. Weitere sechs U-Boote gehen 1978 an den Iran, zwei nach Chile (Wulf, S.110f.). Die SPD/FDP Regierung definiert diese Länder nicht als Spannungsgebiete! Auch diese Definition wird sich mit dem Rollenwechsel zur Opposition ändern (ebenda).

- Die bundeseigene Firma STEAG liefert über die gesamten 70er Jahre Komponenten einer Urananreicherungsanlage nach Südafrika, die Firmen Siemens und MBB liefern dazu das "Herzstück", die Trenndüsen. (Es handelt sich dabei um "sensitive Atomkomponenten, mit denen man Uran bombentauglich anreichern kann" (Lorscheid, S.46). Die Unterlagen werden ähnlich wie beim geplanten U-Boot-Geschäft (IK 97 !) transportiert: "Per Botschaftswagen, geheim und illegal. Mit dem CD-Fahrzeug zum südafrikanischen Flugzeug und weiter als Diplomatengepäck - unkontrolliert - nach Südafrika" (ebenda).

Die politische Praxis der Rüstungsexporte hat sich durch den Regierungswechsel offenbar keineswegs verändert. Im Gegenteil, sie blieb bis hin zu kleinsten Details dieselbe. Rüstungsexporte werden möglichst ohne Genehmigungsanträge unter Ausnutzung des Diplomatenstatus an den Behörden vorbei orgisiert, damit selbstverständlich auch an der Öffentlichkeit. Es scheint weniger die politische Haltung zu sein, die sich gewandelt hat, sondern der an die Öffentlichkeit gerichtete offizielle Diskurs.[24] Dieser richtet sich nicht Gesinnung oder Moral, sondern nach der Rolle im politischen Wechselspiel zwischen Regierung und Opposition.

Die ideologische Differenz im Diskurs der parlamentarischen Opposition zeigt sich deutlicher, wenn der Diskurs der Oppositionspartei im Bund mit dem der gleichen Partei zur gleichen Zeit in der Regierungsrolle von Bundesländern verglichen werden kann. Selbst in unserem Beispiel Rüstungsexportpolitik, an sich Bundesangelegenheit, ergeben sich entsprechende Vergleichsmöglichkeiten, nämlich dann, wenn das Thema mit politischen Interessen einzelner Bundesländer verknüpft ist.

So kann die Landesregierung in Nordrhein-Westfalen die Verankerung eines Verbots für ABC-Waffen im Grundgesetz fordern (Frankfurter Rundschau vom 25. Januar 1991, S.4), denn es handelt sich um eine reine Bundesangelegenheit. Die eigene Landespolitik ist nicht betroffen, die strafrechtliche Wirkung fraglich, die Öffentlichkeitswirkung während des zweiten Golfkrieges aber garantiert.

---

24 Systematisch untersuchten Savelsberg und Brühl den Gesetzgebungsprozeß zum Ausschreibungsbetrug. Aufschlußreich sind dabei die verschiedenen Rollen der SPD vor und nach dem Regierungswechsel 1982. Während ihrer Regierungszeit wurde der Ausschreibungsbetrug nicht als Straftatbestand durchgesetzt, nach der "Wende" von 1982 forderte die SPD ganau dies von der neuen Regierung (Savelsberg 1990, S.151ff.).

Andere Voraussetzungen herrschen dagegen in Niedersachsen 1993, als sich der dortige sozialdemokratische Ministerpräsident Schröder vehement für U-Boot- und Fregattenexporte nach Taiwan einsetzt. Der Aspekt der Erhaltung von Arbeitsplätzen im eigenen Bundesland, sicherlich bei Landtagswahlen von großer Bedeutung, läßt den des friedlichen Zusammenlebens der Völker in sicherer Entfernung hier zur Bagatelle werden.

Als Inszenierung eines Schauspiels für die Öffentlichkeit wird die Polarisierung zwischen Regierung und Opposition dann sichtbar, wenn nicht der offizielle Diskurs, sondern die politische Praxis der Oppositionspartei zur Sprache kommt. Hinter der Fassade politischer Konkurrenz kommt die Konvergenz der Parteien zum Vorschein, die Eindimensionalität des Politischen.

Den Antrag von Bündnis 90/Grüne auf einen parlamentarischen Untersuchungsausschuß zur Aufklärung aller deutschen Waffenexporte in den Irak lehnten im Januar 1991 CDU/CSU, FDP, und SPD einhellig ab. Alle hatten in Bundes- oder Landesregierungen solche Exporte genehmigt, gefördert oder gedeckt (Frankfurter Rundschau vom 31. Januar 1991).

Tatsächlich erweist sich der Diskurs der parlamentarischen Opposition und der dahinterstehenden Parteiapparate als instrumenteller. Sein Zweck ist nicht die Kritik der Herrschaft, sondern die Verdrängung von Parteien und Personen von den privilegiertesten Positionen. (Privilegiert sind bereits die Positionen der Wortführer der Opposition.) Der Impetus der Kritik ist kein moralischer, sondern schlicht ein Wille zur Herrschaft.

Der FDP Politiker Graf Lambsdorf droht den Sozialdemokraten im U-Boot-Untersuchungsausschuß unverblümt: Diese mögen ihre Neugier zügeln, "sonst werden wir einmal gründlich untersuchen, was in den Regierungszeiten Brandt und Schmidt geliefert wurde" (zitiert nach Gansel, S.317).

Auch diese Bemerkung verheimlicht nicht ihren politischen Hintergrund. Neben dem vordergründigen Sinn setzt die Aussage einen Kontext voraus, der zwar unausgesprochen bleibt, aber durchaus offensichtlich ist und ohne den die Aussage sinnlos wäre. Zwischen den Zeilen gibt dieser für den Sinn der Aussage notwendige Kontext Aufschluß über das herrschende Politikverständnis. Lambsdorf geht von einem gemeinsamen Interesse von Regierungsparteien und SPD an der Verheimlichung von Tatsachen gegenüber der Öffentlichkeit aus, als sei dieses eine Selbstverständlichkeit. Wäre diese Kontextbedingung nicht erfüllt, würde er also der SPD dieses Interesse nicht unterstellen, so liefe seine Drohung ins Leere. Als Antwort müßte er ein gleichgültiges "na und" erwarten - ein Abbruch der von ihm initiierten Kommunikation. Die gewünschte Wirkung der Aussage bliebe aus. Erst die Voraussetzung der Konspiration macht seine Aussage zu dem, was sie sein soll, zu einer Drohung. Mit anderen Worten, Lambsdorf muß folgendes voraussetzen, um die gewünschte Wirkung zu erreichen: Es existiert ein gemeinsames Interesse von Regierungsparteien und SPD. Dieses gemeinsame Interesse ist konspirativ. Zweck der Konspiration ist das Verheimlichen politischer Praxis vor der Öffentlichkeit, die gegenseitige Verschwiegenheit. Man schweigt über die Taten der Anderen und erwartet als Gegenleistung deren Schweigen über die eigenen Taten. Wer diesen impliziten Vertrag bricht, muß mit Sanktionen des Partners rechnen, und er muß diese Sanktionen - hier das Ausplaudern eines entsprechenden Geheimnisses - fürchten.

Bekannt ist dieses Schema der Komplizenschaft aus der Subkultur der Unterwelt. Auch dort bilden sich partikulare Normen, die nach dem Motto "eine Hand wäscht die andere" funktionieren. Sie dienen zur Sicherung von Privilegien und zur Förderung der partikularen Interessen der am Pakt beteiligten Gruppen. Die partikulare Norm steht dabei im Gegensatz zu gesellschaftlich gültigen, universalen Normen, weshalb Konspiration notwendig wird. Sie ist eine subkulturelle "Gegennorm" (Girtler, S.515) mit rein strategischem Charakter. Verletzte die SPD im Untersuchungsausschuß diese Gegennorm, wäre das Schweigeabkommen damit aufgekündigt und sie dürfte ihrerseits nicht mehr auf die Solidarität der Regierungsparteien hoffen. Nur wenn Lambsdorf annimmt, daß die SPD dies unter allen Umständen vermeiden will, ist seine Drohung sinnvoll. Die Tatsache, daß er dies voraussetzt, daß er öffentlich die Beachtung der Gegennorm einfordert, zeigt, wie sehr er bereits diese Gegennorm internalisiert hat. Sie zeigt auch, daß er selbstverständlich davon ausgeht, daß die Internalisierung der Gegennorm ein Merkmal der politischen Klasse überhaupt ist. Lambsdorfs Drohung verweist damit auf die Realität politischer Strukturen hinter den Kulissen offizieller Diskurse. Nicht die Regierung steht der Opposition gegenüber, sondern beide zusammen als politische Klasse der Öffentlichkeit. Im Untersuchungsausschuß ist diese Konvergenz kaum sichtbar, denn die parlamentarische Opposition kann ihre aufklärende und kritische Rolle optimal spielen. Ihr Diskurs des Machtmißbrauchs kann nicht unmittelbar mit ihrer politischen Praxis konfrontiert werden, eine zweiffellos wichtige Voraussetzung für das Funktionieren einer parlamentarischen Demokratie.[25] (Lambsdorfs Versuch, durch mittelbare Konfrontation der Oppositionsrolle das kritische Potential zu nehmen, schlug fehl. Die SPD hat sich energisch um Aufklärung der Fakten bemüht.)

Die Oppositionsrolle im Untersuchungsausschuß ist die der kritischen Öffentlichkeit in nuce, gereinigt allerdings von den Elementen der Machtkritik. Ihre Kritik richtet sich gegen die Abweichung von der Norm, die Norm selbst liegt jenseits ihrer Interessen. Die Kritik bleibt deshalb innerhalb der Schranken der herrschenden Definition des Politischen. Während wenigstens am Rande des öffentlichen Diskurses Machtkritik entstehen kann, die Strukturen und Normen statt Personen und Parteien thematisiert, bleibt das Schauspiel des parlamentarischen Untersuchungsausschusses ganz den Ausschlußregeln des herrschenden politischen Diskurses unterworfen. Die Gründe sind im Formprinzip der Konkurrenzpartei zu suchen. Die Generalisierung der Programminhalte und die Spezialisierung auf Techniken der Machterhaltung und Machtgewinnung determinieren den oppositionellen Diskurs. Sein Adressat ist die vermeintliche öffentliche Meinung. Zwar vertritt die parlamentarische Opposition die Kritik an der Herrschaft; sie tut dies jedoch nicht aus Überzeugung, sondern aus Opportunismus. Sie *ist* nicht Opposition, sondern sie *spielt* die Rolle der Opposition aus machtstrategischen Gründen. Sie bedient sich des Legitimationsdrucks der Öf-

25 Daraus ergibt sich die Problematik der großen Koalition. Sind alle bedeutenden Parteien in die Regierungsverantwortung eingebunden, so ist keine mehr in der Lage, unbefangen Kritik zu üben. Sie muß sich an der eigenen politischen Praxis messen lassen.

fentlichkeit zur Schwächung des politischen Gegners und zur Stärkung des eigenen Images. Ihr Interesse gilt nicht der Veränderung politischer Strukturen, nicht einmal der politischer Praktiken, sondern der Verdrängung von Figuren aus privilegierten politischen Positionen.

Das spätkapitalistische Prinzip der Konkurrenzpartei determiniert damit durch die Logik der Wählerstimmenmaximierung den politischen Diskurs des Machtmißbrauchs. Skandalisiert werden vulgäre Formen der Vertretung partikularer Privatinteressen. Die subtilere Parteinahme für kollektive Privatinteressen gesellschaftlicher Gruppen oder Klassen bleibt hinter dieser Diskursivierung verborgen. So steht auch in der U-Boot-Affäre das Verhalten einzelner Personen im Vordergrund. Die politischen und sozialen Folgen von Waffenlieferungen für das südafrikanische Volk, für die dortige Opposition oder für die dortige Lage hinsichtlich der Einhaltung der Menschenrechte bleibt dagegen von Anfang an Randthema. Auch die parlamentarische Opposition betreibt diese Diskursivierung durch "symbolische Personalisierung" (Meyer, S.179f.), denn die Darstellung der Regierungsvertreter als unfähig erhöht ihre Wahlchancen. Die Öffentlichkeit akzeptiert dies, denn die Empörung über Bereicherung und Fehler Einzelner ist unmittelbarer als die über die Folgen komplexer Zusammenhänge. Ein Ministergehalt, Abgeordnetendiäten oder Bestechungssummen sind vergleichbare, lebensweltnahe Größen, vulgäre Korruption definierbare Devianz. Die kollektiven Privatinteressen einer ganzen Branche wie der Rüstungsindustrie sind dagegen mit unübersichtlichen politischen und ökonomischen Strukturen und Interessen vernetzt. Im Gegensatz zur vulgären Korruption können sie überdies mit den Interessen der Bürger übereinstimmen. Die Erhaltung von Arbeitsplätzen und eine konjunkturell wünschenswerte Exportbilanz sind für viele sicher wichtigere Themen als die Menschenrechtssituation in Südafrika.

Die Einordnung des Diskurses der *parlamentarischen* Opposition unter den oppositionellen Diskurs einer kritischen Öffentlichkeit erweist sich nach der Untersuchung als heuristische und damit vorläufige, die im Lichte der Ergebnisse nicht mehr aufrechtzuerhalten ist. Die Rolle der Opposition entspricht vielmehr Bourdieus umfassendem Begriff des offiziellen Diskurses, dem Wortführer von Organisationen, Interessenruppen, sozialen Bewegungen oder Parteien unabhängig von der politischen Klassifizierung in Opposition oder Regierung zuzuordnen sind. Inhaltlich dem offiziellen Diskurs der Regierenden widersprechend, ist der Diskurs der politischen Opposition zu jenem formal homolog. Wie jener ist er Machtstrategie, wie jener ist er eine Variable der vermeintlichen öffentlichen Meinung, wie jener richtet er sich an die Öffentlichkeit zum Zwecke der Stimmenmaximierung, ist er mehr an seiner Wirkung beim Adressaten orientiert als an Überzeugungen. Er ist eher herrschaftlicher Diskurs als oppositioneller, eher Machtstrategie als Machtkritik. Die parlamentarische Opposition vertritt nicht die Beherrschten gegen die Herrschenden, sondern die Herrschenden selbst liefern den Beherrschten (sprich: der Öffentlichkeit) ein Schauspiel, in dem sie die Rollen der Herrschenden und die der Beherrschten spielen.[26] So-

26 Söllner weist in diesem Sinne mit Kirchheimer auf das Fehlen einer wirklichen Opposition hin. Seiner Ansicht nach ist die parlamentarische Opposition nicht bewußtlos in dieses Rollenspiel eingebunden, sondern spielt ihre Rolle durchaus reflektiert (Söllner, S.303).

lange dieses Spiel funktioniert, ist die parlamentartische Opposition tatsächlich Kontrollinstitution, unabhängig von der Intention ihres Diskurses. Diese Legitimation entlarvt sich jedoch als bürgerlicher Zynismus, wenn vermeintliche öffentliche Meinung und Verfassungsgrundsätze wie der Vorrang der Grundrechte vor partikularen (z.B. nationalen) Interessen nicht mehr kongruieren. Die Maske der Opposition fällt unter dem Eindruck drohender Stimmenverluste, zum Vorschein kommt die nackte Strategie der Macht. Nur noch personell bleibt die parlamentarische Opposition Konkurrent der Regierung, auch inhaltlich herrschen dann Konvergenz und Eindimensionalität. Die Asyldebatte der frühen 90er Jahre bietet dafür ein eindrucksvolles Beispiel.

Die Auseinandersetzung von Regierung und parlamentarischer Opposition in der Öffentlichkeit entspricht der für die bürgerliche Gesellschaft charakteristischen Entdiskursivierung der "normalen" politischen Praxis durch die Diskursivierung der Abweichung. Diese Strategie ist keineswegs intendiert. Sie ergibt sich vielmehr aus der Dynamik des Verfalls der bürgerlichen Öffentlichkeit, die Richard Sennet mit dem Vordringen der Persönlichkeit in die öffentliche Sphäre erklärt. Politische Zusammenhänge werden demnach nicht mehr als Ergebnis von Handlungen, Konflikten und Kämpfen, sondern als Variable persönlicher Leistungen gesehen. In gleichem Maße hat die Fetischisierung der Persönlichkeit in der Gesellschaft zur "Tyrannei der Intimität"[27] und in der politischen Sphäre zur Personalisierung geführt. "In der intimen Gesellschaft werden alle gesellschaftlichen Erscheinungen, gleichgültig wie anonym sie ihrer Struktur nach sind, personalisiert, damit sie überhaupt Bedeutung gewinnen. Politische Konflikte werden als Auseinandersetzung zwischen politischen Figuren gedeutet; politische Führungskraft wird an der 'Glaubwürdigkeit' und nicht an der Leistung des Politikers gemessen" (Sennet 1990, S.281). Das Verschwinden der Machtkritik hinter der Diskursivierung des Machtmißbrauchs einzelner Personen ist der "obskurantistische(n), lähmenden Wirkung" dieser "'Persönlichkeitspolitik'" zu verdanken (S.303).

7.4.6 Der Bote als Sündenbock

Ein altes Gerücht behauptet, im Altertum hätten Despoten die Boten schlechter Nachrichten hinrichten lassen. Wenn dies auch nicht belegt ist, so zeugt die Hartnäckigkeit des Gerüchts doch von seiner Faszination. Ihr Nutzen für die Herrschaft liegt auf der Hand. Die Last der Verantwortung für politische und militärische Niederlagen wird auf den Überbringer der Nachricht übertragen, die eigene Schuld durch dieses Opfer gesühnt, die öffentliche Aufmerksamkeit abgelenkt. Das Grundmuster dieser Strategie läßt sich in allen politischen Diskursen beobachten. "Das Aussprechen gilt, im Grunde bis heute, für skandalöser als die ausgesprochenen Tatsachen" (Sloterdijk, S.439). So gehört es zum Repertoire politischer Herrschaft, Kritik mit der Beschuldigung des Kritikers zu beantworten, statt auf die Inhalte der

27 Deutscher Untertitel von Sennets "Verfall und Ende des öffentlichen Lebens" (1990).

Kritik einzugehen. Die Hinrichtung ist zwar nurmehr symbolisch, erzielt aber den gleichen Zweck wie im Mythos: Festigung der Macht. Durch die Skandalisierung der Aufklärung und des Aufklärers wird der ursprüngliche Skandal aus der öffentlichen Diskussion zu verdrängen versucht, was gegenüber einer funktionierenden bürgerlichen Öffentlichkeit nicht immer gelingt. Angewandt wird diese Strategie der Beschuldigung des Boten in der Regel dann, wenn Abwiegeln und Verschweigen aufgrund allzustarken Legitimationsdrucks nicht mehr wirken. Unermüdlich betreibt die Regierungsmehrheit diese Strategie im U-Boot-Untersuchungsausschuß:

> 80 Seiten des Berichtes des Ausschusses befassen sich nur mit der Frage des angeblichen Geheimnisverrats von Oppositionsmitgliedern (S.428 - 508; zur Plausibilität der Anschuldigung siehe Anlage 5). Es entsteht der Eindruck, der Ausschuß habe den Verdacht des Geheimnisverrats zu untersuchen, nicht die Rolle der Regierung im U-Boot-Geschäft.

Im Mai 1988 geben die Koalitionsfraktione n im Untersuchungsausschuß eine gemeinsame Erklärung zu Protokoll. Darin heißt es:

> "So hat die Opposition
> - ständig versucht, den Untersuchungsausschuß als Dauerwahlkampfeinrichtung zu mißbrauchen, indem sie die Untersuchung über den Untersuchungsauftrag hinaus ausgeweitet und den Abschluß hinausgezögert hat, obwohl seit langem die Haltlosigkeit der gegen die Bundesregierung erhobenen Vorwürfe offensichtlich ist;
> - es immer wieder unternommen, dem Ansehen der Bundesrepublik Deutschland durch die Aufstellung unrichtiger Behauptungen über eine Verletzung des UN-Waffenembargos und über eine erhebliche Störung der auswärtigen Beziehungen der Bundesrepublik Deutschland Schaden zuzufügen" (26).

Im Abschlußbericht der Ausschußmehrheit wird die Behauptung wiederholt, nicht die Firmen, die das Waffenembargo der Vereinten Nationen zumindest vorsätzlich mißachten wollten, auch nicht die Politiker, die dieses Vorhaben begleitet und unterstützt hatten, sondern die Opposition schade der Bundesrepublik durch ihre Aufklärungsbemühungen. So habe die "politische Begleitmusik" der Opposition mehr internationales Aufsehen erregt als das Verhalten der Unternehmen. Die Aktivitäten der Opposition, so der Bericht, "dienten erkennbar der Schädigung des Ansehens der Bundesrepublik Deutschland, indem der Verdacht eines Gesetzesverstoßes und einer ungenügenden Ahndung hochgespielt wurde" (93).

Im letzten Abschnitt des Berichts wird resumiert: Das geltende Recht reiche zur Ahndung der festgestellten Rechtsverstöße nicht aus. Nicht etwa die Lieferung von U-Boot-Blaupausen nach Südafrika unter Umgehung aller nationalen und internationalen Bestimmungen, auch nicht die Unterstützung dieses Vorhabens durch führende Regierungspolitiker ist gemeint, sondern die Aufklärungsbemühungen der Opposition: "Die skandalösen Verhaltensweisen von einzelnen Mitgliedern der Oppositionsfraktionen im Untersuchungsausschuß, insbesondere bei der Gewährleistuung der Geheimhaltung, haben gezeigt, daß die bestehenden Sanktionsmöglichkeiten für Rechtsverstöße von Ausschußmitgliedern im Verlauf eines Untersuchungsausschußverfahrens nicht ausreichen" (94).

Bereits in der Konstituierungsphase des zweiten Untersuchungsausschusses wurde versucht, dessen Zustandekommen mit der Strategie der Schuldverschiebung auf den Boten zu verhindern. In der entsprechenden Bundestagsdebatte sagte der FDP-Abgeordnete Beckmann:

> "Es gibt doch wahrhaftig dringlichere Probleme... So ein blindwütiges Wahlkampfspektakel können wir nicht unterstützen" (360).

Diese Begründung verbirgt kaum noch ihren Zynismus. Die Problematik ist im April 1987 durchaus bekannt. Beckmann weiß um deren Wirkung in der Öffentlichkeit, sonst würde er kaum auf ihre Bedeutung für den Wahlkampf anspielen. Probleme wie Menschenrechte oder Frieden in entlegenen Gebieten der Erde aber sind für ihn nicht wirklich dringlich. Beckmann plaudert die Haltung des Herrschaftszynismus aus: Friedens- oder Menschenrechtsprobleme sind relevant für den öffentlichen Diskurs, für den Wahlkampf. Die politische Praxis aber hat "wichtigere" Themen. Der offizielle Diskurs ist in diesem Zynismus entblößt: als Schauspiel für die Öffentlichkeit, das nichts mit politischer Praxis mehr gemein hat, sondern diese verschleiert.

Im Untersuchungsausschuß konzentriert sich die Strategie der Denunzierung des Boten auf die Person des Obmannes der SPD, Norbert Gansel.

Die Anzeige gegen Gansel wegen Geheimnisverrats "und anderer Straftaten" (46) ist nur ein Beispiel dieser Kombination aus Personalisierung und der Strategie der Denunzierung des Boten. Insbesondere die Wortwahl der Regierungsparteien im offiziellen Diskurs scheint darauf zu zielen, den ursprünglichen Untersuchungsgegenstand durch die Thematisierung angeblichen Fehlverhaltens der Opposition aus der Öffentlichkeit zu verdrängen. Der Ausschußvorsitzende Eylmann bezeichnet die Arbeit von SPD und Grünen im Ausschuß als "Schmierentheater", in dem Gansel als "Möchtegern-Schimanski" und "Großinquisitor" auftrete.[28]

Der Obmann der CDU, Bohl, warf Gansel wegen seiner Rede vor den Vereinten Nationen (Anlage 4) "Mangel an Rechtsbewußtsein" vor. Er habe versucht, "den UN-Apartheidausschuß in einer Weise zu beeinflussen, die der BRD zum Schaden gereichen sollte." Es sei "unanständig..., im Ausland gegen unseren Staat zu wühlen." Gansels Rede sei eine "Untersuchung wert, allein um das Ansehen dieses Parlaments willen" (344). Dann richtete er seine Rede direkt an Gansel: "Sie gießen Schmutz aus und versuchen dann, im Trüben zu fischen."

Im Abschlußbericht des Ausschusses, der die Rolle von Regierungsmitgliedern und Behörden im U-Boot-Geschäft mit Südafrika untersuchen sollte, ist die Rede Gansels nochmals als "wichtiger Teil des eigentlichen Parlamentsskandals" hervorgehoben. Mit Genugtuung registriert man die geringe Resonanz der Gansel-Rede: "Der Untersuchungsausschuß stellt mit Befriedigung fest, daß dieser Versuch des SPD-Obmanns Norbert Gansel, die Bundesrepublik Deutschland vor den vereinten Nationen nachhaltig in Mißkredit zu bringen, gescheitert ist" (93).

---

28 Die Tageszeitung vom 27. Oktober 1990, S.6. Schimanski war ein in den 80er Jahren populärer Fernsehkommissar (gespielt von Götz George), der sich vor allem durch unkonventionelle Methoden am Rande der Legalität hervortat.

Unterstützt wurde die Strategie der Regierungsparteien durch das Recht und seine Auslegung durch die Gerichte.[29]

Als das Amtsgericht Bonn aufgrund des Verdachts des Geheimnisverrats dem Ausschuß die Heranziehung jeglicher, auch nicht-geheimer Firmenakten untersagt und stattdessen Verfahren gegen Ausschußmitglieder wegen Geheimnisverrats einleitet, veröffentlicht die SPD folgende Presseerklärung: "Alles deutet darauf hin, daß die einschlägige deutsche Tradition hochgehalten wird, daß sich die Reichs- bzw. Bundesregierung bei dubiosen Waffengeschäften, in die sie verwickelt ist, darauf verlassen kann, daß die von der Justiz verinnerlichte Staatsräson gilt 'The king can do no wrong'." Der offizielle Ausschußbericht kommentiert diese Presseerklärung als "unsachlichen, wenn nicht sogar als ausfällig zu beurteilenden Angriff ...auf die gesamte deutsche Justiz" (44).

Unabhängig von der Beurteilung der Presseerklärung der SPD oder der Antwort der Ausschußmehrheit wird die Strategie deutlich: Statt des Verhaltens der Regierung soll das der Opposition in den Vordergrund gerückt werden. Der durch eine kritische Öffentlichkeit in Gang gesetzte Diskurs des Machtmißbrauchs, der nicht mehr zum Schweigen zu bringen ist, wird im Interesse der Machterhaltung instrumentalisiert, indem man ihn umkehrt, die Rollen des Anklägers und die des Beschuldigten zu vertauschen versucht.[30] Ziel der Denunzierungsstrategie ist die Hegemonie in der Öffentlichkeit. Mit den Themen dominiert man den öffentlichen Diskurs. So konnten die Regierungsparteien zeitweilig erreichen, daß in der Öffentlichkeit mehr über das Verhalten der Opposition im Untersuchungsausschuß als über die Waffenexportpolitik der Regierung diskutiert wurde. Den Diskurs des Machtmißbrauchs gegen diese Politik konnte diese Strategie allerdings nicht verstummen lassen. Dies gelang erst der Justiz durch die endgültige Einstellung aller Verfahren.

Die Strategie der Denunzierung des Boten wird im U-Boot-Fall von der Justiz unterstützt. Die Nicht-Ahndung des Verhaltens von Unternehmen, Behörden und Regierung erst ermöglicht den Vorwurf der Verleumdung oder des Rufmordes an die Opposition. Vor dem Hintergrund eines unreflektierten Legalismus und eines entpolitisierten Rechts läßt sich der Spieß leicht umdrehen, läßt sich der Ankläger zum Angeklagten machen. Die Bedingungen, unter denen das Recht und seine Auslegung zustandegekommen sind, sind in diesem Legalismus ausgeblendet.

---

29 Verfahren wegen Geheimnisverrats wurden nicht nur gegen die Ausschußmitglieder Gansel (SPD), Beer und Eid (Grüne), sondern auch gegen das Fernsehmagazin "Panorama" eingeleitet, das Aktenvermerke und Gesprächsnotizen von IKL und HDW zitiert hatte (Frankfurter Rundschau vom 11. Oktober 1990, S.5).

30 Der CDU-Obmann Bohl verrät ungewollt diese instrumentelle Einstellung zum Untersuchungsausschuß, wenn er die SPD anklagt: "Meine Damen und Herren, sie können dieses Instrument nicht mißbrauchen" (344). Aufschlußreicher als die offensichtliche Strategie der Denunzierung des Boten ist die Formulierung. Sicher wollte er sagen, die SPD könne bzw. dürfe den Ausschuß nicht *als* Instrument benutzen. Die Wahrheit, seine instrumentalistische Einstellung zum Untersuchungsausschuß, ist ihm herausgerutscht, sei es aus sprachlicher Unachtsamkeit, Unbedarftheit oder als Freudscher Versprecher. Für Bohl ist der Ausschuß an sich nichts weiter als ein Instrument zur Verfolgung politischer Interessen, keineswegs eine politische Institution.

7.4.7 Das Versanden des Diskurses und der legalistische Dezisionismus

Die offiziellen Diskurse der politischen Eliten sind, zumindest wenn es um Fragen des Waffenexports geht, an der Wirkung beim Adressaten orientiert, also strategisches Handeln. Dies gilt für die Regierung ebenso wie für die parlamentarische Opposition, im Sinne von Bourdieus Definition des Repräsentanten als Träger offizieller Diskurse für jegliche Fürsprecher gesellschaftlich relevanter Gruppen bis hin zu Gewerkschaftern und Betriebsräten. Der Betriebsratsvorsitzende der Thyssen-Nordseewerke präsentiert als Repräsentant der Beschäftigten mit der Rechtfertigung seines Einsatzes für ein U-Boot-Geschäft mit Taiwan seinen offiziellen Diskurs als Idealtypus strategischen Handelns: "Wenn ich den großen Pazifisten gemacht hätte, hätten mich die Kollegen in den Hafen geprügelt" (Frankfurter Rundschau vom 16. Februar 1993, S.2).

Die tatsächliche Einstellung zum Pazifismus ist hier irrelevant. Mit der Wendung "den Pazifisten gemacht" wird das Charakteristikum des offiziellen Diskurses ausgesprochen, das die gesamte politische Diskussion prägt: Man spielt die Rolle, die die eigenen Machtposition sichert und unterläßt es, diese Position gefährdende Rollen zu spielen. Motivation des Sprechers ist der pure Opportunismus, die nackte Strategie des Machterhalts (und sei diese Macht lediglich der Posten des Betriebsrates).

Was hier als Intention hinter einer einzelnen Aussage steht, gilt für die gesamte Dynamik des offiziellen Diskurses: Die erwartete Resonanz beim Adressaten bestimmt die Strategie. Ihre Zwecke sind Machterhalt und Machtgewinn. Aus dieser Wechselwirkung zwischen Öffentlichkeit und offiziellem Diskurs ergibt sich der Verlauf des Diskurses um die Rüstungsexporte: Sensibilisierungsphase, Diskursivierungsphase und schließlich Entdiskursivierungsphase. Der offizielle Diskurs paßt sich an: In der Sensibilisierungsphase scheint das Verschweigen noch opportun. Diskursivierungsphasen, wie im Anschluß die Enthüllung der U-Boot-Affäre sowie während des zweiten Golfkrieges, stellen sich den Herrschenden als Herausforderung dar, als Vorwurf des Machtmißbrauchs. Anfängliche Strategien der Diskursverweigerung erweisen sich dieser Herausforderung als nicht gewachsen. Es wird auf eigene Diskursivierungsstrategien zurückgegriffen: symbolische Inszenierungen, Anbiederung an die öffentliche Meinung, Ausgrenzung von Sündenböcken zur Legitimierung des eigenen Handelns, Verlagerung der Themen und Beschuldigung der Boten. Gliche man die politische Praxis dem offiziellen Diskurs in diesen Phasen an, so könnte man durchaus von einer funktionierenden Öffentlichkeit in einer vorbildlichen Demokratie sprechen. Die ideologische Differenz zwischen offiziellem Diskurs und politischer Praxis zeigt, daß dies nicht der Fall ist.

Hat sich jedoch unter dem Druck der Diskursivierungsphase die politische Praxis nicht wenigstens insoweit geändert, daß man versucht, weiterem Legitimationdruck vorzubeugen? Oder war die Phase der Diskursivierung nur viel Lärm um nichts, ein Schaukampf zwischen Medien und Pseudoöffentlichkeit, der nach der erwartbaren Übersättigung durch das Thema keine Spuren hinterlassen hat?

Aufschluß gibt die politische Praxis der Rüstungsexporte nach dem Abklingen der öffentlichen Dikussion. (Als Indiz für das Abklingen der Diskursivierungsphase kann das sang- und klanglose, von der Öffentlichkeit kaum wahrgenommene Ende der Kieler U-Boot-Affäre mit der Einstellung sämtlicher Verfahren im November 1992 gelten.)

- Nach dem Jahresbericht 1992 des Stockholmer Friedensforschungsinstituts SIPRI war Deutschland 1991 erstmals drittgrößter Waffenexporteur der Welt (dokumentiert in der Frankfurter Rundschau vom 16. Juni 1992, S.20).
- Aus einer vertraulichen Vorlage der Bundesregierung an den Haushaltsausschuß des Bundestages vom 12. Mai 1992 geht hervor, daß der Staat zu dieser Zeit 23 sogenannte Hermesbürgschaften[31] unterhält, von denen 13 eindeutig militärische Projekte betreffen, unter anderem im Nahen Osten, in Nordafrika, in Kuwait, im Iran, in Korea, auf den Philippinen und in Rumänien. Nach den offiziellen Richtlinien hatte sich die Regierung verpflichtet, keine Rüstungsexporte in Spannungsgebiete zu genehmigen (Frankfurter Rundschau vom 10. Dezember 1992, S.2).
- 1993 werden 39 Kriegsschiffe und drei U-Boote nach Indonesien geliefert. Ein indonesischer Anwalt erklärt zur Lage der Menschenrechte: "Versammlungsrecht und Pressefreiheit sind eingeschränkt, freie Gewerkschaften sind verboten. Menschen werden willkürlich auf Jahre eingesperrt. Immer wieder hören wir von Folterungen" (Die Woche vom 18. Februar 1993, S.17; Zitat darin von Abdul Hakim).

Der Legitimationsdruck einer kritischen Öffentlichkeit beeinflußt den offiziellen Diskurs, jedoch kaum die politische Praxis. Dies zeigt sich deutlich in der Phase des Abklingens des Diskurses. Wie jeder Skandal konnte auch das Thema Rüstungsexporte, speziell die U-Boot-Affäre, nur für relativ kurze Zeit die öffentliche Diskussion bestimmen.[32] Die Wechselwirkung zwischen offiziellem Diskurs und Legitimationsdruck beruht auf der Anpassungsstrategie des ersteren. Die Anpassung an die öffentliche Meinung im offiziellen Diskurs ist ohne gravierende Folgen und in Phasen der Diskursivierung zentraler Bestandteil politischer Strategie. Administrative Konsequenzen werden dagegen nur dann gezogen, wenn es unvermeidlich scheint: "Wenn der öffentliche Druck es unabwendbar macht, werden die Vorschriften so geändert, daß genau der letzte Fall, der zum Skandal wurde, hätte verhindert werden können. Ansonsten werden die Begrenzungen (der Rüstungsexporte - J.F.) so eng wie möglich gehalten."[33]

---

31 Hermesbürgschaft: Der Staat haftet für brisante Projekte, die privaten Versicherern zu riskant sind.

32 Zum Phänomen des öffentlichen Vergessens von Skandalen: Moser diagnostiziert ein "endemisches Vergessenwollen" (S.25); Lederer belegt die These für die USA am Beispiel des "Irangate" Skandals (S.50ff.); Preiser spricht von der "Flüchtigkeit" der Wirkung politischer Skandale (S.127).

33 Brzoska, S.16. Ein Beispiel für diese Taktik ist die sogenannte "Lex Imhausen". Nachdem der Bau einer Anlage zur Herstellung von Giftgas in Libyen bekannt wurde, mußte die Regierung handeln, allein schon aufgrund des internationalen Drucks. Am 22. März 1989 wird die Lieferung von C-waffenfähigen Waren nach Libyen verboten. Die Praxis des Exports von C-Waffen-Anlagen und -technologie in alle anderen Staaten wird nicht angetastet (Koppe/Koch, S.387).

Während einerseits die kritische Öffentlichkeit durch den Vorwurf des Machtmißbrauchs in der Lage ist, einen offiziellen Diskurs zu provozieren, bleibt sie andererseits selbst den Rahmenbedingungen des politischen Diskurses unterworfen. Diesen Rahmen bestimmt weitgehend der Staat, indem er Normen setzt, indem er die Grenzen zwischen Recht und Unrecht, zwischen legitimer Macht und Machtmißbrauch zieht. Oben wurde dargestellt, wie dieser Prozeß der Grenzziehung durch Rechtsetzung und Rechtsprechung funktioniert, wie Gesetze und Rechtsprechung als geronnene Gruppen- und Machtinteressen zu Grenzen des Diskurses werden. Als solche wirken sie auf den Initiator des Diskurses, die kritische Öffentlichkeit zurück.

Politische Praktiken[34] lassen sich aufgrund der Legitimität des Rechts in der parlamentarischen Demokratie nur dann als Machtmißbrauch skandalisieren, wenn sie geltendem Recht widersprechen. Die Legitimität des Rechts selbst und seiner Anwendung bleibt in der Regel unterhalb der Ebene der Reflexion. Dieses Phänomen des entpolitisierten Rechts, oben als Mythos der Gerechtigkeit des Rechts bezeichnet, wird zum Ausschlußmechanismus des öffentlichen Diskurses. Selbstverständlich darf der Vorwurf des Machtmißbrauchs unter den Bedingungen der Pressefreiheit auch dann erhoben werden, wenn die Gerichte in letzter Instanz alle Verfahren eingestellt haben, wie in der U-Boot-Affäre der Fall. Nur wird diese Kritik im einem politischen Diskurs, in dem unreflektierter Legalismus fest verankert ist, auf taube Ohren stoßen. Nachvollziehen läßt sich diese Rückkoppelung des legislativen und juridischen Diskurs im öffentlichen exemplarisch an der Reaktion der "Zeit" zum Ende der U-Boot-Affäre.

> Nach der Einstellung aller Verfahren gegen Firmen, Politiker und Beamte schreibt die Zeit: "Wäre man durch die Untersuchung der Affäre nicht schon manches gewöhnt, ließe sich spätestens jetzt von Staatsnotstand sprechen. Was bei diesem Fall alles bewußt verdrängt worden ist, wie Fakten und Akten unterdrückt wurden, ist unglaublich und rechtfertigt das politische Verdikt: Rechtsbeugung aus Staatsräson. Zu viele Prominente... waren involviert, als daß die Wahrheit an den Tag kommen durfte" (Die Zeit vom 13. November 1992, S.26).

Was als "skandalös" (Überschrift), als "Rechtsbeugung aus Staatsräson" bezeichnet wird, die Nicht-Verurteilung prominenter Politiker und Manager nämlich, erscheint in einer Randspalte auf Seite 26 (Wirtschaftsteil) mit 26 Zeilen, kaum länger als die hier zitierte Passage.[35] Die offensichtliche Diskrepanz zwischen politischem Urteil und journalistischem Stellenwert verweist auf die Kraft des Mythos' der Gerechtigkeit des Rechts und damit auf die Definitionsmacht des Staates.

Auch die sonst kritische *Zeit* setzt den unreflektierten Legalismus als Disposition sozialer Wahrnehmung voraus. Wären Bundeskanzler Kohl und weitere prominente Politiker verurteilt worden, es wäre mit Sicherheit die Top-Meldung der Woche geworden (inklusive Leitartikel eines der Herausgeber). Den in den Augen des *Zeit*-

---

34 Zum Begriff der "Praktik" und seiner machttheoretischen Konnotation in Foucaults *Überwachen und Strafen* vgl. Dreyfus/Rabinow, S.300ff.

35 Auch die Süddeutsche Zeitung bringt über das Ende der Affäre eine Kurzmeldung, eine Randspalte auf Seite 6 (vom 7. November 1992).

Autors noch größeren Skandal jedoch, die "Rechtsbeugung aus Staatsräson", behandelt man unter "ferner liefen". Selbst nicht dem legalistischen Dezisionismus auf den Leim gegangen - als Autor der "Zeit" weiß man ja um die Ungeheuerlichkeit der Ereignisse - kalkuliert die "Zeit" mit dem Dezisionismus der Leserschaft, sprich: der Öffentlichkeit. Die Einstellung der Verfahren, die Nicht-Verurteilung ist keine spektakuläre Meldung, keine Sensation, kein Skandal. Da aus der Sicht des legalistischen Dezisionismus mit der Existenz eines Urteils auch die des Täters und die der Tat fehlt, besitzt die Meldung keinen Marktwert. Bourdieus Konzept der Eingrenzung sozialer Wahrnehmung durch den Einfluß symbolischen Kapitals bzw. das Konzept der normativen Kraft des Faktischen wird von der Zeit umgesetzt: Selbst der Wahrheit mächtig, hält man die Leser für nicht reif genug, ihr diese schonungslos zu präsentieren. Der öffentliche Diskurs ist dem der Herrschenden (dem offiziellen, dem legislativen, dem juridischen und dem administrativen) gefolgt, nicht aus Überzeugung oder Loyalität, sondern aus Kalkül. Meldungen über Verbrechen, Verhaftungen oder Verurteilungen Prominenter verkaufen sich nun mal besser als differenzierte Ansichten über Funktionsweisen und Strategien der Macht. Interessant wären Meldungen wie: "Kohl verhaftet", "Genscher schuldig", "keine Bewährung für Stoltenberg". Uninteressant sind dagegen komplexe Darstellungen erfolgreicher Vertuschung. Mit dem Ende aller Verfahren ist der Fall abgeschlossen. Das Schlußwort hatte die Justiz. Diesem unterwirft sich schließlich auch die kritische Öffentlichkeit, wenn auch mit einem leisen Murren.

Wie schwer es selbst überzeugten Kritikern des wirtschaftsorientierten Paradigmas fällt, sich von der herrschenden Definition frei zu machen; wie sehr die herrschende Definition auch deren Denken beschränkt, zeigt das folgende Beispiel: Der Soziologe Hans See kritisiert aufs heftigste die deutsche Justiz, weil sie keine aussagekräftigen Statistiken über die seiner Ansicht nach sehr hohe Wirtschaftskriminalität veröffentliche (See, S.223). Andererseits stimmt er dem Journalisten Lindlau uneingeschränkt zu, wenn dieser behauptet, die Grenzen zwischen "organisiertem Verbrechen, organisierter Wirtschaftskriminalität, korrupter Politik und einem wirtschaftlichen Wettbewerb mit harten Bandagen" seien nicht mehr zu definieren, weshalb der Staat Wirtschaftskriminalität kaum mit Sanktionen bedrohe, um nicht in den Verdacht zu geraten, die Freiheit der Unternehmer beschneiden zu wollen (zitiert nach See, S.226). Wenn nun aber kaum Gesetze gegen Wirtschaftskriminalität existieren, weil der Staat sich nicht traut, diese zu erlassen; wenn Wirtschaftskriminalität kaum von legalem Wettbewerb mit harten Bandagen zu unterscheiden ist, wie soll dann überhaupt eine Statistik über Wirtschaftskriminalität erstellt werden, wie soll diese überdies aussagekräftig sein? See tappt hier in die Falle des legalistischen Dezisionismus: Einerseits kritisiert er das Recht als Konzession an die Interessen der Wirtschaft, andererseits aber macht er dieses von ihm selbst in Frage gestellte Recht zum Maßstab, an dem er sich politisch und moralisch orientiert. Wenn er Recht als beeinflußt von ökonomischen Interessen erkennt, kitisiert er implizit den Mythos von der Gerechtigkeit des Rechts. Wenn er auf der anderen Seite von diesem Recht erwartet, daß es Unrecht in der Sphäre der Wirtschaft ahndet, und daß lediglich die Statistiken dieser Ahndung fehlen, vertraut er genau diesem Mythos.

Diese Konfusion wurzelt in der Dominanz des unreflektiert legalistischen Denkens.See möchte die politischen Verhältnisse und die politische Praxis kritisieren. Er glaubt, diese Kritik sei besonders scharf, wenn sie diese als kriminell hinstelle. Mit dem Begriff der Kriminalität begibt er sich aber bereits auf das von diesen politischen Verhältnissen dominierte Feld. Hier mangelt es an der notwendigen Abstraktion, die beide Definitionen, die legalistische wie die moralisierende, als Ergebnis von Diskursen sieht, die gesellschaftlichen Interessen und Strategien unterworfen sind. Was letztlich wirklich als kriminell gilt, bestimmen (zumindest in diesem Grenzbereich zwischen "organisierter Wirtschaftskriminalität" und einem "wirtschaftlichen Wettbewerb mit harten Bandagen") die herrschenden Verhältnisse, nicht deren Kritiker. Die Kritik der politischen Verhältnisse und der politischen Praxis wird ohne die Kritik der herrschenden Maßstäbe und Definitionen stumpf, weil sie sich diesen unterwirft.

7.4.8 Das Paradoxon der Diskursivierung

Die Dynamik des Diskurses des Machtmißbrauchs ist paradox: Die Diskursivierung geht einher mit der Entpolitisierung. Je heftiger das Problem in der Öffentlichkeit diskutiert wird, desto mehr ist es in den Grenzen des Politischen befangen, um so stärker greifen die Mechanismen des Ausschlusses. Auf dem Höhepunkt der Diskussion verschwindet die alltägliche politische Praxis, der legale Rüstungsexport an totalitäre Regime fast vollständig hinter juristischen, kriminalistischen und personalen Fragen. Diese Verengung des Blickes bedingt die Dominanz des offiziellen Diskurses: Die gesamte Berichterstattung konzentriert sich auf die Reaktion der Politiker auf die Vorwürfe, sie wird zur Reaktion auf deren Reaktion. Einzelne Personen bestimmen die Diskussion, politische Strukuren, Mechanismen und Strategien der Macht bleiben außen vor. Der offizielle Diskurs unterwirft durch seine Dominanz die kritische Öffentlichkeit der herrschenden politischen Sprache und damit seinen eigenen Bedingungen. Die Machtkritik ist domestiziert, ihre Konkretisierung durch den politischen Skandal wird zu ihrer Trivialisierung. Sie ist befriedet innerhalb der Schranken eines politischen Diskurses, der das "Politische"[36] auf Fragen der Rechtmäßigkeit und Unrechtmäßigkeit einzelner Handlungen, der Fähigkeit einzelner Personen und der Wirksamkeit einzelner Maßnahmen reduziert. Machtkritik als Kern und Ursprung des Diskurses des Machtmißbrauchs ist im Lärm der Diskursivierung nicht mehr zu vernehmen. Der Diskurs des Machtmißbrauchs "politisiert" im Sinne der herrschenden Definition des Politischen, indem er ethische, soziale, kulturelle und gesellschaftskritische Aspekte ausschließt und die Rolle einzelner Figuren öffentlich

---

36 Einen nicht verkürzten Begriff des Politischen versuchen Negt/Kluge zu erarbeiten: "Wir sprechen nicht von der Politik als einem Sachgebiet und einer professionellen Tätigkeit, sondern von dem Rohstoff, *dem* Politischen, das in jedem Lebenszusammenhang versteckt ist" (S.32). Ulrich Beck hält die politische Konfusion nach dem Ende des kalten Krieges für eine Chance und gleichzeitig für eine Gefahr, das Politische neu zu erfinden. Die Chance besteht in der Freiheit von ideologisch verhärteten Positionen, die Gefahr im Rückgriff auf vor- und gegenmoderne Muster wie den Nationalismus und den Rassismus (S.91ff.).

inszeniert, ganz im Sinne einer "persönlichkeitszentrierten Politik" als Profession (Sennet, S.362). Er *entpolitisiert* im Sinne eines Politikbegriffes, der Lebenszusammenhängen gerecht wird und die Frage ihrer Vermittlung mit den Machtverhältnissen ernst nimmt.[37] So treten Fragen der Legitimität von Machtstrukturen, der Legitimität der Kooperation politischer und ökonomischer Macht hinter Fragen nach persönlichen Fehlern, Verwaltungsverfahren und Unschuldsnachweisen zurück. Die Öffentlichkeit ist die Bühne, auf der das pseudopolitische Schauspiel des Diskurses des Machtmißbrauchs durch die Illusion einer funktionierenden Demokratie die Kritik der Macht verstummen läßt.

7.5 Entformalisiertes Recht und symbolische Politik

Nach der These von der Entformalisierung wird das Recht durch die Wechselwirkung von Generalklauseln und Einflüssen ökonomischer Macht zu einem Instrument "ökonomischer Sachgesetzlichkeiten" (Maus 1986, S.237). Allerdings setzt ökonomische Macht nicht ein ihr genehmes Recht gegen Interessen des Gemeinwesens, gegen die öffentliche Meinung oder gegen die Prinzipien einer universalistischen Ethik durch. Im Gegenteil, erst die Konvergenz dieser Faktoren legitimiert das Recht als Institution. Wie der offizielle Diskurs ist auch der legislative auf die Anpassung an die öffentliche Meinung angewiesen. Die Interessen des "Gesetzgebers" als Träger des legislativen Diskurses sind mit denen der Regierungsmehrheit nahezu identisch, die an der Regierung beteiligten Parteien benötigen Loyalität in der Öffentlichkeit. Die Parteinahme für kollektive Privatinteressen (des Kapitals) spiegelt sich deshalb weniger in den Inhalten des Rechts, sondern eher in seiner Form - vielmehr in seiner Tendenz zur Entformalisierung.

Im folgenden wird der rechtliche Hintergrund der Waffenexportpolitik, insbesondere der Kieler U-Boot-Affäre vor dem Hintergrund der These von der Entformalisierung des Rechts untersucht. (Vorwürfe der Verstöße gegen AWG und KWKG gegen die Unternehmen und der Unterstützung durch die Regierung standen im Mittelpunkt der Diskussion.)

Das Außenwirtschaftsgesetz (AWG) scheint tatsächlich im Sinne des Rechts als Institution dem Wirtschaftshandeln Zügel anzulegen, indem es dem Staat "die Möglichkeit gibt, den Außenwirtschaftsverkehr aus übergeordnetem Interesse des Gemeinwohls zu beschränken" (Erbs-Kohlhaas: Beck'sche Kurzkommentare, Strafrechtsnebengesetze 2/92; A 217, AWG, S.2). Tatsächlich stehen bestimmte Exporthandlungen unter Strafe. Ähnliches gilt für das Kriegswaffenkontrollgesetz (KWKG). Die bereits vorhanden Strafzumessungen wurden bei beiden Gesetzen unter dem Eindruck der Diskursivierung durch den U-Boot-Untersuchungsausschuß nochmals verschärft. Waren bis 1989 ein bis fünf Jahre, in besonders schweren Fällen bis zu zehn Jahre Haft für das Herstellen von biologischen und chemischen Waffen angedroht, so forderte die Bundesregierung aus CDU/CSU und FDP in ihrem Ge-

37 Vgl. Negt/Kluges Bindung des Begriffs des Politischen "an die Kategorie des Gemeinwesens" (S.16).

setzentwurf zur Änderung des KWKG vom 30. Mai 1989 Freiheitsstrafen von zwei Jahren bis zu fünfzehn Jahren (773). Im fünften und sechsten Änderungsgesetz zum AWG vom Juli 1990 wurden im § 34 vorherige Erfolgsdelikte zu Gefährdungsdelikten umgewandelt.

Es existieren also Gesetze, die auf eine konsequente Kontrolle der Rüstungsexporte durch den Staat schließen lassen. Bei näherem Hinsehen werden erst die Klauseln erkennbar, die im Sinne der These von der Entformalisierung diese Gesetze entschärfen. (Die Öffentlichkeit sieht dann näher hin, wenn durch politische Skandale wie die U-Boot-Affäre und Katastrophen wie den zweiten Golfkrieg entsprechende Gesetze ihren Status der Selbstverständlichkeit verlieren und zur Diskussion und Disposition stehen.)

> Das AWG unterliegt als "Rahmengesetz" den politischen Interessen der Regierung. Diese kann demnach durch das AWG das Außenwirtschaftsrecht "nach den aktuellen politischen und wirtschaftlichen Bedürfnissen des Staates" regeln (Erbs-Kohlhaas, S.2).

Dieser Status als Rahmengesetz schafft die Voraussetzung, den code Recht-Unrecht durch die Zwecke "ökonomische Utilität" und "politische Opportunität" (Teubner, S.128) zu verdrängen. Der Text des AWG läßt dann auch keinen Zweifel, wie das Gesetz zu interpretieren ist: im Interesse der Wirtschaft durch den Vorrang des Exports:

> "Der Waren-, Dienstleistungs-, Kapital-, Zahlungs- und sonstige Wirtschaftsverkehr mit fremden Wirtschaftsgebieten... ist grundsätzlich frei" (Brzoska, S.14). Nicht der Exporteur muß die Lieferung von Rüstungsgütern legitimieren, sondern der Staat und seine Behörden deren Verhinderung. Was nicht ausdrücklich verboten ist, ist erlaubt (Gansel, S.307). Folgerichtig empfiehlt auch der Gesetzeskommentar, das AWG "im Zweifelsfalle zugunsten des Freiheitsprinzips auszulegen" (Der Spiegel, Nr. 33/1990, S.84).

So ist es nicht verwunderlich, daß Einschränkungen der Rüstungsexporte eine seltene Ausnahme sind:

> "Das Gesetz... und die in ihm enthaltenen möglichen Gesetzesvorbehalte (Sicherheit der Bundesrepublik, friedliches Zusammenleben der Völker, auswärtige Beziehungen der Bundesrepublik) hat seit seinem Bestehen... kaum Kontrollwirkung außerhalb der sozialistischen Länder entfaltet" (Brzoska, S.16). Die Orientierung an den Interessen des Kapitals geht sogar so weit, daß Zweifel an der Vereinbarkeit des AWG mit internationalem Recht auftauchen: "Insbesondere die Bestimmungen des AWG und der AWV stehen nicht im Einklang mit der UN-Resolution 418 aus dem Jahre 1977, da sie die Ausfuhr von Rüstungsgütern nach Südafrika lediglich unter einen Genehmigungsvorbehalt stellen. Das nach dem AWG mögliche generelle Verbot von Rüstungsexporten nach Südafrika ist bisher nicht erlassen worden" (109).

Obwohl bereits der Status des AWG als Rahmengesetz und das Primat des Exports den "ökonomischen Sachgesetzlichkeiten" zur Genüge Rechnung tragen, enthält das Gesetz zusätzliche Klauseln, die als "Einbruchstellen gruppenspezifischer Interessen" (Ott, S.371) das Risiko einer ernstzunehmenden Exportbehinderung durch die Justiz weiter verringern. Ein Beispiel für die Diskrepanz zwischen der Anpassung von Klauseln an die öffentliche Meinung und ihrer faktischen Wirkung ist die Bestimmung zur Einschränkung des Exports von chemischen Kampfstoffen und entsprechenden Komponenten zu deren Produktion.

Die ursprüngliche Fassung des AWG verbot den Export nur dann, wenn die Maschinen oder Teile für die Chemiewaffenherstellung "besonders konstruiert" waren. Die Genehmigung war unproblematisch, denn der Nachweis einer möglichen zivilen Nutzung - etwa als Insektizid oder Pflanzenschutzmittel - konnte jederzeit erbracht werden.

Unter dem Druck einer kritischen Öffentlichkeit wurden die Bestimmungen verschärft. Das Merkmal "besonders konstruiert" wurde durch "geeignet" ersetzt. Die Industrie prozessierte nun mit Erfolg gegen diese Klausel, die in der Rechtsprechung aufgrund formaljuristischer Fehler "ausgehebelt" wurde (Wolfgang Hoffmann: Die große Heuchelei; Die Zeit vom 25. Januar 1991, S.31). Das zuständige Ministerium für Wirtschaft reagierte nicht etwa mit der Klärung der entsprechenden Formfragen, sondern mit der Entschärfung des Merkmals: "Doch statt das eindeutige Merkmal 'geeignet' juristisch unangreifbar zu machen, wurde es in einer Weise verwässert, daß der Eindruck entstehen konnte, die deutsche Chemieindustrie habe hierbei die Feder geführt" (ebenda). Die neue Formel lautete nun "besonders geeignet". Auf Druck der Öffentlichkeit kam man wieder auf das Merkmal "geeignet" zurück. Doch die Formulierungen in der Embargoliste blieben vage genug, um weitere Exporte nicht allzusehr zu behindern. Nach Ansicht eines Sachverständigen des Darmstädter Öko-Instituts ist die Bestimmung weiterhin so schwach, "daß man vollkommen legal Anlagen exportieren kann, mit denen man bestimmte chemische Kampfstoffe herstellen kann, sogar das bisher als am giftigsten eingestufte Nervengas VX."[38]

Die in den Phasen der Diskursivierung durch öffentlichen und internationalen Druck erzwungenen Verschärfungen sind offensichtlich als symbolische Gesetzgebung einzustufen. Sie dienen der Besänftigung der Kritik und damit der Legitimation der Herrschaft, ohne daß die Agenturfunktion des Staates für die Interessen des Gesamtkapitals darunter leidet. Sie sind ein Symbol moralischer Integrität für die Öffentlichkeit ohne politische Konsequenz, ohne faktische Steuerungskapazität, und es drängt sich der Verdacht auf, daß Steuerung gar nicht gewollt ist.

So sind Exporte, die Anlaß für die öffentliche Empörung und damit mittelbar für die Verschärfung waren, durch diese nicht betroffen: "...z.B. die Lieferung von Hubschraubern des Typs MBB Bo-105 (weiterhin nicht genehmigungspflichtig), ...Maschinen für die Produktion von Artelleriegranaten (weil auch zivil verwendbar) und Bauteilen für Milan, Hot und Roland Panzerabwehrwaffen, deren Export in den Irak von Frankreich aus erfolgte" (Brzoska, S.16). Diese Exporte sind weiterhin legal.

Der Zweck einer Erhöhung der Höchststrafe (von zehn auf fünfzehn Jahre für den Export von C-Waffen) bleibt unklar, wenn selbst das bisher geltende Strafmaß nicht ausgeschöpft wurde und die Exporte in der Regel gar nicht unter das Verbot fallen. Zur Farce wird die Verschärfung einer Strafandrohung im Lichte der U-Boot-Affäre, in der letztlich keine einzige Geldbuße verhängt wurde.

---

38 Zitiert nach: ebenda. Die "Zweite Verordnung zur Änderung der Außenwirtschaftsverordnung" vom 27. Februar ist in der Drucksache 11/8109 des Deutschen Bundestages abgedruckt.

Generalklauseln und komplizierte Formulierungen räumen Verwaltung und Justiz einen breiten Ermessensspielraum ein. So heißt es im § 7 des AWG:

"Exportgschäfte können beschränkt werden, um eine Störung des friedlichen Zusammenlebens der Völker zu verhüten." Genehmigungen dürfen auch dann erteilt werden, wenn Exporte "den Zweck (gemeint ist hier die Störung auswärtiger Beziehungen - J.F.) ...nur unwesentlich gefährden." Strafbar ist der Rüstungsexport nur dann, wenn diese Beziehungen "erheblich" gestört werden und "grob fahrlässig" gehandelt wurde.[39]

Da aufgrund des Exportprimats nicht der Rüstungsexport, sondern dessen Beschränkung unter Begründungszwang steht, ist die Auslegung des Rechts zugunsten der Industrie vorgezeichnet. Die entformalisierte Struktur des Außenwirtschaftsrechts wird in diesem Sinne sogar von der Justiz selbst als Grund für die Einstellung aller Ermittlungsverfahren im Zusammenhang mit der U-Boot-Affäre im September 1990 angeführt. In der Begründung der Staatsanwaltschaft Kiel heißt es:

"Zusätzlich ist darauf hinzuweisen, daß die Rechtsmaterie der einschlägigen Wirtschaftsbestimmungen bekanntermaßen kompliziert und zweifelhaft ist" (Dokumentiert S.104).

Nicht nur durch das Primat des Exports und durch Generalklauseln kommt das Außenwirtschaftsrecht den kollektiven Privatinteressen der Rüstungsindustrie entgegen, sondern durch Lüken, die geradezu als im Sinne dieser Interessen "hineingestrickt" (See, S.44) erscheinen.

Bereits erwähnt wurde die "Umwegstrategie der Rüstungsfirmen" (Wulf, S.107), der genehmigungsfreie legale Export über "sichere Drittländer"[40] Ebenso könnte durch eine Art Splitting des Exports das Außenwirtschaftsrecht umgangen werden. So wurde ein Gutachten des BAW zur Grundlage für die Einstellung des Ermittlungsverfahrens nach § 5 AWV. Danach reichten die von IKL gelieferten Unterlagen allein nicht aus, ein militärisch nutzbares U-Boot zu bauen, so daß der Export als legal eingestuft wurde. Von der Fragwürdigkeit des Gutachtens abgesehen,[41] wäre es aufgrund dieser Rechtsauffassung kein Problem, den Rest der benötigten Unterlagen ebenfalls vom Gesetz unbehelligt durch eine andere Firma zu liefern (553ff).

Offenbar manifestieren sich ökonomische und politische Interessen im Recht. Brühl hat festgestellt, daß Wirtschaftsverbände in der Lage sind, massiv Einfluß auf Gesetzgebungsverfahren zu nehmen. Sie tun dies freilich nur dann, wenn sie ihre konkreten Interessen bedroht sehen (Brühl, S.231). Habermas diagnostiziert in diesem

---

39 Vgl. Koppe/Koch, S.385. Die Autoren weisen zudem darauf hin, daß nach geltendem neuen Recht mit einer neuen Definition von Atomwaffen jetzt atomwaffenfähiges Plutonium ausgeführt werden darf, solange es nicht die typische Halbkugelform hat (Stand 1990).

40 (Welch anderen Klang hat diese eigenartige Wortschöpfung aus der Asyldebatte in diesem Zusammenhang!) Bis 1987 wurden z.B. Giftgasanlagen im Wert von über 40 Millionen DM über Österreich und Frankreich legal an den Irak geliefert (Die Zeit vom 25. Januar 1991, S.31), ebenso Kampfhubschrauber über Spanien und Raketen über Frankreich (Der Spiegel Nr. 33/1990, S.84).

41 Der Gutachter hatte noch nie ein U-Boot von innen gesehen. Der südafrikanische Partner hätte kaum 40 Millionen DM für "wertloses Zeug" bezahlt, wie Ministerialdirektor Wewel in einem weiteren Gutachten des BMVg feststellt (553).

Sinne eine Tendenz des Unternehmertums, in politische Prozesse wie die Gesetzgebung dann konkret einzugreifen, wenn die eigenen Interessen bedroht scheinen. Solcher Bedrohung (wie der Verschärfung Rüstungsexportbestimmungen) begegnen die Unternehmen "mit der unmittelbaren Einlösung ihrer privaten gesellschaftlichen Macht in politische" (1990, S.230).

Diese Einflüsse höhlen in ihrer Gesamtheit formales Recht aus. Daß Gesetze zur Beschränkung des Wirtschaftshandelns zugunsten humanitärer Zwecke stumpf bleiben, wenn sie unter massivem Einfluß der Wirtschaft zustandegekommen sind, versteht sich von selbst. Am stärksten ist der Einfluß dann, wenn man außer den Lobbyisten in Parlament und Ausschüssen Verbündete in der Regierung gewinnt.[42]

> So gelangte beim Gesetzgebungsverfahren zur "Verschärfung" 1984 mit Hilfe des Forschungsministers ein Paragraph in das AWG (§20), der die Wirkung zahlreicher Beschränkungen im Sinne der Rüstungsindustrie wieder aufhebt: "Die Freiheit von Forschung und Wissenschaft und ihres internationalen Austausches sowie die Weitergabe von Erkenntnissen in diesem Zusammenhang bleiben frei."[43] Damit läßt sich dann beispielsweise die 70 Millionen DM-Beteiligung von MBB am größten arabischen Militärforschungszentrum im Irak rechtfertigen (Leyendeker/Rickelmann, S.119).

Würde nun eine Lieferung trotz des Exportprimats, trotz aller Klauseln und Lücken als illegal eingestuft, bedeutete dies noch nicht das Ende des Geschäftes.

> Im Sinne der oben beschriebenen Kompatibilisierung des Rechtssystems mit dem Wirtschaftssystems hat die Regierung Helmut Schmidts 1976 die "Anpassung der Straf- und Bußgeldvorschriften des Außenwirtschaftsrechts an die allgemeine Entwicklung des Straf- und Bußgeldrechts" betrieben. In dem Antrag des Ausschusses für Wirtschaft hieß es: "Grundsätzlich sollen jetzt Verstöße gegen das Außenwirtschaftsgesetz nur noch als Ordnungswidrigkeit behandelt werden. Lediglich in Ausnahmefällen sollen Verstöße ...als Straftaten geahndet werden" (55).

Ein Rechtsverstoß kann unter diesen Umständen im Sinne eines effizienten Vertragsbruchs durchaus als rentablere Alternative zur Rechtstreue erwogen werden.

Die Rüstungsexportbestimmungen leisten der instrumentalistischen These vorschub, das Recht spiegele lediglich die herrschenden Machtverhältnisse. Danach verbindet Recht als Instrument herrschender Interessen die Legitimation durch die Schaffung von Gesetzen zum Schutz des Gemeinwesens mit der Funktion des idealen Gesamtkapitalisten, indem sie diesem Recht durch kalkulierte Lücken, Klauseln und Komplikationen jede profithemmende Wirkung nimmt. Der kapitalistische Staat ist jedoch nicht das Subjekt dieses Prozesses, wie der verkürzte Instrumentalismus nahelegt. Vielmehr ist dieser Prozeß der Dynamik des legislativen Diskurses zu verdanken, nach der gesellschaftlich mächtige Gruppen Einfluß auf das ihre Interessen betreffende Recht nehmen. Die (Rüstungs-)Industrie macht keinen Hehl aus ihrem Einfluß, sie brüstet sich sogar damit: "Der Bundesverband der deutschen Industrie rühmte sich noch vor zwei Tagen, daß diese (wie gesehen wirkungslose

---

42 Brühl weist dies am Beispiel des Einflusses der Bauwirtschaft auf die sie betreffende Gesetzgebung nach (1990, S.231).

43 Vgl. Koppe/Koch, S.384. Die Verschärfung sollte darin bestehen, die Strafandrohung auf Techniker und Kaufleute auszudehnen.

"Verschärfung" - J.F) 'unter maßgeblicher Beteiligung der deutschen Industrie mitgestaltet worden ist'" (W. Hoffmann, Die Zeit vom 25. Januar 1991, S.31).

Im durchaus pluralistisch organisierten Prozeß der Gesetzgebung wirken fraglos auch Vertreter machtkritischer Interessen mit, nur sitzen diejenigen mit dem größeren symbolischen, politischen und ökonomischen Kapital am längeren Hebel. So werden aus "Verschärfungen" Floskeln, wie die Exportbestimmungen für C-Waffen zeigt: Die Merkmale "besonders konstruiert", "geeignet" und "besonders geeignet" unterscheiden sich nicht in ihrer Rechtswirksamkeit.

Gesetzgebung ist in diesem Zusammenhang zumindest im Bereich Rüstungsexport eher symbolische Politik als politische Steuerung. Erstere dient der Legitimation des Staates durch die Suggestion letzterer. Symbolische Politik ist demnach das Ergebnis des Widerspruchs zwischen der Angewiesenheit auf Massenloyalität bei gleichzeitiger Funktion als Agentur des Kapitals. Als Spagat zwischen widersprüchlichen Interessen ist sie nicht das Ergebnis staatlicher Strategie, sondern des zweiseitigen Drucks kritischer Öffentlichkeit und privater Investoren. Sie ist dann der offizielle Kompromiß zwischen diesen Interessen: "Die Verwaltung strukturiert nicht nur, großenteils kontrolliert sie auch den Gesetzgebungsprozeß; sie muß ihrerseits Kompromisse schließen mit mächtigen Klienten. Parteien, gesetzgebende Körperschaften, Bürokratien müssen dem nicht-deklarierten Druck funktionaler Imperative Rechnung tragen und diese mit der öffentlichen Meinung in Einklang bringen - 'symbolische Politik' ist das Ergebnis. Auch die Regierung muß sich gleichzeitig um die Unterstützung der Massen und der privaten Investoren bemühen."

Gelingt es, dieses symbolische Recht zur Grundlage des politischen Diskurses zu machen, es aus seiner Kontingenz in den Status des Selbstverständlichen zu erheben, dann ist jene subversive Machtkritik ausgeschaltet, die geltendes Recht und dessen herrschende Interpratation in Frage stellt. Entformalisiertes Recht wirkt als Selektionsmechanismus. Was bleibt ist der oben beschriebene affirmative Diskurs des Machtmißbrauchs ohne wirkliche Opposition, der mit dem Abschluß juristischer Verfahren verschwindet. Mit diesem Verschwinden ist das Ziel symbolischer Gesetzgebung erreicht.

Die U-Boot-Affäre wurde auf diese Weise "beerdigt" (Die Zeit); die Exportpraxis des zum Teil staatlichen Konzerns MBB (inzwischen Teil von Daimler Benz) in Kooperation mit der politischen Elite stieß deshalb nie auf nennenswerte öffentliche Empörung.

Der damals zu einem Fünftel dem Freistaat Bayern gehörende Konzern MBB lieferte unter den Aufsichtsratsvorsitzenden Streibl und Tandler unter anderem Helikopter an den Irak, die dort für Massenmorde an Kurden eingesetzt wurden.[44] Wie diese Lieferung war der Export von Raketen über Kairo legal, ebenso das Milliardengeschäft über die Firma Euromissile, bei dem mehrere tausend Raketen und Raketenwerfer über Frankreich an den Irak gingen. Vorwürfen durch eine kritische Öffentlichkeit begegnete man auf Seiten des Unternehmens mit dem Hinweis auf die Legalität der Geschäfte: Man habe "immer die einschlägigen Exportbestimmungen beachtet", es habe "keine staatsan-

44 Die folgenden Fakten zur Exportpraxis von MBB sind bei Leyendeker/Rickelmann, S.117ff., ausführlich dargestellt.

waltschaftlichen Ermittlungen" gegeben, es seien von MBB "keine Kampfhubschrauber an den Irak" geliefert worden. Alle Beteuerungen sind richtig, die Hubschrauber wurden in Spanien umgerüstet, man hat die geltenden Gesetze beachtet, ihre Lücken optimal ausgenutzt.

Solange in der Öffentlichkeit das Recht und seine herrschende Auslegung nicht in Frage stehen, sind solche Geschäfte nicht skandalisierbar. Ihre Unterstützung durch die politische Elite gilt dank dieses Mythos' von der Gerechtigkeit des Rechts nicht als Machtmißbrauch, sondern als legitim. Machtkritik, die das Recht statt zur Basis der Kritik zu deren Gegenstand macht, bleibt unter dieser Bedingung des legalistischen Dezisionismus marginal.

7.6 Anwendung des entformalisierten Rechts

Die politische Praxis der Exekutive besteht überwiegend in der Anwendung und damit der Auslegung des Rechts. Die dabei von Regierung und Bürokratie produzierten Texte - Genehmigungen, Schriftwechsel mit Unternehmen, interne Anweisungen und Verfügungen, Gesprächs- und Verhandlungsprotokolle, gesprochene, über Medien konservierte Texte usf. - nennen wir administrativen Diskurs. Wenn auch in einer komplexen Bürokratie nur wenige Handlungen ohne schriftliche Grundlage oder Dokumentation erfolgen dürften, so kann man nicht davon ausgehen, daß politische Praxis sich vollständig aus Texten rekonstruieren läßt. Politische Praxis findet hinter den Kulissen des offiziellen Diskurses statt. Sie teilt sich deshalb meistens nicht unmittelbar der Öffentlichkeit mit, sondern in der für diese aufbereiteten Version. Am Beispiel des offiziellen Diskurses über Rüstungsexporte konnten wir beobachten, wie diese Version die tatsächliche Praxis verschweigt, verfälscht und verharmlost. Der administrative Diskurs ist demnach nur dann Indikator für politische Praxis, wenn die Aussagen und Texte weder für die Öffentlichkeit bestimmt sind, noch die Verfasser damit rechnen, daß diese an die Öffentlichkeit gelangen.

Doch selbst dieser genuin administrative Diskurs, sofern er z.B. mittels Aktenstudien nachvollzogen werden kann, gibt bei weitem kein vollständiges Bild politischer Praxis ab. Oft wirken gerade Verzögern und Verweigern politischer Entscheidungen als Selektionsmechanismen.[45] Diese "Non-Decisions" lassen sich jedoch nicht aus dem administrativen Diskurs, sondern nur aus dem politischen Kontext rekonstruieren. Die Untersuchung der politischen Praxis muß sie dort aufspüren, wo sie als Strategien zur Sicherung von Herrschaft eingesetzt werden.

---

45 Offe 1972, S.80. Der Non-Decision-Making Ansatz geht zurück auf die Sozialkritik von Bachrach/Baratz. Durch die Verweigerung entsprechenden politischen Handelns wird soziale Ungleichheit nicht nur aufrechterhalten, sondern auch verschleiert: "Non-Decision making is a means by which demands for change in the existing allocation of benefits and privileges in the community can be suffocated before they are even voiced; or kept covert; or killed before they gain access to the relevant decision-making arena; or failing all these things, maimed or distroyed in the decision implementing stage of the policy process" (Bachrach/Baratz, Power and Poverty, S.44).

Deutlich wird der strategische Charakter von Handlungsverweigerungen durch die Konfrontation der politischen Praxis (des Nichtstuns) mit den Versprechungen gegenüber der Öffentlichkeit. Diese Differenz zwischen offiziellem Diskurs und politischer Praxis wurde oben aus der Perspektive der Öffentlichkeit diskutiert: der offizielle Diskurs als Strategie der Sicherung von Massenloyalität durch die Leugnung des Klassencharakters politischer Praxis. Deren Binnenstruktur gilt im folgenden unser Interesse.

Politische Praxis ist administratives Handeln und Nicht-Handeln. Ihre institutionelle Grundlage ist das Recht. Wie gezeigt, gewinnen die Träger politischer Herrschaft unter den Bedingungen eines entformalisierten Rechts Handlungsspielraum. Am Beispiel der Rüstungsexportpolitik ist nun zu zeigen, ob und inwiefern dieser Umstand systematisch den Interessen einer gesellschaftlichen Gruppe zugute kommt.

7.6.1 Handlungsverweigerung als politische Strategie

Das Verzögern und Verweigern politischer Entscheidungen im Interesse der Industrie, insbesondere aber im Interesse der in die Affäre verstrickten Politiker, wurde in der Kieler U-Boot-Affäre geradezu zu einem Charakteristikum, während man in der Öffentlichkeit lautstark ein härteres Vorgehen gegen Rüstungsexporte forderte.[46] In diesem Sinn ist die Verweigerung einer im Gesetz oder im eigenen offiziellen Diskurs geforderten Handlung Ausdruck der ideologischen Differenz.

> Mehreren Mitglieder der Bundesregierung einschließlich des Bundeskanzlers war die Absicht des U-Boot-Exports bekannt. Über das Strategiepapier IK 97 waren sie sogar über Einzelheiten der Planung informiert, unter anderem darüber, daß die Unterlagen "als Mikrofilm im Diplomatengepäck über die Grenze" geschafft werden sollten. Trotz dieses Wissens um die Absicht mehrerer Rechtsverletzungen durch Unternehmen und Diplomaten informierte niemand die zuständigen Kontrollbehörden (das BAW, das Zollkriminalinstitut, die Zollausfuhrstellen). Der Verteidigungsminister hätte überdies wegen der Verletzung des von ihm unterzeichneten deutsch-indischen Geheimschutzabkommens intervenieren müssen, tat dies aber nicht.[47] Auch als die ersten Lieferungen bekannt wurden, unternahm die Bundesregierung nichts. Neben Verteidigungsminister Wörner, Finanzminister Stoltenberg, Wirtschaftsminister Bangemann (Ds.11/8176, S.58), Außenminister Genscher (a.a.O., S.65) war auch Bundeskanzler Kohl durch den Strauß-Brief (Lieferungsbeginn: Oktober 1984; Anlage 3) informiert. Gegen die namentlich bekannten Angehörigen der südafrikanischen Botschaft wird nichts unternommen, selbst ein formeller Protest gegen Südafrika bleibt aus (a.a.O., S.69).

---

46 Haferkamp definiert die Strategie des Non-Decision making in diesem Sinne: als Diskrepanz zwischen den Forderungen der öffentlichen Meinung (an die sich der offizielle Diskurs ja opportunistisch anhängt) und einer untätigen politischen Führung (Haferkamp 1983, S.33).

47 "Damit ist er seiner Obhutspflicht aus dem Abkommen nicht nachgekommen" (SPD-Votum, Ds. 11/8176, S.55).

Die ideologische Differenz zwischen den permanenten Beteuerungen der Solidarität mit der schwarzen Mehrheit Südafrikas und der politischen Praxis ist offensichtlich, die Strategie der Anbiederung an die öffentliche Meinung allzu durchschaubar: "Die Bundesregierung hat hinter den Kulissen eine andere Politik gemacht, als sie in der Öffentlichkeit vertritt" (a.a.O., S.72).

Im April 1989 verweigert die Bundesregierung der Staatsanwaltschaft Kiel "aus politischen Motiven und im Interesse der Unternehmen" (Ds. 11/8176, S.67) die Ermächtigung zu Ermittlungen gemäß § 353 b StGB (Verletzung des Geheimschutzabkommens mit Indien; a.a.O., S.66). Das Verteidigungsministerium ist der Ansicht, "daß die mit einer Verweigerung der Ermächtigung zwangsläufig verbundene Durchbrechung des Legalitätsprinzips hingenommen werden könne, weil der Unrechtsgehalt, der mit einer Weitergabe von VS-Sachen an Südafrika verbunden wäre, verhältnismäßig gering zu bewerten ist" (zitiert nach: ebenda).

Die Handlungsverweigerung der Regierung angesichts deutscher Rüstungsgeschäfte mit totalitären Staaten scheint eher Regel als Ausnahme zu sein.

Die unzähligen Giftgasexporte deutscher Firmen an den Irak in den 80er Jahren waren weithin bekannt. Es bedurfte eher einiger Anstrengung, dies *nicht* zu bemerken. Ein im Irak beschäftigter deutsche Ingenieur zum Thema Giftgasproduktion: "Man muß zynisch sein oder weggucken"; außerdem sei die Auslandszulage nicht zu verachten. "Jeder hat gewußt, um was es ging" (Ds. 11/8176, S.31). Kaum zu glauben, daß dies ausgerechnet für die Bundesregierung nicht galt, zumal sie mehrere Hinweise vom amerikanischen Geheimdienstes CIA erhalten hatte (Leyendecker/Rickelmann, S.27). Die Partner der deutschen Firmen machten nie einen Hehl aus den Geschäften mit dem Giftgas, ebensowenig aus der vorgesehenen Verwendung. Auf die Frage, was produziert werde, antwortete 1983 ein irakischer Geschäftsmann: "Mittel gegen Ungeziefer: ...Wanzen, Flöhe, Perser, Israelis" (a.a.O., S.31).

7.6.2 Implementierung des Rechts: Die Exportkontrolle

Der hier beschriebene Verzicht auf politisches Handeln ist als administrative Strategie zu sehen. Voraussetzung dieser Strategie ist ein im entformalisierten Recht begründeter Handlungsspielraum der politischen Administration, der eine Auslegung geltenden Rechts zugunsten einer kapitalfreundlichen Exportpraxis ermöglicht. Diese Praxis ist jedoch nicht strukturell verankert. Jederzeit hätte jeder Minister Schritte gegen das U-Boot-Geschäft mit Südafrika einleiten können - freilich um den Preis der Verletzung der Gegennorm des Zusammenhalts einer homogenen Interessengruppe, der ökonomisch-politischen Elite. Über diese eher partikularen Strategien hinaus tritt Handlungsverweigerung als politische Praxis in weitaus institutionalisierteren Formen auf. Die Organisation der Exportkontrolle weist in diesem Sinne Strukturmerkmale auf, die zwangsläufig den Kapitalinteressen entgegenkommen.

Zustandige Behörde für die Kontrolle von Rüstungsexporten ist das Bundesamt für Wirtschaft (BAW), seinerseits dem Wirtschaftsministerium (BMWi) unterstellt.

Bereits diese Konstellation weist auf gemeinsame Interessen von Wirtschaft und Staat hin. Immerhin dient das Wirtschaftsministerium der Förderung des Exports, sein Erfolg mißt sich letztlich am Erfolg der Wirtschaft selbst. Die Motivation und schließlich die Effizienz der Exportkontrolle stehen in Frage, wenn Förderer und Kontrolleur identisch sind.[48] Durch die Rolle des BAW in der U-Boot-Affäre wird diese Skepsis bestätigt.

So mußte ein Sachverständiger des BAW auf Weisung des BMWi die Einschätzung zurücknehmen, die Blaupausenexporte seien genehmigungspflichtig (Koppe/Koch, 373).

Derartige Interventionen des BMWi sind allerdings selten nötig, denn der hier an den Tag gelegte Kontrolleifer des BAW ist die seltene Ausnahme.

Der Präsident des BAW dämpft in diesem Sinne übersteigert Ansprüche der Öffentlichkeit: "Schon der Name Exportkontrolle führt in die Irre und zu falschen Erwartungen. In Wirklichkeit besteht unsere Arbeit im Kern nur darin, Anträge in angemessener Zeit ordentlich und richtig zu bearbeiten" (zitiert nach einem Interview in der Frankfurter Rundschau vom 11. März 1991, S.7).

Eingreifen im Interesse der Wirtschaft muß das BMWi dann, wenn durch Unachtsamkeiten des BAW die Kontrollpraxis an die Öffentlichkeit zu gelangen droht.

Nachdem der einzige Rüstungsexperte des BAW, Dr. Ruck, nach einer Dienstreise in den Irak 1984 inoffiziell die Möglichkeit der Produktion von C-Waffen einräumte, entzog ihm das BMWi das Aussagerecht vor Gericht (Koppe/Koch, S.233 und S.375). Offiziell hatte Ruck sich zwar vor die beteiligten Unternehmen gestellt, seine "inoffizielle" Ansicht aber nicht für sich behalten können.

Das BMWi scheint seine Aufsichtsfunktion als Kontrollorgan der Kontrollbehörde eher darin zu sehen, die Wirtschaft vor Schaden durch derartige Indiskretionen zu bewahren, als in einer effektiven Kontrolle der Rüstungsexporte. Auch die Organisation der Ausfuhrkontrolle im BAW läßt nicht gerade auf den Willen zur Kontrolle schließen.

Ende der 80er Jahre hatten 65 (von insgesamt 500) für den Export zuständige Mitarbeiter (Koppe/Koch, S.369) 75 000 Anträge zu bearbeiten (Der Spiegel, Nr. 33/1990, S.84). So ist es nicht verwunderlich, daß die Anträge der Rüstungsindustrie "im Zweifelsfalle zugunsten des Freiheitsprinzips" (Erbs-Kohlhaas, S.2) beschieden wurden. Als ehemaliger Wirtschaftsminister Dienstherr der Kontrolleure des BAW, schätzte Graf Lambsdorf die Kontrolle von Rüstungsexporten im BAW folgerichtig als "Randthema" ein (Lambsdorf im Dezember 1989 vor dem Atom-Untersuchungsausschuß; nach: Koppe/Koch, S.371). Ein Beamter des BAW drückt dies drastischer aus: "In unserer nach Steinzeitmethoden organisierten Behörde ist eine ordnungsgemäße Sachbearbeitung und Kontrolle nicht möglich" (a.a.O., S.11). Die Exportkontrolle für Nuklearwaffen ist nach den Worten des Präsidenten des BAW ein "kleiner exotischer Randbereich" (ebenda).

Im Lichte des offiziellen Diskurses der Regierungsparteien zum Thema Rüstungsexporte erscheint die Organisation des zentralen Kontrollorgans geradezu

---

48 W. Hoffmann fordert deswegen die Trennung von BMWi und BAW; in: Die Zeit vom 25. Januar 1991, S.23.

grotesk. Symbolische Politik und symbolische Gesetzgebung bewirken unter dieser Bedingung das Gegenteil ihres vorgeblichen Ziels: Die Verschärfung des AWG im April 1989 erforderte einen größeren bürokratischen Aufwand. Es fehlte aber an konkreten Anweisungen zur Implementierung. Es folgten keine organisatorischen Konsequenzen im BAW, das die Verschärfungen umzusetzen hatte, was zu weiterer Überlastung führte. Die Kontrolle büßte dadurch weiter an Effektivität ein (a.a.O., S.377). Betrachtet man aber die "Verschärfung" als symbolischen politischen Akt, so erscheint das paradoxe Resultat als durchaus gewollt.

Ein weiteres prägnantes Beispiel verdeutlicht dieses Ineinandergreifen von symbolischer Politik, entformalisiertem Recht und politischer Praxis.

> Die Lieferung von Generatoren für die größte Waffenfabrik Pakistans durch die Hamburger Werft Blohm und Voss wurde nach der Verschärfung des Außenwirtschaftsrechts genehmigungspflichtig. Das BAW genehmigte die Lieferung im April 1991, obwohl alle Punkte des neuen § 5 c der AWV erfüllt waren: Es handelte sich um einen Export in ein "kritisches Land" (1), der Export diente der "Modernisierung von Waffen oder Munition" (2) und der Exporteur hatte davon Kenntnis (3). Auf die Frage der *Zeit*, warum der Export trotzdem genehmigt wurde, antwortete das BAW: "Es geht um eine Rüstungsfabrik und es geht um ein Land aus der kritischen Gruppe, und der Exporteur hat uns angezeigt, daß er positiv Kenntnis von dem Zusammenhang hat. Und hat hier ordnungsgemäß einen Antrag gestellt und hat eine Genehmigung erhalten."[49]

Otto Köhler kommentiert diese Auffassung des BAW: "Ganz offensichtlich interpretiert das Amt das Wort Genehmigungspflicht so, daß es die Pflicht habe, jede beantragte Genehmigung auch zu erteilen." Auf weitere Nachfrage der "Zeit" gab das BAW die Auskunft, daß es aufgrund des § 5 c der AWV bis dahin (Mai 1991) noch kein einziges Exportverbot ausgesprochen hatte.

Neben der Organisation und der politischen Haltung der Kontrolleure spielt auch deren Qualifikation eine Rolle, wenn es um die Effizienz der Kontrolle geht. Auch in diesem Punkt ist das BAW aus Sicht der Rüstungsindustrie kein ernstzunehmendes Hindernis.

> Der Präsident des BAW, Hans Rummer, versteht von Waffen "als Jurist nichts". Der einzige Experte, Dr. Ruck, beurteilt die Möglichkeiten des BAW wie folgt: "Eine ordnungsgemäße Sachbearbeitung ist nicht möglich. Der Druck, der hinter den Anträgen steht, ist so groß, daß gründliche Bearbeitung in den seltensten Fällen erfolgen kann - aus Mangel an Zeit. Die Belastungen sind manchmal kaum noch zu ertragen."[50] Was aus der Binnenperspektive des BAW resignativ klingt, gibt den Exporteuren Anlaß zu Gelassenheit und Optimismus, was ihre Rüstungsgeschäfte betrifft. Ein Manager der Firma NTG ist davon überzeugt, daß unter der Aufsicht des BAW Waffenexporte mit ein wenig Geschick immer möglich seien, indem man zum Beispiel das Material splitte und "irgendwo zusammenschustere" (Koppe/Koch, S.375). Der Geschäftsführer der Firma Kolb pflichtet bei; für ihn ist die Kontrolle "echt ein Schauspiel" (S.376).

---

49 Informationen und Zitate zum Rüstungsgeschäft Blohm und Voss nach: Otto Kohler: Damenaufstand in Blankenese, in: Die Zeit, 10. Mai 1991, S.13.

50 Koppe/Koch, S.374. Ein Mitarbeiter für radioaktive Stoffe im BAW wurde "vor Jahren" abgezogen, weil es angeblich "wichtigeres" gebe (ebenda).

In der U-Boot-Affäre wurde die mangelnde Kompetenz der Kontrollbehörde deutlich.

Der Verfasser der Studie des BAW zur Verwendbarkeit der gelieferten Unterlagen für den U-Boot-Bau "leistete nach eigenen Angaben bei diesem Gutachten 'Pionierarbeit'. Da er noch nie in seinem Leben ein U-Boot von innen gesehen hatte, besichtigte er am dritten März 1987 auf eigenen Wunsch ein U-Boot der Bundesmarine in Kiel. Anschließend fuhr er zur Prüfung der Unterlagen nach Lübeck zum IKL" (137). Vor diesem Hintergrund erstaunt weder das Ergebnis noch die Formulierung. Danach entspricht "das mit den gelieferten Unterlagen Baubare ...weitgehend und prinzipiell einem zivilen und ausfuhrgenehmigungsfreien Tauchboot." (138) Ein Referatsleiter konnte die Dauer der Prüfung nicht einschätzen, da das BAW "mit U-Booten in dieser Form noch nicht zu tun gehabt habe" (75).

Hier offenbart der Zynismus der Exporteure mehr Wahrheit als das opportunistische Taktieren der Politiker, wenn beispielsweise ein IKL-Prokurist die Prüfung von U-Booten durch das BAW als Farce beurteilt. Nur Techniker einer U-Boot-Werft, allenfalls Experten des Verteidigungsministeriums seien dazu fähig (75).

Der durch das entformalisierte Recht vergrößerte Handlungsspielraum der Exekutive kehrt sich unter diesen Umständen auf der niedrigeren Stufe der Hierarchie in sein Gegenteil. Die politische Elite hat ihren Handlungsspielraum dazu genutzt, den der ausführenden Bürokratie zu beschränken. Sie hat den Handlungsverzicht der Kontrollbehörde erzwungen und damit eine die kollektiven Privatinteressen der Rüstungsidustrie schonende Kontrollpraxis präjudiziert.

Das BAW als Kontrollorgan zeigt exemplarisch die Wirkung der Strategie des Handlungsverzichts. Als Herrschaftsinstrument ist jene der symbolischen Politik komplementär. Symbolische Politik erzeugt den Schein politischen Handelns, hinter dem dessen Verweigerung für die Öffentlichkeit unsichtbar bleibt. In unserem Beispiel kommt Handlungsverzicht - gleich, ob organisatorisch, durch fehlenden Willen oder durch fehlende Kompentenz bedingt - den Rüstungsexporteuren zugute,[51] indem er Interessen an ihrer Verhinderung ausschließt. (In erster Linie sind dies die Interessen der schwarzen Bevölkerung Südafrikas, darüber hinaus die der Menschenrechte im allgemeinen.) Nach C. Offe ist Selektivität "die nicht-zufällige (d.h. systematische) Restriktion eines Möglichkeitsraumes" (Offe 1972, S.78). In diesem Sinne wirkt die Organisation des BAW als Selektionsmechanismus zugunsten der Exportindustrie, denn sie reduziert systematisch die Möglichkeit der Einschränkung von Rüstungsgeschäften.

---

51 Vgl. auch hier Savelsberg, der die "Non-Decision" als subtiles Instrument der Interessenvertretung durch den Staat darstellt (Savelsberg/Brühl 1988, S.79). Vom moralischen Standpunkt des Sozialstaatsgedankens ettiketiert Henry den Staat wegen seines Handlungsverzichts sogar als potentiellen Delinquenten: "Insofar as state crime is the action or inaction of government policy that creates harm, then government's inability and unwillingness to control the distrubution of wealth at source has been shown to result, through a complex series of events, in harm" (Henry, 1991, S.266).

7.6.3 Die öffentliche Kritik der Rüstungsexportkontrolle

Zumindest in den Phasen der Diskursivierung der Rüstungsexporte wurde deren dürftige Kontrolle in der Öffentlichkeit kritisiert. Rhetorisch fragte der Pressedienst der SPD während des zweiten Golfkrieges angesichts unzähliger Meldungen über (legale) Rüstungsexporte in Spannungsgebiete: "Sind das alles Zufälle? Oder sind das alles nur Beweise für die Ohnmacht einer schwerfälligen Kontrollbürokratie gegenüber der flinken Intelligenz der Rüstungsindustrie, die die Lücken der deutschen Exportvorschriften legal zu nutzen weiß?" (Dokumentiert in der Frankfurter Rundschau vom 25. Januar 1991, S.16.) Der SPD-Obmann im U.Boot-Untersuchungsausschuß, Norbert Gansel, sprach von einer "Politik der augenzwinkernden Kontrolle" (Interview in der Hamburger Morgenpost vom 31. Januar 1991, S.8). Zwei bekannte Journalisten kommentierten den Aufbau einer Giftgasfabrik durch eine deutsche Firma in Libyen im Lichte der gängigen politischen Praxis: "Die Lektion 'Rabta' war deutlich, gewiß, und das weltweit zerschlagene Porzellan hinterließ viele Spuren, aber Zweifel sind berechtigt, ob nicht das politische Credo, 'der Wirtschaftsverkehr ist frei', und behördlicher Schlendrian letztlich wieder die Oberhand gewinnen werden, wenn der Scherbenhaufen erst zusammengekehrt ist" (Koppe/Koch, S.390).

Trotz aller Schärfe bleibt diese Kritik Teil des Herrschaftsdiskurses. Indem sie die herrschende Kontrollpraxis als das eigentliche Übel darstellt, schließt sie machtkritische Fragen nach deren gesellschaftlichem Hintergrund aus: Ist nicht der "behördliche Schlendrian" die Folge des "Credo", ist nicht dieses "Credo" seinerseits Ergebnis des systematischen Ausschlusses alternativer Diskurse? Ist das Versagen der Kontrolle unter Umständen nicht nur eine Kette von Pannen, sondern "politische gewollt" (Leyendecker/Rickelmann, S.33)? Das "und" zwischen "behördlicher Schlamperei" und "Credo" suggeriert ein nur zufälliges Zusammenfallen verschiedener Ursachen. Das Problem erscheint lediglich als eines des Managements der Kontrollbehörde, das durch gezielte Personalpolitik zu beheben wäre. Auch "augenzwinkernde Kontrolle" wäre auf diese Art zu unterbinden, ist sie doch ebenfalls nur das Fehlverhalten einiger Beamter.

Die rhetorische Frage nach der "Ohnmacht einer schwerfälligen Kontrollbürokratie" kommt dem strukturellen Aspekt des Handlungsverzichts schon näher. Letztlich zielt aber auch sie nur auf die Unfähigkeit der Bürokratie statt auf ihre strukturellen Hintergründe. Ähnlich oberflächlich ist die Kritik, die Bürokratie sei der "flinken Intelligenz der Rüstungsindustrie, die die Lücken der deutschen Exportvorschriften legal zu nutzen weiß", nicht gewachsen. Das mag zwar stimmen; die Kritik verschweigt jedoch die historische Genese sowohl der Ohnmacht als auch der Lücken. Beide erscheinen als realpolitisches Problem, das zu lösen lediglich einer fähigeren politischen Administration bedürfe. Gesetzeslücken und behördliche Ohnmacht aber sind ihrerseits nur Symptome systematischer Selektionsleistungen, die ihre Ursachen in der Dynamik zwischen politischer und ökonomischer Macht haben.

Mit der Beschränkung auf skandalisierbare Themen (und das heißt Beschränkung auf Symptome) stellt sich die öffentliche Kritik an der Kontrollpraxis als Diskurs des Machtmißbrauchs dar, der die Grenzen des herrschaftlichen politischen Diskurses nicht zu überschreiten vermag. Dieser Diskurs des Machtmißbrauchs ist selbst Teil der Strategie der Macht. Durch die Illusion einer funktionierenden öffentlichen Machtkritik legitimiert er die herrschenden Machtverhältnisse und trägt damit zur Herstellung von Massenloyalität bei.

7.6.4 Politische Praxis: Kooperation von Staat und Kapital

Die politisch erzwungene fachliche Inkompetenz der Kontrollorgane ist nur eine, wenn auch subtile, Form der Vertretung von Klasseninteressen durch den Staat. Wie die gesamte Praxis der Rüstungsexporte weist das Kieler U-Boot-Geschäft auf weitere, offensichtlichere Formen der Kooperation von Staat und Wirtschaft hin. Neben der Unterstützung der Profitinteressen durch den Staat liegt deren Zweck in der Umgehung des Rechts sowie der Verheimlichung der politischen Praxis vor der Öffentlichkeit. (Das BAW dient auch hier als Beispiel für Kooperation statt Kontrolle.)

Mitte der 80er Jahre empfahl das BAW den Unternehmen, Anträge "genehmigungsfreundlicher" zu formulieren, zum Beispiel den Begriff "Technologietransfer" statt des ehrlicheren, aber allzu aufälligen "Rüstungsexportes" zu verwenden. Als die Firma NTG (Neue Technologien GmbH) die Exportgenehmigung für eine "Tritium-Extraktionsanlage" nach Pakistan beantragte, veranlaßte der verantwortliche Referatsleiter die Änderung des Terminus' in "Schwerwasser-Reinigungsanlage". Der Begriff Tritium verweise zu sehr auf die Verwendbarkeit für Nuklearwaffen (Frankfurter Rundschau vom 30. Oktober 1990, S.18).[52]

Der Verkauf von Maschinengewehren an Saudi-Arabien durch die Firma Rheinmetall kam nicht zur Anzeige, obwohl er gegen das KWKG verstieß. Das BMWi hatte den entsprechenden Tip zur Umgehung des Rechts gegeben: "Das Wirtschaftsministerium regte an, die (Luft holen:) kriegswaffenkontrollgesetzgenehmigungspflichtigen Maschinengewehre aus dem Vertrag herauszunehmen. Saudi-Arabien sollte diese dann von einem ausländischen Lizenznehmer der Firma Rheinmetall... beziehen" (Wulf, S.119).

Ein weiterer Referatsleiter des BAW war während der 80er Jahre gleichzeitig als Berater einer Rüstungsfirma tätig, die hauptsächlich an den Irak lieferte. Er stellt "seinem" Unternehmen eine "permanente Negativbescheinigung" aus, die bestätigte, daß kein Verstoß gegen das AWG vorliege. Nach seiner Versetzung in den Ruhestand schrieb sein Nachfolger im Amt die Bescheinigung weiterhin jährlich fort.[53]

---

52 Welch anderen Zweck verfolgt dieser Hang zu Euphemismen als den der Täuschung von Justiz und Öffentlichkeit? Fast noch mehr Erstaunen als die Kooperation von BAW und Rüstungsindustrie ruft deren Unbedarftheit hervor: Daß nicht an die Vermeidung des Begriffs Tritium gedacht wurde, wo man sich doch durch die Wahl des Firmennamens als Beherrscher des Euphemismus ausgewiesen hat.

53 Koppe/Koch, S.362. Erst staatsanwaltschaftliche Ermittlungen wegen des Verstoßes gegen die internationale Vereinbarung zur "Nichtverbreitung von Raketenträgertechnologie" brachten diese Praxis an den Tag und zum Erliegen (a.a.O., S.299).

Der Präsident des BAW empfahl den Firmen IKL und HDW, die Lizenzgebühr von zwei Millionen DM für die U-Boot-Pläne an die südafrikanischen Geschäftspartner zurückzuzahlen, da diese auf den Bau der U-Boote nach den Plänen der Firmen hinweisen würden (tageszeitung vom 18. Mai 1990, S.5). Gegenüber Öffentlichkeit und Justiz behielt der Präsident sein Wissen über die gezahlten zwei Millionen DM für sich.

Über die geheimen Sitzungen des U-Boot-Untersuchungsausschusses wurden die Unternehmen laufend von Staatssekretär Schleifer informiert (Frankfurter Rundschau vom 23. April 1990, S.1). Staatssekretär Voss vom BMFi war noch aktiv an dem Geschäft beteiligt, als bereits ein Jahr lang gegen die Firmen ermittelt wurde, unter anderem durch die dem Finanzministerium unterstellte Oberfinanzdirektion (OFD) Kiel (tageszeitung vom 5. April 1990, S.10).

Für die Existenz der oben festgestellten Gegennorm in den Kreisen der politischen und unternehmerischen Elite spricht die konspirative Zusammenarbeit von Behörden, Regierung und Rüstungsindustrie:

Ein Manager betonte vor dem U-Boot-Untersuchungsausschuß, daß der Vertrag von IKL und HDW mit dem südafrikanischen Partner "erst nach den Äußerungen maßgeblicher Personen auf Regierungsebene" abgeschlossen wurde, in denen diese ihr Stillschweigen versprochen hätten: Das Geschäft wäre gefährdet gewesen, wenn ein bestimmtes Land (Indien) informiert worden wäre, das "als Käufer des U-Boot-Typs 1650 nichts habe erfahren dürfen" (73). Tatsächlich hielten die "maßgeblichen Personen auf Regierungsebene" dann auch dicht - bis es wegen der Veröffentlichung des Geschäfts durch die Kieler Nachrichten nichts mehr dichtzuhalten gab.

Ein Schreiben der südafrikanischen Firma Venter an IKL aus dem Jahre 1984 dokumentiert, welche Rolle das Firmenmanagement der Regierung in der gemeinsamen Konspiration gegen Öffentlichkeit und Justiz zuschreibt:

"Ein Prozeß des Ausstreuens gezielter Desinformation ist nötig, um den Eindruck zu erweken, daß sich die Blaupause dieses Projekts auf unbestimmte Zeit verzögert habe... IKL und HDW werden gebeten, Einzelpersonen in der westdeutschen Regierung zu informieren und ihnen zu versichern, daß diese Vorgehensweise gewählt wurde, um jedes nur denkbare Risiko einer Enthüllung auszuschalten; und es soll diesen Personen versichert werden, daß das Programm tatsächlich nicht verzögert wird, daß im Gegenteil die Hoffnung besteht, daß die Blaupause sogar noch beschleunigt wird" (zitiert nach: 122). Aus dem zweiten Brief Straußens an Kohl geht eindeutig hervor, daß unter anderen Strauß, Kohl und Genscher sowohl den Export als auch die vorgeschlagene Konspiration befürwortet hatten.

Nicht nur das Verhalten Einzelner, sondern die gesamte Organisation der Rüstungskontrolle einschließlich der Personalpolitik steht in krassem Widerspruch zu dem öffentlich immer wieder beteuerten Willen zur Aufklärung vergangener und Einschränkung künftiger Rüstungsexporte.

Der selbst in die U-Boot-Affäre verwickelte Stoltenberg war als damaliger Finanzminister gleichzeitig Chef einer Aufklärungsbehörde und Verantwortlicher für ein beschuldigtes Unternehmen: Das BMFi ist gegenüber der OFD Kiel weisungsberechtigt; HDW war zu 75% im Besitz der Salzgitter AG, diese zu 100% im Besitz des Bundes unter der Aufsicht des BMFi (Gansel, S.296).

Das für die Rüstungskontrolle verantwortliche Wirtschaftsministerium wird ausgerechnet in einer Phase, in der die Regierung sich dem öffentlichen Legitimationsdruck mit heftigster Distanzierung von Rüstungsgeschäften anpaßt, von zwei verdienten Lobbyisten der Rüstungsindustrie geleitet. Die Diskrepanz ist hier allzu auffällig, was die öffentliche Kritik herausfordert. Die Frankfurter Rundschau kommentiert: "Daß ausgerechnet zwei Männer, die ihre Promotion von Rüstungsgeschäften früher nie verhehlt haben, heute an der Spitze jenes Bundeswirtschaftsministeriums stehen, das eben diese Exporte einschränken soll, ist grotesk. Minister Jürgern Möllemann (FDP) und der parlamentarische Staatssekretät Erich Riedl (CSU) sind für den Auftrag, hemmungslose Exporte sensibler Güter endlich gesetzlich zu unterbinden, denkbar ungeeignet. Ihnen muß die Federführung hierfür entzogen werden" (vom 7.Februar 1991, S.3).

Angesichts dieses kritischen Kommentars könnte man hinzufügen: ungeeignet auch für die Verschleierung der ideologischen Differenz. Die personelle Verflechtung von Markt und Legislative durch Beraterverträge, Aufsichtsratsposten oder Lobbytätigkeiten der Abgeordneten wird in der Bundesrepublik erfolgreich verheimlicht, denn die Abgeordneten sind hier nicht zur Auskunft über ihre Einkünfte verpflichtet. Deshalb ist die Öffentlichkeit nicht über "eine Vielzahl möglicher Konflikte zwischen Mandat und wirtschaftlichen Interessen des Abgeordneten aufgeklärt" (Landfried 1989a, S.144; die Frage, ob sich dieses Interessengeflecht aus der Sicht des einzelnen Abgeordneten tatsächlich als "Konflikt" oder eher als lukrative Geschäftsbasis darstellt, muß hier zunächst noch offen bleiben).

> Der Rüstungskonzern MBB war in den 80er Jahren der Hauptlieferant von Rüstung an den Irak. Aufsichtsratsvorsitzende waren nacheinander der spätere bayrische Ministerpräsident Streibl sowie sein Parteifreund Tandler, 20% des Konzerns gehörten dem Freistaat (Leyendecker/Rickelmann, S.117 und 119).

Hirsch und Roth sehen MBB als typisches Beispiel für die Verzahnung militärischer und ziviler Sektoren. Der Konzern sei "ein exemplarisch staatskapitalistisches Unternehmen..., das zugleich die Creme des westdeutschen internationalen Kapitals vereinigt" (Hirsch/Roth, S.127).

Die Kooperation von Staat und Wirtschaft läßt sich allerdings nicht allein auf gemeinsame Interessen der jeweiligen Repräsentanten zurückführen. Die schwerfällige staatliche Bürokratie ist aufgrund des rasanten technischen Wandels und der komplexen internationalen Marktverflechtungen oft gar nicht mehr in der Lage, ohne "Hilfe" aus der Wirtschaft diese zu kontrollieren.[54] So ist das BAW als Kontrolleur aufgrund seiner strukturell bedingten Inkompetenz in Rüstungsfragen auf die Zusammenarbeit mit den zu kontrollierenden Firmen angewiesen.

> Beispielsweise können Anträge für den Transport radioaktiver Stoffe "nur durch Datenträgeraustausch mit drei Privatfirmen bewältigt werden, die selbst zu den Antragstellern zählen" (377).

---

54 Ott zeigt am Beispiel des Kartellrechts, wie Inkompetenz und "Wirtschaftsfremdheit" von Verwaltung und Justiz staatliche Steuerung unmöglich machen und letztlich den Interessen eines gut organisierten Unternehmertums dienen (S.367).

Diese Abhängigkeit des Kontrolleurs von den zu Kontrollierenden gilt sogar noch für das in Rüstungsfragen weitaus kompetentere Verteidigungsministerium:

> Ein Experte des Verteidigungsministeriums antwortete auf die Frage, ob die Kontrolle der Produktion bei IKL und HDW ohne Zusammenarbeit mit den Firmen möglich sei: "Nein, dazu sind wir personell überhaupt nicht ausgestattet. Das ist ausgeschlossen" (134). Die Zusammenarbeit von Kontrolleur und Kontrolliertem ist Usus: "Mit denen (IKL und HDW - J.F.) habe ich schon in Kiel zusammengearbeitet, also praktisch seit dem Jahre 1962" (134).

Eine effiziente Kontrolle erfordert die strikte Trennung von privaten Profitinteressen und staatlicher Aufsicht. Wenn die Kontrollorgane des Staates aufgrund mangelnder Kompetenz auf die Zusammenarbeit mit der Industrie angewiesen sind, wird diese Kontrolle zur Farce. Zwischen Markt und Staat entstehen "korporatistische Netzwerke von privatrechtlich verfaßten technischen Verbänden spezieller Gutachter und Sachverständigenorganisationen", eine Art "private government".[55] Unter solchen Bedingungen wird eine Klausel wie "nach dem Stand der Technik" zum "Ermächtigungsgesetz" für das Kapital (ebenda; siehe auch Maus 1986, S.285). Die politische Praxis der Rüstungskontrolle bestätigt diese Einschätzung: Der (teilweise strukturell bedingte) Kompetenzmangel staatlicher Aufsicht erfordert die Kooperation mit der Wirtschaft. Der in der Entformalisierung des Rechts begründete Kompetenzgewinn verlagert sich damit von der Verwaltung auf das "private government". Im Extremfall bedeutet dies die "Überantwortung der Technikkontrolle an die Techniker selber" (ebenda), also die Kontrolle des Kapitals durch das Kapital. Der Staat verliert damit seine Funktion als Steuerungsorgan. Was ihm bleibt, ist die Aufgabe der Legitimitätsbeschaffung, denn die selektive Parteinahme für kollektive Privatinteressen, hier für die der Rüstungsindustrie, läßt sich in Phasen der Diskursivierung nicht völlig verbergen. Hier bedarf es der diskursiven Strategien, die oben beschrieben werden.

7.6.5 Die Vergesellschaftung des Risikos privaten Profitstrebens

Aufgabe des kapitalistischen Staates ist die Herstellung optimaler Rahmenbedingungen für die Erwirtschaftung von Profiten durch die Organisierung des Marktes.[56] Der Erfolg einer Regierung wird nicht zuletzt an der Konjunktur, am Erfolg der Wirtschaft gemessen. Insbesondere in der Bundesrepublik spielt der Export dabei eine wichtige Rolle. Die Förderung des Exports ist deshalb eine zentrale Aufgabe aller bisherigen Regierungen. Dazu gehört nicht zuletzt die Entlastung der Exportindustrie von unkalkulierbaren Risiken. Diese treten vor allem im Bereich der

---

55 Breuer, S.229. Breuer spricht von "tauschförmiger Kooperation" zwischen Wirtschaft und Staat, die hinsichtlich der Kontrolle der Rüstungsexporte freilich absurd wirkt: Die Industrie "hilft" der Verwaltung in technischen Fragen, diese behandelt dafür die Interessen der Industrie besonders wohlwollend.

56 Offe (1972), S.22: Zu dieser Organisierung gehört die "(temporäre) Emanzipation vom Kostendruck und von Realisierungsproblemen" (ebenda).

Rüstungsexporte auf: Kein Investor kann sich sicher sein, daß autoritäre Regime, per Putsch an die Macht gelangte Militärs oder durch Bürgerkriege gefährdete Staaten die sehr hohen Rüstungskosten auch tatsächlich tilgen können oder wollen. Verständlich ist deshalb, daß kein privater Versicherer die Risiken der Rüstungsexporte in Spannungsgebiete übernimmt.

Eine ideale Organisierung des Marktes beinhaltet deshalb die Absicherung gegen diese Risiken. Das Fehlen einer solchen Versicherung käme dem Verzicht auf Investitionen in Milliardenhöhe gleich und damit der Gefährdung der führenden Stellung der Bundesrepublik als Exportnation. Seit 1949 vergibt die Bundesrepublik deswegen staatliche Exportkreditversicherungen für riskante Exportgeschäfte, die sogenannten "Hermesbürgschaften".[57]

Zwar tritt der Staat als Versicherer auf und kassiert auch Versicherungsbeiträge; diese stehen jedoch in keinem Verhältnis zu der Höhe der Schadensfälle: 1990 summierten sich diese auf 3,5 Milliarden DM. Das Gesamtobligo des Bundes betrug 1991 allein für Exporte in den Irak 10 Milliarden DM, darunter 1,1 Milliarden für 40 Luftschutzbunker in Bagdad, unter anderem den des Diktators Saddam Hussein. Mit der Wandlung des Iraks vom Verbündeten gegen den Iran zum Feind des Westens trat der Schadensfall ein. Die Bundesrepublik mußte den deutschen Firmen 900 Millionen DM für den Bau der Luftschutzbunker erstatten. Gleichzeitig wurden Exporte in den Iran wieder kreditfähig: im ersten Halbjahr 1990 wurden Kredite in Höhe von einer halben Milliarde DM gewährt.

Das BAW als Kontrollorgan für Rüstungsexporte erwies sich auch im Bereich der Exportkreditversicherungen als Institution zur Förderung des Exports.

Ende 1988 übernahm der Bund eine Bürgschaft für die Produktion von Druckluftanlagen im Irak. Spätestens im August 1989 wurde (durch eine Panorama-Sendung) öffentlich bekannt, daß diese der Modernisierung von Scud-Raketen dienten; (die Projektnummern waren Code-Ziffern für Raketenprogramme.) Trotzdem stellte das BAW den beteiligten Firmen noch im Herbst 1989 Unbedenklichkeitserklärungen aus (Frankfurter Rundschau vom 31. Januar 1991, S.4).

Noch über die sogenannten Hermesbürgschaften hinaus entschädigt der Staat die Rüstungsindustrie, wenn aufgrund instabiler politischer Verhältnisse die Zahlungen ausbleiben, etwa dann, wenn gegen einen Staat aufgrund seiner aggressiven Politik ein Rüstungsembargo verhängt wird (tageszeitung vom 6. August 1990). Die Fürsorge des Staates für die Rüstungsindustrie geht sogar bis zur direkten Finanzierung.

Damit die HDW für das erwähnte U-Boot-Geschäft mit Indien überhaupt den Zuschlag bekam, mußten 111,9 Millionen DM allein an Schmiergeldern investiert werden. Diese stammten letztlich aus Steuergeldern: Das Bundesunternehmen HDW konnte Verluste von 370 Millionen DM nur mit der Finanzhilfe des Bundes überleben.[58]

---

57 Zu den folgenden Angaben über "Hermesbürgschaften" vgl. W. Herz, Bürge im Zwielicht, in: Die Zeit, 15. Februar 1991, S.26.

58 Der Stern vom 22. März 1990, S.297. Maurer stellt fest, daß die Absetzung von Bestechungszahlungen im Außenhandel als Betriebsausgaben aus Wettbewerbsgründen notwendig und zur Regel geworden ist. Ein Unrechtsbewußtsein im internationalen Handel zu erwarten wäre deshalb geradezu blauäugig (M. Maurer, S.193).

Indem der Staat der Wirtschaft das absehbare Risiko von Rüstungslieferungen an aggressive und totalitäre Regime abnimmt, verbaut er den wirksamsten Mechanismus zur Eindämmung des internationalen Waffenhandels, den er angeblich anstrebt. Gegen die drohenden Verluste bei solchen Geschäften, die selbst für größere Konzerne existenzgefährdend sein können, nehmen sich die kompatiblen (angedrohten und verhängten) Geldbußen geradezu lächerlich aus. Erklären läßt sich dies nur damit, daß von staatlicher Seite mehr Wert auf die Unterstützung der Rüstungsindustrie gelegt wird als auf ihre Kontrolle.

7.6.6 Maßverhältnisse und Definitionsmacht

Diese politische Praxis steht freilich in krassem Gegensatz zum offiziellen Diskurs der politisch Verantwortlichen. Die ideologische Differenz ist zwar unter Umständen Gegenstand öffentlicher Kritik politischen Machtmißbrauchs; die Gewichtungen (Maßverhältnisse) in der Öffentlichkeit verweisen indes auf die Relativität der herrschenden Definition des politischen Machtmißbrauchs.[59] Das aus der Sicht der Opfer und des Ausmaßes der Schädigung groteske öffentliche Maßverhältnis ist ein Indiz für das personalistische und privatistische Verständnis von politischem Machtmißbrauch. Indem dieses die kurzsichtige Verfolgung individueller Privatinteressen öffentlich hypostasiert, verdeckt es gleichzeitig die weitaus folgenreichere und systematischere Verfolgung kollektiver Privatinteressen durch die politische Elite und die Strukturen des Staates. Verständlich wird diese Verzerrung des Maßes erst dann, wenn man die Funktionalität der herrschenden Definition des politischen Machtmißbrauchs erkennt: als Mechanismus der Grenzziehung zwischen legitimer politischer Macht und einem Machtmißbrauch, der nur als konkrete Handlung einzelner Individuen gedacht wird, wirkt sie integrativ im klassischen Sinne Durkheims. Verstöße Einzelner gegen die politische Norm der Trennung von öffentlichem Auftrag und privatem Interesse werden ohne weiteres erkannt und skandalisiert, als abweichend wie auch als dysfunktional. Mit dem Rücktritt des Verantwortlichen ist die Legitimität der Herrschaft vollständig wiederhergestellt, während sich der Beobachter angesichts dieser Vorführung des Abweichenden um so mehr in der Gemeinschaft aller Gutgesinnten weiß.

Dagegen ist die systematische Begünstigung kollektiver Privatinteressen das Ergebnis komplexer struktureller Zusammenhänge und Strategien, die eine klare

59 Während die Inanspruchnahme von staatlichen Zuschüssen für Haushaltshilfen und Umzugskosten oder die Verwendung öffentlicher Briefvordruke für private Werbezwecke durch öffentlichen Druck Rücktritte von Ministern provozieren, gilt die Unterstützung von Rüstungsgeschäften mit Massen- und Völkermorden (z.B. des Iraks an den Kurden) als nachgewiesene unmittelbare Folgen als Selbstverständlichkeit. (Es geht hier nicht um die Verharmlosung der Unverschämtheiten einzelner Politiker, sondern um die Darstellung der Relativität des herrschenden Begriffs des politischen Machtmißbrauchs.) Öffentliche Forderungen nach Rücktritten wegen des Einsatzes deutscher Waffen zur Ermordung von ganzen Bevölkerungsgruppen sind allenfalls am Rande des öffentlichen Diskurses zu vernehmen und dringen kaum einmal bis zur Berichterstattung der öffentlich rechtlichen Medien vor.

Grenzziehung zwischen legitim und illegitim, zwischen Macht und Machtmißbrauch, selbst zwischen legal und illegal ebensowenig zulassen wie die Zuordnung von Tat und Täter. Im Sinne der Prämisse des Primats der Wirtschaft ist sie überdies funktional. Lediglich der moralisierende Standpunkt einer universalistischen Ethik erlaubt ihre Etikettierung als abweichendes Verhalten. Aus der Sicht des Neoliberalismus und der Luhmannschen Systemtheorie wäre der Begriff Machtmißbrauch selbst nach der Reflexion der komplexen Zusammenhänge nicht angebracht. Ein Diskurs des Machtmißbrauchs, der sich dieser herrschenden Definition mit ihrem Privatismus, ihrem Legalismus und ihrem Personalismus uneingeschränkt unterwirft, wird ungeachtet seiner kritischen Intention zum Komplizen einer solchen funktionalitischen Vernunft und ihres legalistischen Dezisionismus.

7.7 Rechtsprechung und politisch-ökonomische Interessen

Wie gesehen, dienen Strategien und Strukturen der Rüstungsexportkontrolle den Interessen der Industrie, ganz im Gegensatz zum offiziellen Diskurs der Regierenden. Das Recht läßt sich jedoch niemals gänzlich den Interessen einer Gruppe unterwerfen. Es muß sich gegenüber kapitalfremden Interessen (des Gemeinwohls, der Grundrechte) legitimieren und enthält zumindest Rudimente dieser Interessen. Deshalb stößt, trotz aller Klauseln und Lücken des Rechts, die vorbehaltlose Unterstützung des Profits durch Regierung und Verwaltung auf die Grenzen des Rechts als Institution - sollte man meinen. Immerhin wurden im U-Boot-Fall zahlreiche Verfahren gegen Vertreter des Staates eingeleitet, die zum Teil auch über die ursprüngliche Thematik der Rüstungsexporte hinausgingen, unter anderem: Vorermittlungen gegen Bundeskanzler Kohl wegen des Verdachts der falschen uneidlichen Aussage nach § 153 StGB; gegen den früheren Minister Teltschik wegen des gleichen Delikts sowie wegen des Verdachts des Verwahrungsbruchs nach § 226 StGB; gegen zwei leitende Beamte der OFD Kiel wegen Rechtsbeugung nach § 336 StGB (Bundestagsdrucksache 11/8176, S.34ff).

Wie sämtliche Verfahren gegen die beteiligten Firmen wurden auch diese ohne Ausnahme eingestellt. Damit drängt sich die Frage auf, ob nicht den Strategien und Strukturen der Exekutive (gezielter Handlungsverzicht, Kooperation zwischen Kontrolleuren und Kontrollierten, kalkulierte fachliche Inkompetenz der Kontrollbehörden) vergleichbare Mechanismen der Strafverfolgung und Rechtsprechung gegenüberstehen. Im Sinne der These von der Agenturfunktion des kapitalistischen Staates hieße dies: ob nicht auf der juridischen Ebene die "Fehler" der administrativen Ebene, beispielsweise die nicht optimale Nutzung von Gesetzeslücken und Klauseln zugunsten des Kapitals, im Interesse politisch und ökonmisch Mächtiger "ausgebügelt" werden. Dann wäre die Justiz letztlich Handlanger privater Profit- und politischer Machtinteressen, politische Justiz.

Die Handlungsmuster bei Ermittlungen, Verfahren und Urteilen in der U-Boot-Affäre erinnern durchaus an die oben beschriebenen administrativen Strategien. Die

Mehrheit im Untersuchungsausschuß, bestehend aus Parteifreunden der meisten Beschuldigten, praktizierte geradezu vorbildlich die Strategien des Verhinderns, Verweigerns und Verzögerns:[60]

- Nach der Ablehnung des Antrags auf Beschlagnahme von Akten der Firmen IKL und HDW durch das Amtsgerichts Bonn im September 1988 verzichtet der Ausschuß per Mehrheitsbeschluß auf Rechtsmittel und damit auf Klärung. Die Begründung wirkt angesichts des Auftrags zur Aufklärung der Sachverhalte absurd: "Falsch wäre es, in dieser Situation durch weiteres Prozessieren das Ansehen des Parlaments noch mehr zu beschädigen und das Verfahren des Untersuchungsausschusses weiter in die Länge zu ziehen" (30).

Ähnlich wie in der Strategie der Denunzierung des Boten wird hier kurzerhand der Spieß umgedreht. Zweck eines parlamentarischen Untersuchungsausschusses ist die Aufklärung von Unregelmäßigkeiten in Regierung und Parlament. Durch die konsequente Verfolgung dieses Zwecks sollte der Ausschuß letztlich wesentlich zum Ansehen eines Parlaments beitragen. Völlig ohne Begründung wird hier das Gegenteil behauptet, das Ansehen des Parlaments werde ausgerechnet durch die Verfolgung dieses dem Ausschuß eigenen Zwecks beschädigt, nämlich der Aufklärung von Sachverhalten. Diese haltlose Behauptung wird dann zum Vorwand für die Behinderung der Ermittlungen.

Dieser Haltung entspricht die Arbeit der Ausschußmehrheit.

- So "hat die Ausschußmehrheit beschlossen, die Firmenakten generell als GEHEIM zu klassifizieren und sie nur in Ausnahmefällen zu entsperren". Dies galt auch für Regierungsakten.
- "Aus dem Bereich der Firmen konnte kein einziger Zeuge vernommen werden, weil die Mehrheitsfraktionen ihnen in allen Fällen ein generelles Auskunftsverweigerungsrecht zubilligten" (Bundestagsdrucksache 11/8176, S.50f).

Aufsichts-, Ermittlungsbehörden und Gerichte unterstützten die Ausschußmehrheit.

Das BMFi untersagte der OFD Kiel die Herausgabe von 150 Aktenordnern, da Widersprüche von Anwälten sowie eventuelle Einstufungen als "geheim" noch geprüft werden müßten. Den Untersuchungsausschuß forderte das Ministerium auf, "sich wegen des erforderlichen Zeitbedarfs auf einzelne Akten zu beschränken" (a.a.O., S.32).

Damit unterlagen auch die Ermittlungen des Ausschusses faktisch einer Selbstkontrolle der Beschuldigten. Dem damaligen Finanzminister Stoltenberg war nachweislich das Strategiepapier IK 97 bekannt. Er war damit Mitwisser des konspirativen Geschäfts und nicht unbedingt an dessen Aufklärung interessiert. Gleichzeitig hatte er die Aufsicht über die Ermittlungsbehörde, die OFD Kiel. Darüber konnte er nun sogar mittelbar die Arbeit des Untersuchungsausschusses blockieren.

Weitere Fälle zirkulärer Selbstkontrolle auf Regierungsebene:

---

60 Die Politik der Mehrheit des Untersuchungsausschusses dem administrativen Diskurs zuzuordnen, ist formell nicht richtig. Faktisch handelt es sich jedoch nicht um gesetzgebende Tätigkeit, sondern um quasi-juristische.

- Die Bundesanwaltschaft verweigerte zweimal die Aufnahme von Ermittlungen. Die Staatsanwaltschaft Kiel hatte ihr 1986 und 1987 Akten über das U-Boot-Geschäft zugeleitet, die auf die Gefährdung der Sicherheit der Bundesrepublik durch Geheimnisverrat hinwiesen. Grundlage des Handlungsverzichts war ein Gutachten des BMVg. Der für dieses Gutachten verantwortliche Minister Wörner war wie Stoltenberg Mitwisser von IK 97 (Gansel, S.318; vgl. Hamburger Abendblatt vom 11. April 1990).

- Das BMWi verweigerte dem Justizministerium Schleswig-Holsteins die Ermächtigung zur Strafverfolgung wegen Geheimnisverrats. In der internen, nicht für die Öffentlichkeit bestimmten Begründung werden unter der Überschrift "Interesse der Firmen und Belange der Rüstungswirtschaft" diesen eindeutig Vorrang eingeräumt. Die "negative Publizität" durch die Verweigerung der Ermächtigung sei "bei Abwägung aller Umstände eher hinzunehmen" (Bundestagsdrucksache 11/8176, S.36). Im Ablehnungsschreiben des BMWi Hausmann hieß es: "Darüber hinaus sprechen gegen die Durchführung eines Strafverfahrens gewichtige öffentliche Interessen, weil seine Auswirkungen die Fähigkeit der Bundesrepublik Deutschland zur Rüstungskooperation insbesondere mit NATO-Partnern beeinträchtigen könnte" (203).

Die Strategie dieser im Grunde paradoxen Argumentation ist uns bereits aus dem Untersuchungsausschuß bekannt: Das eigene politische Interesse oder das eines Klientels wird ohne nähere Begründung als das der Öffentlichkeit behauptet. Aufgrund dieser bodenlosen Behauptung wird dann der Öffentlichkeit die Aufklärung des Sachverhalts vorenthalten, angeblich also in ihrem eigenen Interesse!

- Eine wichtige Rolle spielte die Frage, ob durch die U-Boot-Affäre die auswärtigen Beziehungen der Bundesrepublik nach dem AWG als "erheblich gestört" zu betrachten seien. Ein Gutachten des Auswärtigen Amtes verneinte diese Frage. Aufgrund dieses Gutachtens wurden mehrere Ermittlungen und Verfahren eingestellt, so daß auch die Rolle des Außenministers Genscher als Mitwisser des Strategeipapiers IK 97 lange Zeit nicht ans Licht kam. Angesichts der internationalen Reaktionen auf die U-Boot-Affäre erscheint das Gutachten äußerst dubios. Immerhin befaßten sich mehrere Ausschüsse der Vereinten Nationen mit dem Fall; die UN-Vollversammlung verurteilte die Lieferung deutscher U-Boote an das Apartheid-Regime; zahlreiche afrikanische Regierungen protestierten offiziell; schließlich protestierte auch Indien wegen der Verletzung des Geheimschutzabkommens.[61]

- Die Untersuchungen des BMVg, die klären sollten, ob VS-Sachen nach Südafrika geliefert wurden, beruhten lediglich auf freiwilligen Angaben der beschuldigten Firmen (571). Es wurde nicht weiter recherchiert.

61 Gansel, S.319. Der Protest Indiens fiel allerdings recht verhalten aus. Es gab Grund zur Annahme, daß die regierende Kongreßpartei ihren Wahlkampf mit den Bestechungsgeldern von HDW (also vom deutschen Steuerzahler) finanzierte und den Vorfall deshalb nicht an die große Glocke hängen wollte (ebenda).

7.7.1 Zirkularität der Verfahren

Exemplarisch für die Ermittlungen in der U-Boot-Affäre ist die Rolle der OFD Kiel. Analog zur Funktion des BAW als Kontrollorgan schienen bei der OFD als Ermittlungsstelle allein die Interessen der regierenden Parteien und Personen sowie der Exportindustrie zu gelten, auch hier im Gegensatz zum offiziellen Diskurs. Wie das BAW ist die OFD Kiel direkt einem Bonner Ministerium unterstellt, dessen Leiter zur Zeit der Ermittlungen direkt in die Affäre verwickelt war. Ein Geflecht von kalkulierter fachlicher Inkompetenz, (freiwilliger) Selbstkontrolle der obersten Behörden und Kooperation mit den Verdächtigen ließ die Ermittlungen der OFD Kiel ebenso zur Farce werden die Kontrolle der Rüstungsexporte durch das BAW.

Der Manager Hansen-Wester schlug der OFD Kiel die "politische Beerdigung" der Sache bei einem für HDW akzeptablen Bußgeld von 50 000 DM vor (73; vgl. auch Gansel, S.316). Wie wir heute wissen, verzichtete die OFD Kiel sogar noch auf diese angesichts der Gewinne lächerliche Summe (allein der Lobbyist und Vermittler Zoglmann dürfte an dem Geschäft mehr als das fünfzigfache an Provision kassiert haben). Selbst ein Vielfaches der von Hansen-Wester vorgeschlagenen Summe wäre noch durchaus mit den Profitinteressen kompatibel gewesen. Statt dessen stellte die OFD das Verfahren unter dem Druck des Finanzministers ein, eine geradezu übereifrige Vertretung der Interessen der Firmen, denen bereits mit der Beschränkung auf ein Bußgeldverfahren gedient gewesen wäre.

Die Ermittlungen der OFD schienen systematisch auf die Einstellung des Verfahrens ausgerichtet zu sein (im folgenden vgl. Gansel, 322ff.):

- Zu keiner Zeit wurden Mitglieder der Bundesregierung gehört, obwohl sich die Firmen immer wieder auf deren Zusagen beriefen.
- Die Zollfahndung wurde nicht eingeschaltet, obwohl zumindest der Verdacht auf Teillieferungen bestand.
- Zunächst wurde nur gegen IKL ermittelt, obwohl die Beteiligung von HDW bekannt war (571).
- Prüfungen bei den Firmen wurden vorzeitig telefonisch angemeldet.
- Es wurden nur Akten herangezogen, die HDW und IKL freiwillig zur Verfügung gestellt hatten; (auf die Frage: "Sie haben also darauf vertraut, daß das, was die Unternehmensleitung ihnen gebracht hat, die vollständigen Unterlagen waren?" antwortete der OFD-Ermittler: "Ja, davon ging ich aus"; 144.) Da man den Firmen vertraut habe, wurden wichtige Unterlagen nicht mitgenommen, so eine Studie über die Möglichkeiten des U-Boot-Baus mit Hilfe der gelieferten Pläne. Später war die Studie angeblich "unauffindbar". Ein Abteilungsleiter der OFD bemerkte dazu: "Das ist wohl vernichtet worden... Jedenfalls war die Studie nicht mehr da" (145).
- Die gesamten beim Vorstand lagernden Unterlagen wurden nicht eingesehen (568).
- Als Grundlage für die Einstellung des Verfahrens dienten unter anderem das fragwürdige Gutachten des BAW (dessen Verfasser bei dieser Gelegenheit bekanntlich zum erstenmal ein U-Boot von innen besichtigen durfte) sowie die Stellungnahme des BMWi, nach dem der "spezifisch militärisch-strategische Gehalt" der Lieferung nicht gegeben sowie diese nicht vollständig gewesen sei.

- Vertreter der OFD versicherten der Firma IKL, auch sie hätten "ein Interesse an einer möglichst zügigen Beendigung des Verfahrens" (141).
- Lange Zeit wurde ignoriert, daß 4700 von 5000 Zeichnungen nachweislich bereits geliefert worden waren, ebenso wie mehrere Tonnen Spezialstahl zum Bau von U-Booten; ebenso, daß HDW bereits 1986 einen Ingenieur für Technologiehilfe nach Südafrika beordert hatte.

Das Verfahren wurde im Januar 1988 eigestellt, unter anderem mit folgenden Begründungen (141f):

- Aus Rücksicht auf die Freiheit des Außenwirtschaftsverkehrs sei der Tatbestand der Weitergabe "nicht allgemein zugänglicher Kenntnisse" zu verneinen: "Im Hinblick auf den Grundsatz der Freiheit des Außenwirtschaftsverkehrs (§ 1 AWG) wäre eine extensive Auslegung des § 45 Abs. 3 AWG nicht erlaubt. Die freiheitliche Konzeption des Außenwirtschaftsgesetzes gebietet es, die ohnehin als Ausnahme vom Freiheitsgrundsatz gedachten Beschränkungen des Außenhandels eng zu interpretieren" (aus der Einstellungsverfügung der OFD Kiel, nach: 187).
- Die Lieferung von Einzelteilen und unvollständigen Plänen sei nicht genehmigungspflichtig. Dazu bemerkte die Staatsanwaltschaft Kiel, daß nach dieser eigentümlichen Rechtsauffassung IKL und HDW "völlig ungefährdet auch noch den restlichen Teil der Unterlagen nachliefern" könnten. Das Außenwirtschaftsrecht wurde eigens im Interesse der belasteten Politiker und Unternehmen neu interpretiert. Bevor in der U-Boot-Affäre ermittelt wurde, galten auch Teillieferungen als genehmigungspflichtig (Ds. 11/8176, S.70). Mit der Neuinterpretation unterlief die OFD Kiel nach Ansicht zahlreicher Rechtsexperten das UN-Embargo gegen Südafrika. Die "Zeit" sprach in diesem Zusammenhang von einer "Perversion des Rechts" (Gansel, S.322).

Nach der Einstellung des Vefahrens wurde bekannt, daß der südafrikanische Partner zwei Millionen DM Lizenzgebühren gezahlt hatte (136), was niemand für jedermann zugängliche Informationen tun würde. Die Zahlung war deshalb ein Indiz für die Lieferung geheimer Unterlagen.
Statt die Ermittlungen wieder aufzunehmen, empfahl der Präsident der OFD den Unternehmen die Rückzahlung des Betrages an den südafrikanischen Partner, schließlich sei die entsprechende Leistung nicht erbracht worden (Ds. 11/8176, S.63-65).

Unterstellt man Hansen Wahrhaftigkeit, dann erlaubt die Sorge um die gerechte Behandlung südafrikanischer Rüstungsimporteure durch deutsche Firmen nur eine Diagnose über den geistigen Zustand Hansens: pathologischer Realitätsverlust. Noch der kleinste Funken Realismus müßte zu dem naheliegenden Schluß führen, die Zahlung verweise auf die Lieferung von Unterlagen; nicht so Hansens Folgerung.[62] Sein Maßstab ist das Ermittlungsergebnis seiner Behörde, das auf freiwilligen

62 Die Staatsanwaltschaft Kiel zeigt in einem Vermerk die Absurdität der Hansenschen Konstruktion. Danach ergibt sich aus der Tatsache, daß für Kenntnisse Geld gezahlt wird, bereits eine Genehmigungspflicht, denn die Zahlung für frei zugängliche Kenntnisse sei unplausibel. Nur wenn der Exporteur "den Beweis führen kann, das Empfängerland sei bereit, für völlig nutzlose Kenntnisse Geld zu bezahlen, wäre eine Versagung der Genehmigung gerichtlich anfechtbar" (zitiert nach: 143).

Angaben der Verdächtigen beruht und unter nicht weniger als 21 Verfahrensfehlern zustande gekommen ist. Der Schluß, die zwei Millionen DM seien aus Versehen gezahlt und die Rückforderung überdies vergessen worden, ist vor diesem Hintergrund unglaubwürdig. Eine andere Version ist dagegen plausibel: Hansen hat die Firmen rechtzeitig warnen wollen, ehe der zuständige Staatsanwalt von der Zahlung der Lizenzgebühr erführe. Dies wollte er vor dem Untersuchungsausschuß nicht eingestehen. Auch kann die These vom Realitätsverlust keineswegs als repräsentativ für das Handeln von Ermittlungsbehörden gegenüber der Industrie gelten. In ihrer Übertreibung enthält sie jedoch ein Körnchen Wahrheit. Wie die Beschaffenheit der Neurosen Rückschlüsse auf die Beschaffenheit des Denkens einer Kultur zulassen, so erlaubt die Argumentationsweise Hansens den Schluß auf die eigentümliche "Logik" von Bürokratie und Justiz: Danach gilt als Tatsache, was Behörde oder Kammer einmal festgestellt haben. Auf diesen "Tatsachen" werden dann Argumentationsketten aufgebaut, von ihnen werden Aussagen abgeleitet, die allein aufgrund ihrer Herkunft (von der "Tatsache" eben) Gültigkeit beanspruchen. Daß die "Tatsachen" selbst unter sehr merkwürdigen Umständen zustandegekommen sind, ist nach ihrer Verifizierung durch Urteil oder Verwaltungsakt[63] nicht mehr von Belang. Diesem Muster folgte die lückenlose Reihe von Verfahrenseinstellungen in der U-Boot-Affäre.

> Im August 1990 stellte die Staatsanwaltschaft Kiel das Ermittlungsverfahren gegen Beamte der OFD Kiel wegen des Verdachts der Rechtsbeugung ein. Begründet wurde dies nicht mit fehlender Schuld, sondern damit, daß Bundesregierung und BAW die Rechtsauffassung der OFD geteilt hätten. Zum einen die, daß Teillieferungen nicht genehmigungspflichtig seien; zum anderen die, daß das Außenwirtschaftsrecht im Sinne der Exportindustrie auszulegen sei. Letztere "will dem Gebot Rechnung tragen, im Interesse der Freiheit des Außenhandels einschränkende Vorschriften vorsichtig und im Zweifel einengend auszulegen" (zitiert nach 601). Deshalb könne der OFD kein Vorsatz nachgewiesen werden, so daß die Einstellung des Verfahrens gegen IKL und HDW noch "am Rande der Vertretbarkeit" gewesen sei (zitiert nach 142).

Ausdrücklich wurde die Rechtsauffassung der OFD für falsch erklärt.[64] Maßgebend für die Einstellung des Verfahrens war lediglich die Berufung auf andere Instanzen. Berufen sich diese anderen Institutionen nun ihrerseits auf das Ermittlungsergebnis der OFD, schließt sich der Kreis gegenseitiger Legitimation. Genau dies war hier der Fall: Die OFD berief sich auf die Gutachten und Rechtsauffassungen von Auswärtigem Amt, BAW, BMWi und BMF; die in die Affäre verwikelten Mitglieder der Regierung, unter anderem BMWi und BMF auf die Ermittlungsergebnisse der OFD - obwohl die Einstellung des Verfahrens durch die OFD nach Ansicht der Staatsanwaltschaft Kiel nicht rechtmäßig war. Diese zirkulären Verweisungen bewahrten dann die

63 Allgemeiner: ihrer Legitimation durch Verfahren.

64 Neben der Staatsanwaltschaft Kiel waren zahlreiche Juristen der Ansicht, daß die Lieferungen hätten strafrechtlich verfolgt werden müssen; die Behandlung als Ordnungswidrigkeit sei "schier unverständlich". Laut Spiegel räumten dies inoffiziell auch Regierungsbeamte ein: "Das hätte normalerweise für eine Haftsache gelangt" (nach Ds. 11/8176, S.236).

Verantwortlichen der OFD vor der Verurteilung wegen Rechtsbeugung.[65]

Neben den verschiedenen Ebenen der Exekutive schließt sich nun also auch die Justiz der Argumentationskette an, dank der sämtliche Verfahren in der U-Boot-Affäre eingestellt werden konnten, kein einziges Mal jedoch die Schuldlosigkeit der Verdächtigen der Anlaß war.[66] Ein Beispiel für diese Zirkularität innerhalb der Justiz liefert die Einstellung des Verfahrens gegen die Firmen IKL und HDW durch die Staatsanwaltschaft Kiel. Auch hier war nicht die Unschuldsvermutung maßgebend, sondern die Aussichtslosigkeit des Verfahrens.

> Anläßlich der Beschwerde der Firmen IKL und HDW gegen die Beschlagnahme von Akten hatte das Landgericht Kiel die Auffassung bekundet, eine "erhebliche Störung der auswärtigen Beziehungen der Bundesrepublik Deutschland" liege nicht vor (103).[67] Diese Entscheidung veranlaßte die Staatsanwaltschaft Kiel zur Einstellung des Verfahrens mit folgender Begründung: "Die Staatsanwaltschaft wäre zwar formell an die Auffassung der Strafkammer nicht gebunden, könnte also, gestützt auf ihre abweichende Auffassung, wonach der Verdacht eines Vergehens im Sinne von § 34 Abs. 1 Ziffer 3 des Außenwirtschaftsgesetzes besteht, die noch nicht abgeschlossenen Ermittlungen fortführen. Bei jeder künftigen Ermittlungshandlung würde der Staatsanwaltschaft jedoch der Beschluß der Strafkammer entgegengehalten werden; insbesondere richterliche Beschlüsse, z.B. Durchführung von Durchsuchungen oder Beschlagnahmen, würden nicht mehr ergehen oder von der Beschwerdekammer aufgehoben werden" (Zitiert nach 104).

Hier lähmte die Selbstreferenz des Rechts die Justiz und verhinderte die Aufklärung von Sachverhalten, indem sie die Staatsanwaltschaft zum Handlungsverzicht wider besseren Wissens nötigte. Nach dem konstruktivistischen Muster der selffulfilling prophecy verhinderte die resignative Haltung der Ermittlungsbehörde engültig jede Aufklärung. Wegen der Rechtsauffassung des Landgerichts sagte die Staatsanwaltschaft voraus, daß die Ermittlungen ergebnislos sein werden, und sie bestätigte dann gleich ihre eigene Vorhersage, indem sie die Ermittlungen einstellte. Wahrscheinlich hätten diese tatsächlich nichts gebracht. Mit dem Versuch strafrechtlicher Ermittlungen hätte man sich nicht nur gegen das LG Kiel gestellt, sondern man hätte den Zirkel gegenseitiger Verweisungen und Legitimierungen verlassen und damit mutwillig das Gesetz der Selbstreferenz mißachtet. Da alle

65 Diese Zirkularität ist der Extremfall der Luhmannschen Selbstreferenz. Danach begründet das autopoietische Subsystem Recht seine Rechtsentscheidungen ausschließlich mit Rechtsentscheidungen.

66 ORR Wewel (BMVg) verdeutlicht in seiner Stellungsnahme die Wirkung einer solchen Argumentationskette: "Alle rechtlichen Stellungnahmen der OFD, des BAW und des BMWi beruhen auf den Feststellungen des Prüfungsberichts der OFD. Die dort gemachten Ausführungen bezüglich der tatsächlichen Erfüllung der Vertrages beruhen nur auf Angaben der Firma. Somit sind alle rechtlichen Stellungnahmen bisher so viel wert wie die Prüfungsberichte. Und diese sind m.E. nicht besonders gelungen, weil Ungereimtheiten bei der Prüfung teilweise nicht nachgegangen wurde, teilweise nicht mal im Prüfungsbericht erscheinen" (zitiert nach: 544).

67 Die Ehefrau eines der drei an diesem Spruch beteiligten Richter ist zufällig Anwältin in genau der Kieler Kanzlei, die für HDW verfahrensbevollmächtigt ist (263).

Gutachten, Stellungnahmen und Ermittlungsergebnisse sich innerhalb dieses Zirkels gegenseitig stützten, hätten sie sämtlich gegen eventuell abweichende Ermittlungsergebnisse und Rechtsauffassungen gesprochen. Solche Außenseiterpositionen hätten keine Chance auf Durchsetzung gehabt. Wie hier gezeigt, beruhte diese Aussichtslosigkeit keineswegs auf Fehlern in den Ermittlungen oder auf abwegigen Rechtsauffassungen, sondern auf der "Logik" der Selbstreferenz, nach der ein Kartell aus Politik, Wirtschaft und Justiz die gültigen Auffassungen definierte.

Das sozialwissenschaftlich Interessante daran ist, daß diese dezisionistische "Logik" hier vollständig zugunsten der politisch Herrschenden und wirtschaftlich Mächtigen wirkt. Das Wort Marxens, die herrschende Ansicht sei die Ansicht der Herrschenden, trifft hier nicht weniger zu als vor 140 Jahren. Die Ursache dafür allein in dem abstrakten Prinzip der Selbstreferenz des Rechts zu suchen, griffe allerdings zu kurz. Diese ist an sich indifferent gegenüber allen systemfremden Interessen. Erst das Axiom vom Primat der Wirtschaft, das sich in politischen und juristischen Strukturen, Strategien, Handlungs- und Denkmustern realisiert, bewirkt diese Neigung. Ziel der vorliegenden Untersuchung ist in diesem Sinn nicht die Kritik einer Behörde, ebenso wenig die Kritik der Bürokratie, sondern die Untersuchung regelhafter Mechanismen, Strukturen und Strategien, die deren Funktion im Rahmen des gesellschaftlichen Zusammenhangs determinieren. Die Frage lautet demnach: Kann diese für die U-Boot-Affäre empirisch festgestellte Funktionalität der politischen und juristischen Praxis für die politisch-ökonomisch Mächtigen auf die gesamte Wirkungsweise des modernen kapitalistischen Staates angewandt werden?

7.7.2 Merkmale einer Klassenjustiz

Das Beispiel der OFD Kiel als Ermittlungsbehörde zeigt, wie ein Kartell aus politischen und ökonomischen Interessen mit Hilfe der Justiz ein geschlossenen System gegenseitiger Verweise und Legitimierungen aufbauen und nutzen kann. Die Entscheidungspraxis der Justiz ist das (vorerst) letzte Glied in einer Kette selektiver Mechanismen, die in der U-Boot-Affäre ausnahmslos zugunsten der politischer und wirtschaftlicher Interessen wirkten. Zuvor stehen die Ausschlußfunktionen der politischen Sprache, der Einfluß des Kapitals auf die Gesetzgebung, die daraus resultierenden Klauseln, die als Tendenz der Entformalisierung des Rechts die *bürokratische Kompetenz* der Exekutive erweitern, die *fachliche Inkompetenz* der Kontrolle, die dieser folgende Kooperation von Staat und Wirtschaft,[68] die Strategien des Handlungsverzichts. Trotz dieser Selelektionsmechanismen konnte nicht verhindert werden, daß einige Praktiken des Rüstungsexports strafrechtlich relevant wurden. Erst auf der juristischen Ebene wurden die politischen Eliten endgültig entlastet, nicht

68 von Heydebrand diagnostiziert in diesem Sinn die Tendenz zur Verflechtung von Staat und Markt: "Die Technokratisierung des Rechts und der Rechtsprechung bedeutet somit eine Aufhebung der Dualität von Form und Inhalt; formales und materiales Recht werden einem neuen Sach- und Systemzwang unterworfen, der direkt aus der widersprüchlichen verflechtung von Staat und Wirtschaft hergeleitet werden kann" (S.111)

aufgrund erwiesener Unschuld, sondern dank der Zirkularität der gegenseitigen Verweisungen. Wo selbst diese Strategie versagte, Schuldlosigkeit aber nicht vorlag, halfen schließlich ausgeklügelte Rechtskonstruktionen.

So wurde gegen den Bundeskanzler kein Verfahren wegen uneidlicher Falschaussage eigeleitet, obwohl der Tatbestand eindeutig war: Kohl hatte vor dem Untersuchungsausschuß wider besseres Wissen den Erhalt des Strauß-Briefes bestritten. Mit Hilfe einer eigentümlichen Rechtskonstruktion wurde das anstehende Verfahren abgewendet: Kohl habe eine "beschuldigtenähnliche Stellung", die strafrechtliche Sanktionen nach dem StGB ausschließe. Danach können Personen, gegen die ein Verfahren gerichtet ist, nicht gleichzeitig Zeugen sein (Frankfurter Rundschau vom 18. Oktober 1990, S.4). Allerdings hat der Untersuchungsausschuß des Bundestages strafrechtlich keinerlei Befugnisse. Seine einzige Aufgabe ist die Aufklärung von Sachverhalten, so daß er Beschuldigte im strafrechtlichen Sinn gar nicht kennt.

Gälte dieser Rechtsgrundsatz tatsächlich für den Ausschuß, so hätten ihm so gut wie keine Zeugen zur Verfügung gestanden, denn fast alle Beteiligten wären auch Beschuldigte gewesen.[69]

Angesichts der Verfahren und Entscheidungen in der U-Boot-Affäre drängt sich der altmodische Begriff der Klassenjustiz auf. Bestätigt wird diese Einschätzung durch die juristische Praxis gegenüber der gesamten Rüstungsexportindustrie (See spricht weniger altmodisch von "sanfter Strafverfolgung", S.201):

Eine Gräfin versuchte, hunderte amerikanischer Panzer an den Iran zu verkaufen. Sie erhielt zwei Jahre auf Bewährung. Zum Vergleich: Auf Herstellung, Kauf, Verkauf und Überlassung automatischer und halbautomatischer Schußwaffen - möglicherweise einer einzigen Pistole - stehen nach § 52 a WaffenG bis zu zehn Jahre Haft. Strafmildernd bewerteten die Richter unter anderem den "Reiz des Abenteuers".[70]

Ähnlich wie in der U-Boot-Affäre werden die Urteile meistens nicht mit mangelnder oder fehlender Schuld begründet, sondern mit Verweisen auf andere Institutionen und die politische Praxis der Bundesregierung.

- In der U-Boot-Affäre hatte das Landgericht Kiel die Ansicht vertreten, die Schuld der Firmenvertreter sei "im unteren Bereich anzusiedeln" - nicht wegen der Harmlosigkeit der Tat, sondern weil die Bundesregierung "grünes Licht" signalisiert habe (263).

---

69 Man beachte die Kongenialität zwischen der abenteuerlichen Rechtskonstruktion und der sonderbaren Wortschöpfung "beschuldigtenähnliche Stellung".

70 Wulf, S.120. Weniger sanft geht die Justiz dann mit Größen aus der Wirtschaft um, wenn diese statt die Strafgesetze oder die Rechte von Minderheiten die handfesten Interessen des Kapitals verletzen. Der World-Produkt-Manager der Schweizer Firma Hoffmann La-Roche zeigte Manipulationen gegen das Freihandelsabkommen als Kartellverstoß seines Unternehmens an. Er wurde wegen Werksspionage in Einzelhaft genommen. Seine Frau beging während dieser Zeit Selbstmord. Schließlich erhielt er zwölf Monate Haft auf Bewährung und mußte die Kosten der Verfahrens tragen. Gegen die Firma ermittelte die Schweizer Justiz nicht. Vor dem Europäischen Gerichtshof wurde diese dann wegen des Verstoßes gegen das Freihandelsabkommen mit einer Geldbuße von 150 000 Pfund belegt. Es ist anzunehmen, daß dieser Betrag den Gewinn durch den Kartellverstoß nicht annähernd aufwiegt (See, S.110).

- Für die illegale Lieferung von Atomtechnik nach Pakistan (Höchststrafe zehn Jahre) erhielt der Exporteur acht Monate auf Bewährung. In der Begründung hieß es, der Export sei ihm durch die gängige Kontrollpraxis "leicht gemacht" worden, so daß "es zur Durchführung der Exporte keiner Nacht- und Nebelaktion bedurfte" (Wulf, S.117; vgl. auch "Der Spiegel" 2/89, S.33).
- Bewährungs- und Geldstrafen erhielten Rüstungsmanager für Waffenverkäufe an Südafrika, obwohl das Gericht ihnen die vorsätzliche Täuschung der Behörden und damit kriminelle Energie vorwarf. Das milde Urteil wurde damit begründet, "daß die Kontrolle - wenn überhaupt - halbherzig und eben *für* die Wirtschaft erfolgte" (Wulf, S.118).
- Zehn Monate auf Bewährung und 10 000 DM Geldstrafe erhielt ein hoher bayrischer Beamter. Er hatte 600 Maschinenpistolen an den Irak verkauft und damit das KWKG verletzt. Strafmildernd wurde seine Tätigkeit als Kontaktmann der bayrischen Landesregierung und der Bundesregierung gewertet. Er habe "im Auftrag seiner Dienstherren", unter anderem des Vizepolizeipräsidenten Oberbayerns, die Beziehungen zwischen dem Irak und der Bundesrepublik verbessern sollen. Seine Rolle als Kontaktmann sei also "nicht nur geduldet, sondern erwünscht gewesen" (Wulf, S.117; vgl. Frankfurter Rundschau vom 14. November 1987).

See erklärt die "sanfte Strafverfolgung" und die milden Urteile gegen Wirtschaftskriminelle mit den Klassenprivilegien der Täter. In einer Abwandlung des berühmten Aphorismus' von Anatole France macht er dies deutlich: "Das Gesetz in seiner majestätischen Gleichheit... erlaubt es Arm und Reich, sich die besten Anwälte und Gutachter frei zu wählen" (Vgl. auch See, S.203). Im 18. Jahrhundert bemerkte Lichtenberg, man sei kein guter Richter gegenüber allem, was einem nützlich sei. Unter den Bedingungen des Parteienstaates gilt dieser Satz heute in der Politik mehr denn je. Die Rolle der Mitglieder der Koalitionsmehrheit im U-Boot-Untersuchungsausschuß läßt sich kaum treffender charakterisieren. Trotzdem reichen Hinweise auf sozialen Status und private Motive in öffentlichen Ämtern nicht aus, um die Dynamik zwischen politischer Macht und privaten Interessen in der U-Boot-Affäre zu verstehen. Komplexe Zusammenhänge zwischen öffentlichem Diskurs, Gesetzgebung, politischer Praxis, Untertanengeist und Rechtsanwendung lagen den einzelnen Entscheidungen zugrunde.

Die Rechtsentscheidungen basieren auf einem Recht, das unter massivem Einfluß der Wirtschaft entstanden ist, und das mit Klauseln und Lücken versehen ist, die seine "legale" Mißachtung sowie effizienten Rechtsbruch ermöglicht.[71] Sie sind auf eine strukturell zur Wirkungslosigkeit verurteilte Kontrolle unter Mitwirkung der zu Kontrollierenden angewiesen. Sie wurden nicht mit dem Hinweis auf die Unschuld (oder Schuld) der Verdächtigen begründet, sondern mit dem Hinweis auf die politische Praxis, mit fragwürdigen formalen Argumenten (wie im Fall Kohl) oder mit der Aussichtslosigkeit des Verfahrens.

---

71 Ott spricht von "Normerschleichung" und "Normvermeidung". Erstere meint die punktuelle Anpassung an geltendes Recht bei gleichzeitiger Verletzung des Gesetzeswillens. Die geschieht etwa durch das "Splitting" von Rüstungsgütern oder durch den Transport über Drittländer. Normvermeidung ist die ausgeklügelte Nutzung von Gesetzeslücken (S.365f).

Die Selbstreferenz des Rechts wird hier durch ihre Instrumentalisierung im Interesse politischer und wirtschaftlicher Eliten zur Tautologie. Wie oben angesichts der politischen Praxis dargestellt, wirkt dieses zirkuläre Konstrukt unter den Bedingungen eines legalistischen Denkens auf den öffentlichen Diskurs. Die Entscheidungen der Justiz gelten noch dann als Nachweis der Legitimität, wenn ausdrücklich auf die Gesetzwidrigkeit des Handelns hingewiesen wurde und die Entscheidungen zugunsten der politischen und ökonomischen Elite lediglich auf Formalien beruhten. Mit diesem Legalismus, das heißt der Legitimation durch Rechtsverfahren, begründet der staatstragende offizielle Diskurs sich selbst: Die Rechtfertigung des Handelns beruht auf nichts weiter als auf der juristischen und politischen Praxis, die man unmittelbar oder mittelbar selbst bestimmen oder beeinflussen kann. Der höchste Repräsentant des freien Unternehmertums, der Präsident des Bundesverbandes der Deutschen Industrie, Heinrich Weiss, berief sich in diesem Sinne auf die juristische Praxis, um Waffenhändler in Schutz zu nehmen:

> "Wir kennen keinen weiteren Vorgang (außer der Verurteilung Hippenstiel-Imhausens wegen des Errichtens einer Giftgasfabrik in Libyen - J.F.), weder vor noch nach dem Embargo gegen den Irak, in dem es eine rechtskräftige Verurteilung gab. Es hat in den achtziger Jahren Ermittlungsverfahren gegeben, die sich über Jahre hinzogen, dann aber eingestellt wurden. Das war teilweise sehr quälend, weil gegen unschuldige Firmen jahrelang ermittelt, ihr Ruf geschädigt wurde und weil teilweise ja auch Manager in U-Haft genommen wurden - unschuldig, wie sich hinterher herausstellte."[72]

Nicht nur die falsche Gleichsetzung von Unschuld und Einstellung eines Verfahrens verweist auf Weiss' Dezisionismus. Fragen wie die, ob tatsächlich Waffen geliefert wurden (was erwiesen ist), ob diese gegen die Bevölkerung, gegen Minderheiten oder zu Völker- und Massenmorden eingesetzt wurden (was ebenso erwiesen ist), werden durch die Abstraktion des legalistischen Dezisionismus ausgeschaltet. Dieser wirkt, wie oben bereits gesehen, als Selektionsmechanismus des offiziellen Diskurses: "Staatstragende Kräfte" (Habermas) versuchen mit dieser Strategie all jene Diskurse auszuschließen, die gesellschaftliche Strukturen, politische Praxis und Recht nicht als hinzunehmende Faktizität akzeptieren, sondern deren Geltung als relativ zu den Macht- und Herrschaftsverhältnissen in Frage stellen.[73]

---

72 Interview in der Zeit vom 8. Februar 1991, S.23.

73 Habermas verweist in seiner weiteren Argumentation auf den Zusammenhang zwischen Rechtsnorm und Interesse: "An den Materien der verschiedenen Rechtsgebiete läßt sich gewiß die Herkunft des Regelungsbedarfs erkennen, auf den Politik und Rechtsetzung reagieren. Aber in den funktionalen Imperativen des Staatsapparates, des Wirtschaftssystems und anderer gesellschaftlicher Bereiche setzen sich oft genug normativ ungefilterte Interessenlagen nur deshalb durch, weil sie die Stärkeren sind und sich der legitimierenden Kraft der Rechtsform bedienen, um ihre bloß faktische Durchsetzungsfähigkeit zu bemänteln. Als Organisationsmittel einer politischen Herrschaft, die auf die Funktionsimperative einer ausdifferenzierten Wirtschaftsgesellschaft bezogen ist, bleibt deshalb das moderne Recht ein zutiefst zweideutiges Medium der gesellschaftlichen Integration" (1993b, S.59).

7.7.3 Funktion und Wirkung des Rechts

Von der Ausschließungsfunktion der politischen Sprache über Generalklauseln, die Kooperation von Staat und Markt bei der Kontrolle des Marktes bis zur sanften Strafverfolgung verweist die Kette von Strategien letztlich auf das Dilemma des demokratischen kapitalistischen Staates: Der Garantie optimaler Verwertungsbedingungen für das Kapital steht die Notwendigkeit der Intervention in den freien Markt aufgrund nicht marktkompatibler Normen entgegen. So muß der Staat im Interesse der Menschenrechte Rüstungsexporte einschränken und damit Kapitalinteressen behindern. Die oben beschriebenen Strukturen und Strategien dienen der Milderung dieser unter öffentlichem Druck entstandenen, dysfunktionalen Schranken des Profitstrebens. Die Tendenz zur Entformalisierung des Rechts schafft die Voraussetzungen für jene Strategien.

Die Funktion der Entformalisierung für das kapitalistische System ist demnach eine doppelte. Sie ermöglicht, nach außen hin das Wirtschaftshandeln im Interesse des Gemeinwohls, der Ökologie, der Humanität oder des Friedens rechtlich einzuschränken. Gleichzeitig entschärft sie durch Generalklauseln, durch die Kompetenzverlagerung auf Justiz und Verwaltung diese Einschränkungen wieder, indem sie die Kooperation zwischen Vertretern des Staates und denen der Wirtschaft fördert und damit die staatliche Kontrolle wirtschaftlichen Handelns aushöhlt.

Ein grob vereinfachtes Modell dieses Zusammenhangs sähe etwa folgendermaßen aus: Ein auf Druck einer kritischen Öffentlichkeit zustandegekommenes Gesetz (um bei unserem Beispiel zu bleiben: zur Einschränkung von Rüstungsexporten) wird mittels einiger Generalklauseln "entformalisiert". Diese Generalklauseln sind unter anderem dem Druck der Lobbyisten in Parteien, Fraktionen und Parlamentsausschüssen zu verdanken, ebenso der Kooperation des Gesetzgebers mit betroffenen Großunternehmen. Die Existenz dieses Gesetzes stellt zunächst die öffentliche Kritik zufrieden. Dadurch trägt es zur Legitimität der Herrschaft bei. Nachdem auf diese Weise Massenloyalität hergestellt ist, läßt sich im Dunst des Bürokratismus der Verwaltungen und Gerichte die einzelne Entscheidung im Interesse der eigentlichen Klientel des Staates, des Kapitals, treffen. (Diese Entscheidung heißt nicht selten: nichts tun!) Mit der Organisation der Kontrollbehörden ist zudem jede effektive Kontrolle ausgeschlossen, der Kontrolleur in der Regel auf die Kooperation mit den Kontrollierten angewiesen. Kommt es trotzdem zu einem Verfahren gegen Vertreter der politischen und wirtschaftlichen Elite, hilft ein Netz aus Gutachten, Stellungnahmen und Urteilen, die sich auf jene Kontrollpraxis stützen und die Einstellungen der Verfahren erlauben, zumindest die Anwendung einer sanften Strafverfolgung. Kurzum, die herrschende politische Klasse behält sich nach diesem Modell vor, die Grenze zwischen legitimer Machtausübung und Machtmißbrauch auch dann zu definieren, wenn sie selbst öffentlich Beschuldigter ist.

Aus der Sicht einer differenzierten Gesellschaftstheorie wäre dieses Modell fraglos als hoffnungslos unterkomplex, als vulgärmarxistische Verschwörungshypothese zurückzuweisen, entspräche es nicht in frappanter Weise der Realität. Die Kieler U-Boot-Affäre, darüber hinaus bis auf wenige Ausnahmen die gesamte politische Praxis der Rüstungsexporte in der Bundesrepublik sind durch dieses triviale Modell präzise beschrieben. Hans See trifft genau diese wenig differenzierte Interpretation des entformalisierten Rechts als Instrument der Kapitalinteressen: "Die Schlupflöcher, die die Unternehmerwirtschaft immer wieder zu ihrem Vorteil entdeckt, sind in diese Gesetze meist bewußt mit Rücksicht auf die Unternehmerfreiheit hineingestrickt worden" (See, S.44).

Für die kritische Presse sind diese Vorgänge nur in Einzelfällen und mit Hilfe aufwendiger Recherchen nachzuvollziehen, für den Bürger überhaupt nicht. Die Gesetzgebung (der legislative Diskurs) stellt sich dann nurmehr als symbolisches Theater dar: "Nicht so sehr das Gesetz selbst, sondern die öffentliche Inszenierung seiner Verabschiedung erzeugt den Schein entschlossenen Handelns, das nicht geschieht" (Meyer, S.104).

7.8 Das Dilemma des interventionistischen Staates zwischen Agentur- und Legitimationsfunktion

7.8.1 Die Grenzen der Kooperation zwischen Staat und Kapital

Die strafrechtlichen Konsequenzen der Lieferung von Giftgasanlagen nach Libyen sprechen auf den ersten Blick gegen die in der U-Boot-Affäre bestätigte Agenturthese. Der Manager Hippenstiel-Imhausen erhielt fünf Jahre Haft für die Errichtung einer Giftgasfabrik in Libyen. Es scheint Ausnahmen von der Regel der Kooperation von Staat, Justiz und Wirtschaft zu geben, die staatliche Kontrolle scheint in bestimmten Fällen doch zu funktionieren. Die These von der Agenturfunktion des Staates für das Kapital (damit auch für die Rüstungsindustrie) scheint zumindest in Frage gestellt, bürokratische Kontrolle und Justiz haben den Interessen des Kapitals scheinbar andere Kriterien vorgezogen. Unter diesem Aspekt soll im folgenden der Fall Imhausen mit der These vom Primat der Wirtschaft in Verwaltung und Justiz konfrontiert werden.

Regierung und Verwaltung reagierten zunächst nicht anders als bei allen anderen Waffengeschäften, nämlich gar nicht. Der amerikanische Geheimdienst CIA hatte die Bundesregierung jahrelang auf die Planung und den Bau der Giftgasfabrik hingewiesen, ohne daß diese daraus Konsequenzen zog. Bundeskanzler Kohl sprach von einer "antideutschen Medienkampagne" (zitiert nach der Frankfurter Rundschau vom 25. Januar 1991, S.16). Es gebe keinen Anlaß zum Handeln, schließlich lägen keine "gerichtsnotorischen Beweise" vor (Koppe/Koch, S.270), die ohne Ermittlungen auch schwer zu bekommen sein dürften. Hinweise aus Diplomatenkreisen an das BAW als zuständige Kontrollbehörde wurden ignoriert. Da kein Antrag vorgelegen habe, habe die Grundlage zur Prüfung des Geschäfts gefehlt. Auch wurden die Informationen vom BAW nicht an den Zoll weitergegeben. Der Fall wurde im BAW später wegen Überlastung ad acta gelegt (a.a.O., S.263ff). Auch der deutsche Geheimdienst BND (Bundesnachrichtendienst) war längst durch die amerikanischen Kollegen informiert.

Zudem war die Salzgitter AG an dem Bau der Giftgasanlage beteiligt. Der Konzern gehörte zu 100% der Bundesrepublik Deutschland. Sein Vortstandsvorsitzender Ernst

Pieper (!) hatte sich mit Hippenstiel-Imhausen in Moskau getroffen. Von dort unterrichtete ein deutscher Diplomat 1985 das Auswärtige Amt - auch über die Beteiligung des Bundesunternehmens.[74] Noch 1989, als der Fall publik wurde, verheimlichte die Bundesregierung diese Beteiligung mehrere Wochen gegenüber der Sonderkommission (Bundeskriminalamt, Zollkriminalinstitut, Zollfahndung) und verschaffte damit dem Salzgitter-Konzern einen "Vorsprung" gegenüber der Kommission (Der Spiegel Nr. 24/1990, S.84-86).

Bis hierher bestätigt der Fall Imhausen eindeutig sämtliche Ergebnisse der Fallstudie zur U-Boot-Affäre. Wie dort lassen sich die Strategien des Handlungsverzichts, der Diskursverweigerung, des Abwiegelns, der Strategie der Denunzierung des Boten (die Schuld wird mit dem Vorwurf der "Medienkampagne" auf die Aufklärer abgewälzt) beobachten, wie dort spielten Inkompetenz der Kontrollorgane sowie Kooperation und Interessenüberschneidung zwischen Kontrolleur und zu Kontrollierendem eine wichtige Rolle. Auch im Fall Imhausen wurden Bürokratie und Justiz nach langem Zögern erst auf massiven öffentlichen Druck hin tätig.[75] Erst mit dem für Waffenhändler vergleichsweise harten Urteil gegen Hippenstiel-Imhausen enden die Parallelen. Hat hier wenigstens die Justiz sich, im Gegensatz zu Regierung und Verwaltung, von allen Verflechtungen mit der Wirtschaft gelöst, einschließlich der geistigen Verflechtung des Ethos' des Primats der Wirtschaft? Vergleicht man den jeweiligen politischen Kontext der Fälle, so zeichnen sich entscheidende Unterschiede ab. Kunde des U-Boot-Geschäftes war Südafrika, offiziell zwar wegen der Politik der Rassentrennung geächtet, tatsächlich aber damals Verbündeter des Westens gegen den Weltkommunismus. Entsprechend hatte die politische Elite einschließlich des Bundeskanzlers einhellig ihr Einverständnis zu Rüstungslieferungen signalisiert, wenn auch nicht gegenüber der Öffentlichkeit. Ganz anders verhielt es sich mit Libyen als Empfänger deutscher Waffen. Ende der 80er Jahre wurde Libyen vom damaligen Präsidenten Reagan zum Erzfeind des Westens und sein Staatschef zum gefährlichsten und unberechenbarsten Terroristen erklärt. Libyen wurde zum Symbol des internationalen Staatsterrorismus hochstilisiert. Die militärische Unterstützung dieses "Irren" und "Terroristen" mußte als Affront gegen die Politik der USA erscheinen.

Es handelte sich also nicht nur um ein Geschäft, in dem ein deutsches Unternehmen zur Belebung der Konjunktur beitrug. Vielmehr brachte ein Unternehmer ohne jede politische Verantwortung aus purer Profitsucht die gesamte deutsche Wirtschaft in Verruf. Die Verurteilung Imhausens ist deshalb keine Behinderung oder Bestrafung der Wirtschaft, sondern eine Maßnahme zum Schutze ihres guten Rufes. Folgerichtig wurden die fünf Jahre Haft mit dem Verstoß gegen das AWG begründet: Imhausen habe das Ansehen der Bundesrepublik geschädigt. Nicht die Unterstützung von

74 Der Spiegel vom 23. Dezember 1991; Frankfurter Rundschau vom 20. Dezember 1991. Das Telex aus Moskau wurde später im Auswärtigen Amt gefunden.

75 Was für die Öffentlichkeit ein Skandal war, war für die Firma Werbung: Nach dem Skandal stiegen die Exportzahlen (Die Zeit vom 12. Oktober 1990). Die internationalen Kunden der Rüstungsindustrie legen eben andere normative Maßstäbe an als die kritische Öffentlichkeit. Den Mechanismus des Gewinns aus dem Skandal beschreibt Hitzler als "Gimmik" (S.341).

Terrorismus und potentiellem Massenmord war sein Verbrechen, sondern die Mißachtung der Interessen des nationalen Gesamtkapitals. Mit der rücksichtslosen Verfolgung seiner Profite ruft er den ideellen Gesamtkapitalisten auf den Plan: Zu dessen Aufgabe zählt auch die Ausgrenzung solch geschäftsschädigender Elemente. Mit der Beeinträchtigung des Klasseninteresses durch Rufschädigung ist die Grenze der Kooperation zwischen Staat und Markt überschritten. Die Diskursivierung erreicht nun auch die Ebene der Rechtsprechung.

Durch diese Funktion der Ausgrenzung schädlicher Einzelinteressen gewinnt der Staat zudem an Legitimität. Mit der Haftstrafe für einen Waffenhändler setzt er ein Zeichen für die Öffentlichkeit, das eine funktionierende Trennung von Staat und Markt suggeriert. Gerade in Phasen der Diskursivierung wirkt ein solches Zeichen als symbolische Rechtsprechung. Die Verurteilung eines Waffenhändlers wird in der Öffentlichkeit ungleich mehr beachtet als unzählige fragwürdige Einstellungen von Verfahren, von legalen Waffenexporten mit Hilfe von "Normerschleichung" und "Normvermeidung" ganz zu schweigen. Das Urteil gewinnt die Funktion der rituellen Opferung eines Sündenbocks: Der Ausschluß Imhausens aus der Gemeinschaft der redlichen Geschäftsleute verdrängt die Fragen nach deren alltäglicher Geschäftspraxis. Die Diskursivierung seiner Abweichung bestätigt die Regel des Normalen. Diese Scheidung in legal und illegal, in weiße und schwarze Schafe stärkt die herrschende Ordnung, in der Profite solange Vorrang haben, bis sie selbst Profite gefährden.

Zunächst scheinbar Ausnahme von der Regel der Kooperation von Staat und Wirtschaft, bestätigt die Verurteilung Imhausens eher die These vom "Klassencharakter des kapitalistischen Staates" (Offe 1972, S.76), der die ideellen Klasseninteressen des Kapitals vor den Profitinteressen Einzelner zu schützen hat. Die Intervention des Staates im Fall Imhausen beruht aus der Sicht der kapitalistischen Klasse demnach keineswegs auf zu wenig Kooperation mit der Wirtschaft.

Bei näherem Hinsehen stellt sich heraus, daß hier zuviel Kooperativität dem Kapital fast eher geschadet hat, daß insbesondere Regierung und Kontrollbehörden über den "notwendigen Opportunismus" (Habermas 1993a) hinausgegangen sind. Bis zur Skandalisierung des Falles hatten sich Regierung und Verwaltung ja durchaus kooperativ gezeigt und die Geschäfte Imhausens und der Salzgitter AG gedeckt. Doch auch die Justiz arbeitete mit den Unternehmen zusammen, was das Urteil zunächst gar nicht vermuten läßt.

> Die Staatsanwaltschaft Mannheim verzichtete auf einen Antrag auf Einzug des Gewinns von etwa 60 Millionen DM, obwohl die Oberfinanzdirektion Freiburg dies ausdrücklich gefordert hatte. Der Justizminister Baden-Württembergs unterstützte die Mannheimer Staatsanwaltschaft (Der Spiegel Nr. 6/1991, S.64). Nach dem StGB wäre der Einzug des Gewinns durchaus möglich gewesen: "Ist eine rechtswidrige Tat begangen worden und hat der Täter oder Teilnehmer für die Tat oder aus ihr einen Vermögensvorteil erlangt, so ordnet das Gericht dessen Verfall an."

Der Verdacht eines "Deal(s) mit dem geständigen Unternehmer" drängt sich förmlich auf: Hippenstiel-Imhausens Geständnis gegen seinen Gewinn (Der Spiegel Nr. 24/1990, S.84).

Während des Verfahrens wurden dem verantwortlichen Staatsanwalt Klein aus fadenscheinigen Gründen die Ermittlungen entzogen, angeblich weil er "von den Medien in den Vordergrund gespielt worden sei". Klein hatte Hippenstiel-Imhausen nachweisen wollen (und können), daß sein Gewinn mehr als 60 Millionen DM betrug. Das Gericht und der anschließend mit dem Fall betraute Staatsanwalt gingen von 20 Millionen aus (Die Zeit vom 30. März 1990).

In der Haft genoß Hippenstiel-Imhausen eine ansonsten undenkbare Sonderbehandlung. Er konnte ein Büro einrichten, sogar seine Sekretärin stand ihm während des Vollzugs zur Verfügung.

Auch nach der Skandalisierung des Giftgasgeschäftes unterstützte die offiziell empörte Regierung das Unternehmen. So entzog der Bund der Firma Imhausen als angebliche Konsequenz einen Forschungsauftrag über 15 Millionen DM. Der Auftrag ging statt dessen an die bundeseigene Firma Salzgitter Industriebau, selbst am Bau der Giftgasanlage beteiligt, die wiederum einen Unterauftrag an Imhausen erteilte (Die Zeit vom 30. März 1990).

Die Kooperation von Regierung, Kontrollbehörde und Justiz mit Hippenstiel-Imhausen läßt sich mit dem Hinweis auf gemeinsame Klasseninteressen nicht mehr hinreichend erklären. Immerhin hatte Hippenstiel-Imhausen mit seinem politisch instinktlosen Geschäft eher gegen ein solches verstoßen. Die privilegierte Behandlung entspringt eher dem falschen Bewußtsein der Repräsentanten der Justiz, wie auch die Strategien von Regierung und Verwaltung dem falschen Bewußtsein ihrer Repräsentanten entstammen dürften.[76] In vorauseilendem Gehorsam gegenüber den Profitinteressen ist man über das Ziel hinausgegangen. Statt im Sinne eines ideellen Gesamtkapitalisten konsequent die dysfunktionalen Machenschaften zu unterbinden, hat man diese gedeckt.

Im Gegensatz zu dem mittelständischen Unternehmer Hippenstiel-Imhausen handelte es sich bei dem ebenfalls in die Affäre verwickelten Ernst Pieper um "einen der mächtigsten Männer der deutschen Wirtschaft" (Der Spiegel, Nr. 27/1990, S.64-66). Während Hippenstiel-Imhausen immerhin fünf Jahre einsitzen mußte, wurde gegen Pieper in diesem Fall nicht einmal ermittelt.

7.8.2 Die objektive Ideologiekritik des Kapitals

Top-Manager und Repräsentanten des Kapitals haben während der Diskursivierungsphase der Rüstungsexportpolitik in den öffentlichen Diskurs eingegriffen und klar für wirksamere Kontrollen von Rüstungsexporten und konsequentere Rechtsprechung plädiert. Im Gegensatz zu Parteien und Staat stehen die Unternehmer aber nicht unmittelbar unter Legitimationsdruck gegenüber einer kritischen Öffentlichkeit. Das Engagement gegen illegale Rüstungsexporte scheint andere Ursachen als die des unmittelbaren Profits zu haben.

76 Das Bewußtsein der Repräsentanten von Staat und Justiz scheint eher dem "falschen" der einzelnen Unternehmer entsprechen als dem richtigen Klassenbewußtsein eines ideellen Gesamtkapitalisten.

Heinrich Weiss, Präsident des Bundesverbandes Deutscher Industrie (BDI), plädierte für mehr Selbstkontolle der Wirtschaft. Er forderte ein "Frühwarnsystem" der chemischen Industrie und des BDI, "bei dem suspekte Händler und Händleradressen gespeichert werden" sollten (Interview in der Zeit vom 8. Februar 1991). Weiss trat für eine Verschärfung der Rüstungsexportgesetze ein, die allerdings im "internationalen Einklang" stehen müsse, da ansonsten die USA und Frankreich die Geschäfte machten und deutsche Arbeitsplätze verlorengingen (Frankfurter Rundschau vom 4. Februar 1991, S.1). Klaus Murmann, Präsident der Bundesvereinigung der Deutschen Arbeitgeberverbände, vertrat hinsichtlich der Exporte an den Irak die Ansicht, die "schwarzen Schafe" müßten schnell "nach unseren gültigen Gesetzen" bestraft werden (Frankfurter Rundschau vom 26. Januar 1991, S.4). Der Präsident des Deutschen Industrie- und Handelstages, Stihl, verlangte strengere Strafen für illegale Waffenexporte (ebenda).

Die Begründungen verweisen mehr oder weniger offen auf das allen diesen Forderungen gemeinsame Motiv. Man möchte einem drohenden Vertrauensverlust der deutschen Wirtschaft begegnen, der sich "dämpfend auf die Konjunktur" (Murmann) auswirken könnte. Man warnt vor der "Pauschalverurteilung der Rüstungsindustrie" (Stihl). Die "schwarzen Schafe" wie Imhausen verderben letztlich das Geschäft, indem sie den Ruf einer ganzen Branche ruinieren.

Keiner der Industriellen fordert strengere Gesetze, alle fordern die strikte Anwendung der geltenden. Wie oben gezeigt, lassen diese durch ihre Klauseln und Lücken den größeren Konzernen alle Möglichkeiten offen, Rüstungsgüter "legal" in Krisengebiete sowie an totalitäre oder rassistische Staaten zu liefern. Als "schwarze Schafe" sollen dann die (nicht mehr und nicht weniger skrupellosen) mittelständischen Unternehmen ausgegrenzt werden, die weniger Kompetenz zur Normerschleichung und Normvermeidung haben.[77] Die Gemeinschaft der gesetzestreuen Exporteure stünde durch eine kompromißlose Opferung der Sündenböcke nicht nur sauber da, sie wäre auch lästige Konkurrenz los.

Bezeichnend für diese Strategie der Legitimierung durch Dichotomisierung und Ausgrenzung innerhalb der Wirtschaft ist der Vorschlag einer Selbstkontrolle der Industrie. "Suspekte Händler" schädigen das Image derart, daß letztlich auch die Profite großer, seriöser Unternehmen gefährdet sind. Die Forderung nach der ganzen Härte des Gesetzes gegen illegale Rüstungsexporte verweist in diesem Zusammenhang auf einen konsequenten Legalismus, der die Interessen des Gesamtkapitals vertritt: Rechtssicherheit für "legalen" Export, der nicht zur Debatte steht, sowie die Ausschaltung dysfunktionaler Elemente.

Die Repräsentanten des Kapitals zeigen in dieser Hinsicht mehr Weitblick als die Repräsentanten des Staates, dem nach Engels eigentlich die Rolle des ideellen Gesamtkapitalisten zukommt. Was aber für das 19. Jahrhundert noch galt, der Widerspruch zwischen den Interessen des Gesamtkapitals und denjenigen einzelner Unternehmer, trifft für die multinationalen Konzerne nicht mehr zu. Nur ideale soziale, politische und kulturelle Rahmenbedingungen garantieren noch optimalen

77 Nach Leyendecker/Rickelmann können es sich Unternehmen ab einer gewissen Größe erlauben, die Gesetze zu mißachten (S.22). Es ist hinzuzufügen: Ab einer gewissen Größe und Komplexität der Unternehmen verlieren die Gesetze ihre Wirkung.

Profit. Konzerne stehen in der Öffentlichkeit, sie müssen ihre Unternehmenspolitik legitimieren.[78] Bornierte, kurzfristig kalkulierte Profitinteressen schaden letztlich nicht nur dem Gesamtkapital, sondern auf längere Sicht dem Image und schließlich dem eigenen Profit. So kommt es dazu, daß Spitzenvertreter der Wirtschaft in Fragen der Rüstungsexporte eine repressivere Definition des Machtmißbrauchs vertreten als die Repräsentanten des Staates in der politischen Praxis. Während der Staat zwischen Legitimationsfunktion und Agenturfunktion laviert, vertritt das Kapital ohne Kompromisse seinen Standpunkt. Der Widerspruch zwischen offizieller Haltung und politischer Praxis des Staates und die dadurch bedingten Versuche der Verheimlichung letzterer vor der Öffentlichkeit nerven eher die Vertreter des Kapitals, als daß diese die staatlichen Unterstützungsversuche würdigen. Edzard Reuter, Vorstandsvorsitzender des Daimler-Benz Konzerns, griff in diesem Sinn die inkonsequente Politik der Bundesregierung an: "Nirgendwo in der Bundesrepublik gibt es ein wirtschaftliches Thema, das mit mehr Heuchelei, Feigheit und Opportunismus durchsetzt ist als das des Waffenexports. Die Politik ist daran massiv beteiligt."[79] Reuter kritisierte damit keineswegs die Exporte selbst. Daran verdiente sein Konzern spätestens seit dem Kauf der Rüstungsfirma MBB nur allzu gut. Anlaß seiner Tirade war vielmehr der Versuch der Bundesregierung, von ihr unterstützte Waffengeschäfte seines Konzerns vor der Öffentlichkeit zu verbergen:

> Daimler-Benz und HDW (!) hatten "umfangreiche Lieferungen" von Kampfflugzeugen des Typs Tornado nach Südkorea geplant. Der Bundessicherheitsrat hatte dem Geschäft bereits zugestimmt. Ein Exemplar wurde auf einer Messe in Seoul ausgestellt, die auch der Bundespräsident, Richard von Weizsäcker, besuchte. Die Bundesregierung drängte nun Reuter dazu, während des Präsidentenbesuchs das Modell zu entfernen, um die Bundesrepublik und ihren Präsidenten nicht dem Verdacht der Werbung für Rüstungsgüter auszusetzen. Damit war nun auch der exzellente Werbeeffekt weltweiter Bilder des Tornados mit dem überall angesehenen Weizsäcker als schmückende Beigabe dahin. Dies veranlaßte ein Vorstandsmitglied einer Tochterfirma des Daimler-Benz Konzerns zu der Aussage: "Wir sind stinksauer auf die Bonner Regierung, weil sie uns jetzt im Regen stehen läßt."[80]

Die Regierung hatte den Konzern nicht deshalb düpiert, weil sie die Rüstungsexporte nicht billigte. Diese hatte sie sogar protegiert. Der Vorwurf richtete sich vielmehr gegen die Inkonsequenz, die sich in der ideologischen Differenz ausdrückt. Insofern ist der Begriff der "Heuchelei" durchaus treffend, objektive Ideologiekritik des Kapitals am verlogenen offiziellen Diskurs der politischen Herrschaft.

---

78 Der mittlerweile gebräuchliche Begriff der Unternehmenspolitik verweist auf die politische Funktion der großen Konzerne. Zu dieser siehe Hirsch/Roth, S.122f.

79 Zitiert nach K.-H. Büschemann: Vorstoß ins Leere, in: Die Zeit vom 12. April 1991, S.19f.

80 Zitiert nach W. Hoffmann: Keine Moral aus der Geschicht'. In: Die Zeit vom 8. März 1991, S.21.

7.8.3 Politische Strategie und Kapitalinteresse

Ist der Staat also doch die Agentur des Kapitals, das Subjekt, das ökonomische und politische Prozesse im Interesse des Gesamtkapitals steuert und nur im Übereifer diese Interessen nicht immer richtig erkennt? Die Ergebnisse der Fallstudie legen dies nahe, die scheinbaren Ausnahmen im Bereich der Rüstungsexporte erweisen sich als Bestätigungen der Regeln. Angesichts dieser politischen Realität drohen die inneren Widersprüche des Rechts, seiner Genese und seiner Funktionen aus dem Blick zu geraten, ebenso die Inkonsistenzen politischen und staatlichen Handelns. Bei aller Eindeutigkeit der Sachlage darf die Ambivalenz der Entformalisierung des Rechts nicht unterschlagen werden. Entstanden auch als Gegentendenz zu den sozialen Folgeproblemen eines zynischen bürgerlichen Rechts, das die abstrakte Freiheit der Produzenten und des Marktes fetischisierte, wirkt Entformalisierung nun als Instrument politisch und ökonomisch mächtiger Gruppen. Der Staat aber entzieht sich damit nicht dem Legitimationsdruck durch eine kritische Öffentlichkeit, die einst formal-rationales Recht als Recht des ökonomisch Stärkeren bekämpft hatte. Daß diesen Kampf nun wiederum die Mächtigen gewinnen, ist weniger mit der Struktur entformalisierten Rechts zu erklären als mit den faktischen Kräfteverhältnissen: dem Einfluß des Kapitals auf die Politik, der Verschränkung von politischer und ökonomischer Macht, der Subsumtion von Recht und Politik unter das Ethos des Primats der Wirtschaft.

Folglich kann die faktische Wirkung der Entformalisierung als Machtinstrument nicht allein funktionalistisch erklärt werden. Immerhin ist die Auslegung von Generalklauseln gegen die Interessen ökonomisch Mächtiger denkbar, ihre Wirkung zu deren Gunsten also keineswegs strukturell bedingt. Diese ergibt sich erst aus der faktischen Parteinahme von Justiz und Verwaltung für die Interessen des Kapitals. Grundsätzlich stehen andere Handlungsalternativen zur Verfügung. Strikte Verbote von jeglichen Rüstungsexporten nach Südafrika wären ebenso möglich gewesen wie Verurteilungen zahlreicher Politiker, Beamter und Unternehmer. Daß in der U-Boot-Affäre trotzdem alles im Sinne der politisch und ökonomisch Mächtigen ablief, ist also keineswegs durch die Struktur des Rechts determiniert, sondern durch die Strategie seiner Anwendung und Auslegung. Im Falle der U-Boot-Affäre ist der empirische Nachweis erbracht: Die Lieferungen scheinen zur Zufriedenheit des südafrikanischen Kunden abgewikelt. Trotz eines völkerrechtlich verbindlichen Rüstungsembargos und einer UN-Resolution, die die Unterbindung des Geschäftes sowie die strafrechtliche Verfolgung der Verantwortlichen verlangt, erging kein einziges Urteil, weder gegen Vertreter der Industrie noch gegen Politiker oder Beamte. Obwohl dem Bundeskanzler falsche uneidliche Aussage nachgewiesen wurde, blieb die entsprechende Anzeige folgenlos. Regierung, Verwaltung, behördliche Kontrolle und Justiz ergänzten sich optimal, wenn es darum ging, das Recht im Sinne politischer und ökonomischer Interessen zu deuten, bzw. Auslegungen zum Schaden der beteiligten Akteure zu verhindern.

Beruht diese Dynamik der administrativen Parteinahme in diesem Falle auf politischer Strategie und nicht auf der Strukur des Rechts, so sind konflikttheoretische

Ansätze fruchtbarer als funktionalistische.[81] Die stärkere Gruppe setzt sich in sozialen Konflikten in der Regel durch, weil sie ihr ökonomisches und symbolisches Kapital (Bourdieu 1993, S.205ff.) gezielt einsetzen kann. Dies allerdings nicht, ohne zu Kompromissen gezwungen zu sein, mit Gewerkschaften, mit öffentlichen Interessen u.ä. Nun handelt der kapitalistische Staat nicht als einheitliches Subjekt gezielt im Interesse des Gesamtkapitals. Vielmehr handeln seine Repräsentanten in ihrem eigenen Interesse zu dessen Nutzen, einem eigenen Interesse, das freilich oft mit dem einzelner Kapitalisten eng verknüpft ist.

Der politische Diskurs des Machtmißbrauchs ist deshalb weit mehr als das Ergebnis einer Kritik des kapitalistischen Staates und seiner Parteinahme für das Kapital. Es sind die inneren Widersprüche der kapitalistischen Gesellschaft, die dem politischen Diskurs zugrunde liegen und die sich noch im legalistischen, offiziellen und administrativ-juridischen Diskurs spiegeln. Anhand der Fallstudie zur U-Boot-Affäre lassen sich zusammenfassend drei für den kapitalistischen Staat der 80er Jahre charakteristische Widersprüche beschreiben:

1. Dem Recht wird gleichzeitig die Aufgabe eines funktionalen Steuerungsmediums und die einer Instanz der Verbürgung von Gerechtigkeit zugemutet. Recht als Steuerungsmedium kann nur durch Verfahren legitimiert sein, denn alle traditionalen, religiösen oder moralischen Ansprüche behindern seine Flexibilität und damit seine Steuerungskapazität. Recht als Institution insistiert gegen die rein formale Legitimation durch Verfahren auf inhaltliche Legitimation: Gerechtigkeit im Sinne einer universalen Ethik, den Vorrang von Grund- und globalen Menschenrechten vor funktionalen Kriterien. Das aus diesem Widerspruch resultierende Legitimationsdilemma liegt in unserem Beispiel auf der Hand. Recht als Institution fordert die Verhinderung von Rüstungsexporten nach Südafrika. Verfahren auf allen Ebenen entkräften jedoch dieses Recht, in unserem Beispiel schließlich bis zur völligen Wirkungslosigkeit. Dieses Entkräften des als Institution fundierten Rechts funktioniert hier reibungslos: Im Gesetzgebungsverfahren (legisalative Ebene) eingeführte Generalklauseln erlauben in Verwaltungs- und Gerichtsverfahren (administrativ-juridische Ebene) eine rein funktionale Auslegung des Rechts. Diese Ignoranz gegenüber dem Recht als Institution ruft nun jedoch einen oppositionellen Diskurs auf den Plan, der sich auf Staat und offiziellen Diskurs als Legitimationsdruck auswirkt. Als solcher initiiert er wiederum den legislativen Diskurs usf.

2.) Die Tendenz zur Entformalisierung des Rechts mag faktisch den Interessen des Kapitals dienen. Diese "Funktionalität" ist jedoch keine echte, in der Struktur des Rechts angelegte, sondern sie beruht auf Machtverhältnissen, durchgesetzt durch

81 Wohl deshalb produzieren systemtheoretische Ansätze mit gesellschaftskritischer Zielsetzung seit zwei Jahrzehnten vorwiegend metatheoretische Reflexionen ohne empirische Verankerung. Die affirmative Systemtheorie verzichtet konsequenterweise ganz auf die Empirie, was Luhmann auf dem Soziologentag 1990 systemtheoretisch begründete. Kritische Gesellschaftstheorie bewegt sich nicht zuletzt deshalb auf machtkritische (Foucault), neue klassentheoretische (Bourdieu) zu oder kehrt zu handlungstheoretischen Ansätzen (Max Weber, Neumann, Kirchheimer) zurück. Zu letzterer Tendenz vgl. Marramao (1982), Söllner (1982).

politische Strategien. Wie schon die Entstehung der Entformalisierung auf sozialen Interessen gründete, so droht prinzipiell jederzeit der Einbruch kapitalfremder Interessen. (Über das Fallbeispiel Rüstungsexporte hinausgedacht, gibt die Chance dieses Einbruchs keinesfalls Anlaß zu einem Optimismus, wie er dem dialektischen Materialismus lange eigen war. Kapitalfremde Interessen sind nicht zwangsläufig die solidarischer sozialer Bewegungen und Minderheiten. Es sind auch nationalistische und fundamentalistische.)

3.) Interessen einzelner Unternehmer widersprechen nicht selten dem Interesse des Gesamtkapitals. Dieser Widerspruch ist auch dadurch nicht entkräftet, daß er bereits vor über hundert Jahren thematisiert wurde. Im Laufe dieser hundert Jahre hat er allerdings viel von seiner negatorischen Kraft eingebüßt. Zwar läßt es sich weiterhin nicht vermeiden, daß einzelne Repräsentanten des Staates oder Unternehmer bornierte Profitinteressen vertreten und der idealen gemeinsamen Sache des Gesamtkapitals dadurch Schaden zufügen. Man hat jedoch durchaus wirksame Instrumente zur Bewahrung optimaler Marktbedingungen entwikelt. Im AWG geht es deshalb vorrangig um das Ansehen der Bundesrepublik. Wer dieses durch Rüstungsexporte beschädigt, wer damit die Stellung der Bundesrepublik als eine führende Exportnation gefährdet, muß durchaus mit Strafe rechnen.

Die Mechanismen der Diskursivierung werden dann aktiviert, wenn Nachteile für die Gemeinschaft der Produzenten drohen. Dem scheint zu widersprechen, daß es im U-Boot-Fall zu keinerlei Repressalien für beteiligte Firmen, Beamten oder Politiker kam, obwohl die Rüstungspolitik der Bundesrepublik immerhin vor den Vereinten Nationen gerügt worden war. Man darf aber davon ausgehen, daß ein Ansehensverlust bei Menschenrechtsorganisationen, bei einigen afrikanischen Staaten und oppositionellen Bewegungen nicht mit einem Ansehensverlust in der internationalen Wirtschafts- und Finanzwelt gleichgesetzt werden kann. Dort galt Südafrika eher als potenter Geschäftspartner denn als die Menschenrechte verletzender Staat. Erst die Schädigung der Interessen des Gesamtkapitals durch die Interessen einzelner Unternehmer wie im Beispiel Hippenstiel-Imhausen ruft neben dem Pseudodiskurs der politischen Herrschaft auch dessen strikte Anwendung hervor. So wird ausgerechnet die Rolle des Staates als ideeller Gesamtkapitalist zu einer letzten Bastion der Humanität gegen eine vollends entfesselte Profitsucht, die ohne diese Schranke buchstäblich über die Leichen ganzer Völker ginge. Wenn überhaupt, dann verhindern nicht moralische Skrupel die Lieferung von Massenvernichtungswaffen an totalitäre, die Menschenrechte verletzende Regime, sondern allenfalls Gesetze zum Schutze nationaler Wirtschaftsinteressen. Tröstlich ist dabei der Gedanke, daß wenigstens diese Gesetze Skrupeln zu verdanken sind, die öffentlich geltend gemacht wurden. Beängstigend ist deshalb aber die nach dem Zusammenbruch der Zweiten Welt verstärkte neoliberalistische Tendenz, die jene Skrupel aus dem öffentlichen Diskurs zu verdrängen droht.[82]

---

82 ... - oder die Skrupel den aus Passion von allem und jedem betroffenen Berufssensibilisten und "Empfindungsmenschen" (Dieter E. Zimmer, S.84) überlassen.

8 Das Ethos des Primats der Wirtschaft

8.1 Das Primat der Wirtschaft im politischen Denken

Im Abschnitt über den Diskurs des Machtmißbrauchs in der bürgerlichen Gesellschaft wird ein "Ethos des Primats der Wirtschaft" als Prinzip politischen Handelns diagnostiziert. In unserem Beispiel der staatlichen Rüstungsexportpolitik bestätigen sowohl die politische und juridische Praxis als auch die Struktur des Rechts die These eines Primats der Wirtschaft. Offen aber bleibt zunächst die Frage, wie dieses Primat sich bis hinein in alltägliche Entscheidungen von Justiz und Verwaltung systematisch gegen widersprechende normative Kriterien durchsetzen kann.[1]

Utilitaristische Erklärungen, nach denen pures Eigeninteresse einzelner Politiker, Beamten und Juristen in einer Art Klasseninteresse der politischen Elite kulminiert, sind der widersprüchlichen und komplexen Realität nicht mehr gewachsen. Zwar paßt sich das Recht bis zu einem gewissen Grad den Verwertungsbedingungen des Kapitals an, indem es wirtschaftliche Macht als "schutzwürdiges Gut"[2] behandelt; dies bedeutet jedoch keineswegs eine Garantie für ein durch staatliche Intervention ungestörtes Wirtschaftshandeln. Aufgrund des öffentlichen Legitimationsdrucks ist der demokratische Rechtsstaat gezwungen, ethisch-moralische Aspekte auch dann im Recht zu berücksichtigen, wenn diese die freie Entfaltung des Marktes behindern. Wie gesehen, läßt sich deshalb die vollkommene Folgenlosigkeit des gesamten U-Boot-Geschäftes nicht allein auf das entsprechende Recht und seine entformalisierte Struktur zurückführen. Immerhin bewegten sich zahlreiche Beteiligte in Politik, Verwaltung und Justiz zumindest am Rande der Illegalität, haben also offensichtlich das Prinzip des Primats der Wirtschaft noch über das der Rechtsstaatlichkeit gestellt. Die Untersuchung der politischen, administrativen und juristischen Verhaltensweisen in der U-Boot-Affäre wie in der gesamten Rüstungsexportpolitik hat gezeigt, daß diese Praxis nicht auf kriminelle Energie oder skrupelloses Gewinnstreben zurückzuführen ist, sondern auf unreflektiertes Alltagshandeln. Erst der Vorwurf des Machtmiß-

---

1 Die "Wirtschaftsethik" als Theama der Sozialwissenschaften scheint in den 90er Jahren eine Renaissance zu erleben. 1993 bringen die beiden populärsten deutschen Verleger sozialwissenschaftlicher Werke entsprechende Bücher auf den Markt: Wirtschaftsethik und Theorie der Gesellschaft, Hsrg. von Josef Wieland. Frankfurt/Main, Suhrkamp 1993; Hirschmann, Albert O., Entwicklung, Markt und Moral, Frankfurt/Main, Fischer 1993.

2 Ott, S.368. Entsprechend heißt es im AWG: "Beschränkungen (des Exports - J.F.) sind... so zu gestalten, daß in die Freiheit wirtschaftlicher Betätigung so wenig wie möglich eingegriffen wird." Zur Rolle des kapitalistischen Staates als Garant wirtschaftlicher Macht vgl. auch R. Miliband: The State in Capitalist Society, New York 1969.

brauchs durch eine kritische Öffentlichkeit nötigte die Beteiligten zur Rechtfertigung ihrer Haltung. Diese Rechtfertigungsversuche weisen auf eine Haltung hin, die oben als Ethos des Primats der Wirtschaft beschrieben wird.

> Der Präsident des BAW beantwortete die Vorwürfe allzu lascher Kontrolle der Rüstungsexporte mit dem Hinweis, schließlich sei das BAW "ein Amt *für*, nicht gegen die Wirtschaft" (nach Koppe/Koch, S.368). Der Staat müsse "dort, wo Beschränkungsmaßnahmen unumgänglich sind, dafür sorgen, daß die betroffene Wirtschaft möglichst schonend behandelt wird"[3], denn "die deutsche Industrie hat einen Anspruch darauf, daß ihr Antrag nicht so intensiv geprüft wird, bis der Auftrag kaputt ist" (a.a.O., S.280).

Angesichts dieser Haltung ist es nicht verwunderlich, daß die Rüstungsexporteure vom BAW als Kontrollinstanz so gut wie nichts zu befürchten hatten. Der ehemalige Wirtschaftsminister und Vorsitzende der FDP, Graf Lambsdorf, repräsentiert diese neoliberalistische Haltung in der Politik:

> "Der Export ist frei. Wer etwas anderes will, gefährdet den wirtschaftlichen Bestand der Bundesrepublik" (a.a.O., S.379). Die Forderung der SPD, daß nicht nur die Beteiligung an der Giftgasproduktion in Libyen, sondern auch am Bau der entsprechenden Raketen bestraft werden solle, konterte Lambsdorf mit der Bemerkung: "Wenn ihre Rechtsauffassung zum Zuge käme, wäre wahrscheinlich mein verstorbener Schwager, der den Amerikanern auf den Mond geholfen hat, bestraft worden" (zitiert nach der "Frankfurter Rundschau" vom 25. Januar 1991, S.16).

Äußerungen anderer Politiker zu Vorwürfen der Unterstützung von Rüstungsexporten an totalitäre Regime verraten die Prioritäten ihres Denkens:

- "Man kann in keinem Land ein ziviles Telefonnetz verkaufen, wenn man nicht auch bereit ist, Militärgüter zu liefern" (Erich Riedl nach der *Zeit* vom 12. April 1991, S.19).
- "Nur 1-2 % der deutschen Exportwirtschaft befassen sich mit Rüstungsgütern; es ist zu befürchten, daß durch diese Gesetzesnovelle (zur Verschärfung des AWG - J.F.) 98 % der Wirtschaft in ihrer Funktions- und Wettbewerbsfähigkeit gehemmt werden" (Josef Grünbek, Bundestagsabgeordneter der FDP, zitiert nach dem "Stern" vom 30. November 1990).
- "Wir haben den vom Gesetz vorgeschriebenen Umweg beschritten" (Walter cheel, zitiert nach der "Zeit" vom 26. April 1991, S.18).

Dieser Kommentar zur Kooperation von Politik und Wirtschaft bei der Umgehung des Rechts offenbart die zynische Einstellung (eines ehemaligen Bundespräsidenten) zum Recht als eine lästige Konzession an die öffentliche Meinung. Rechtstreue wird in dieser Haltung zu purer Taktik ohne normative Verankerung.

Allen diesen Aussagen gemeinsam ist die Verabsolutierung ökonomischer Zweke zu einer quasi-normativen Grundeinstellung. Das komplexe Problem der Rüstungsexporte wird auf den wirtschaftlichen Aspekt reduziert. Menschenrechte, politische Verantwortung, das friedliche Zusammenleben und das Selbstbestimmungsrecht der Völker sowie das Recht werden - falls überhaupt wahrgenommen - der Wirtschaft-

---

3 Ebenda. Nach Koppe/Koch sind auch die Mitarbeiter Rummers im BAW diesem "credo" verpflichtet.

lichkeit untergeordnet. Eine Begründung dieser letztlich willkürlichen Präferenz wird gar nicht erst für notwendig gehalten: Das Primat der Wirtschaft scheint als Handlungsdisposition fest in der Lebenswelt verankert, als Selbstverständlichkeit, die keiner expliziten Legitimation bedarf.[4] Problematisiert wird die Wirtschaftlichkeit, nicht aber die Gültigkeit der eigenen wirtschaftszentrierten Haltung. Wird nun, beispielsweise durch öffentliche Diskursivierung, dieser unreflektierte Horizont problematisiert, stößt dies auf Unverständnis.

So zeigte sich der damalige baden-württembergische Wirtschaftsminister Schaufler völlig überrascht darüber, daß er wegen der kostenlosen Benutzung und Anforderung privater Firmenjets mit dem Vorwuf der Korruption konfrontiert wurde. Er konnte sich auch nicht erklären, wieso aufgrund seiner Haltung der Eindruck entstanden sein sollte, "daß zwischen Wirtschaft und Politik ein Filz entstanden sei" (Zitiert nach der *Zeit* vom 8. März 1991, S.22). Sein Job sei es nun mal, "Türöffner" für die Unternehmen zu spielen, seine Hauptaufgabe als Wirtschaftsminister sah er darin, "jedem Unternehmen zu helfen, wo ich kann" (ebenda).

Das Kriterium der Wirtschaftlichkeit scheint zumindest bei Teilen der politischen Elite als führende Norm internalisiert. Die U-Boot-Affäre hat gezeigt, daß dies auch für die politische Verwaltung und die Justiz gilt, so daß hier durchaus von einem Ethos des Primats der Wirtschaft gesprochen werden kann. Einerseits Gegenstand öffentlicher Machtkritik, ist dieses Ethos andererseits die Grundlage erfolgreichen kapitalistischen Wirtschaftens: "Wirtschaftlich besonders erfolgreich waren auf Dauer immer nur jene, die - in einer marktwirtschaftlichen Ordnung - ökonomischen Interessen alles andere unterordneten. Zu diesen erfolgreichen gehören die Bundesrepublik, die Vereinigten Staaten und Japan... Wie Midas in der Sage alles zu Gold gerät, gerät den merkantilistisch Veranlagten alles zum Ökonomischen. Ob Religion oder Wissenschaft, Kunst oder Philosophie - früher oder später steht bei ihnen alles im Dienste nur des einen: des wirtschaftlichen Erfolges. In allem ökonomische Potentiale zu erkennen, alles zur Erhaltung und Entfaltung der äußeren Existenz zu nutzen, stets rentabel zu handeln ist ihre besondere Stärke" (Meinhard Miegel: Alchimie des Reichtums; in: Die Zeit, 4. Mai 1990, S.41-42).

Vor diesem Hintergrund eines Konsenses über das Primat der Wirtschaft vor konkurrierenden ethisch-moralischen Geltungsansprüchen läßt sich die Strategie der Denunzierung des Boten in der öffentlichen Diskussion einsetzen. Der politische Gegner, der dem wirtschaftlichen Primat widersprechende Geltungsansprüche stellt, wird als Feind der gesamten Ordnung denunziert. Bereits die Erwägung wirtschaftlicher Nachteile aufgrund anderweitiger (etwa moralischer) Bedenken gilt dann als subversiv, die Störung der Wirtschaft aus ökonomiefremden Gründen geradezu als staatsfeindlich.

Mit bitterem Sarkasmus applaudierte der Abgeordnetete Börnsen (CDU) der Arbeit der SPD im Untersuchungsausschuß: "Doch ich will Ihnen schon zugute halten, Sie haben

4 Zur Lebenswelt als Hintergrund und Horizont des Handelns: Habermas 1981/2, insbesondere S.183-192. Dieser Lebensweltbegriff geht zurück auf das phänomenologische Konzept von Alfred Schütz. Siehe dazu: A. Schütz/Th. Luckmann: Strukturen der Lebenswelt, Frankfurt/Main 1979.

einen Erfolg gehabt: Der Ruf deutscher Firmen, deutscher Werften wird von ihnen systematisch ruiniert. Daß HDW den Vier-Milliarden-Australien-Auftrag nicht erhalten hat, geht auf dieses Erfolgskonto" (Drucksache 11/8176, S.43).

Keineswegs Doppelmoral treibt den braven Abgeordneten um, sondern die *einfache* Moral, nach der politisches Handeln sich den Maßgaben der Konjunktur zu beugen habe. Börnsens Aussage ist also durchaus wahrhaftig zu nennen. Christliche Bedenken gegen konjunkturfördernde Maßnahmen sind solchen Christdemokraten deshalb suspekt, weil sie ihrer Gesinnung widersprechen.

Der Abschlußbericht der Ausschußmehrheit, die letztlich die Mehrheit des Parlamentes und damit auch des Volkes repräsentiert, fußt wie die Tirade Börnsens auf einem allgemeinen Konsens eines Ethos' des Primats der Wirtschaft, wenn er die Aufklärungsarbeit der Opposition kritisiert:

"Auch hier (gemeint ist die Rede Gansels vor den Vereinten Nationen J.F.) schimmert das Motiv durch, die Beteiligten an den Untersuchungen mit Strafe zu überziehen, um auf diese Weise der Bundesregierung politischen Schaden zuzufügen"(93).

Die Berechtigung der angesprochenen Verfahren wird hier überhaupt nicht thematisiert. Verfahren *gegen* die Wirtschaft scheinen aus der Sicht des Ethos' des Primats der Wirtschaft grundsätzlich suspekt und müssen andere Gründe haben als das Verhalten der Wirtschaft selbst.

Ohne das diesen Aussagen inhärente Ethos des Primats der Wirtschaft wären die Anschuldigungen wirkungslos. Sie verweigern den grundsätzlicheren Diskurs über die Geltung des wirtschaftlichen Primats als Norm, sie setzen diese Norm einfach als gültig voraus. Alle Aussagen verlassen sich darauf, daß Skepsis gegenüber der Wirtschaft nicht vorwiegend dazu führt, deren Praktiken in Frage zu stellen, sondern ihrerseits Skepsis hervorruft. Verstärkt wird der Effekt der Strategie der Denunzierung des Boten häufig dadurch, daß dem politischen Gegner mit dem Vorwurf der Wirtschaftsfeindlichkeit auch die Verantwortung für die Vernichtung von Arbeitsplätzen angelastet wird.[5]

Man weiß, daß so gut wie niemand den Abbau von Arbeitsplätzen gutheißt. Also reduziert man das gesamte Problem auf diesen Aspekt. Damit steht schließlich jeder, der gegen Rüstungsexporte argumentiert, als potentieller Vernichter von Arbeitsplätzen da. Er bricht damit aus dem Konsens aller Gutwilligen aus und wird zum Außenseiter. Dieser Ausschließungsmechanismus des offiziellen politischen Diskurses funktioniert nur unter der Bedingung eines weithin gültigen Ethos' des Primats der Wirtschaft. Als unreflektierte normative Grundlage steckt sie die Grenzen des Diskurses ab. Innerhalb dieser Grenzen wird das Dilemma sich gegenseitig ausschließender, gültiger Normen ignoriert und damit negiert. Am Beispiel der Diskussion um das U-Boot-Geschäft läßt sich dies darstellen: Auf der einen Seite herrscht Konsens darüber, daß der Erhalt und die Schaffung von Arbeitsplätzen die Aufgabe von Staat und Gesellschaft ist. Auf der anderen Seite herrscht ebenso Konsens darüber, daß das Apartheidsregime Südafrikas nicht durch Rüstunglieferungen unterstützt werden darf.

5 Das Bemühen um Aufklärung in der U-Boot-Affäre zielt nach Ansicht des Abgeordneten Beckmann (FDP) "auf die Diskriminierung weiter Teile der Industrie und damit auf die Vernichtung von Arbeitsplätzen" (362).

Die letztere Norm wird jedoch nur dann problematisiert, wenn die erstere in ihrer unumschränkten Gültigkeit in Frage gestellt wird. Die Strategie der Denunzierung des Boten rechnet mit der Dominanz der ersten Norm, die bei gleichzeitiger Relevanz die Gültigkeit der zweiten aufhebt - und damit auch das Dilemma.

Mit der gleichen Strategie versuchten die Unternehmen über ihre Betriebsräte Druck auf die SPD auszuüben. In einem internen Papier von HDW heißt es: "Wir haben den Vorsitzenden unseres Betriebsrates, Herrn Baresel, noch einmal dringlichst aufgefordert, den Einfluß der Arbeitnehmer von HDW gegenüber der SPD-Fraktion geltend zu machen, um den für HDW belastenden Untersuchungsausschuß 'SA' zu beenden" (Drucksache 11/8176, S.42). Baresel sandte ein entsprechendes Schreiben an den damaligen Fraktionsvorsitzenden der SPD im Bundestag, Hans-Jochen Vogel.

Die Diskursivierung der Rüstungsexporte hatte inzwischen jedoch dazu geführt, daß die Wirtschaftlichkeit als dominierender Aspekt in einer sensibilisierten Öffentlichkeit zunehmend mit politischen Aspekten konfrontiert wurde. Das Primat der Wirtschaft war mit der militärischen Unterstützung Südafrikas an die Grenzen seiner Legitimität gestoßen. Die parlamentarische Opposition hatte sich an die Spitze eines Diskurses des Machtmißbrauchs gesetzt, der die aktive und passive Unterstützung von Rüstungsexporten durch die Regierung verurteilte. Deshalb mußte der Versuch der HDW scheitern, die SPD über den Betriebsrat mit dem Argument drohender Arbeitsplatzverluste unter Druck zu setzen.

8.2 Primat der Wirtschaft und Klassenhabitus als objektive Strategien der Macht

Die U-Boot-Affäre hat gezeigt, wie einzelne politisch-administrative Handlungsspielräume jeweils in der Weise ausgelegt wurden, daß sie in ihrer Summe konkreten politischen und ökonomischen Interessen dienten. Das Ethos des Primats der Wirtschaft wirkte objektiv als Selektionsmechanismus zugunsten der Verwertungsinteressen des Kapitals. Sicher spielten nicht selten bewußte Parteinahme, Obrigkeitshörigkeit, Eigeninteresse oder Karrieredenken eine Rolle. Jedoch ist kaum anzunehmen, daß sämtliche in die U-Boot-Affäre involvierten Beamten, Politiker und Juristen bewußt strategisch zugunsten einer kleinen Klientel von Rüstungsexporteuren und politischen Karrieristen - teilweise an der Grenze des Legalen - gehandelt haben. Die Untersuchung der Verwaltungspraxis deutet eher darauf hin, daß die tägliche Routine aller involvierten Funktionsträger in ihrer Summe zu dem bekannten Ergebnis zugunsten politisch und ökonomisch einflußreicher Gruppen geführt hat.

Auch die Haltung des Bundeskanzlers Kohl zum U-Boot-Geschäft läßt sich allein mit einer bewußten, subjektiven Strategie nicht erklären.

Für Kohl war zunächst allein der Aspekt der Schaffung von Arbeitsplätzen ausschlaggebend. Deshalb schlug er zunächst vor, statt der Lieferung von Blaupausen die sogenannte "große Lösung" zu wählen, weil dies mehr Arbeitsplätze brächte (Ds. 11/8176, S.55, S.61f). Erst der Hinweis auf das Embargo der Vereinten Nationen und die damit verbundene politische Problematik brachten ihn von diesem Vorschlag ab (62).

Humanitäre Überlegungen oder Skrupel angesichts der Unterstützung Südafrikas spielten offensichtlich keine Rolle. Kohls Eintreten für die wirtschaftlich lukrativste Version entsprach seiner wahrhaftigen Einstellung, nach der die wirtschaftlich effektivste Lösung die beste ist. Wirtschaftsfremde Aspekte zog er zunächst selbst gar nicht in Erwägung, sie mußten ihm erst durch seine Berater ins Bewußtsein gerufen werden. Quasi intuitiv hatte er sich für die Belange der Wirtschaft entschieden.

Mit derart strukturierten Verhaltensmustern lassen sich die Rollen der Repräsentanten des Staates in der U-Boot-Affäre erklären. Ihr objektiv politischen und ökonomischen Interessen gehorchendes Handeln ist eher auf unreflektiertes Alltagshandeln zurückzuführen als auf jeweils bewußte Strategie. Man ist gewohnt, politisch Mächtigeren zu folgen, man ist gewohnt, die Belange der Wirtschaft ins Zentrum des Denkens zu stellen. Diese gemeinsame Gewohnheit läßt sich soziologisch als Handlungsdisposition beschreiben.

Bourdieu hat für die einer Klasse oder gesellschaftlichen Gruppe gemeinsamen Handlungsdispositionen den Begriff des Habitus eingeführt (1993, S.98-108). Im folgenden soll gezeigt werden, daß die in der Rüstungsexportpolitik und Rüstungsexportkontrolle beobachteten Verhaltensweisen auf einen spezifischen Habitus der politischen Klasse zurückgeführt werden können.

Bourdieu betont immer wieder den Klassencharakter des Habitus sowie seine Wirkung jenseits des bewußten Handelns. Habitusformen fungieren "als Erzeugungs- und Ordnungsgrundlagen für Praktiken und Vorstellungen, die objektiv an ihr Ziel angepaßt sein können, ohne jedoch bewußtes Anstreben von Zweken und ausdrückliche Beherrschung der zu deren Erreichen erforderlichen Operationen vorauszusetzen, die objektiv 'geregelt' und 'regelmäßig' sind, ohne irgendwie das Ergebnis der Einhaltung von Regeln zu sein, und genau deswegen kollektiv aufeinander abgestimmt sind, ohne aus dem ordnenden Handeln eines Dirigenten hervorgegangen zu sein" (a.a.O., S.98f). Bourdieu wendet den Begriff des Habitus nicht explizit auf irgend eine herrschende politische oder ökonomische Klasse an. Daß er aber auch auf die Problematik der Herrschaftssoziologie angewandt werden kann, soll hier gezeigt werden. Der Begriff des Habitus trifft die oben beobachteten Phänomene: Längst nicht alle Beamten des BAW oder der OFD Kiel bezweckten die Begünstigung der Rüstungsexportindustrie oder die Vertuschung von konspirativer Zusammenarbeit zwischen Regierungsmitgliedern und Unternehmern. Ebensowenig beherrschten sie irgendwelche auf ein Ziel hin ausgerichtete Operationen. Auch existierte keine zentrale Instanz, die das Handeln der Behörden, Politiker und Juristen koordinierte. Trotzdem schienen die Handlungen aufeinander abgestimmt, was das Ineinandergreifen verschiedener Diskurse und Praktiken zugunsten einer bestimmten Klientel zeigt; ebenso wurde objektiv ein gemeinsames Ziel durch das Ensemble einzelner Handlungen erreicht, nämlich die völlige Beilegung der Affäre und die vollständige Rehabilitierung aller involvierten Personen, Parteien und Unternehmen. Nach Bourdieu beruht die Gemeinsamkeit subjektiv nicht intendierter Handlungsziele auf einem gemeinsamen Habitus einer sozial homogenen Gruppe oder Klasse,[6]

6 Bourdieu benutzt einen Klassenbegriff, der sich vom marxistischen dadurch unterscheidet, daß die einzelnen Klassen kein explizites Klassenbewußtsein entwickeln. Die

entstanden in der gemeinsamen Geschichte: "Als Produkt der Geschichte produziert der Habitus individuelle und kollektive Praktiken, also Geschichte, nach den von der Geschichte erzeugten Schamata; er gewährleistet die aktive Präsenz früherer Erfahrungen, die sich in jedem Organismus in Gestalt von Wahrnehmungs-, Denk- und Handlungsschamata niederschlagen und die Übereinstimmung und Konstantheit der Praktiken im Zeitverlauf viel sicherer als alle formalen Regeln und expliziten Normen zu gewährleisten suchen" (Bourdieu 1993, S.101). Die als Ethos des Primats der Wirtschaft charakterisierten Handlungsdispositionen wurden unter den historischen Bedingungen der kapitalistischen Gesellschaft zu einem Teil des Habitus geformt.[7]

Mit diesem Konzept des Habitus läßt sich erklären, wie das Ethos des Primats der Wirtschaft administratives Handeln derart steuert, daß selbst Rechtsnormen ihre handlungsleitende Kraft verlieren: Als Teil des Habitus gewährleistet das Ethos des Primats der Wirtschaft die oben zitierte Bourdieusche "Übereinstimmung und Konstantheit der Praktiken... viel sicherer als alle formalen Regeln und expliziten Normen", d.h. der Habitus determiniert Lebenswelt und Alltagshandeln und wirkt damit stärker als das positive Recht.

Als "vergessene Geschichte" verweist der Habitus auf ein "kollektives Klassen-'Unbewußtsein'" (Eder 1989, S.29). Er ist ein "Regelwerk von Kenntnissen und Fähigkeiten, das sich offenbar dem Bewußtsein der Individuen entzieht" (Janning, S.36). Es ist dem kollektiven Charakter des Habitus politischer Funktionsträger zu verdanken, daß die subjektiv nicht abgestimmten und nicht bewußt zielgerichteten Handlungen objektiv als Strategien der politisch/ökonomischen Klasse wirken: "Die objektive Homogenisierung der Habitusformen der Gruppe oder Klasse, die sich aus der Homogenität der Existenzbedingungen ergibt, sorgt nämlich dafür, daß die Praktiken ohne jede strategische Berechnung und bewußte Bezugnahme auf eine Norm objektiv aufeinander abgestimmt .... werden können" (Bourdieu 1993, S.109). In unserem Beispiel wirkt diese Abstimmung als Strategie im Sinne der Agenturfunktion des Staates für die Verwertungsinteressen des Kapitals. Die im U-Boot-Fall beobachteten Strategien (Handlungsverzicht, zirkuläre Selbstkontrolle, Strategie der Denunzierung des Boten, Diskursivierungs- und Entdiskursivierungsstrategien) beruhen in diesem Sinne nicht auf bewußt strategischem Handeln, sondern auf dem Ethos des Primats der Wirtschaft als Teil des Klassenhabitus. Bourdieus paradoxer Begriff der "objektiven Strategie" wird dieser Dialektik von Habitus und Klasseninteresse gerecht.

Das Eintreten Kohls für die Belange der Rüstungsindustrie läßt sich so als Produkt seines Habitus' erklären. Vor dem Hintergrund der veränderten diskursiven

---

Gemeinsamkeit, die es erlaubt, Klassen zu definieren, bestehen in dem nicht reflektierten Habitus (Bourdieu 1991, 174ff.; vgl. auch Janning, S.47f).

7 Auf die historischen Bedingungen kann hier nicht näher eingegangen werden. Hinweise geben Studien zur Veränderung des Sozialcharakters (E. Fromm 1980: Arbeiter und Angestellte am Vorabend des dritten Reiches, hrsg. v. W. Bonß, Stuttgart; Adorno, Theodor W. u.a. 1968: Die autoritäre Persönlichkeit, Amsterdam) und zur Verankerung des Prinzips des freien Warentauschs im bürgerlichen Denken (hier vor allem Alfred Sohn-Rethel 1978) sowie zur Sozialisation der Nachkriegsgeneration im Zeichen des Wirtschaftswunders (Ziehe 1975).

Rahmenbedingungen, nämlich der zunehmenden öffentlichen Kritik jeglicher Rüstungspolitik, erscheint die Präferenz Kohls für den uneingeschränkten U-Boot-Transport allerdings unsensibel, ja unklug. Die historische Verwurzelung des Habitus und die daraus resultierende Ignoranz gegenüber aktuellen Kontexten vermag diese Ungleichzeitigkeit zu deuten: "Als einverleibte, zur Natur gewordene und damit als solche vergessene Geschichte ist der Habitus wirkende Präsenz der gesamten Vergangenheit, die ihn erzeugt hat. Deswegen macht gerade er die Praktiken *relativ unabhängig* von äußeren Determiniertheiten der unmittelbaren Gegenwart" (a.a.O., S.105).

Die im Vergessen seiner Geschichte begründete Unabhängigkeit von der Gegenwart verleiht dem Habitus eine Trägheit, die ihn trotz seiner objektiv strategischen Funktion für die herrschende Ordnung unter Umständen zu einem Hindernis der Systemrationalität werden läßt. Wenn Politiker, leitende Beamte oder Juristen in ihrem Dienst- oder Gehorsamseifer über den "berufsnotwendigen Opportunismus"[8] hinausgehen, vernachlässigen sie, wie gesehen, nicht selten die Interessen des Gesamtkapitals zugunsten eigensinniger Interessen einzelner Unternehmer oder einzelner politischer Karrieristen. Deshalb erscheint das Ethos des Primats der Wirtschaft als Teil des Habitus nicht als List eines ideellen Gesamtkapitalisten, sondern es produziert eher das nach Haferkamp Charakteristische der Politik: "das Opportunistische, das 'Durchwursteln'" (Haferkamp 1983, S.29).

Um Mißverständnissen vorzubeugen: Der Hintergrund der "vergessenen Geschichte" und des klassenspezifischen Entstehungskontextes geben dazu Anlaß, den Habitusbegriff in die Nähe des Freudschen Unbewußten zu rücken oder ihm einen strukturalistischen Determinismus zu unterstellen.[9] Zwar bringt der Habitus Handlungen hervor, deren historisch-soziobiographischer Ursprung dem Akteur im Augenblick der Handlung nicht bewußt ist. Dies bedeutet jedoch weder, daß die Handlungen durch den Habitus strikt determiniert sind, noch, daß der Habitus als soziokultureller Hintergrund des Handelns nur durch eine Art tiefenpsychologische Hermeneutik ins Bewußtsein zu rufen sei. Der Habitus als eine Art "generative Grammatik"[10] grenzt lediglich die Denk- und Handlungsalternativen ein, bietet aber innerhalb dieser Grenzen eine "konditionierte und bedingte Freiheit" (Bourdieu 1993, S.103. Auch diese Grenzen sind nicht im Unterbewußtsein verschüttet, sondern lassen sich durch Reflexion jederzeit bewußt machen. Das heißt, die Reflexion auf die Grundlagen der eigenen Handlungsdispositionen ist jederzeit möglich. Sie bedarf weniger psychoanalytischer Anstrengungen als des *Willens* zur Selbst-

---

8 Habermas prägt diesen Begriff in einem anderen Zusammenhang (FR Interview vom 12. Juni 1993, S.ZB 3; Das deutsche Sonderbewußtsein regeneriert sich von Stunde zu Stunde): Er kritisiert, daß die Politiker beim Abbau des Grundrechts auf Asyl über den "berufsnotwendigen Opportunismus" hinausgingen. Dieser bezieht sich auf die vermutete Volksmeinung, während in unserem Zusammenhang der Opportunismus gegenüber einzelnen Unternehmen und Politikern gemeint ist.

9 Vgl. Millers Kritik an Bourdieus angeblichem Soziologismus (S.205ff).

10 Janning verwendet diesen Begriff Chomskys im Zusammenhang mit Bourdieus Habitustheorie (S.35).

vergewisserung.[11] In diesem Sinne ist der Habitus des Politikers, des politischen Beamten oder des Staatsanwaltes mehr Gewohnheit als innerer Zwang.

Die These, der Klassenhabitus des bürgerlichen Mittelstandes liege dem Routinehandeln der Repräsentanten von Staat und Justiz zugrunde, verweist deshalb nicht auf deren Schuldunfähigkeit, sondern auf die Struktur ihres Alltagshandelns. Mit dieser stellt sich die Macht der Gewohnheit in den Dienst der Macht des Kapitals. Sicher erlaubt es der bürokratische Alltag nicht, jede einzelne Routinehandlung nach einer ihr zugrundeliegenden Disposition zu hinterfragen. Eine gewisse Skepsis angesichts der eigenen Automatismen jedoch würde die staatlichen Eliten davor bewahren, ungewollt dysfunktionalen Privatinteressen zu dienen. Indem sie so die atavistischen Effekte des an die Geschichte gebundenen Habitus reflexiv ausschalteten, könnten sie effektiver die objektiven Klasseninteressen des Gesamtkapitals wahrnehmen.

Ausgerechnet auf dieser Funktion des ideellen Gesamtkapitalisten beruht die vielleicht letzte Hoffnung auf eine Eindämmung der im humanitären Sinne destruktiven Kräfte des Kapitals. Als skrupellose Profitinteressen entbehren diese jeglicher Anbindung an die Legitimationsgrundlagen der Gesellschaft. Erst die mittelbare Verbindung von Image, Legitimität und Seriosität auf der einen und Profit auf der anderen Seite kann das Kapital zur Räson bringen. Der blind einem Ethos des Primats der Wirtschaft folgende Repräsentant des Staates erkennt diesen Zusammenhang nicht. In seinem Eifer für die Belange der Wirtschaft schädigt er letztlich die gemeinsame Sache von Staat und Kapital.

Das Beispiel U-Boot-Affäre zeigt diese Ambivalenz des Ethos' des Primats der Wirtschaft als Teil des Klassenhabitus' im Hinblick auf seine gesellschaftliche Vermittlung und seine Funktion. Mit seiner unreflektierten Verankerung in der Lebenswelt sorgt es für reibungslose alltägliche Kooperation zwischen Staat und Wirtschaft im Sinne eines ideellen Gesamtkapitalisten.[12] Seine geschichtliche Dimension macht den Habitus jedoch auch schwerfällig, was eine völlige Anpassung an die jeweils aktuellen Erfordernisse kapitalistischer Verwertung verhindert. Diese Ungleichzeitigkeit trat noch in den 50er und 60er Jahren vorwiegend als Bürokratismus und vorkapitalistisch anmutende Obrigkeitshörigkeit auf. Seit den 70er Jahren scheint jedoch (zumindest in den höheren Etagen der Verwaltungen) ein Wandel zum wirtschaftlich orientierten Denken eingetreten zu sein. Die Dysfunktionalität ist nicht mehr vorwiegend in der wirtschaftsfremden Denkweise begründet, sondern, wie die

11 Bourdieu (1992a). Bourdieu stellt am Beispiel der französischen Intellektuellen dar, daß und wie die Thematisierung und Entzauberung des auf dem intellektuellen Habitus beruhenden Selbstbewußtseins durch schonungslose "Selbstanalyse" (S.29) möglich war. Nach dieser Entzauberung des Intellektuellen sind es nicht mehr Schranken des Reflexionsvermögens, die das profane Bewußtsein an der Selbstvergewisserung seines Habitus' hindern, sondern solche der Disziplin, der Unterwerfung, der Strategie und der Macht.

12 Das Konzept des Habitus, angewandt auf seine Systemfunktionalität, erinnert an die sozialpsychologischen Ansätze eines Sozialcharakters in der Kritischen Theorie. Auch dort spielt die Ambivalenz von Funktionalität durch Anpassung über Sozialisation und Ungleichzeitigkeit eine wichtige Rolle. Im Unterschied zu Bourdieus Habitus-Konzept ist der Sozialcharakter nach diesen psychoanalytischen Ansätzen wesentlich stärker in der Persönlichkeit verankert und deshalb nicht durch einfache Reflexion erkennbar.

Beispiele der Rüstungsexportpolitik zeigen, in der unreflektiert wirtschaftsfreundlichen Haltung.

Die Vorteile des Bourdieuschen Habitusbegriffs für eine Kritik der politschen Vernunft können hier nur angedeutet werden. Die Fallbeispiele jedenfalls geben dazu Anlaß, seinen Ansatz als gesellschaftskritische Alternative zu systemtheoretisch und handlungstheoretisch verkürzten Ansätzen in Erwägung zu ziehen. Das Beispiel der Rüstungsproblematik zeigt, wie mit diesem Konzept über die oberflächliche Kritik der augenscheinlichen Verhältnisse hinaus Machtkritik auch nach dem Ende der sozialistischen Utopie möglich ist.[13]

Bei allem Respekt vor einer Kritik des Filzes zwischen Staat und Wirtschaft bleibt diese in den Schranken des herrschenden Begriffs des Machtmißbrauchs und damit der Macht befangen. Dieser affirmative Diskurs des Machtmißbrauchs kritisiert Ungleichzeitigkeiten und dysfunktionale Abweichungen vor dem Hintergrund einer funktionalistischen Vernunft. Er ist damit Teil einer objektiven Strategie im Dienste des ideellen Gesamtkapitalisten.

Dagegen vermag das Konzept des Habitus über diese notwendige Kritik hinaus die Funktionsweisen politischen Denkens und Handelns und ihre Vermittlung mit Klasseninteressen zu thematisieren. Während der Diskurs des Machtmißbrauchs in den herrschenden Kategorien argumentiert, weil ihm der herrschende Begriff der Macht zugrunde liegt, kann das Konzept des Habitus die subtileren Mechanismen und Strategien der Macht durchschauen, denn es stellt diesen Machtbegriff in Frage. Damit ermöglicht es, die Mechanismen der politischen Macht bis hinein in die alltäglichen Denkstrukturen und Handlungsdispositionen zu analysieren. Der Diskurs des Machtmißbrauchs macht es sich zur Aufgabe, Abweichungen aufzudecken, um sie im Interesse einer Stabilität der Macht zu beseitigen. Seine Kritik gilt der Abweichung. Die Kritik des Ethos des Primats der Wirtschaft als Teil des Klassenhabitus dagegen gilt der Regel.

8.3 Objektive Strategien, Habitus und Definitionsmacht
Das Gesetz vom Verschleiß der Machtkritik im politischen Diskurs

Das Ethos des Primats der Wirtschaft wirkt, ähnlich wie die politische Sprache und der legalistische Dezisionismus, nicht nur auf den offiziellen Diskurs, sondern auch auf Öffentlichkeit und öffentliche Meinung ein. Die Phasen der Diskursivierung zeigen, wie diese Mechanismen dem politischen Diskurs Grenzen aufzwingen und damit machtkritische Elemente ausschließen. Der Diskurs des Machtmißbrauchs ist deshalb gleichzeitig Kritik und Ausschließungsmechanismus. Durch sein Einverständnis mit den herrschenden Definitionen stellt er jeden potentiellen Teilnehmer vor die Alternative, sich ebenfalls anzupassen oder vom öffentlichen

13 Exemplarisch für diese Diagnose siehe R. Saage: Das Ende der politischen Utopie. Frankfurt/Main 1990; ebenso W. Voßkamp (Hg): Utopieforschung. Interdisziplinäre Studien zur neuzeitlichen Utopie, 3 Bände, Frankfurt/Main 1985.

Diskurs in einen marginalen abgedrängt zu werden.[14] Die herrschende handlungsorientierte, personalistische und legalistische Definition des Machtmißbrauchs steckt auf diese Weise die Grenzen des Diskurses und der Kritik ab (- womit die oben gezeigten Verzerrungen in der Beurteilung politischer Praxis zu erklären sind). Demnach gelten persönliche Fehler, Bereicherungen und Rechtsübertretungen politischer Funktionsträger als Machtmißbrauch, keineswegs aber die strukturell bedingte oder auf Normvermeidungsstrategien beruhende Unterstützung staatlichen Terrors. Diese Definition des Machtmißbrauchs, die im Klassenhabitus des bürgerlichen Mittelstandes verwurzelt ist und sich dem Ethos des Primats der Wirtschaft verpflichtet hat, erlaubt keine Kritik an politischen und administrativen Strukturen und Denkweisen, denn eine solche Machtkritik würde die normativen Fundamente der herrschenden Definition selbst in Frage stellen: Sie würde bereits durch ihre Thematik das Ethos des Primats der Wirtschaft als Ideologie der herrschenden politisch/-ökonomischen Eliten entlarven.

Alternative Definitionen des Machtmißbrauchs müssen sich nicht nur im politischen Diskurs, sondern auch in der Öffentlichkeit gegen Begrenzungen durchsetzen, die im Habitus kulturell verwurzelt sind: gegen legalistischen Dezisionismus, politische Sprache und das Ethos des Primats der Wirtschaft. So ließe sich die "Entwicklungshilfe" der Bundesrepublik im Sicherheitsbereich (Polizeiausrüstung u.ä.) an 52 Folterregime (nach amnesty international siehe Schenk/Such, S.81) unter humanitären Aspekten durchaus als Machtmißbrauch definieren, ebenso die Unterstützung Südafrikas durch Rüstungslieferungen. Angesichts der Macht der genannten herrschenden Kriterien aber ist die Chance der politischen Durchsetzung einer entsprechenden Definition, das heißt ihre Institutionalisierung im Recht, gering.

Die U-Boot-Affäre dient auch hier als Modell der Dynamik öffentlich gültiger Definitionen des Machtmißbrauchs. Die Skandalisierung stellte zunächst mit der Kritik der gesamten politischen Praxis ja durchaus die herrschende Definition öffentlich zur Disposition. Erst die dem politischen Diskurs eigene Dynamik nimmt dieser Kritik die Spitze, indem sie die Problematik auf die Kriterien des Politischen, des Legalismus und des Ethos' des Primats der Wirtschaft reduziert. Ausgerechnet die öffentliche Diskursivierung unterstützt diese objektive Strategie der Macht, indem sie trivialisiert, personalisiert und psychologisiert. Mit dem Abklingen des öffentlichen Diskurses pendelt sich eine neue Definition ein, die sich allenfalls in Nuancen von der ehemals herrschenden unterscheidet.

Die nach Veränderung strebenden Kräfte sind der Dynamik des politischen Diskurses offensichtlich nicht gewachsen. Während in einer kritischen Öffentlichkeit alternative Definitionen des Machtmißbrauchs erhalten bleiben, verschwinden diese sukzessiv mit zunehmender Institutionalisierung der Diskurse: Der offizielle Diskurs

14 An dieser Stelle sei nochmals darauf hingewiesen, daß die grammatikalische Verwendung des Diskurses als Subjekt hier als Metapher zur Beschreibung einer objektiven gesellschaftlichen Dynamik dient, zu deren Umschreibung der Begriff des Diskurses gewählt wurde. Handlungstheoretisch ein Subjekt dieser Dynamik zu bestimmen hieße, die komplexen Zusammenhänge zu banalisieren und käme einer ökonomistischen bzw. psychologistischen Reduktion gleich.

der Herrschenden biedert sich unter dem Druck der Diskursivierung an die öffentliche Meinung an, indem er wenigstens Teile ihrer Definitionen aufnimmt. Im Recht sind diese zum Teil verschwunden, doch immerhin Rudimente bleiben als symbolische Gesetze erhalten. Am administrativen Diskurs und der politischen Praxis, Indikatoren für die faktische Wirkung des politischen Diskurses, scheint die Kritik spurlos vorübergegangen zu sein, was die unvermindert industriefreundliche Rüstungsexportpolitik belegt. Nun ließe sich diese Dynamik als politisch-soziologisches Gesetz formulieren: Mit zunehmendem Grad der Institutionalisierung des politischen Diskurses nimmt die Wirkung verändernder Kräfte ab. Es wären dann die bürokratischen und ideologischen Widerstände gegen verändernde Impulse auszumachen, die jenen Verschleiß bewirken. Nur: Längst nicht jedes (juristische) Gesetz unterliegt diesem (soziologischen) Gesetz. So kann bei der 1993 beschlossenen Änderung des Grundrechts auf Asyl keineswegs von einem solchen Verschleiß auf dem Wege von der öffentlichen Kritik am Recht bis zur Implementation des neuen Rechts gesprochen werden. Hier fehlten die Widerstände, die in der Rüstungsexportpolitik erfolgreich waren: Interessen politischer Herrschaft und der Verwertung des Kapitals. Entsprechend wäre die soziologische Formel vom sukzessiven Verschleiß normativer Ansinnen an den Staat mit zunehmendem Institutionalisierungsgrad des politischen Diskurses einzuschränken: Sie gilt nur dann, wenn Herrschafts- und Kapitalinteressen beeinträchtigt werden könnten.

8.4 Die Systemtheorie als wissenschaftliches Fundament des Ethos' des Primats der Wirtschaft

8.4.1 Funktionalistische Vernunft und Neoliberalismus

Die oben dargestellten objektiven Strategien des Staates (Selektion von Normen, Tendenzen einer Entformalisierung des Rechts, Nicht-Entscheidungen von Gesetzgeber, Verwaltung und Justiz, Kompatibilität von Recht und Wirtschaftssystem) beruhen auf Strukturprinzipien des kapitalistischen Staates. An sich gehorchen diese Strukturprinzipien nicht immer zwingend den Kapitalinteressen, was die Entformalisierung des Rechts zeigt. Nun zeichnen erfolgreiche kapitalistische Gesellschaften sich gerade dadurch aus, daß die Strukturprinzipien faktisch trotzdem im Sinne eines ideellen Gesamtkapitalisten wirken. Der oben eingeführte Begriff der politischen Strategie dient zur Erklärung dieser Differenz zwischen Strukturprinzipien, die staatliches Handeln nicht ohne weiteres auf die Interessen des Kapitals verpflichten, und der tatsächlichen Wahrnehmung dieser Interessen.

Daß der kapitalistische Staat dies vorrangig tut, wird kaum in Frage gestellt. Die Diagnose teilen neomarxistische Spätkapitalismustheorien, liberale Theorien der Wirtschaftsgesellschaft und die soziologische Systemtheorie Luhmanns: In Gesellschaften "mit hochentwickelter, industrialisierter, monetär gelenkter und international verflochtener Wirtschaft kann nicht mehr ernsthaft befürchtet werden, daß die Politik den Charakter der Gesellschaft bestimmt" (Luhmann 1981, S.151).

Im Gegensatz zum Anspruch der soziologischen Systemtheorie, die Gesellschaft lediglich zu beobachten, ohne Partei zu ergreifen,[15] verrät das "Befürchten" unverkennbar eine Wertung. Mit seiner Befürchtung reiht sich Luhmann hier allerdings noch in die breite Allianz der Verteidiger liberaler Freiheitsrechte gegen autoritäre Staatskonzepte ein. Wenn er dann aber explizit jeden staatlichen Eingriff in die Freiheit des Wirtschaftshandelns als "unzivilisiert"[16] denunziert, ergreift er unverhüllt Partei: für ökonomische Interessen vor demokratischen, emanzipatorischen oder humanitären.

Das Primat der Wirtschaft ist für die Systemtheorie nicht mehr nur empirische Tatsache, sondern normativer Indikativ und theoretisches Axiom.[17] Der inhärente Evolutionismus läßt jede Behinderung der Ausdifferenzierung gesellschaftlicher Subsysteme als evolutionären Rückschritt erscheinen. Da nach Luhmann das Subsystem Wirtschaft im Vergleich zu allen anderen gesellschaftlichen Subsystemen über eine "höhere und besser strukturierte Komplexität" (Luhmann 1970, S.226) verfügt, müsse dieses als "das für die Funktion der Gesellschaft wichtigste Teilsystem" gelten. Als dem Teilsystem, das sich mit "jeweils höherer Eigenkomplexität ausdifferenzieren und strukturieren läßt" (S.226) steht ihm deshalb ein funktionales Primat zu.

Der Standpunkt der Systemtheorie in der Version Luhmanns ist deutlich. Er beobachtet die Gesellschaft nicht nur aus der Perspektive des Wissenschaftssystems, sondern aus der eines fiktiven Gesetzgebers. Dessen einzige, in der funktionalistischen Vernunft begründete Aufgabe ist es, für die reibungslose Funktion der Subsysteme zu sorgen, allen voran für die des führenden Subsystems Wirtschaft. Von diesem Standpunkt geht die Ideologiekritik Luhmanns aus: Sie kritisiert den Staat, weil er aufgrund von Normen, die dem Primat der Wirtschaft widersprechen, diesem nicht gerecht wird, weil er durch zu viele Steuerungsversuche die Ausdifferenzierung hemmt, zumal staatliche Steuerung aufgrund der Autopoiesis der je einzelnen Subsysteme ein ehedem fast aussichtsloses Unterfangen ist.

Nach neueren Erkenntnissen der soziologischen Systemtheorie funktioniert staatliche Steuerung des Wirtschaftssystems demnach weniger durch Wirtschaftspolitik im herkömmlichen Sinne als durch Rolleninterferenz: Das Dilemma der an sich unvereinbaren codes der Subsysteme Wirtschaft, Recht und Politik wird durch Fluktuation und Rollenüberschneidungen der einzelnen Funktionsträger gelöst. Der Idealfall wäre demnach der praktizierende Staatsanwalt als Bundestagsabgeordneter, Berater eines Unternehmens, womöglich noch Aufsichtsrat eines Konzerns. Rolleninterferenz ist also nicht mehr und nicht weniger als das, was Kritiker

---

15 Meyer nennt diesen Anspruch der Systemtheorie "eine Art höheren Verstehenszynismus" (Meyer, S.151).

16 Luhmann warnt vor der "Gefahr"(!) in "jenen unzivilisierten Versuchen, gegen die Entwicklungslage der Gesellschaft die Überordnung der Politik über die Wirtschaft wiederherzustellen" (1981, S.151). Diese Versuche seien mit der - von Luhmann übrigens ebenfalls wertend geforderten - Positivität des Rechts unvereinbar, weil sie das "gesellschaftliche Primat der Wirtschaft in Frage stellten" (a.a.O., S.152).

17 Die Systemtheorie ist sich hierin einig mit dem Marxschen Evolutionismus. Vergleiche dazu: Habermas (1981/2), S.504.

Refeudalisierung nennen, der Volksmund Filz. Im Rahmen der funktionalistischen Vernunft aber wird das gleiche Phänomen zum "Geniestreich moderner Sozialordnungen" (Teubner, S.122). Nach der sogenannten autopoietischen Wende der soziologischen Systemtheorie wird das Axiom des Primats der Wirtschaft umformuliert. Die Steuerungsversuche des politischen Systems gegenüber dem Wirtschaftssystem erscheinen unter den Bedingungen jeweils eigener Systemrationalität und eigener codes nun nicht mehr nur hemmend, sondern "pervers": Luhmann beobachtet das politische Systems bei dessen Beobachtung des Wirtschaftssystems und seiner Interventionsversuche. Dabei wird das beobachtende politische System, so Luhmann, feststellen müssen, "welche (vielleicht 'perversen') Effekte es erzeugt, wenn es den eigenen Beobachtungen entsprechend handelt" (Luhmann 1988a, S.343).

Die empirisch begründete These eines Primats der Wirtschaft gewinnt bei Luhmann normative Kraft (des Faktischen). Seine funktionalistische Vernunft erfordert die Subsumtion politischer Entscheidungen unter die Erfordernisse der Systemrationalität, und das heißt: Kompatibilität, Entformalisierung, Verzicht auf Steuerung (Nicht-Entscheidung) zugunsten des Kapitals. So kann die Luhmannsche Systemtheorie mit ihrer impliziten Unterwerfung unter die funktionalistische Vernunft zum theoretischen (ideologischen) Fundament eines rigorosen Wirtschaftsliberalismus werden.

Das so wissenschaftlich legitimierte Primat des Wirtschaftssystems vor dem Recht schlägt sich in einer Haltung nieder, die oben als Ethos des Primats der Wirtschaft bezeichnet wurde. Sie ist nicht nur das Ethos des Kapitalisten, sondern auch das des politischen Karrieristen, was die Systemtheorie weiß: "Im direkten Konflikt mit dem Profitmotiv hat der Rechtsgehorsam bekanntlich wenig Chancen" (Teubner, S.112). Entsprechend gilt wirtschaftliche Macht in Justiz und Verwaltung als schutzwürdiges Gut. Das von Luhmann theoretisch sanktionierte Ethos des Wirtschaftsliberalismus findet sich als Handlungsdisposition auch in der "Standesideologie" (Ott, S.368) der Juristen wieder.

Wie das Ethos vom Primat der Wirtschaft erhält auch die durch dieses legitimierte Strategie der Denunzierung des Boten, jeden Kritiker der Exportpolitik als Helfershelfer der Vernichtung von Arbeitsplätzen zu denunzieren, ihre wissenschaftliche Weihe durch die Systemtheorie in der Version Luhmanns. Luhmann erkennt das Machtpotential der Unternehmen gegenüber der Politik, das nicht zuletzt in der Verfügungsgewalt über Arbeitsplätze begründet ist: "Daß Freiheit der wirtschaftlichen Disposition ein Drohpotential, also ein Machtpotential im politischen System vermitteln kann, liegt auf der Hand" (Luhmann 1984, S.334). Er hält dies jedoch für im Sinne der Funktionalität des Systems unter Führung des Subsystems Wirtschaft für legitim. Schließlich garantierten die Gesetze der Systemtheorie, daß die Wirtschaft letztlich ausschließlich gemäß der ihr eigenen Rationalität entscheide. Die Gefahr eines tatsächlichen Eingriffs der Wirtschaft in das politische System sei also gar nicht gegeben, die Drohungen der Wirtschaft deshalb leer. Soweit wird Luhmann durch die Dynamik der Rüstungsexportpraxis empirisch auch bestätigt.

Luhmann stellt jedoch nicht die Frage nach den Kriterien des politischen Handelns, das heißt, er fragt nicht, ob denn das politische System entsprechend politisch entscheidet (- politisch hier im Sinne eines allgemeinen öffentlichen Interesses). Nach der vorliegenden Untersuchung tut es dies keineswegs, sondern handelt nicht selten nach systemfremden Kriterien der Wirtschaftlichkeit. Die Drohungen der Wirtschaft beeinflussen offensichtlich systematisch politische Entscheidungen, die Macht des Kapitals wirkt also zumindest mittelbar politisch. Dies ist lediglich aus der Sicht einer funktionalistischen Vernunft unter dem Axiom eines Primats der Wirtschaft gutzuheißen. Mit einem demokratischen Staatsverständnis etwa, nach dem der Staat Repräsentant des Gemeinwesens ist, ist diese Vertretung partikularer Profitinteressen nicht vereinbar.

Somit dient die Systemtheorie der politischen Strategie des Ausschlusses vom Diskurs: Das Funktionieren des Subsystems Wirtschaft ist die normative Letztbegründung, womit bereits jegliche Skepsis dieser Norm gegnüber ihren Urheber disqualifiziert.[18]

Nun wissen wir, daß eine am Primat der Wirtschaft orientierte funktionalistische Vernunft dann an ihre Legitimationsgrenzen stößt, wenn sie mit der Auffassung vom Recht als Institution konfrontiert wird. Dann entstehen machtkritische Diskurse als Folge der repressiven Partikularität funktionalistischer Vernunft. Indem diese alle Interessen jenseits der Systemrationalität ausschließt, provoziert sie geradezu deren Widerstände. Diese nicht unter die Systemrationalität subsumierbaren Interessen sind aus der Perspektive der herrschenden funktionalistischen Vernunft und ihrer Protagonisten in Politik, Justiz, Verwaltung und Wirtschaft Störfaktoren, die es auszuschalten gilt. Der öffentliche Diskurs über die Rüstungspolitik macht dies deutlich. Dem Vorwurf, der Staat kooperiere mit der Wirtschaft auch dann, wenn diese Kooperation Menschenrechtsverletzungen zur Folge habe (wie in der Kieler U-Boot-Affäre der Fall), begegnete der offizielle Diskurs regelmäßig mit dem Hinweis auf die angebliche Unvernunft dieser Kritik.

Diese Reaktion des offiziellen Diskurses auf normative Kritik verweist auf die Unvereinbarkeit von Grund- und Menschenrechten mit dem funktionalen Evolutionimus der Systemrationalität. Aus der Perspektive einer funktionalistischen Vernunft konsequent, sind Grundrechte für Luhmann "dogmatische Abstraktionen", die "in der Neuzeit radikalisiert und so auf die Spitze getrieben worden sind, daß sie keine mögliche Realität mehr bezeichnen" (Luhmann 1983, S. 329). Das "Normale", so Luhmann, werde durch die Proklamation von Grund- und Menschenrechten zur Ausnahme erklärt und setze damit "alle Ordnung als Einschränkung von Freiheit und Gleichheit unter Begründungszwang."[19] Grundrechte störten als "paradoxe Übersteigerung und Entnormalisierung" (ebenda) die evolutionäre Ausdifferenzierung von Subsystemen. Sie sind aus der Luhmannschen Systemperspektive mit dem

---

18 Bei aller Affinität der Ansätze Luhmanns und Foucaults (Habermas 1992, S.67) kann Foucaults Machtkritik in dem vorliegenden Zusammenhang als radikale Kritik der soziologischen Systemtheorie verstanden werden. Foucaults Relativismus, der jeden Diskurs im Lichte seiner Funktion als potentielle Strategie der Macht erscheinen läßt, entlarvt Luhmanns Ansatz als solche Strategie.

19 Ebenda. Erstaunlich, daß Luhmann sich hier zum Anwalt der Ordnung gegen die Zumutungen der Freiheit macht, wo er doch ordnende Eingriffe des Staates in die Freiheit der Wirtschft an anderer Stelle schärfstens kritisiert.

Maßstab der Systemrationalität unter Führung des Subsystems Wirtschaft nicht vereinbar. Diese funktionalistische Vernunft dient nicht dem Individuum, sondern erwartet von diesem, daß es ihr diene. Das System ist weder Fessel noch Diener des Menschen, sondern Selbstzweck, der Mensch sein Mittel.[20]

Die auf den Systemfunktionalismus reduzierte Rationalität der Systemtheorie bringt eine entsprechende Definition des Machtmißbrauchs hervor, die denen demokratischen und humanitären Ursprungs entgegengesetzt ist: Filz zwischen Staat und Wirtschaft zwecks unauffälliger Waffenexporte ist nun als Rolleninterferenz ein "Geniestreich moderner Sozialordnungen", Konspiration zur Umgehung des Rechts und zur Ausnutzung von Gesetzeslücken funktional erforderlich, um die dysfunktionale Wirkung staatlicher Intervention zu kompensieren, ebenso der Verzicht einer staatlichen Kontrolle des Rüstungsexports; Grundrechte sind dagegen "dogmatische Abstraktionen", die staatliche Beschränkung von Rüstungsexporten nach Südafrika "unzivilisiert", der - zugegebenermaßen unbeholfene - Versuch der Anbindung des Wirtschaftshandelns an humanitäre Kategorien "pervers".

> Die volle Wirkung dieser Normstruktur bekam ein Ingenieur der Firma Preussag zu spüren, der die Giftgasproduktion seiner Firma im Irak der dortigen deutschen Botschaft meldete. Er wurde beim nächsten Heimaturlaub entlassen. Dies war die einzige Reaktion auf seine Enthüllungen (Leyendecker/Rickelmann, S.35). Die deutsche Botschaft hielt es für geboten, die Unbotmäßigkeit des Ingenieurs seinem Arbeitgeber zu melden. Nicht nötig schien es ihr, dessen Vorwürfen in irgend einer Weise nachzugehen. Bestraft wurde nicht die Produktion von Giftgas für einen Diktator und Massenmörder, sondern die Störung der Produktionsbedingungen des Kapitals.[21]

Die an der funktionalistischen Vernunft orientierte Norm wirkt hier überspitzt, aus der Sicht eines naiven Humanismus geradezu als verkehrte Welt. Betrachtet man aber die gesamte Dynamik der U-Boot-Affäre und der Rüstungsexportpolitik der Nachkriegszeit, kommt man nicht umhin zu diagnostizieren, die profanere und gleichsam unauffälligere Form der funktionalistischen Vernunft sei längst im Habitus der politischen Eliten als Ethos des Primats der Wirtschaft verwurzelt.

Das politische Pendant zur soziologischen Systemtheorie Luhmanns ist eine neoliberalistische Staats- und Gesellschaftsauffassung, die Machtkritik als dysfunktional und damit unvernünftig denunziert. Das heißt nicht, daß Machtmißbrauch als Thema dem öffentlichen Diskurs entzogen wird. Es ist vielmehr die Dominanz einer funktionalistischen Definition des Machtmißbrauchs, die den kritischen Diskurs zugunsten eines affirmativen zurückdrängt - was die Diskursivierung bestimmter Themen ja keineswegs ausschließt. Aus der Sicht der

---

20 Hier mag der Systemtheoretiker einwenden, die Forderung nach dem Primat der Wirtschaft impliziere keineswegs die Herrschaft einer Gruppe (z.B. von Kapitalisten) über andere, sondern lediglich die Dominanz eines Struktur- und Organisationsprinzips. Dieser Einwand berücksichtigt nicht die Eigendynamik evolutionärer sozialer Prozesse. Die Strukturdominanz der Wirtschaft schafft materielle Abhängigkeitsverhältnisse, die einer Gruppe (oder Klasse) durchaus Macht verleiht (Vgl. Ott, S.380) - ein historischer Allgemeinplatz.

21 Vgl. See, nach dessen Ansicht die Störung optimaler Verwertungsbedingungen im Kapitalismus eher geahndet wird als die Störung des Weltfriedens (See, S.215).

funktionalistischen Vernunft ist Machtmißbrauch das Bereichern Einzelner zu Lasten des Gesamtkapitals oder die Behinderung der freien Entfaltung des Wirtschaftssystems durch staatliche Bürokratie. Wir haben oben festgestellt, das diese Definition mit der in der bürgerlichen Gesellschaft herrschenden weitgehend übereinstimmt.

Folgerichtig werden Grundrechte von unveräußerlichen Individualrechten zu abstrakten Garantien der Systemstabilität umdefiniert. So werden "im Wege der Ideologieanpassung liberalen Verständnisses an gegenwärtige technokratische Bedürfnisse Grundrechte von den Individuen auf den Bereich gesellschaftlicher Subsysteme verlagert, indem sie nur noch als Garantien der bestehenden Systemdifferenzierung interpretiert werden" (Maus 1986, S.233). Folge dieses funktionalistischen Paradigmas in Theorie und politischer Praxis ist eine Kooperation von Wirtschaft und Staat, die um der ökonomischen Effektivität willen moralische, humanistische oder kulturelle Geltungsansprüche vernachlässigt oder ignoriert.

Diese Praxis prägt die deutsche Politik der obrigkeitsstaalichen Bekämpfung derjenigen oppositionellen Diskurse, die Machtmißbrauch nicht als Individualdelikt, sondern als systematischen Gebrauch politischer Macht im Interesse einer Gruppe oder Klasse verstehen. Die systemtheoretische Ideologiekritik nimmt durch ihren das Bestehende verabsolutierenden Realismus in diesem Zusammenhang "stillschweigend auf eine bisher unumkehrbare Entwicklung bezug, in der - von der protektionistischen Industrialisierung der Bismarck-Zeit über die Organisation der Wirtschaft im ersten Weltkrieg und im Faschismus bis zur Kooperation von Staats- und Wirtschaftsbürokratien im Krisenmanagement der Bundesrepublik - parlamentarische Gesetzgebung, entgegen frühbürgerlicher Konzeption, fast zur nachträglichen Ratifizierung exekutivischer Entscheidungen degenerierte und normative Postulate fortschreitend den Kriterien ökonomischer Eigengesetzlichkeit und Effizienz unterlagen" (a.a.O., S.232).

Das politische System wird durch die Dominanz der immanenten Rationalität von Wirtschaftsprozessen *vor* den Rationalitätskriterien des Verfassungsrechts zum bloßen "Konnexinstitut" des Wirtschaftssystems (a.a.O., S.234), was nichts anderes meint als die neomarxistische Formel von der Agenturfunktion des kapitalistischen Staates.

8.4.2 Die Ideologiekritik der Systemtheorie

Die Rolle der Ideologiekritik der Systemtheorie im wissenschaftliche Diskurs entspricht derjenigen im politischen Diskurs, die oben objektive Ideologiekritik des Kapitals genannt wurde. Beide kritisieren die Verleugnung der politischen Praxis und der realen Produktionsverhältnisse durch den offiziellen Diskurs der politischen Elite - hierin noch in der klassischen Tradition der Ideologiekritik. Jene hielt diese Verleugnung für die im Interesse des kapitalistischen Systems notwendige Produktion eines falschen Bewußtseins, das die objektive Wahrheit der Klassengesellschaft unterdückte. Die ins Affirmative gewendete Systemtheorie, wie die objektive Ideologiekritik des supranationalen Kapitals, fordern den Verzicht auf diese Strategie.

Das Anachronistische an diesem staatlichen Pseudodiskurs liegt von ihrem Standpunkt aus in seiner Propagierung von wirtschaftsfremden und deshalb dysfunktionalen Normen. Wenn auch nicht die Absicht der politischen Durchsetzung dieser Normen besteht, so erzeugt der Pseudodiskurs doch eine Anspruchshaltung in der kritischen Öffentlichkeit, die die Realisierung dieser selbst verkündeten Normen einklagt. Der Staat gerät unter einen Legitimationsdruck, den er selbst mit erzeugt hat und damit unter Handlungszwang, dem er nicht gerecht werden kann und soll. Die dadurch erforderlichen Steuerungsversuche sind aufgrund der relativen Autonomien der anderen Subsysteme zum Scheitern verurteilt, behindern mit ihrem Dilettantismus aber die freie Entfaltung des führenden Subsystems Wirtschaft und damit der Verwertungsinteressen des Kapitals. Deshalb spricht Luhmann von "perversen" Auswüchsen und Reuter von "Heuchelei".

Die einzig "vernünftige" Reaktion des Staates auf die Ausdifferenzierung der Subsysteme unter dem Primat der Wirtschaft ist nach Ansicht von Systemtheorie und Superkonzernmanagement deshalb die Zurücknahme von Steuerungsansprüchen und -versprechen. Erst wenn der Staat sich auch in seinem offiziellen Diskurs ohne Heuchelei zu seiner Funktion als Hilfsorgan des Subsystems Wirtschaft bekennt, gewinnt er Glaubwürdigkeit, wird aus dem Pseudodiskurs wieder ein aufrechter Diskurs - wenn auch einer der eigenen Ohnmacht. Resultat wäre das Verschwinden der ideologischen Differenz und damit der Glaubwürdigkeits- und Legitimationskrise.

Voraussetzung für das Gelingen dieser Offensive des Neoliberalismus ist eine entsprechende Massenloyalität: Die Mehrheit muß die Interessen des Kapitals als mit ihren eigenen Interessen kongruent begreifen. Spätestens seit der Diskreditierung der sozialistischen Idee als Alternative zum Kapitalismus scheint diese Voraussetzung erfüllbar. Der Wohlstandschauvinismus der westlichen Welt[22] ist ein Indiz dafür, daß die Voraussetzungen für die Durchsetzung eines sozialdarwinistisch geprägten Neoliberalismus zur Zeit nicht schlecht stehen.

8.4.3 Kritik und Apologie des legalistischen Dezisionismus

Die soziologische Systemtheorie ist unter anderem auch Ideologiekritik. Dies gilt insbesondere für ihre Rechtssoziologie. Sie steht am Ende einer theoretischen Entwicklung von den schottischen Moralphilosophen über Hegel und Marx, die die Tradition des Vernunftrechts erschüttert hat. Mit Marx hat sie den entlarvenden Effekt der von der politischen Ökonomie erkannten Anatomie der bürgerlichen Gesellschaft erkannt: "Nicht die Rechts-, sondern die Produktionsverhältnisse bilden das Knochengerüst, das den gesellschaftlichen Organismus zusammenhält" (Habermas 1993b, S.65). Wie bei Marx gehört das Recht deshalb auch in der Systemtheorie zum politischen Überbau der ökonomischen Basis, hier als Primat des ökonomischen

22 Habermas diskutiert in diesem Sinne das Dilemma der westlichen Welt nach dem Zusammenbruch des "real existierenden Sozialismus" zwischen Wohlstandschauvinismus und grenzübergreifender sozialer Solidarität. Ersterer bestimmt eindeutig den Zeitgeist der 90er Jahre (1993b, S.651ff).

Subsystems. Ebenso hat sich "der von Marx eingeübte, streng objektivierende Blick durchgesetzt..., vor dem... die übers Recht laufende Sozialintegration in bloßen Schein zerfällt" (a.a.O., S.66). Das Recht hat in den Augen dieser Theorietradition längst seine integrative und normbildende Funktion verloren, die im Hegelianischen Denken noch dominieert hatte.

Im Gegensatz zu Marx gesteht die Systemtheorie dem nunmehr nur noch peripheren Recht aufgrund seiner Autopoiesis wieder gesellschaftliche Autonomie zu (Teubner, S.46). Gleichwohl bildet das Recht nur noch "ein System oder einen Diskurs in einer ungeordnetetn Mannigfaltigkeit von Systemen und Diskursen" (Habermas 1993b, S.68).

Entgegen der oben aufgestellten Behauptung widerspricht diese objektivierende Sicht der Systemtheorie auf den ersten Blick dem Ethos des Primats der Wirtschaft. Wenn das Recht in ideologiekritischer Tradition nur noch relativ zu politischen oder ökonomischen Verhältnissen und Interessen gesehen wird, wie ist dann die Massenloyalität gegenüber dem Recht zu erklären, die der objektiven politischen Strategie des legalistischen Dezisionismus zugrundeliegt? Mit anderen Worten: Wie ist die Entzauberung des Rechts durch die Systemtheorie mit dem Mythos von der Gerechtigkeit des Rechts zu vereinbaren?

Fest steht, daß die Strategie des dezisionistischen Legalismus im politischen Diskurs funktioniert. Zwei Thesen zur Wechselwirkung zwischen politischem Diskurs und affirmativer Systemtheorie werden im folgenden zur Diskussion gestellt.

1.) Der politische Diskurs ist keineswegs immer auf der Höhe des wissenschaftlichen. In der politischen Diskussion behält Recht mitunter den Charakter des Naturrechts. Dies liegt nur zum Teil an den von der Systemtheorie diagnostizierten Kommunikationsproblemen zwischen den Subsystemen. Es ergeben sich Widerstände politischer Herrschaft gegen die Entzauberung des Rechts, denn die Berufung auf die Gerechtigkeit des Rechts, die Rettung jenes Mythos', stärkt ihre Position: sie disqualifiziert die Machtkritik als anarchistisch, weil herrschendes Recht mißachtend. Sie erhöht herrschendes Recht zum Maßstab des politischen Diskurses, womit sie dessen Grenzen festlegt.

Im U-Boot-Fall erweisen sich diese Widerstände gegen die Entzauberung des Rechts als *subjektive* politische Strategien: Man begibt sich dann auf einen legalistischen Standpunkt, wenn dies dem eigenen Schutz oder dem Erhalt der eigenen Position dient. Nur so konnte sich fast die gesamte Regierung mit dem Argument "keine Verurteilungen heißt keine Schuld" aus der Affäre ziehen.

Der Mythos von der Gerechtigkeit des Rechts wird allerdings nur solange gepflegt, wie dies der eigenen Sache dient. Wenn das Recht zur Fessel der kapitalistischen Verwertung wird, treten, wie gesehen, durchaus ideologiekritische Rechtsauffassungen auf den Plan. Der Anachronismus der Verabsolutierung des Rechts im politischen Diskurs erweist sich als instrumentell.

2.) Die Systemtheorie stellt das theoretisch-ideologische Instrumentarium zur Verfügung, um dem mit ihrer eigenen Unterstützung entzauberten Recht eine neue Aura der Ausschließlichkeit zu verleihen. Zwar erklärt sie Recht durchaus als kontingent, als relativ zu gesellschaftlichen Bedingungen bzw. Produktionsverhältnissen. Die

Forderung nach Autonomie der autopoietischen Subsysteme aber verbietet es, aus der Sicht eines anderen Subsystems, etwa des ethisch-moralischen, Kritik zu üben.[23] Recht beschränkt sich auf seine Anwendung, auf Verfahren, die einzige Legitimationsgrundlage sind. Kritik obliegt einzig der Wirtschaft aufgrund ihres Primats, allenfalls der Wissenschaft aufgrund ihres besonderen Beobachterstatus'. Ist nun Recht aufgrund seiner sowohl faktischen als auch im Interessse der Funktionalität normativ geforderten Autonomie von Politik und Moral entkoppelt, müssen alle politischen und moralischen Argumente verpuffen. Der Verweis auf Menschen- oder Grundrechte ist dann nicht mehr zulässig, denn Recht kann gar nicht unmoralisch sein, weil es gegenüber der Moral indifferent ist. In diesem Sinn kritisiert Habermas, daß mit der systemtheoretischen Bahauptung einer funktionalistischen Reduktion des Rechts auf die Rechtsanwendung "der interne Zusammenhang zwischen dem Recht und der demokratisch rechtsstaatlichen Organisation der Entstehung, des Erwerbs und der Verwendung politischer Macht aus dem Blick" gerät (Habermas 1993b, S.70).

Genau diese Behauptung aber, empirisch keineswegs bewiesen, wird zum Vorwand für den Ausschluß der Machtkritik aus dem Diskurs des Rechts. Das Argumentationsmuster ist einfach (wenngleich von der Systemtheorie kompliziert formuliert): Wenn das Recht autonom, also unabhängig von politischer Macht ist, dann ist es die falsche Adresse für Kritik an der Macht. Die behauptete Autopoiesis des Rechts rechtfertigt seine Unangreifbarkeit. Kein fremdes System begreift die dem Recht eigene Rationalität. Kritik am funktionalen Subsystem Recht (wie an jedem anderen) darf aus systemtheoretischer Sicht deshalb nur eine funktionalistische sein, Kritik der Dysfunktionalität im Namen des Primats des führenden Subsystems der Wirtschaft. Nachdem jede Argumentation im Namen anderer Formen der Vernunft wegen ihrer Dysfunktionalität denunziert ist, wird die verkürzte funktionalistische Vernunft totalitär. Obwohl die Systemtheorie Recht relativ zu gesellschaftlichen Interessen sieht, fordert sie die Unterwerfung unter das Bestehende.

Der autopoietisch-objektivistische Selbstabschluß setzt eine verabsolutierte funktionalistische Vernunft an die Stelle früherer Autoritäten. Aufgebaut ist die gesamte Theorie auf der Behauptung der aus der Autopoiesis abgeleiteten Autonomie des Rechts.[24] Dagegen spricht die empirische Verzahnung von Macht und Recht, was am Beispiel der Waffenexportpolitik ersichtlich geworden ist.

---

23 Zur Kritik an Luhmanns Konzept von der Autopoiesis und Autonomie des Rechts siehe Habermas (1993b), S.68-78.

24 Eine modifizierte Version der Luhmannschen Theorie der Autopoiesis vertritt Teubner (1989). Er relativiert die Autonomie der selbstreferentiellen Subsysteme und befaßt sich mit den Mechanismen der gegenseitigen Einflußnahme, bspw. durch Interferenz.

9 Zusammenfassung und Ausblick

Der Vormarsch der zynischen Vernunft und das Dilemma der Ideologiekritik

Die Geschichte des politischen Diskurses zeigt dessen Verknüpfung mit gesellschaftlichen Interessen und theoretischen Paradigmen. Die Propagierung des wirtschaftlichen Primats im Konkurrenzkapitalismus des 19. Jahrhunderts entsprach der Ideologie des Äquivalententauschs, die den Besitzern von Produktionsmitteln diente. Sie war insofern Ideologie, als sie, flankiert vom positiven bürgerlichen Recht, Chancengleichheit für alle Mitglieder der Gesellschaft suggerierte. Theoretische Grundlage dieser Ideologie war die politische Ökonomie Smiths' und Ricardos. Marx hat dann den Äquivalententausch als bürgerliche Ideologie entlarvt, die unter dem Symbol formaler Gleichheit systematisch soziale Ungleichheit und Abhängigkeit produzierte.

Die Ideologiekritik am Utilitarismus verhalf mit dem Druck sozialer Bewegungen der Idee des Wohlfahrtsstaates zum Durchbruch. Dessen idealtypische Ausprägung ist der keynesianische Staat, der durch Intervention und Steuerung die sozialschädlichen und deshalb letztlich dysfunktionalen Folgen kapitalistischen Wirtschaftens abfängt. Mit dem Steuerungsanspruch des Staates wird diesem in der Öffentlichkeit nun auch soziale Verantwortung aufgebürdet. Der kapitalistische Staat vertritt die Interessen des Kapitals, ist aber gezwungen, dies gegenüber der Öffentlichkeit zu verleugnen. Er gerät zunehmend unter Legitimationsdruck.

Die Physiognomie des bürgerlichen Diskurses des Machtmißbrauchs verweist auf dieses Dilemma des kapitalistischen Staates zwischen Agenturfunktion und Ideologiefunktion. Gleich ob er politische Korruption oder die Unterstützung von Waffenlieferungen an totalitäre Regime anprangert, immer argumentiert er im Namen der Moral gegen Phänomene der politischen Praxis. Die Kritik der Macht, ihrer Strukturen und Strategien, tritt dabei im Laufe der Diskurse stets in den Hintergrund. Kritisiert werden Personen und Parteien, also persönliche Fehler und Inkompetenz, nicht Recht und Normen, also strukturelle und symbolische Aspekte der Macht.

Der bürgerliche Diskurs des Machtmißbrauchs erweist sich in dieser Entwicklung als Variable einer objektiven Strategie der Macht. Nicht die Steuerung durch herrschende Gruppen oder Klassen, sondern die Dynamik von politischem Diskurs, politischer Sprache, politischen Strategien und Definitionsmacht lassen den Diskurs des Machtmißbrauchs selbst zu einem Instrument der Macht werden. Deutlich wird dies am offiziellen Diskurs als herrschaftlicher Version des Diskurses des Machtmißbrauchs. Er ist die Reaktion auf den Legitimationsdruck einer kritischen

Öffentlichkeit. Seine Aufgabe ist die Verschleierung der Agenturfunktion des Staates, seine Methode die politische Strategie. Phasen der Diskursivierung zeigen, inwieweit dieser offizielle Diskurs mit der politischen Praxis übereinstimmt, bzw. wie weit er von dieser abweicht. Diese Abweichung, oben ideologische Differenz genannt, erlaubt der kritischen Gesellschaftstheorie, angeblichen Anspruch und Wirklichkeit gegeneinander aufzurechnen: klassische Ideologiekritik.

Spätestens seit Anfang der 80er Jahre des 20. Jahrhunderts hat sich die Einschätzung der politisch-ökonomischen Lage gewandelt. Es ist die Rede von einer "Krise der keynesianischen Politik" (Marramao, S.266), sogar vom "Niedergang der keynesianischen Hegemonie" (Hirsch/Roth, S.103) und vom "Ende des sozialdemokratischen Konsenses" (von Beyme 1991, S.138). Vor dem Hintergrund des Endes der sozialistischen Ideologie (Bell 1960) und Utopie und des Zerfalls des real existierenden Sozialismus erfahren neoliberalistische Tendenzen einen Aufschwung, wissenschaftlich unterstützt von der soziologischen Systemtheorie. Staat und Wirtschaft schließen soziale Bewegungen zunehmend von ihrer Kooperation aus.[1] Gegenargumente und Kritik müssen der Erkenntnis weichen, daß es zum kapitalistischen System, in dem der Staat Agentur des Kapitals ist, keine ernstzunehmende Alternative mehr gibt. In diese Richtung weist auch die Konzeption des vereinigten Europa: "Die Europäische Integration zielt auf den 'Marktbürger' oder die 'Europäische Marktfreiheit'. Die Schwerpunkte (der 'Einheitlichen Europäischen Akte von 1986', J.F.) lagen auf wirtschaftlichen, auf bürgerlichen Rechten, nicht auf sozialen Ansprüchen."[2]

Auch der Wandel zum neoliberalistischen Paradigma läßt sich am Beispiel des Diskurses des Machtmißbrauchs dokumentieren. Die hier untersuchte Diskussion zur Waffenexportpolitik ist an der Schwelle zum Durchbruch des Neoliberalismus zu verorten. Noch spielt der Pseudodiskurs des Staates eine wichtige Rolle. An seiner Seite etablieren sich aber bereits zynische Statements, die selbstbewußt und ohne Umschweife das Primat der Wirtschaft als letzte gültige Norm vertreten und diesen Pseudodiskurs damit überflüssig machen.[3]

In diesem Sinn fordert der Völkerrechtler(!), ehemalige Staatssekretär und Minister Schrekenberger vor dem U-Boot-Untersuchungsausschuß, auch gegenüber Südafrika endlich die politischen Tabus aufzuheben, um anschließend konsequenterweise für den Export ganzer U-Boote einzutreten (360). An der Wahrhaftigkeit der Äußerung ist hier nicht zu zweifeln.

---

1 von Beyme nennt dies "Japanisierung" (1991, S.139). Dieser Umstand des Ausschlusses sozialer Bewegungen führte auch zum schnellen Ende der noch jungen Theoriemode des Neokorporatismus (ebenda).

2 S. Leibfried, Europäische Integration zwischen Marktbürger und Marktfreiheit, in: Frankfurter Rundschau vom 3. August 1992, S.7.

3 Diese Parteinahme ist nicht mehr, wie im klassischen Liberalismus, ideologisch durch einen wissenschaftlichen Utilitarismus untermauert. Heute glaubt niemand mehr im Ernst, daß der freie Äquivalententausch Gerechtigkeit als Chancengleichheit garantiert. Der Neoliberalismus weiß um seinen Sozialdarwinismus, er ist ideologiefrei. Funktionalistische und zynische Vernunft werden eins.

Die Aussage ist der Prototyp des neuen politischen Zynismus. Man steht offen zur Politik der Parteinahme für Kapitalinteressen. Offensichtlich schwindet der Legitimationsdruck einer kritischen Öffentlichkeit (der in Sachen Rüstungsexporte erst in den 70er Jahren entstanden ist). So kalkuliert man mit dem stillen Einverständnis der schweigenden Mehrheit, die eine gesunde Wirtschaft humanitären Kriterien prinzipiell vorzieht. Man weiß, daß Hedonismus, Ethnozentrismus und Wohlstandschauvinismus längst die politische Haltung der Masse bestimmen, während ethisch-moralische Normen in der Öffentlichkeit nurmehr symbolische Geltung besitzen. Man nimmt deshalb die Rolle des Bösewichts für eine - längst marginale - kritische Öffentlichkeit in Kauf, die ohnehin nicht die Einstellung der Mehrheit repräsentiert.[4] Der öffentliche Diskurs gegen die Rüstungsexporte beruhigt derweil das Gewissen des postmaterialistisch eingestellten Mittelstandes. Die Metapher des Politischen als Schauspiel trifft auch hier zu: Der Diskurs des Machtmißbrauchs ist die Inszenierung eines Melodramas, in dem der Kapitalist und der zynische Politiker die Rollen der Bösewichter bereitwillig spielen, auf welche das Publikum sein Unbehagen am mittelbaren eigenen Nutzen projizieren darf. Das Elend der Welt ist nun, wo Schuldige genannt und angeprangert sind, leichter zu ertragen. Die Vorführung von Sündenböcken hilft schließlich zu vergessen, daß man selbst von diesem Elend profitiert.

Der zynische Politiker ist nicht unglaubwürdig. Er reflektiert das Ethos vom Primat der Wirtschaft, nach dem er handelt, und er steht in der Öffentlichkeit dafür ein. Er vertritt offen eine funktionalistische Definition der Macht und des Machtmißbrauchs. Diese widerspricht derjenigen des demokratischen und sozialen Rechtsstaates ebenso wie dem im emphatischen Sinn modernen, an einer universalistischen Ethik orientierten Politikverständnis. Gefragt wird dann nicht mehr nach politischen oder humanitären Folgen von Geschäften, sondern ausschließlich nach deren Bedeutung für die Konjunktur.

Wenn der kapitalistische Staat es nicht mehr für notwendig hält, seine Agenturfunktion für das Kapital zu verheimlichen, wenn deshalb die ideologische Differenz zwischen politischer Praxis und offiziellem Diskurs verschwindet, verliert der Diskurs des Machtmißbrauchs in seiner hier noch beobachteten Form seine Relevanz - und mit ihm die klassische politische Ideologiekritik ihren Gegenstand.

Noch hat sich die zynische Vernunft in der öffentlichen Diskussion nicht vollends durchgesetzt. (Eine entsprechende Prognose zu stellen wäre müßig angesichts der Unübersichtlichkeit und Unvorhersehbarkeit der politischen Entwicklung des letzten Jahrzehntes.) Noch produziert der Habitus dank seiner geschichtlichen Dimension Widerstände gegen die vollständige Subsumtion der Vernunft unter das Primat der Wirtschaft.[5] Doch bereits die Möglichkeit einer Hegemonie neoliberalistischen

4 Widersprechenden Meinungsumfragen, die eine Tendenz zu postmaterialistischen Einstellungen erkennen wollen, messen eher die öffentlich gültige Norm als die tatsächliche Einstellung. Begründet im Klassenhabitus als kollektivem Unbewußten lassen sich diese nicht per Fragebogen ermitteln (Eder, S.96).

5 Der phänomenologische Begriff der Lebenswelt, wie Habermas ihn in der Theorie des kommunikativen Handelns einführt, entspricht bezüglich seiner Verwurzelung in der kollekti-

Denkens in der Öffentlichkeit droht, mit der Entschärfung der klassischen Ideologiekritik der kritischen Gesellschaftstheorie ihren Stachel zu ziehen. Um dies auszuschließen, muß kritische Theorie die Grundlagen des politischen Diskurses hinterfragen, statt sich vordergründig für eine Position innerhalb der beschränkten Kriterien vereinnahmen zu lassen. Tut sie dies, unterwirft sie sich genau jenen Schranken, die zu überschreiten ihre Aufgabe sein sollte. In dem Maße, in dem die bürgerliche Ideologie des Wohlfahrtsstaates und der universalistischen Ethik als Verschleierung der Agenturfunktion des Staates von einer zynischen Vernunft abgelöst wird, muß kritische Gesellschaftstheorie die obsolet gewordene klassische Ideologiekritik durch eine Kritik der zynischen Vernunft ersetzen.

---

ven Geschichte der Individuen dem Begriff des Habitus. Er vernachlässigt jedoch die strukturelle Dimension. Während der Habitusbegriff mit dieser auf seine Funktion der Reproduktion von Herrschaft verweist, bleibt der Begriff der Lebenswelt bei Habermas seltsam unkritisch. Als Ort der Sozialintegration steht die Lebenswelt der Systemintegration unvermittelt gegenüber und wird von dieser quasi von außen bedroht (Kolonialisierung der Lebenswelt!). Im Habitusbegriff dagegen ist der Zwangszusammenhang der Vergesellschaftung der Individuen bereits als vermittelt gedacht.

Literaturverzeichnis

Acham, Karl (1981): Formen und Folgen der Korruption, in: Christian Brünner (Hg.): Korruption und Kontrolle, Wien, S.27-74.

Adorno, Theodor W. (1979): Soziologische Schriften I, Frankfurt/Main.

Adorno, Theodor W. (1990): Negative Dialektik, Frankfurt/Main (Erstveröffentlichung 1966).

Adorno, Theodor W. (1993): Minima Moralia, Frankfurt/Main (1951).

von Alemann, Ulrich (1981, Hg.): Neokorporatismus, Frankfurt/Main New York.

Althoff, Martina/Leppelt, Monika (1990): Diskursive Praxis und Kriminalisierung, in: Kriminologisches Journal, H.3, S.170-184.

Altvater, Elmar (1991): Karl Marx aus der Verformung retten und vor Verbannung bewahren, in: Frankfurter Rundschau, 27. Februar, S.31.

Anderson, Eugene N. (1985): Bürokratisierung und die Entwicklung der Beamtenloyalität, in: Fleck, Christian/Kuzmics, Helmut (Hg.): Zur Soziologie nicht immer abweichenden Verhaltens. Königstein, S.104-127.

von Arnim, Hans H. (1977): Gemeinwohl und Gruppeninteresssen. Die Durchsetzungsschwäche allgemeiner Interessen in der pluralistischen Demokratie. Frankfurt/Main.

Baratta, Alexander (1986): Soziale Probleme und Konstruktion der Kriminalität, in: Kriminologisches Journal, 1. Beiheft, S.200-218.

Barthes, Roland (1964): Mythen des Alltags, Frankfurt/Main.

Beck, Ingrid/Scheerer, Sebastian (1977): Kriminalität der Mächtigen als Definitionsproblem und als Wissenschaftsprogramm, in: Kriminologisches Journal, 9.Jg., S.38-43.

Beck, Ulrich (1993): Die Erfindung des Politischen, Frankfurt/Main

Becker, Howard S. (1981): Außenseiter. Zur Soziologie abweichenden Verhaltens. Frankfurt/Main (1963).

Bell, Daniel (1960): The End of Ideology, Glencoe, Illinois.

Bellers, J. (1989): Korruption in Großbritannien, in: ders. (Hg.): Politische Korruption. Vergleichende Untersuchungen. Studien zur Politikwissenschaft, Abt. A, Band 3, S.108-114.

Benjamin, Walter (1992): Sprache und Geschichte, Stuttgart.

Berger, Peter L./Luckmann, Thomas (1992): Die gesellschaftliche Konstruktion der Wirklichkeit, Frankfurt/Main (1969).

Bernstein, Richard J. (1989): Foucault: Critique as a Philosophic Ethos, in: Axcl Honneth u.a. (Hg.): Zwischenbetrachtungen im Prozeß der Aufklärung, Frankfurt/Main, S.395-425.

von Beyme, Klaus (1984): Parteien in westlichen Demokratien, München.
von Beyme, Klaus (1991): Theorie der Politik im 20.Jahrhundert. Von der Moderne zur Postmoderne, Frankfurt/Main.
Blankenburg, Erhard (1990): Korruption und Skandal: zwei Seiten derselben Medaille, in: Hans Oswald (Hg.): Macht und Recht, Opladen, S.141-154.
v. d. Boogaart, Hilde/Seus, Lydia (1991): Radikale Kriminologie. Forschungen zur Kriminalpolitik, Band 5, Pfaffenweiler.
Bogner, Artur (1989): Zivilisation und Rationalisierung, Opladen.
Bourdieu, Pierre (1985): Sozialer Raum und Klassen, Frankfur/Main.
Bourdieu, Pierre (1989): Delegation und politischer Fetischismus, in: Ebbinghausen, Rolf/Neckel, Sighard (Hg.): Anatomie des politischen Skandals, Frankfurt/Main, S.36-54.
Bourdieu, Pierre (1991): Die feinen Unterschiede. Frankfurt/Main (1982).
Bourdieu, Pierre (1992a): Homo academicus, Frankfurt/Main.
Bourdieu, Pierre (1992b): Rede und Antwort, Frankfurt/Main.
Bourdieu, Pierre (1993): Sozialer Sinn. Kritik der theoretischen Vernunft, Frankurt/Main.
Brasz, H.A. (1978): The Sociology of Corruption, in: Heidenheimer, Arnold J. (Hg.): Political Corruption, New Brunswick, New Jersey, S.41-45.
Brauneder, Wilhelm (1981): Korruption als historisches Phänomen, in: Christian Brünner (Hg.): Korruption und Kontrolle, Wien, S.75-1o4.
Breuer, Stefan (1991): Max Webers Herrschaftssoziologie, Frankfurt/Main/New York.
Brünner, Christian (1981): Zur Analyse individueller und sozialer Bedingungen von Korruption, in: Christian Brünner (Hg.): Korruption und Kontrolle, Wien, S.677-706.
Brunkhorst, Hauke (1990): Theodor W. Adorno. Dialektik der Moderne, München.
Brunkhorst, Hauke (1992): Das Volk als lernender Souverän, in: Die Zeit, Nr. 50 vom 4. Dezember.
Brühl, Peter (1990): Wirtschaftsverbände und die Abwehr von Wirtschaftsstrafrecht, in: Haferkamp, Hans (Hg.): Der Wohlfahrtsstaat und seine Politik des Strafens, Opladen, S.203-235.
Bude, Heinz (1987): Deutsche Karrieren, Frankfurt/Main.
Chambliss, William J. (1988): Über die Entstehung von Gesetzen, in: Janssen H./Kaulitzky R./Michalowsky R. (Hg.): Radikale Kriminologie, Bielefeld, S.105-127.
Cohen, Jean (1982): Warum noch politische Theorie, in: Bonß, Wolfgang/Honneth, Axel: Sozialforschung als Kritik, Frankfurt/Main, S.327-364.
Deleuze, Gilles (1992): Foucault, Frankfurt/Main.
Derrida, Jaques (1991): Gesetzeskraft. Der "mystische Grund der Autorität", Frankfurt/Main.
Dreyfus, Hubert L./Rabinow, Paul (1987) Foucault. Jenseits von Strukturalismus und Hermeneutik, Frankfurt/Main.
Ebbinghausen, Rolf (1981): Politische Soziologie. Opladen.

Ebbinghausen, Rolf (1989): Skandal und Krise, in: Ebbinghausen, Rolf/Neckel, Sighard (Hg.): Anatomie des politischen Skandals, Frankfurt/Main, S.171-200.
Engelmann, Bernt (1992): Die Beamten. Unser Staat im Staate, Göttingen.
Erbs-Kohlhaas: Beck'sche Kurzkommentare, Strafrechtsnebengesetze 2/92.
Eder, Klaus (1989): Klassentheorie als Gesellschaftstheorie. Bourdieus dreifache kulturtheoretische Brechung der traditionellen Klassentheorie, in: Klaus Eder (Hg.): Klassenlage, Lebensstil und kulturelle Praxis, Frankfurt/Main, S.15-46.
Eisenberg, Ulrich (1985): Kriminologie, Köln.
Eschenburg, Theodor (1966): Zur politischen Praxis in der Bundesrepublik, 3 Bände, München.
Enzensberger, Hans-Magnus (1989): Mittelmaß und Wahn. Frankfurt/Main.
Esser, Josef/Fach, Wolfgang (1981): Korporatistische Krisenregulierung im "Modell Deutschland", in: von Alemann, Ulrich (Hg.): Neokorporatismus, Frankfurt/New York, S.158-179.
Fleck, Christian/Kuzmics, Helmut (1985): Einleitung, in: Fleck, Christian/Kuzmics, Helmut (Hg.): Zur Soziologie nicht immer abweichenden Verhaltens, Königstein.
Foucault, Michel (1976): Mikrophysik der Macht, Berlin.
Foucault, Michel (1987): Von der Subversion des Wissens. Herausgegeben von Walter Seitter. Frankfurt/Main (erste deutschsprachige Ausgabe 1974).
Foucault, Michel (1990a): Archäologie des Wissens, Frankfurt/Main (1973).
Foucault, Michel (1990b): Die Ordnung der Dinge, Frankfurt/Main (1971).
Foucault, Michel (1991a): Die Ordnung des Diskurses, Frankfurt/Main (1974).
Foucault, Michel (1991b): Überwachen und Strafen, Frankfurt/Main (1977).
Foucault, Michel (1991c): Der Wille zum Wissen. Frankfurt/Main (1977).
Frank, Manfred (1990): Das Sagbare und das Unsagbare. Studien zur deutsch-französischen Hermeneutik und Texttheorie, Frankfurt/Main.
Friedrich, Carl J. (1973): Die Pathologie der Politik. Frankfurt/New York.
Gansel, Norbert (1990): Waffenschmuggel im Staatsinteresse, in: Hafner, GeorgM./Jacoby, Edmund (Hg.): Die Skandale der Republik, Hamburg, S.295-330.
Gerlich, Peter (1981): Korruption im Systemvergleich, in: Christian Brünner (Hg.): Korruption und Kontrolle, Wien, S.165-182.
Geyer, Michael (1984): Deutsche Rüstungspolitik 1860-1980, Frankfurt/Main.
Girtler, Roland (1981): Rechtssoziologische und kriminalsoziologische Überlegungen zum Thema "Korruption"; in: Christian Brünner (Hg.): Korruption und Kontrolle, Wien, S.509-528.
Göppinger, Hans (1980): Kriminologie, München.
Goytisolo, Juan (1982): Spanien und die Spanier, Frankfurt/Main.
Greffrath, Mathias (1990): Freunde, hört die Signale! Kleine Predigt zum Ende des linken Trauerjahres, in: Die Zeit, Nr.46 vom 9. November, S.71f.
Haasis, Erich (1911): Das Schmiergeldwesen in Handel und Verkehr, seine geschichtlichen Grundlagen und seine Bekämpfung. Stuttgart.

Habermas, Jürgen (1973): Legitimationsprobleme im Spätkapitalismus, Frankfurt/Main.
Habermas, Jürgen (1981): Theorie des kommunikativen Handelns, 2 Bände, Frankfurt/Main.
Habermas, Jürgen (1988): Der philosophische Diskurs der Moderne, Frankfurt/Main.
Habermas, Jürgen (1990): Strukturwandel der Öffentlichkeit, Frankfurt/Main (1962).
Habermas, Jürgen (1993a): Das deutsche Sonderbewußtsein regeneriert sich von Stunde zu Stunde. Ein Gespräch, in: Frankfurter Rundschau, 12.Juni, S.ZB 3.
Habermas, Jürgen (1993b): Faktizität und Geltung, Frankfurt/Main.
Haferkamp, Hans (1983): Soziologie der Herrschaft, Opladen.
Hacker, Friedrich (1981): Sozialpsychologische Bedingungen der Korruption, in: Christian Brünner (Hg.): Korruption und Kontrolle, Wien, S.137-150.
Henry, Stuart (1991): The Informal Economy: A Crime of Omission by the State, in: Barak, Gregg (Hg.): Crimes by the Capitalist State, New York.
Heringer, Hans-Jürgen (1990): "Ich gebe Ihnen mein Ehrenwort". Politik, Sprache und Moral, München.
Hess, Henner (1976): Repressives Verbrechen, in: Kriminologisches Journal, Jg.8, S.1-22.
von Heydebrand, Wolf (1982): Die Technokratisierung des Rechts in der Justizverwaltung, in: Jahrbuch für Rechtssoziologie und Rechtstheorie, Band 8: Rechtsformen der Verflechtung von Staat und Wirtschaft.
Hirsch, Joachim/Roth, Roland (1986): Das neue Gesicht des Kapitalismus. Vom Fordismus zum Postfordismus, Hamburg.
Hitzler, Ronald (1989): Skandal ist Ansichtssache. Zur Inszenierungslogik ritueller Spektakel in der Politik, in: Ebbinghausen, Rolf/Neckel, Sighard (Hg.): Anatomie des politischen Skandals, Frankfurt/Main, S.334-354.
Honneth, Axel (1985): Kritik der Macht. Frankfurt/Main.
Horkheimer, Max (1992): Traditionelle und kritische Theorie. Fünf Aufsätze, Frankfurt/Main.
Horkheimer, Max/Adorno, Theodor W. (1990): Dialektik der Aufklärung, Frankfurt/Main.
Hoffmann, Wolfgang (1991): Die große Heuchelei. In: Die Zeit vom 25. Januar, S.31.
Huntington, Samuel P. (1978): Modernization and Corruption, in: Heidenheimer, Arnold J. (Hg.): Political Corruption, New Brunswick, New Jersey, S.492-500.
Jaeger, Hans (1988): Geschichte der Wirtschaftsordnung in Deutschland, Frankfurt/Main.
Jäger, Herbert (1990): Makrokriminalität, Frankfurt/Main.
Jandt, Rudolf (1989): Korruption in der deutschen Geschichte, in: Bellers, J., (Hg.): Politische Korruption. Vergleichende Untersuchungen. Studien zur Politikwissenschaft, Abt. A, Band 3, Münster.
Janning, Frank (1991): Pierre Bourdieus Theorie der Praxis, Opladen.
Joutsen, M. (1989): Kriminalität und Machtmißbrauch, in: Monatsschrift für Kriminologie, H.6, S.475-482.

Jubelius, Werner/Klein-Schonnefeld, Sabine (1977): Kriminalität der Mächtigen im Rahmen kriminologischer Theoriebildung, in: Kriminologi-sches Journal, Jg.9, S.24-37.

Käsler, Dirk u.a. (1991): Der politische Skandal. Zur symbolischen und dramaturgischen Qualität von Politik. Opladen.

Kaiser, Günter (1988): Kriminologie, Heidelberg.

Kirchheimer, Otto (1981): Politische Herrschaft, Frankfurt/Main (1967).

von Klaveren, Jacob (1958): Die historische Erscheinung der Korruption in ihrem Zusammenhang mit der Staats- und Gesetzesstruktur betrachtet, in: Vierteljahresschrift für Sozial- und Wirtschaftsgeschichte, Band 45, S.433-504.

von Klaveren, Jacob (1978): The Concept of Corruption, in: Heidenheimer, Arnold J. (Hg.): Political Corruption. Readings in Comparative Analysis, New Brunswick, New Jersey.

von Klaveren, Jacob (1982): Die Entwicklung der Korruption in Ägypten, in: W. Schuller (Hg.): Korruption im Altertum, München, S.239-266.

von Klaveren, Jacob (1985): Korruption im Ancien Regime, in: Fleck, Christian /Kuzmics, Helmut (Hg.): Zur Soziologie nicht immer abweichenden Verhaltens. Königstein, S.92-103.

Kliche, Thomas (1989): Dossier I: Die Entsorgung staatsbürgerlichen Ekels. Über Stand und Ergebnisse der Skandalforschung, in: Helmut Moser(Hg.), L'eclat c'est moi. Zur Faszination unserer Skandale, Weinheim, 258-277.

Konersmann, Ralf (1991): Der Philosoph mit der Maske. Michel Foucaults L'ordre du discours, in: Foucault, Michel (ODis) (1991): Die Ordnung des Diskurses, Frankfurt/Main, S.51-94.

Koppe, Holger/Koch, Egmont R. (1990): Bomben-Geschäfte. Tödliche Waffen für die Dritte Welt, München.

Krais, Beate (1989): Soziales Feld, Macht und kulturelle Praxis, in: Klaus Eder (Hg.): Klassenlage, Lebensstil und kulturelle Praxis, Frankfurt/Main, S.47-70.

Kühnl, Reinhard (1989): Führung - Irreführung - Kriegsführung. Skizze eines fortwährenden Skandals, in: Helmut Moser (Hg.) L'eclat c'est moi. Zur Faszination unserer Skandale, Weinheim, S.140-145.

Kuhn, Thomas (1976): Die Struktur wissenschaftlicher Revolutionen, Frankfurt/Main.

Landfried, Christine (1989a): Korruption und politischer Skandal in der Geschichte des Parlamentarismus, in: Rolf Ebbinghausen, Sighard Nekel (Hg.): Anatomie des politischen Skandals, Frankfurt/Main, S.130-150.

Landfried, Christine (1989b): Parteifinanzen und politische Macht. Eine vergleichende Studie zur Bundesrepublik Deutschland, zu Italien und den USA, Baden-Baden.

Landreville, P. (1989): Kriminalität und Machtmißbrauch, in: Monatsschrift für Kriminologie, H.6, S.423-474.

Leibfried, Stephan (1992): Europäische Integration zwischen Marktbürger und Marktfreiheit, in: Frankfurter Rundschau, 3. August , S.7.

Lederer, Gerda (1989): Iran-Gate. Über die Dementierbarkeit politischen Betrugs, in: Helmut Moser (Hg.) L'eclat c'est moi. Zur Faszination unserer Skandale, Weinheim, S.34-51.

Leyendecker, Hans/Rickelmann, Richard (1990): Exporteure des Todes. Deutsche Rüstungsskandale in Nahost, Göttingen.

Linse, Ulrich (1969): Organisierter Anarchismus im deutschen Kaiserreich von 1871, Berlin.

Lorscheid, Helmut (1989): Waffenhändler am Kabinettstisch, Göttingen.

Luhmann, Niklas (1970): Soziologische Aufklärung, Band 1.

Luhmann, Niklas (1981): Ausdifferenzierung des Rechts. Beiträge zur Rechtssoziologie und Rechtstheorie, Frankfurt/Main.

Luhmann, Niklas (1983): Rechtssoziologie. Opladen.

Luhmann, Niklas (1984): Erwiderung auf H. Mader, in: Zeitschrift für Soziologie, Jg.14, Heft 4, S.333ff.

Luhmann, Niklas (1986): Die soziologische Beobachtung des Rechts. Frankfurt/Main.

Luhmann, Niklas (1988): Macht, Stuttgart (1975).

Luhmann, Niklas (1988a): Die Wirtschaft der Gesellschaft. Frankfurt/Main.

Lyotard, Francois (1990): Memorandum über die Legitimität, in: Peter Engelmann (Hg.): Postmoderne und Dekonstruktion, Ditzingen, S.54-75.

Maihofer, Werner (1970): Die gesellschaftliche Funktion des Rechts, in: Jahrbuch für Rechtssoziologie und Rechtstheorie, Band 1, Bielefeld.

Mann, Thomas (1990): Der Zauberberg, Frankfurt/Main (1924).

Mantl, Wolfgang (1981): Korruption und Reform im österreichischen politischen System, in: Brünner, Christian (Hg.): Korruption und Kontrolle, Wien, S.183-38.

Marcuse, Herbert (1988): Der eindimensionale Mensch, Frankfurt/Main (1967).

Markovits, Andrei.S./Silverstein, Mark (1989): Macht und Verfahren. Die Geburt des politischen Skandals aus der Widersprüchlichkeit liberaler Demokratien, in: Rolf Ebbinghausen, Sighard Neckel (Hg.): Anatomie des politischen Skandals, Frankfurt/Main, S.151-170.

Marramao, Giacomo (1982): Die Formveränderung des politischen Konflikts im Spätkapitalismus, in: Bonß, Wofgang/Honneth, Axel (Hg.): Sozialforschung als Kritik. Frankfurt/Main, S.240-274.

Marx, Karl/Engels, Friedrich: Werke (MEW), Bände 1, 8, 13, 23, Berlin.

Marx, Karl/Engels, Friedrich (1990): Studienausgabe, Hg. von Iring Fetscher, Frankfurt/Main, 4 Bände.

Matzner, Egon (1981): Der moderne öffentlche Sektor und das Phänomen der Korruption, in: Christian Brünner (Hg.): Korruption und Kontrolle, Wien, S.329-348.

Maurer, Malte (o.J.): Bestechung im Außenhandel. Dissertation der Juristischen Fakultät der Universität Regensburg, Darmstadt.

Maus, Ingeborg (1986): Rechtstheorie und Politische Theorie im Industriekapitalismus. München.

Maus, Ingeborg (1992): Zur Aufklärung der Demokratietheorie. Rechts- und demokratietheoretische Überlegungen im Anschluß an Kant, Frankfurt/Main.
Mayntz, R. (Hg.) (1980): Implementation politischer Programme, Königstein.
Meyer, Thomas (1992): Die Inszenierung des Scheins. Frankfurt/Main.
Michalowski, Raymond (1988): Radikale Kriminologie in den USA, in: Janssen H. /Kaulitzky R. /Michalowsky R. (Hg.): Radikale Kriminologie, Bielefeld, S.35-61.
Miegel, Meinhard (1990): Alchimie de Reichtums, in: Die Zeit Nr.19, 4.Mai 1990.
Miliband, R. (1969): The State in Capitalist Society, New York.
Miller, Max (1989): Systematisch verzerrte Legitimationsdiskurse, in: Klaus Eder (Hg.): Klassenlage, Lebensstil und kulturelle Praxis, Frank-furt/Main, S.191-220.
Moser, Helmut (1989): Politische Skandale: Un-, Zu- und Sündenfälle. Mehr als Fallstudien, in: Moser, Helmut (Hg.): L'eclat c'est moi. Zur Faszination unserer Skandale, Weinheim, S.18-33.
Neckel, Sighard (1989): Das Stellhölzchen der Macht. Zur Soziologie des politischen Skandals, in: Rolf Ebbinghausen, Sighard Neckel (Hg.): Anatomie des politischen Skandals, Frankfurt/Main, S.55-82.
Neckel, Sighard (1990): Die Wirkung politischer Skandale, in: Aus Politik und Zeitgeschichte. Beilage zur Wochenzeitung Das Parlament, B 7/90, S.3-10.
Negt, Oskar/Kluge, Alexander (1993): Maßverhältnisse des Politischen, Frankfurt/Main.
Neumann, Franz (1986): Demokratischer und autoritärer Staat, Frankfurt/Main.
Nietzsche, Friedrich (1985): Werke in vier Bänden, Band 4, Salzburg.
Noack, Paul (1985): Korruption. Die andere Seite der Macht, München.
Offe, Claus (1972): Strukturprobleme des kapitalistischen Staates, Frankfurt/Main.
Offe, Claus (1980): Konkurrenzpartei und kollektive politische Identität, in: Roland Roth (Hg.): Parlamentarisches Ritual und politische Al ternativen, Frankfurt/Main, New York, S.26-42.
Ott, Claus (1972): Die soziale Effektivität der Rechts bei der politischen Kontrolle der Wirtschaft, in: Maihofer, Werner/Schelsky, Helmut (Hg.): Zur Effektivität des Rechts. Jahrbuch für Rechtssoziologie und Rechtstheorie, Band 3, Düsseldorf.
Peters, Dorothee (1973): Richter im Dienst der Macht, Stuttgart.
Pfohl, Stephan (1988): Abweichung und Kontrolle als Reflexion von Macht, in: Janssen H./Kaulitzky R./Michalowsky R. (Hg.):Radikale Kriminologie, Bielefeld, S.128-144.
Pippig, Gerhard (1990): Verwaltungsskandale, in: Aus Politik und Zeitgeschichte. Beilage zur Wochenzeitung Das Parlament, B 7/90, S.14-20.
Plessner, Helmuth (1982): Die verspätete Nation, Gesammelte Schriften, Band 6, Frankfurt/Main (1959).
Popitz, Heinrich (1980): Die normative Konstruktion von Gesellschaft, Tübingen.
Popitz, Heinrich (1986): Phänomene der Macht: Autorität - Herrschaft - Gewalt - Technik, Tübingen.

Preiser, Siegfried (1989): Ganz normale menschliche Reaktionen. Skandalverarbeitung im Spannungsfeld politischer Erfahrungen, Werte und Einstellungen, in: Moser, Helmut (Hg.): L'eclat c'est moi. Zur Faszination unserer Skandale, Weinheim, S.98-117.

Preuß, Ulrich. K. (1973): Legalität und Pluralismus. Beiträge zum Verfassungsrecht der Bundesrepublik Deutschland, Frankfurt/Main.

Quensel, Stephan (1989): Krise der Kriminologie: Chance für eine interdis ziplinäre Renaissance? in: Kriminologische Bibliographie, H.62, S.1-31.

Quinney, Richard (1973): Critique of Legal Order. Boston.

Raschke, Joachim (1982): Einleitung, in: Raschke, Joachim (Hg.): Bürger und Parteien, Opladen, S.9-31.

Raschke, Joachim (1985): Soziale Bewegungen, Frankfurt/Main.

Raphael, Lutz (1989): Klassenkämpfe und politisches Feld. Plädoyer für eine Weiterführung Bourdieuscher Fragestellungen in der Politischen Soziologie, in: Klaus Eder (Hg.): Klassenlage, Lebensstil und kulturelle Praxis, Frankfurt/Main, S.71-110.

Robert, Philip (1990): Strafe, Strafrecht, Kriminologie, Frankfurt/Main.

Rose-Ackerman, Susan (1985): Korruption als Problem der ökonomischen Theorie, in: Fleck, Christian/Kuzmics, Helmut (Hg.): Zur Soziologie nicht immer abweichenden Verhaltens. Königstein, S.228-255.

Roth, Jürgen (1986): Makler des Todes: Waffenhändler packen aus, Hamburg, Zürich.

Roth, Roland (1985): Politische Korruption in der Bundesrepublik, in: Fleck, Christian/Kuzmics, Helmut (Hg.): Zur Soziologie nicht immer abweichenden Verhaltens. Königstein, S.143-158.

Rotter, Hans (1981): Anthropologisch-theologische Aspekte der Korruption, in: Christian Brünner (Hg.): Korruption und Kontrolle, Wien, S.105-120.

Saage, Richard (1990): Das Ende der politischen Utopie? Frankfurt/Main.

Sack, Fritz (1987): Kriminalität, Gesellschaft und Geschichte. Berührungs ängste der deutschen Kriminologie, in: Kriminologisches Journal, H.4, Jg.19, S.241-268.

Sack, Fritz (1988): Wege und Umwege der deutschen Kriminologie in und aus dem Strafrecht, in: Janssen H./Kaulitzky R./Michalowsky R. (Hg.): Radikale Kriminologie, Bielefeld, S.9-34.

Sack, Fritz (1990): Das Elend der Kriminologie und Überlegungen zu seiner Überwindung. Ein erweitertes Vorwort, in: P. Robert...S.15-55.

Savelsberg, Joachim J. (1990): Zur Setzung von Wirtschaftsstrafrecht in Wohlfahrtsstaaten, in: Haferkamp, Hans (Hg.): Der Wohlfahrtsstaat und seine Politik des Strafens, Opladen, S.137-202.

Savelsberg, Joachim J./Brühl, Peter (1988): Politik und Wirtschaftsstrafrecht. Eine soziologische Analyse, Opladen.

Schäfer, Thomas (1990): Aufklärung und Kritik, in: Eva Erdmann/Rainer Forst/Axel Honneth (Hg.): Ethos der Moderne. Foucaults Kritik der Aufklärung, Frankfurt/Main, New York, S.70-86.

Scheerer, Sebastian (1985): Kriminalität der Mächtigen, in: Kaiser/Kerner/ Sack/Schellhoss (Hg.): Kleines kriminologisches Wörterbuch, S.211-215.

Scheerer, Sebastian (1986): Atypische Moralunternehmer, in: Kriminologisches Journal, 1. Beiheft, S.133-156.
Schelsky, Helmut (1983): Politik und Publizität. Stuttgart.
Schenk, D./Such, M. (1991): Polizeihilfe an Folterregime der Dritten Welt, in: Bürgerrechte und Polizei Cilip 39/2, S.78-82.
Scheuch, Erwin K. (1992): "Cliquen erkaufen sich Duldung, wenn sie Minderheiten fördern", in: Frankfurter Rundschau, 6. Februar, S.14.
Schnädelbach, Herbert (1969): Was ist Ideologie? in: Das Argument 50, Sonderband, Berlin, S.71-92.
Schnädelbach, Herbert (1983): Philosophie in Deutschland 1831-1933, Frankfurt/Main.
Schnädelbach, Herbert (1989): Das Gesicht im Sand. Foucault und der anthropologische Schlummer, in: Axel Honneth u.a. (Hg.): Zwischenbetrachtungen im Prozeß der Aufklärung, Frankfurt/Main, S.231-261.
Schneider, Hans Joachim (1987): Kriminologie, Berlin/New York.
Schünemann, Bernd (1979): Unternehmenskriminalität und Strafrecht, Köln.
Schütz, Alfred/Luckmann, Thomas (1979): Strukturen der Lebenswelt, Frankfurt/Main.
Schuller, Wolfgang (1982): Prinzipien des Spätantiken Beamtentums, in: ders. (Hg.): Korruption im Altertum, München, S.202-208.
Schuller, Wolfgang (1989): Frevel, Raub, Bestechung - Volksversammlung und Senat. Skandale und Öffentlichkeit in der griechischen und römischen Welt, in: Rolf Ebbinghausen, Sighard Neckel (Hg.): Anatomie des politischen Skandals, Frankfurt/Main, S.83-1o3.
Schwind, Hans-Dieter (1993): Kriminologie. Heidelberg.
Scott, James C. (1985): Thailand: Ein Beispiel aus der Dritten Welt, in: Fleck, Christian/Kuzmics, Helmut (Hg.): Zur Soziologie nicht immer abweichenden Verhaltens. Königstein, S.174-202.
See, Hans (1992): Kapital Verbrechen. Frankfurt/Main.
Sennet, Richard (1990): Verfall und Ende des öffentlichen Lebens. Die Tyrannei der Intimität, Frankfurt/Main.
Sichtermann, Barbara (1990): Der tote Hund beißt. Karl Marx, neu gelesen, Berlin.
Skocpol, Theda (1985): Bringing the State Back In: Strategies of Analysis in Current Research, in: Evans, Peter B./Reuschemeyer, Dietrich/Skocpol, Theda (Hg.): Bringing the State Back In, Cambridge, S.3-43.
Smaus, Gerlinde (1986): Versuch einer materialistisch-interaktionistischen Kriminologie, in: Kriminologisches Journal, 1. Beiheft, S.179-199.
Sloterdijk, Peter (1983): Kritik der zynischen Vernunft, 2 Bde., Frankfurt/Main.
Smelser, Neil J. (1985): Stabilität, Instabilität und die Analyse der politischen Korruption, in: Fleck, Christian/Kuzmics, Helmut (Hg.): Zur Soziologie nicht immer abweichenden Verhaltens. Königstein.
Smith, Adam (1978): Wohlstand der Nationen, München.

Söllner, Alfons (1982): Politische Dialektik der Aufklärung, in: Bonß, Wolfgang/Honneth, Axel (Hg.): Sozialforschung als Kritik. Frankfurt/Main, S.281-326.
Sohn-Rethel, Alfred (1978): Warenform und Denkform, Frankfurt/Main.
Streißler, Erich (1981): Zum Zusammenhang zwischen Korruption und Wirtschaftsverfassung; in: Christian Brünner (Hg.): Korruption und Kontrolle, Wien, S.299-328.
Sturminger, Alfred (1982): Die Korruption in der Weltgeschichte, München, Wien.
Teubner, Gunther (1989): Recht als autopoietisches System, Frankfurt/Main.
Tuschling, Burkhard (1976): Rechtsform und Produktionsverhältnisse, Frankfurt/Main.
Voigt, Rüdiger (1985a): Einleitung; in: Voigt, Rüdiger: Abschied vom Recht? Frankfurt/Main, S.19-49.
Voigt, Rüdiger (1985b): Regulatives Recht im Wohlfahrtsstaat, in: Voigt, Rüdiger: Abschied vom Recht? Frankfurt/Main, S.19-49.
Voßkamp, Werner (Hg.) (1985): Utopieforschung, 3 Bände, Frankfurt/Main.
Wassermann, Rudolf (1974): Justiz im sozialen Rechtsstaat, Darmstadt.
Weber, Max (1976): Soziologische Grundbegriffe, Tübingen.
Weber, Max (1980): Wirtschaft und Gesellschaft, Tübingen (1921).
Weber, Max (1988): Gesammelte Aufsätze zur Sozial- und Wirtschaftsgeschichte. Tübingen.
von Westphalen, Joseph (1989): Warum ich Terrorist geworden bin, Zürich.
Wildeman, John (1991): When the State Fails. A Critical Assessment of Contract Policing in the United States, in: Gregg Barak: Crimes by the Capitalist State, New York, S.219-232.
Winiarski, Rolf (1989): Das Gesetz der Gesetzlosen. Zur Dynamik des Skandals am Beispiel der Kieler CDU-Affäre, in: Moser, Helmut (Hg.): L'eclat c'est moi. Zur Faszination unserer Skandale, Weinheim, S.52-65.
Wulf, H. (1989) Die illegalen Waffengeschäfte und ihre internationalen Verflechtungen.
Wunder, Bernd (1986): Geschichte der Bürokratie in Deutschland, Frankfurt/M.
Ziehe, Thomas (1975): Pubertät und Narzißmus, Frankfurt/Main.
Zimmer, Dieter E. (1988): Redens Arten, Zürich.

Anlage 1

"Vertraulich"

Notiz 6.10.1983

No/b.

Argumente IK 97

1. Aufgrund schlechter Erfahrungen (Frankreich) will der Kunde die Fahrzeuge im eigenen Land bauen. Voruntersuchungen haben ergeben, daß er hierzu in der Lage ist. Auch die Lieferung von Booten oder Sektionen über Drittländer wird vom Kunden abgelehnt. Der Kunde ist lediglich bereit, in geringerem Umfang Stahlbauteile und evtl. einige nackte Sektionen zu kaufen, sofern im Hinblick auf die schlechte Beschäftigung der deutschen Werften uns hiermit ein "Gefallen" getan wird.
2. Die Einbauteile werden zum größten Teil im eigenen Land hergestellt oder aus anderen Ländern importiert.
3. Gespräche auf Ministerebene haben ergeben, daß die Mittel in den nächsten Haushalten vorhanden sind.
4. Die gleichen Gespräche haben ergeben, daß man jetzt nur noch exclusiv mit IKL/HDW verhandelt.
5. Man will einen Satz Fertigungsunterlagen der Boote, die bei HDW nach IKL-Zeichnungen für Indien im Bau sind, kaufen.
6. Die Unterlagen gehen als Mikrofilme im Diplomatengepäck über die Grenze (werden abgeholt).
7. 40 Mio. Dm gehen an HDW. HDW will sich damit Handelsschiffsaufträge zur Sicherung von Arbeitsplätzen "kaufen".
8. 10 Mio. DM gehen an IKL. IKL will damit vor allem Eigenentwicklungen für deutschen U-Boot-Bau (Bundesmarine und Export) finanzieren.
9. Es ist außerdem erforderlich: eine begrenzte umkonstruktion des oben genannten Bootes durch IKL, weil man Komponenten aus dem Kundenland einzubauen hat. Außerdem würde das IKL die Aufbauten verändern, um "deutsches Design" zu vermeiden.
10. Diese Unterlagen würden in gleicher Weise, wie unter Punkt 6 erwähnt, abgeholt werden.
11. HDW und IKL müßten durch entsendung von Spezialisten im begrenzten Umfang Bauhilfe geben.
12. Verwiesen wird auf § 5 Abs. 1 und § 45 Abs. 3 der Verordnung zur Durchführung des Außenwirtschaftsgesetzes.
13. Anfang der 70er Jahre sind in England (bei Vickers) drei Unterseeboote für Israel ähnlich der deutscshen Bundesmarine-Klasse 206 gebaut worden. IKL hat hierfür die Entwürfe und Bauzeichnungen geliefert. Die damalige Bundesregierung hat das IKL hierzu mündlich aufgefordert und "Rückendeckung" zugesichert für den Fall, daß sich Schwierigkeiten ergeben würden. Dieser Fall ist dann später auch eingetreten, und das Bauprogramm wurde ohne weiteren Schwierigkeiten abgewickelt.
14. Im Falle einer regierungsseitigen Zustimmung zu dem neuen Bedarfsfall würde es für IKL ausreichend sein, wenn ein leitender Beamter eine ähnliche EWrklärung, wie seinerzeit im Falle Israel, dem IKL gegenüber abgeben würde.
15. Die mit dem Kunden geführten Gespräche haben ergeben, daß man gegebenenfalls in Anbetracht der besonderen und beim Kunden bekannten Problematik bis zu einer endgültigen Entscheidung mehrere Monate Geduld zeigen würde.

Anlage 2

B. Feststellungen des Ausschusses

1. Rechtslage

1. Völkerrechtliche Bestimmungen

Nach den Bestimmungen des Völkerrechts ist die Durchführung aller drei Varianten (vgl. II 1.1) des U-Boot-Geschäfts mit Südafrika (Kleine, Mittlere und Große Lösung), wie sie von den Firmen HDW und IKL mit den Vertretern der Bundesregierung diskutiert wurden, illegal. Der Sicherheitsrat der VN hat am 4. November 1977 die Resolution 418 verabschiedet und damit ein für alle Mitgliedstaaten der VN bnindendesw Rüstungsembargo gegen Südafrika beschlossen. Die Bundesrepublik Deutschland war an der Ausarbeitung dieser Resolution als damaliges Mitglied des Sicherheitsrates maßgeblich beteiligt.

Der entsprechende Resolutions-Teil lautet:

"Der Sicherheitsrat...

2. beschließt,

daß alle Staaten ab sofort die Lieferung von Waffen und dazugehörigem Material aller Art nach Südafrika einzustellen haben, einschließlich des Verkaufs oder der Weitergabe von Waffen und Munition, von Militärfahrzeugen und -ausrüstungen, von paramilitärischer Polizeiausrüstung sowie von Ersatzteilen für die vorgenannten Gegenstände, und daß sie gleichermaßen sowohl die Bereitstellung aller Arten von Ausrüstungen und Materialien und die Gewährung von Lizenzvereinbarungen für die Herstellung oder Wartung der vorgenannten Rüstungsgegenstände einzustellen haben;

3. fordert alle Staaten auf, angesichts der Ziele dieser Resolution alle in bezug auf die Herstellung und Wartung von Waffen, von Munition aller Art und von militärischen Ausrüstungen und Fahrzeugen mit Südafrika bestehenden vertraglichen Vereinbarungen und Südafrika dafür gewährten Lizenzen im Hinblick auf deren Beendigung zu überprüfen;..."

Resolutionen des Sicherheitsrates als dem eigentlichen Entscheidungsorgan der VN sind für die Mitgliedstaaten unmittelbar völkerrechtlich verbindlich.

Anlage 3

Briefe des bayrischen Ministerpräsidenten Strauß an Bundeskanzler Kohl

Sehr geehrter Herr Bundeskanzler!
Lieber Helmut Kohl!

Wir haben uns mehrmals über Aufträge aus Südafrika unterhalten. Ich habe das letzte Mal bei unserem gemeinsamen Spaziergang darauf hingewiesen, daß der Vertrag über Software in Höhe von etwa 116 Millionen DM zwischen dem südafrikanischen Partner und IKL/HDW mit der Klausel abgeschlossen worden ist, daß er nur wirksam wird, wenn bis 15. August der Sicherheitsrat die Genehmigung erteilt. Daher ist größte Eile geboten!

Du hast sowohl bei dem Dreiergespräch am 1. Juni wie auch bei unserem Spaziergang darauf hingewiesen, daß Dir eine große Lösung mit Lieferung von Hardware, die nicht nur finanzielle Entlastung, sondern auch Produktionsaufträge mit sich bringen würde, lieber wäre.

Premierminister Botha beruft sich darauf, daß er Dir überhaupt kein Schreiben zu schicken braucht, weil Du dem Vorhaben - offengelassen ob dem kleineren oder größeren - zustimmst. Dieselbe Meinung scheint auch Ministerialdirektor Teltschik gegenüber Herrn Zoglmann Vertreten zu haben. Vor unserem Spaziergang habe ich, wie ich Dir auch berichtet habe, von den Schwierigkeiten berichtet, die anscheinend abermals das Auswärtige Amt mit Auswirkungen auf das Kanzleramt macht. Du wirst Dich erinnern, daß seinerzeit auch der Außenminister bei unserem Dreiergespräch am 1. Juni alle möglichen Vorwände gebraucht hat.

Ich halte die große Lösung, genauso wie Du natürlich, für die bessere. Sie ist auch erzielbar. Ihr Vertragswert ist etwa 475 Millionen DM, ein namhafter Auftrag in unserer Wirtschaftslage. Ich bitte Dich, sich dieser Angelegenheit anzunehmen und das weitere zu veranlassen.
Mit freundlichen Grüßen
Dein
F.J. Strauß

"Dr. h.c. Franz-Josef Strauß 8000 München 22, 5.11.1984
Bayerischer Ministerpräsident

An den
Bundeskanzler der
Bundesrepublik Deutschland
Herrn Dr. Helmut Kohl
Bundeskanzleramt
5300 Bonn

Sehr geehrter Herr Bundeskanzler,
lieber Helmut!

In meinem Schreiben an Dich vom 31. Juli 1984 habe ich darauf hingewiesen, daß Du mit mir der Auffassung warst, das Anliegen, daß Dir und mir von dem damaligen Ministerpräsidenten und jetzigen Staatspräsidenten des betreffenden Landes vorgetragen wurde, positiv zu entscheiden, wobei es nur noch offen war, ob es zu einer kleinen (software) oder zu einer größeren (hardware) Lösung kommt.

Prof. Schreckenberger hat aufgrund meines Schreibens noch am 31. Juli 1984 Herrn Nohse vom IKL in Lübeck und auf dessen Bitte auch anschließend Herrn Ahlers von HDW angerufen.

Dabei wurde vereinbart:
1. größere Lösung anstreben,
2. "kleine Lösung" vereinbarungsgemäß rechtswirksam werden lassen,
3. nach den Parlamentsferien, also vor erster Lieferung am 6. Oktober 1984, soll endgültige Genehmigung erfolgen.
4. Dieses Gesprächsergebnis kann nicht die Grundlage für eine eventuelle Schadensersatzklage gegen die Bundesregierung sein.

In weiteren Gesprächen mit Prof. Schreckenberger und Herrn Teltschik habe ich beiden schließlich empfohlen, Herrn Genscher noch einmal direkt anzusprechen. In einem Gespräch mit Herrn Ahlers am 12.10.1984 und einem weiteren Gespräch mit Herrn Zoglmann am 14.10.1984 hat Herr Genscher auch die kleine Lösung, die er in früheren Gesprächen allenfalls als möglich bezeichnet hat, nun abgelehnt. Die von beiden Herren dargelegte Begründung ist derart abwegig, daß sie nicht ernsthaft sein kann. Die Vermutung liegt nahe, daß der Zustand der FDP dafür entscheidend sein könnte.

Da die Auswirkungen des Rücktritts vom Vertrag im Kundenland - Dein Gesprächspartner hat sich vor kurzem erneut persönlich in die Sache eingeschaltet - schwerwiegende Folgen auslösen würden, haben die Herren Nohse und Ahlers Prof. Schreckenberger und Herrn Teltschik vorgeschlagen, die endgültige Genehmigung zwar jetzt in Aussicht zu stellen, aber erst nach Ablauf eines halben Jahres vorzunehmen. Beide Herren glauben, daß sie die auftretenden Probleme bei einer derartigen Lösung auffangen können. Das könnte auch bedeuten, daß in der Zwischenzeit soft ware geliefert werden könnte.

Ich halte dies für einen Weg, die Sache zu einem guten Abschluß zu bringen. Auch Herr Genscher kann einer solchen Lösung zustimmen.

Die Angelegenheit eilt sehr. Bitte informiere mich über den Fortgang.

Mit freundlichen Grüßen
F.J. Strauß"

Anlage 4

Übersetzung
105 - 89/4453

Rede des Bundestagsabgeordneten Norbert Gansel auf der 90. Sitzung des durch Resolution 421 (1977) zur Südafrikafrage eingesetzten Sicherheitsratsausschusses

Mittwoch, 27. September 1989

Herr Vorsitzender, Exzellenzen, verehrte Delegierte,

für mich als Parlamentarier ist es eine große Ehre, vor diesem Ausschuß zu Wort zu kommen. Ich weiß, daß es für Diplomaten immer ein großes Risiko darstellt, Parlamentarier einzuladen. Aber wir leben in einer Zeit, in der aus einer bipolaren Welt allmählich eine multipolare Welt wird, und vielleicht führt dieser Prozeß letztendlich zu einem Ergebnis, das wir als weltweite Innenpolitik bezeichnen können. An einer solchen historischen Wegscheide können dieser historische Ausschuß, der Sonderausschuß gegen Apartheid, das Zentrum gegen Apartheid und nichtstaatliche Organisationen im Dienste der einen Welt sehr viel für die Sache des Kampfes gegen die Apartheid tun. Die Zusammenarbeit zwischen den Vereinten Nationen und ihren Institutionen und Organisationen auf der einen Seite und Vertretern nationaler Parlamente auf der anderen Seite könnte noch verbessert werden. Eine derartige Zusammenarbeit könnte durchaus Bestandteil einer solchen weltweiten Innenpolitik sein.

Zu dieser Aufgabe kann ich nur einen bescheidenen Beitrag leisten, da ich mich hauptsächlich mit einem speziellen Fall befassen werde, der jedoch aus folgenden drei Gründen von allgemeiner Bedeutung sein könnte:

Zunächst einmal beschränkt sich die Zusammenarbeit westdeutscher Unternehmen mit Südafrika nicht nur auf ein einziges Waffengeschäft, dasw schon der Geschichte angehört. Es sit möglich, daß eine derartige zusammenarbeit immer noch besteht und es geplant war, Südafrika den Aufbau eines neuen Zweigs seiner Rüstungsindustrie nicht nur für seine eigenen Zwecke, sondern auch mit dem Ziel des Rüstungsexports in Drittländer zu ermöglichen. Zweitens könnte noch viel getan werden, um das bindende Waffenembargo auszuweiten, und nationale Regierungen und Parlamente könnten mehr dafür tun, das Waffenembago gegen Südafrika aus eigener Initiative zu verschärfen. Nach meinen Erfahrungen ist die Kontrolle der Durchführungen des Embargos sogar noch wichtiger als die Durchführung selbst. Was nützen Kontrollgremien ohne Befugnisse? Darüber hinaus muß es nicht nur bei den Lieferungen, sondern auch bei den Verträgen eine Kontrolle geben, so daß wir ein Frühwarnsystem zur wirksameren Durchführung entwickeln können.

Drittens ist es meiner Meinung nach äußerst wichtig, zu gewährleisten, daß die vorhandenen innerstaatlichen Durchführungsgesetze und -verordnungen bezüglich des Embargos von staatlichen Behörden und Gerichten gewissenhaft angewandt und von der >Industrie eingehalten werden. Für diejenigen, die dagegen verstoßen, muß es Konsequenzen und Strafen geben. Sie dürfen nicht geschützt werden.

Schließlich möchte ich von Anfang an folgendes klarstellen: Aufgrund meiner Erfahrungen bin ich generell der Überzeugung, daß Verletzungen des bindenden Waffenembargos in der Bundesrepublik Deutschland eher das Ergebnis von Laxheit und unzureichender Wachsamkeit sind als eine Folge besonderer Sympathien für die Apartheid.

Anfang der 70er Jahre kaufte Südafrika von Frankreich drei U-Boote der Daphne-Klasse. Sie sind noch immer im Einsatz. 1977 waren zwei weitere U-Boote, die Südafrika in Frankreich in Auftrag gegeben hatte, fast zur Auslieferung bereit, als das bindende Waffenembargo gegen Südafrika in Kraft trat. Frankreich überführte die U-Boote nicht nach Südafrika, sondern verkaufte sie statt dessen an Pakistan.

1982 begannen zwischen Vertretern von Armscor und Unternehmen der Bundesrepublik Deutschland Verhandlungen über den Bau von U-Booten in Südafrika. Die fraglichen deutschen Unternehmen waren das Ingenieurkontor Lübeck (IKL), das Konstruktionspläne für dieselgetriebene U-Boote entwirft, die halbstaatliche HDW in Kiel und die Nordseewerke Thyssen in Emden, die beide U-Boote für die Bundesmarine und für den Export herstellen. Anfang der 70er Jahre war Thyssen Anteilseigner des südafrikanischen Schiffbauunternehmens Sandock.

In der Bundesrepublik Deutschland ist die Rechtslage so, daß eine schriftlich Zustimmung in Form einer Genehmigung für jeden Export von Waffen und militärischen Gütern sowie für die Lieferung von Plänen zu deren Herstellung erforderlich ist. 1977 wurden zur Durchführung des bindenden Waffenembargos die Exportvorschriften dahingehend geändert, daß Genehmigungen auch im Fall der für Südafrika und Namibia bestimmten Ausfuhren nichtöffentlicher Informationen über die Herstellung, Wartung oder Instandsetzung militärischer Güter sowie für Lizenzvereinbarungen bezüglich derartiger Patente erforderlich wurden. Gleichzeitig wurde das Bundesamt für gewerbliche Wirtschaft von der Bundesregierung förmlich angewiesen, für solche Exporte in diese Länder keine Genehmigungen zu erteilen.

Am 5. Juni besuchte der südafrikanische Premierminister Botha Bundeskanzler Kohl. In einem vertraulichen Gespräch, das vom Berater des Kanzlers, Horst Teltschik, protokolliert wurde, erklärte Botha, daß zwischen Unternehmen der Bundesrepublik Deutschland und Südafrika Verhandlungen über ein Vorhaben der industriellen Zusammenarbeit im Gange seien. Soviel er (Botha) wisse, könnten die Verhandlungen nur fortgesetzt werden, wenn der Bundessicherheitsrat der Bundesrepublik seine Zustimmung gebe. Es komme ihm darauf an, den Bundeskanzler von der großen Bedeutung dieses Projekts für Südafrika zu überzeugen. Er appelliere an den Kanzler, so bald wie möglich eine positive Entscheidung zu treffen. Durch das Projekt sollten die südafrikanischen Küsten geschützt werden. Für den Bau von U-Booten, sagte Botha am Schluß seiner Ausführungen, benötigten südafrikanische Werften das Know-how deutscher Unternehmen.

Bundeskanzler Kohl antwortete, er werde sich selbst um die Angelegenheit kümmern und sich dann wieder mit Botha in Verbindung setzen. Er beauftragte den Chef des Kanzleramts mit einer Wohlwollenden Prüfung der Angelegenheit. Ein solches Entgegenkommen seitens des Bundeskanzlers ist schwer zu verstehen, da die Bundesregierung nur sechs Monate vorher im Bundestag förmlich erklärt hatte, sie werde das bindende Waffenembargo streng einhalten. Darüber hinaus hatte Botha vor seinem Besuch in Bonn bereits im Vereinigten Königreich versucht, britische Düsenjäger zu kaufen, war jedoch von Premierministerin Thatcher kategorisch abgewiesen worden.

Am 15. Juni 1984 wurde ein Vertrag zwischen dem IKL und der HDW einerseits und den südafrikanischen Unternehmen LSM und Sandock andererseits unterzeichnet. Der Vertrag hatte folgenden Inhalt: Lieferung von Plänen für U-Boote des Typs 1500, die damals bei der HDW für Indien gebaut wurden; Lieferung von entsprechend den besonderen Erfordernissen Südafrikas geänderten Plänen für diese U-Boote (aus einer Vorstudie wußte man, daß Südafrika auf seinen U-Booten Startvorrichtungen für Kurzstreckenraketen haben wollte), Bereitstellung von Personal und technischer Hilfe für die Modernisierung von Werfteinrichtungen in Südafrika sowie für den Bau der U-Boote; Lieferung eines Modells im Maßstab 1:5; Erteilung von Baulizenzen für vier U-Booten für die Südafrikanische Marine und Lizenzvereinbarungen für den Fall, daß die in Südafrika gebauten U-Boote in andere Länder exportiert würden.

Der Wert des Vertrags betrug insgesamt etwa DM 116 Millionen, von denen DM 60 Millionen auf die Baupläne, das Modell und die Baulizenz für das erste U-Boot (DM zwei Millionen als Lizenzgebühr für das erste U-Boot) und etwa DM 56 Millionen auf die Änderungen und technische Hilfe entfielen. Der Vertrag wurde unter der Bedingung unterzeichnet, daß die Genehmigung der Bundesregierung bis zum 15. August erteilt würde.

Die deutschen Unternehmen beantragten bei der Bundesregierung keine schriftliche Genehmigung, die nach deutschem Recht für einen Export erforderlich ist. Angesichts des bindenden Waffenembargos gegen Südafrika versuchten die Unternehmen statt dessen, von der Bundesregierung eine mündliche Zustimmung für den Verkauf zu erhalten. Sie führten mehrere Gespräche mit dem Chef des Kanzleramtes, Staatssekretär Schreckenberger, und mit dem Berater des Kanzlers, Horst Teltschik. Sie erlangten die Unterstützung des damaligen bayerischen Ministerpräsidenten Franz Josef Strauß, der sich öffentlich für U-Boot Lieferungen nach Südafrika ausgesprochen hatte. Strauß sandte Kohl am 31. Juli 1984 ein diesbezügliches Telefax.

Am 31. Juli 1984 telefonierte Staatssekretär Schreckenberger mit den Unternehmen. In einem Memorandum für ihre Akten hielt die Unternehmensleitung fest: "Staatssekretär Dr. Schreckenberger teilte uns im Namen Bundeskanzler Kohls telefonisch mit, daß der Bundeskanzler und Franz Josef Strauß ihre Zustimmung zu unserem IK 97 Projekt in der mittleren Option geben, d.h. zur Ausfuhr von Plänen und zur Lieferung von Bauteilen."

Die Unternehmensvertreter reisten daraufhin nach Südafrika. Dem Vertrag wurde der Satz hinzugefügt: "Diese Genehmigung liegt in ausreichender Weise vor.", und der Vertrag wurde vor dem geplanten Termin am 6. August 1984 in Kraft gesetzt.

Während die Vertreter der westdeutschen Unternehmen und die Bundesregierung weitere Gespräche führten, wurden die ersten Pläne am 10. Oktober 1984 in Lübeck einem Vertreter der südafrikanischen Botschaft übergeben, der ihren Empfang quittierte. Die Vertreter der Bundesregierung machten geltend, daß es in diesen Gesprächen darum gegangen sei, ob der Vertrag überhaupt genehmigt werden könne. Es ist jedoch möglich, daß diese Gespräch auch die Frage betrafen, wie nach der "kleinen Option" (Lieferung von Plänen und Gewährung technischer Hilfe) eine "mittlere Option", d.h. die zusätzliche Lieferung von Bauteilen, durchgeführt werden könne. Die Vertreter der Bundesregierung erklären, daß sie die Unternehmen am 15. Januar 1985 nach mehreren Gesprächen und nach Unterrichtung Bundeskanzler Kohls, Außenminister Genschers und des bayrischen Ministerpräsidenten Strauß über ihre Ablehnung des Waffengeschäfts informierten.

Trotzdem wurden einem Vertreter des südafrikanischen Botschaft bis zum 19. Juni 1985 Pläne in mehreren Partien übergeben, die zum großen Teil auf Mikrofilme übertragen worden waren. Wie diese Pläne nach Südafrika transportiert wurden, konnte bisher nicht festgestellt werden. Aus Anweisungen der Unternehmensleitung zu dem Waffengeschäft mit dem Titel "IK 97 Argumente", die bereits viel früher Finanzminister Stoltenberg, Verteidigungsminister Wörner, dem Wirtschaftsministerium, dem Auswärtigen Amt und möglicherweise auch dem Bundeskanzleramt im Oktober 1983 oder im Frühjahr 1984 zugeleitet worden waren, geht hervor, daß die Unterlagen in Form von Mikrofilmen als Diplomatengepäck über die Grenze gebracht werden sollten. Die Namen der südafrikanischen Kuriere, die als Diplomaten in der südafrikanischen Botschaft arbeiteten, sind bekannt. Die Bundesregierung hat bisher keine Maßnahmen gegen sie ergriffen.

Am 18. Juni 1985 besuchten Unternehmensvertreter den neu in sein Amt eingeführten Bundesminister für Wirtschaft, Herrn Bangemann, der gerade vom Europäischen Parlament nach Bonn gekommen war. Staatssekretär von Würzen fertigte über das Gespräch ein Protokoll... an...

Bundesminister Bangemann leitete seine Informationen über die Angelegenheit nicht an die Staatsanwaltschaft weiter, die zuständig ist, wenn das Außenwirtschaftsgesetz verletzt wurde, wenn das friedliche Zusammenleben der Völker gestört wird oder wenn die "auswärtigen Beziehungen der Bundesrepublik Deutschland erheblich gestört werden" (§34 des deutschen Außenwirtschaftsgesetzes). Bundesminister Bangemann unterrichtete statt dessen Finanzminister Stoltenberg über seine Erkenntnisse in dieser Angelegenheit, um sie als Ordnungswidrigkeit gegen die Außenwirtschaftsbestimmungen von der Oberfinanzdirektion Kiel untersuchen zu lassen.

Die Oberfinanzdirektion ist eine Behörde, die an die Weisungen des Bundesfinanzministers gebunden ist, der einer der Anteilseigner der halbstaatlichen HDW ist. Die Oberfinanzdirektion führte ihre Ermittlungen auf der Grundlage von Unterlagen durch, die ihr von den beteiligten Unternehmen freiwillig zur Verfügung gestellt wurden. Es wurden weder Büros durchsucht, noch Geschäftsbücher beschlagnahmt. Auf der Grundlage von Informationen der Unternehmen stellte die Oberfinanzdirektion (OFD) fest, daß folgende Unterlagen geliefert worden waren (Ich vermute, daß sie etwa 90% des erforderlichen Know-hows umfassen. Die Unternehmen erklären, sie hätten zu keiner Zeit Pläne geliefert.):

Konstruktionspläne,
Unterlagen für die Bestellung von U-Boot-Ausrüstungsgegenständen,
Berechnungen im Hinblick auf Stärke, Gewicht, Maße, Schwerpunkt usw. (soweit nicht "geheim"),
Zeichnungen und Listen für Bauvorrichtungen und -werkzeuge (Schablonen),
Normen für die Anfertigung von Werkstattzeichnungen und die Erstellung von Stücklisten,
Richtlinien für die Qualitätsgarantie,
Zeitpläne für die Produktionsplanung,
mehr als 4 700 (von insgesamt etwa 5000) Werkstattzeichnungen und Stücklisten für den U-Bootkörper (auf Mikrofilm).

Die OFD stellte fest, daß den deutschen Unternehmen etwa DM 42,6 Millionen gezahlt worden waren. Sie kam zu dem Schluß, daß die gelieferten Unterlagen nichtöffentliche Informationen betrafen, die gemäß einer Änderung der Außenwirtschaftsverordnung im Anschluß an die Verhängung des bindenden Embargos nur mit schriftlicher Genehmigung der Bundesregierung an Südafrika hätten geliefert werden dürfen. Wegen dieses Verstoßes gegen das Außenwirtschaftsrecht wurde vorgeschlagen, gegen beide Unternehmen eine Geldstrafe in Höhe von DM 50 000 zu verhängen, was nicht zu viel ist, wenn man bedenkt, daß sie die 42 Millionen für den Verkauf von Fotokopien und Plänen erhalten hatten, die bereits angefertigt worden waren, weil sie sie für die an Indien verkauften U-Boote verwendet hatten.

Durch einen Pressebericht wurden das Rüstungsgeschäft und die vorgeschlagenen Geldstrafen Ende November 1986 bekannt. Auf Verlangen der Opposition wurde Anfang Dezember 1986 ein Bundestagsuntersuchungsausschuß gebildet.

Im April 1987 wurde nach den Bundestagswahlen erneut ein Untersuchungsausschuß eingesetzt. Dieser hatte Zugang zu den Akten der Bundesregierung und zu Teilen der Unternehmensakten. Mitglieder der Bundesregierung wurden in der Angelegenheit befragt. Die Regierungsvertreter erklärten, sie hätten den Unternehmen keine mündliche Genehmigung für das Rüstungsgeschäft erteilt. Sie konnten nicht erklären, wieso die Unternehmen das Geschäft trotzdem abwickelten. Widersprüche zwischen den Unternehmensunterlagen und den Aussagen der Regierungsvertreter konnten vom Untersuchungsausschuß nicht geklärt werden, weil die Fraktionen der Regierungskoalition seit mehr als drei Jahren verhindert haben, daß Unternehmensvertreter vor dem Untersuchungsausschuß aussagen. Daher beschloß die SPD-Fraktion im Juni dieses Jahres, beim Bundesverfassungsgericht eine Klage einzureichen. Die Strategie der Fraktionen der Regierungskoalition hat es dem Untersuchungsausschuß unmöglich gemacht, weitere Zeugen zu hören. Im November oder Dezember wird der Bundestag sowohl über einen Merhheits- als auch über einen Minderheitszwischenbericht debattieren. Ob und in welcher Weise der Untersuchungsausschuß weiterarbeitet, wird von der Entscheidung des

Bundesverfassungsgerichts abhängen. Ein Termin für eine solche Entscheidung steht noch nicht fest.

Auf Anweisung der Bundesregierung mußte die OFD ihre Ermittlungen wiederaufnehmen. Obwohl die westdeutschen Unternehmen im März 1987 noch einmal DM 2 Millionen als Lizenzgebühren für den Bau des ersten U-Boots erhielten, kam die OFD im Januar 1988 zu dem Schluß, daß die Ausfuhr der Unterlagen nach Südafrika legal gewesen war. Die Begründung für die Entscheidung lautete, daß ein Teil der als geheim eingestuften Unterlagen laut Unternehmensaussagen nicht an Südafrika geliefert worden seien. In Abstimmung mit der Bundesregierung änderte die OFD ihren Rechtsstandpunkt dahingehend, daß die "Übergabe nichtöffentlicher Informationen" nur einer Genehmigung bedarf, wenn mit deren Hilfe das gesamte U-Boot oder funktionsfähige wesentliche Teile davon gebaut werden können. (Die angesehene deutsche Wochenzeitschrift "Die Zeit" nannte diese Änderung des Rechtsstandpunktes eine "Perversion der Gerechtigkeit", was besonders für diese Zeitschrift ein sehr scharfer Ausdruck ist.). Nur erfahrene U-Boot-Bauer könnten mit den gelieferten Unterlagen arbeiten, und solche Fachkräfte gebe es in Südafrika nicht. Trotzdem würden die Unterlagen Südafrika bei der Entwicklung seiner U-Boote um mehrere Jahre voranbringen. Der für die Ermittlungen der OFD zuständige Beamte erklärte vor dem Bundestagsausschuß, mit den gelieferten Unterlagen könne man bestenfalls so etwas wie eine wasserdichte Zigarre zusammenbauen.

Es gab keine Ermittlungen durch eine unabhängige Strafverfolgungsbehörde, die Durchsuchungen oder Beschlagnahmungen durchgeführt hätte. Die Kieler Staatsanwaltschaft rechtfertigte dies mit dem Hinweis auf ein Gutachten des Auswärtigen Amts, in dem bestritten wurde, daß es zu einer "erheblichen Störung der auswärtigen Beziehungen der Bundesrepublik Deutschland" gekommen sei. Es habe zwar tatsächlich internationale Reaktionen gegeben, aber sie bedeuteten - zumindest nach Auffassung des Auswärtigen Amts - keine "erhebliche Störung".

Der Staatsanwalt vertritt somit den Standpunkt, daß noch nicht einmal die bisherigen Reaktionen der Vereinten Nationen eine "erhebliche Störung der auswärtigen Beziehungen der Bundesrepublik" darstellen. Aber er kann seine Ermittlungen nur einleiten, wenn eine solche Störung vorliegt. Es wird unter anderem von den Reaktionen dieses Ausschusses und des Sicherheitsrates abhängen, ob die Voraussetzungen für ein Ermittlungsverfahren in bezug auf das U-Boot-Geschäft durch eine unabhängige Strafverfolgungsbehörde erfüllt sind...

Verehrte Delegierte,

Sie fragen sich vielleicht, warum ein Mitglied des Bundestags seine Regierung vor diesem Ausschuß kritisiert und es für nötig hält, Unternehmen zu verurteilen, die in seinem eigenen Wahlkreis vielen Tausend Arbeitnehmern Arbeitsplätze bietet. Die Antwort liegt in der schwierigen Geschichte meines Volkes in diesem Jahrhundert. Aus dieser Geschichte ziehen wir nämlich den Schluß, daß von deutschem Boden niemals wieder ein Krieg ausgehen und dort nie mehr eine Diktatur errichtet werden darf. Dies bedeutet in bezug auf die rassistische Diktatur in Südafrika, daß die Apartheid abgeschafft werden muß, da sie Menschen nur deshalb keine Gleichberechtigung gewährt, weil sie eine andere Hautfarbe haben. Dieses Regime darf keinerlei militärische Unterstützung erhalten. Das Völkerrecht und die verbindliche Beschlüsse des Sicherheitsrats müssen eingehalten und befolgt werden. Die Vereinten Nationen müssen gestärkt werden, aber sie müssen auch selbst Stärke und manchmal Mut beweisen, wann immer Verstöße gegen das bindende Waffenembargo festgestellt werden.

Herr Vorsitzender,

lassen Sie mich auch etwas Positives über meine Regierung sagen. Nach der Rabta-Affäre, bei der es um die deutsche Beteiligung am Bau einer Chemiefabrik in Libyen ging, hat die Bundesregierung eine Gesetzesinitiative auf den Weg gebracht, um die Kontrolle der Ausfuhren sensitiver Güter und Technologien, insbesondere derjenigen im Zusammenhang mit biologischen, chemischen und nuklearen Waffen sowie im Zusammenhang mit Trägertechnologien, zu verschärfen. Ein Nebeneffekt dieser Initiative wird auch eine Verbesserung der Kontrolle für Waffenexporte nach Südafrika sein. Aber es ist noch einiges mehr im Gange. In der Bundesrepublik Deutschland werden zur Zeit drei verschiedene Ermittlungsverfahren durchgeführt, die sich mit Trägertechnologietransporten in Länder wie Libyen, Argentinien, Ägypten und Irak befassen. Alle diese Exporte wurden als nichtmilitärische Klimaforschungsvorhaben getarnt und betrafen das Unternehmen Messerschmidt-Bölkow-Blohm (MBB).

Verehrte Delegierte,

ich weiß die Arbeit der Vereinten Nationen, dieses Ausschusses und des Sonderausschusses gegen Apartheid zu schätzen. Diesen Gremien gilt die Sympathie aller Bürger meines Landes, die den Kampf gegen das Apartheidregime unterstützen.

Herr Vorsitzender, ich danke Ihnen.

Anlage 5

"Pressemitteilung Nr. 295/90

U-Boot-Skandal: Die Bundesregierung war an illegalen Handlungen beteiligt.

Nach einer ersten Durchsicht der dem Untersuchungsausschuß neu vorliegenden Akten erklären die Abgeordneten der GRÜNEN Uschi Eid und Angelika Beer:

Jetzt hat die Bundesregierung ihr seit Wochen in der Luft liegendes Watergate. Die von der Kieler Staatsanwaltschaft vorgelegten Akten beweisen, daß das Südafrika-U-Boot-Geschäft illegal fortgeführt wurde. Über ein Dutzend namhafter deutscher Firmen (z.B. AFG, MTU, Siemens Hagen) sind an der geheimen Kommandosache beteiligt. Hohe Beamte des Verteidigungsministeriums und des Finanzministeriums haben das Geschäft gedeckt. Die Türkei und Spanien haben sich bereit erklärt, die Lieferung von U-Boot-Komponenten nach Südafrika durchzuführen. Ende 1988 wurde in Südafrika mit dem U-Boot-Bau begonnen. HDW und IKL Mitarbeiter helfen vor Ort. Es wurden die kompletten U-Boot-Pläne des Indien-Typs geliefert. Sogar geheime Bundeswehr- und NATO-Pläne wurden weitergegeben. Das deutsch-indische Geheimschutzabkommen wurde massiv verletzt. Bei einem Türkeibesuch von Bundeskanzler Helmut Kohl wurden Details der illegalen Rüstungskooperation besonders im Bereich der U-Boote besprochen.

Der Verdacht der Strafvereitelung im Amt durch Minister Stoltenberg hat sich so sehr verdichtet, daß wir die Staatsanwaltschaft Bonn zum Handeln auffordern. Einer der Staatssekretäre von Bundesfinanzminister Stoltenberg hat mit Firmenvertretern konspiriert, um illegale Exporte über Drittländer am Bundesamt für Wirtschaft vorbei zu ermöglichen. Oberfinanzpräsident Hansen hat Absprachen mit Firmenvertretern vor offiziellen Vernehmungsterminen durchgeführt. Er hat auch persönlich dafür gesorgt, daß die zwei Millionen DM Lizenzgebühren, die HDW und IKL von Südafrika erhalten hatten, pro forma zurücküberwiesen wurden, um den Eindruck zu vermeiden, daß der U-Boot-Bau weitergeht. Nach Einschätzung des damaligen SH-CDU-Finanzministeriums war OFD-Präsident Hansen bereits vor der Veröffentlichung der geheimgehaltenen Zahlungen hierüber informiert. Schließlich hat Finanzminister Stoltenberg im Dezember 1986 Kenntnisse über Provisionszahlungen und Schmiergelder gehabt, die im Zusammenhang mit dem U-Boot-Skandal stehen."